ヘーゲルと国民的権力国家思想

ヘルマン・ヘラー著／永井健晴訳

風行社

HEGEL UND DER NATIONALE MACHTSTAATSGEDANKE IN DEUTCHLAND

EIN BEITRAG ZUR POLITISCHEN GEISTESGESCHICHTE

von

Hermann Heller

Neudruck der Ausgabe 1921
AALEN
OTTO ZELLER VERLAGSBUCHHANDLUNG
1963

わが友フリードリヒ・フォン・セーケイ＝グラーツに献ぐ

《目　次》

［凡例］

1　本書では、かなり煩瑣になるのを厭わず、重要と思われる訳語の後にその都度原語を付した。例えば、Macht, Recht, Machtstaat, Rechtstaat, Volk, Nation, Sittlichkeit, Verfassung, Persönlichkeit などがそれである。これらはそれぞれ両義的、多義的であり、しかも含意が多様に入り組んでいるからである。これらについては、「解題にかえて」の説明もご参照いただきたい。

2　原文の部、章の編成とは別に、パラグラフごとにそのはじめに訳者による要約を付した。【　】の中がそれである。

3　パラグラフが比較的長いところでは、適宜改行して、（1）（2）のように番号を付した。

4　書名等については（底本では立体表記だが）イタリック表記にした。

5　［　］内は訳者のコメントである。但し人名の原綴は原文にあるものだが、便宜上すべて［　］に入れた。

6　人名に関しては、重要な理論家あるいは哲学者については、わかる範囲で本文中に生没年を挿入した。ギリシア語の名前などは慣例に従って適宜約めた。中には Vorname がわからない人名も若干あるが、立論の理解にはさしあたり支障はないように思われる。

7　ギリシア語の慣用表現などがラテン文字表記になっているところがあるが、そのままにした。平明ながら、きわめて重要ないくつかのラテン語法諺など（例えば、rebus sic stantibus）には、若干の説明を付した。

序文

【近代ドイツ精神（政治思想）史における、観念論と権力論との、文化国民（Kulturnation）概念と権力国家国民（Machtsstaatsnation）概念との、架橋は可能か？】

カント［Kant］とフンボルト［Humboldt］から、ビスマルク［Bismarck］とトライチュケ［Treitschke］まで——すなわち、一方での観念論［理想主義］哲学（古典主義とロマン主義）から、他方で生存競争についてのダーウィン主義的諸教説（マルクス主義的階級闘争理論、ゴビノー主義的人種闘争理論、ニーチェ［Nietzsche］の権力の福音（Evangelium der Macht））の時代まで——ドイツ的精神が［一八世紀末以降に］辿った道程は、おりしも近年、繰り返し学問的叙述の対象を形成してきた。政治を権力闘争（Machtkampf）として捉え、国民の国家生活における権力契機（Machtmoment）の価値を強調する、そうしたドイツ的な教説は、通常、一九世紀中葉に登場しはじめる。大抵トライチュケの名前と結びつけられているこうした見解は、権力に対して敵対的な思惟（思想）とは、そしてまた、ドイツ観念論における原則的政治論（Grundsatzpolitik）［実践的政治における権力契機を度外視し、法権利理念に基づき展開された政治論］とは、鋭く対置される。とすれば、詩人と思想家たちの民族（Volk der Dichter und Denker）と「血と鉄」の民族（Volk von "Blut und Eisen"）とは、どうみても架橋されないように見える。

【本著の課題——その架橋を可能にしていると思われる初期ヘーゲルにおける国民的権力国家思想（der

nationale Machtstaatsgedanke）：権力国家にまで有機的に組織化された国民（die zum Machtstaat organisierte Nation）の近代ドイツ精神（政治思想）史的意義の再構築】

にもかかわらず、両者を架橋する人物が現存する！　お察しのとおり、国民的権力国家イデオロギーは、なにしろそれ自身観念論哲学の息子でさえあり、その父親はヘーゲル［Hegel, G. F. W., 1770-1831］その人以外ではないのである。文化国民（Kulturnation）から権力国家国民（Machtstaatsnation）へのドイツ民族（das deutsche Volk）の発展は、いくども描かれてきたところである。ところが、その際、近代的政治思想の創始者としてのヘーゲルは十分には考察されてこなかった。ドイツの哲学者たちの中でも際立って晦渋・冥暗なるこの哲学者は、なんといっても、詰屈・聱牙なる弁証法的抽象（化）によって世界を一概念（ein Begriff）から成立せしめ、かくして成立した世界を諸概念によって強引に押さえ込ませた、ドイツ観念論の完成者、と見なされている。あまつさえ、そのヘーゲルはまた、とっくに克服したとわれわれが誤って思い込んでしまっている無意味な「国家の形而上学的神格化」によっても、特筆されているのである。学問によって継受されてきたこうしたヘーゲル像は、かくのごとく血の気の失せた、すっかり色褪せたものである。学問と実践としてのドイツ政治（学）の発展にとって、ヘーゲル哲学が意味するところは、しばしばありふれた言い回しでは強調されているにもかかわらず、その根拠からして徹底的に評価されることは殆どない。であればこそ、ヘーゲル像の全般的再構築が切実に願われているように思われる次第である。(1)

【ヘーゲル政治哲学の核にある国家国民的権力への意思】

ヘーゲルがとりわけ近代的権力国家思想のもっとも包括的な最初の告知者であることは、概して知られていない。ところが、ヘーゲルは、トライチュケ［Treitschke, Heinrich von, 1834-1896］とかれの時代［の人たち］より半世紀も前に、かれらよりもはるかに切実に、かつはるかに鋭く、国家（Staat）を権力（Macht）（まさしく権力）として告知しただけではなく、政治権力を国民的要請としてもまた、それどころか、理性(Vernunft)と習俗規範(人倫)性(Sittlichkeit)、法権利(Recht)と実践的政治の、第一かつ最高の命令としてもまた、提示したのである。かくして、ひとは国家国民的権力(die staatsnationale Macht)へのヘーゲルの意思を、まさしくかれの社会的哲学の源泉かつ構成的中心点として特徴づけうる。

【本著の議論の前提としてのマイネッケとギールケの著作の意義】

この拙論は、ドイツ観念論の政治論からビスマルクの時代にいたる諸々の思想的脈絡を提示し、かくして一般的にはドイツ精神史への、とりわけマイネッケ[Meinecke, Friedrich, 1862-1954]の傑出した著作、『世界市民主義と国民国家(*Weltbürgertum und Nationalstaat*)』(1907)への、寄与を果たすつもりである。それによって、拙論がさらなる課題として念頭に浮かべているのは、まさしくヘーゲルの時代にいたるまでの政治思想の内実を比類なく見事に汲みつくしているギールケ[Gierke, Otto von, 1841-1921]の『ヨハネス・アルトゥジウス(*Johannes Althusius* [*und die Entwicklung der naturechtlichen Staatstheorien*])』(1880)を、きわめて限られた範囲において、そしてかなり限定された方向において、敷衍することである。

【ヘーゲル国家哲学の基礎概念:権力(Macht)、法権利(Recht)、人格(Person)、国家(Staat)、国民(Nation)、憲政秩序(Verfassung, Konstitution)、国際法(Völkerrecht):理念としての「国家権力にまで有機的に組織化された国民の思惟と意思の活動(das Denken und Wollen des zur staatlichen Macht organisierten Volkes)」】

この後者の企図が必要と思われるのは、とりわけ、国家及び社会についてのわれわれの基本的な近代的諸概念の大部分が、すなわち、まさしくギールケが一八〇〇年までの文献のなかで探しあぐねているそれらの諸概念が、ヘーゲルによって刻印されたということ、このことが今日の国家学において殆ど知られていないからである。一九世紀にとって特徴的な意味における、①人格性（態）かつ有機的組織体としての国家（der Staat als Persönlichkeit und als Organismus）、②国民（Nation）、立憲君主制的原理（das monarchisch-konstitutionelle Prinzip）、近代的な国際法（Völkerrecht）の諸概念、③同じく総じて国民的権力国家に対応する法権利（Recht）の概念、これらすべてはヘーゲルが創造したものである。これらすべての概念は、ヘーゲルにとってはいずれにしてもひとつの理念（eine Idee）から、すなわち、国家権力にまで有機的に組織化された民族（das zur staatlichen Macht organisierte Volk）の――ヘーゲルによって決して分離されて考えられていない――思惟と意思の活動（Denken und Wollen）から、帰結している。権力国家思想（Machtstaatsgedanke）は、ひとつの世界観の簡潔な表現であって、たまたま雑駁に寄せ集められた党派的綱領ではない。

【国民的権力国家において有機的に統括される Macht=Recht：ヘーゲル権力政治論の意義と限界の見極め】

この世界観から帰結している政治論に照らして何が健全で何がそうでないか、これを判断することは、もちろんあくまでも各人に委ねられざるをえない。この拙論は自分にとって内的な自己諒解という仕事であったが、この仕事に際して、わたしは個人的には、ヘーゲルの権力政治論（Machtpolitik）における多くのことが教義的に過度に緊張を強いるものとして峻拒されるべきであること、しかしまた、ドイツ国民がこのきわめて苦難に満ちた時代からひとつのよりよい未来にむけて自己を救済しようとするならば、その権力政治論のきわめて多くがドイツの公論（öffentliche Meinung）とならなければならないであろうこと、これらのことを確信するにいたった。

一九一九年五月　ライプツィヒ

ヘルマン・ヘラー

第一部　一八〇〇年前後のドイツの政治思想

【一八世紀的人格主義と一九世紀的超人格主義の対立】

われわれは一八世紀を、これに直接先行する時期とともに、自然法（権）（Naturrecht）の時代として特徴づけることに慣れ親しんできた。この一八世紀という時代の政治的世界観と［一九世紀的な］国民的帝国主義の思想（das national-imperialistische Denken）との対立は、基本的に、人格主義的世界観（personalistische Weltanschauung）と超人格主義的世界観（transpersonalistische Weltanschauung）との対立によって表現しうる[1]。

【個人的自由と国家的権力との価値的関係性】

すなわち、ひとは人格的価値を超人格的価値の上に――つまり個人を国家共同体の上に――置くか、あるいはその逆にするかに応じて、個人的自由（individuelle Freiheit）あるいは国家的権力（staatliche Macht）のいずれかを要求することになる。国家哲学的な認識を目的として諸価値を考察する仕方をこのように区別すること、これを正当化するためには、一定の留保が必要である。第一に、これらの諸価値の体験は、いつもひとつの統一的体験（ein einheitliches Erleben）であって、認識（Erkennen）においてのみ――しかしここでは必然的に――諸価値は、上と下、支配と奉仕、という位階的関係において考えられているにすぎない。第二に、さらに強調されなければならないことは、一方の価値のこのような支配は、他方の諸価値の固有性を侵害することとしてイメージされてはならない。国家というものは、諸々の人格に係わる習俗規範（人倫）的諸価値を、それらに固有の様式においてではなく、それらを侵害して利用しようとするならば、なんら持続的には現存しえないからである。逆にいえば、ひとつの発展したかけがえのない個人（個体）性（Individualität）がありうるのは、その個人（個体）性が芸術、学問、宗教あるいは政治といった超人格的な諸価値によって十二分に「生かしきられる（sich ausleben）」ときのみであるからである。とはいえ、われわれの考察は、もっぱらありうべき超人格的な諸価値の一つである国家だけに制限される。

だから、芸術、学問あるいは宗教が指導的な価値として想定されるときに生じる諸々の布置状況（Konstellationen）は考察されない。

【個人と国家、人格主義と超人格主義、人間的理性と歴史的思慮】

それゆえに、われわれは、すべての価値を、国家という超人格的価値をも、個人に奉仕させる世界観として、人格主義（Personalismus）について語る。社会的共同体（soziale Gemeinschaft）は、ここでは、それが個人の幸福ないし幸福に値することを促進することとして正当化されること、これを通じてのみ、ひとつの媒介された価値を達成しうるにすぎないように思える。個人は、あらゆる条件から自由な絶対的価値であり、国家は相対的価値にすぎない。これに対して、超人格主義（Transpersonalismus）は、個人を共同体によって条件づけられたものと、そして国家をすべての人格的価値の歴史的かつ概念的な前提と、個人に対して自然本性からして先立つもの（*proteron te physei*）と、そしてより価値のあるものと、見なす。前者の見解にとっては、国家は理性的諸個人の一機能であり、後者の見解にとっては、個人は歴史的に展開された国家共同体（historisch entwickelte staatliche Gemeinschaft）の一機能である。前者で支配するのは、人間の理性（ratio humana）という排他的尺度であり、また後者で支配するのは、多かれ少なかれ非合理的な歴史的思慮（historische Besinnung）である。この歴史的思慮は、ひとつのより大きな関連の中に組み込まれた（秩序づけられた）ものは眼前や周囲の世界に心（理）的・物理（生理）的に依存していることを自覚する。

【①人格主義と②超人格主義：①虚構された理性存在としての個人人格の同等性と②超人格的人格としての国家における経験的諸個人の差異性】

これら両見解の基礎には個人についての異なる概念がある、ということは容易に見てとれる。ひとつの一般的に妥当する価値尺度を獲得するためには、人格主義は個人についてのひとつの一般的に妥当する類型、つまり「人格（Person）」を構成しなければならない。この叡智人（理性人、可想の人間）（homo noumenon）は、化学の絶対的に純粋なO（酸素）がそうでないのと同じく経験的なものではないが、しかし、国家の合理的理解のためには、かの目的のために抽象的な化学的記号がそうであるのと同じく、不可欠のものである。この抽象的な化学的記号によって、酸素のために、酸素に可能なかぎり帰せられうるすべての属性（Eigenschaften）が、事実上現前するものとして虚構（仮想）（fingieren）される。同じく、人格主義的な国家観の個人は、すべての人間的諸属性の可能な総体として、すべての超人格的諸価値を自分から定立しうる「人間というもの（der Mensch）」として、現われる。これらの理性存在はここではすべて、自由のための同じ品位、人間の資質の抽象的なコスモポリタン・デモクラシー的な同等性（kosmopolitisch-demokratische Gleichheit）を有している。それらは、一個の卵が他と同じであるように互いに同等である。これに対して、超人格主義（Transpersonalismus）は、国家の絶対的価値にとっての個人の否定し難く異なる意義を計算に入れようとする。まさにそれゆえに、超人格主義は、経験的な諸個人を省察しなければならず、人格主義（Personalismus）のようには、性格、時代、国民等々といった、個人を限定するものを度外視しえない。というのは、まさにこれらの諸要因こそが、政治的生活において、より高められた意義を有することになるであろうからである。

【①人格主義における自己充足的自己完結的自我と契約国家、②超人格主義における全体自我に依存する部分自我と国民的権力国家としての有機体国家】

こういうわけで、後者の経験的人間ではなく、あらゆる人間的品位を内に秘め、「人類（Menschheit）」をいたるところでいつも代表する個人は、人格的思惟のために、意思において絶対的に自由であるがゆえに何ら外部世界との関連を必要としない、そういう自己充足的単位を呈示する。これに対して、超人格主義にとっては、各々の自我はひとつの部分的自我（Teil-Ich）にすぎず、その現存の総体において、ひとつのより大きな全体的自我（Ich-Ganzen）に依存している。このより大きな自我は、神、ひとつの教会、階級ないしまたその他の社会諸形式でありうるが、しかし、それが「人類（Menschheit）」でありうるのは、それが何らかの具体的な個体化原理（principium individuationis）によって直観的にくっきり境界づけられた対象性を獲得するかぎりにおいてである。たとえば、キリスト教の絆による中世のキリスト教団体（Corpus Christianum）として、カロリング朝ないしシュタウファー朝の世俗支配による最大の国家（civitas maxima）として、最後に、われわれの時代においては、国民的な帝国主義の思想による人類の国民（Menschheitsnation）として。ここでひとつの普遍主義（ein Universalismus）が可能であるのは、抽象的なイメージとしてではなく、経験的な関連としてのみである。しかしながら、それを介して人類へと道が通じる、考えうるもっとも広くもっとも確実な人間組織化（Menschenorganisation）は、国家へと統一された国民（die zum Staat geeinte Nation）の中に瞥見されなければならない。かくして、国民国家は、それなしには生きられることも考えられることもありえない前提された全体的自我（Ich-Ganzen）となる。ひとが、すべての、あるいはやはり大部分の、意識内容や定在の諸条件は国家と――大抵厳密には分けられない――国民とのおかげである、と思うようになる程度に応じて、国民国家は、現実の個人よりもより強くあるいはより弱く呈示され、この全体に自己を結びつけなければならないという命令は、より強くあるいはより弱く感じられるであろう。したがって、人格主義にとって、人類の代表としての人間個人はそれぞれ、一回的な代替不能の「全体性（Totalität）」であるとすれば、超人格主義的思想においては、個々の個人の外かつ上には、さらにひとつの個体としての国家（ein Staatsindividuum）が存在し、これがはじめてひとつの全体的自我、真の全体性を形成する。前者においては、諸々の限定されない全体性がそれらの唯一価値のある目的のために国家へと相互に結合する。国家は合理的諸個人間の一法権利関係（Rechtsverhältnis）以外ではなく、その理念は契約（Vertrag）である。後者においては、国家はまた、国家によって限定された諸個人を度外視しても、対象的な自我の質（Ich-Qualität）を有し、ひとつの超人格的な有機的組織体の像（Bild）において直観される。前者においては、個々の個人だけが自己目的であり、これだけが、自己主張と完成化（Vervollkommnung）との、つまり自由の、ひとつの絶対的権利を有する。後者においては、こうした絶対的権利は国家にのみ帰されるにすぎず、国家だけが自己目的であり、この全体的自我だけが自由であり、絶対的に主権的（souverän）であるべきであり、自己自身を主張し拡張することが許され、一言でいえば、権力（Macht）であるべきである。権力国家思想は、人格主義にとっては、認識としては疎遠なものであり、当為としては敵対的なものであるが、これに対して、超人格主義にとっては、あらゆる形式において内在的である。

【西欧近代の合理主義・人間主義における所与・自余の自然と歴史の一切を計算的・形式的な理性（悟性）によって析断する人間：理性の主観化・形式化：主観的・形式的理性による自然支配】

こうした諸々の抽象化によって、一八世紀と一九世紀におけるドイツの政治思想の大きな対立は、はじめて明確にされる。(2) 自然法の全体が理性的存在である人間に賦与した、並外れて高い価値は、歴史の基層において正当化されていた。ルネサンスにおいて、古典古代の政治的思惟は部分的に再受容されていたのである。自然的かつ歴史的な諸権力に対する理性の攻撃は、こうした精神的革命を導き入れていた。発明や発見が外部世界を支配する時代、偉大な数学者たちの時代が到来していた。コペルニクス［Kopernikus, 1473-1543］、ケプラー［Kepler, 1571-1630］、ガリレイ［Galilei, 1564-1642］は、計算する思考によって諸世界を解き明かす。そして、ガリレイのようなひとにおいて、自然という書物の文字は、「三角形、四角形、円、球、円錐、三角錐、その他の図形」である、という意見が成立しえたことに、理由がないわけではない。宗教及び道徳の自律性をすでに獲得したルネサンス的個人は、自分の理性を信頼して、諸問題のうちのもっとも困難な問題を、つまり国家および社会の問題を、この数学的・力学的な方法によって解決する。ベーコン〔Bacon, F., 1561-1626〕のようなひとは、すでに諸々の情動（Affekte）を研究し、ひとつの情動を他のそれらによって抑制しようとし、かくして自然を析断する（naturam dissecare）にまで至っている。

【近代自然法における、歴史的に成立した行為事実的権力（faktische Macht）と規範的理性（normative Vernunft）との、存在（Sein）と当為（Sollen）との、対立・闘争：個人に還元された政治的暴力に対する規範的理性による制限：法治国家と国際法】

これらの社会精神〔史〕的（sozialpsychisch）な諸前提から、〔近代〕自然法（自然的法権利）（Naturrecht）の立派な構築物が成立するのであるが、この構築物においては、歴史的に成立した権力（Macht）との規範的理性（normative Vernunft）の闘争を、すなわち、存在（Sein）との当為（Sollen）の闘争を、まさしく見てとることができる。あらゆる文化国民のすぐれた精神の二〇〇年以上にわたる運動を安易に図式化するわけにはいかないにしても、それでもやはり〔近代〕自然法における次のような一つの共通の基本的特徴を見誤るわけにいかない。すなわち、それは、①あらゆる政治的暴力（politische Gewalt）を個人に還元することであり、そして②国家権力（Staatsmacht）を宗教及び理性の諸規範によって制限することとである。ここには、〔近代〕自然法の偉大な意味が含まれている。すなわち、〔近代〕自然法は、対内的にも対外的にも、神的掟、道徳的法則あるいは法律によって、〔個人から〕国家権力を恣意的に行使する権限を剥奪しようとしたのである。それゆえに、法治国家（Rechtsstaat）と国際法（Völkerrecht）は、この発展の多かれ少なかれ偶然的な最終成果ではなく、〔近代〕自然法に最初から内在しており、すでにその最初の代表者たちに明確に認識されていた目標なのである。

【(1) 個人主義的社会契約論としての近代自然法論・国家論に潜む原理的矛盾(Sein－Sollen、Macht－Recht、Staat－Individuum、君主主権と人民主権)(2) ホッブズ(Hobbes)、(3) ルソー(Rousseau)】

(1) 本源的に国家を欠く[自然]状態においては、万人の平等と自由、財の共有が支配していた、というイメージは、すでに中世において形成されていたが、このイメージに基づいて、[近代]自然法的な理性(Vernunft)は、諸個人の国家契約(Staatsvertrag)を援用することによって、みずからに権力(Macht)を同化(assimilieren)しようとした。展開された[近代]自然法的国家論は、きわめて多様な形で構築され、革命の正当化のためばかりでなく、絶対主義の正当化のためにもまた利用されたのであるが、そうとはいえ、一九世紀初頭まで支配的であったあらゆる契約の構成(Vertragskonstruktionen)に共通していたのは、あらゆる国家権力を個人から導き出し、それらを個人によって正当化することであった。そこにいつもまぎれもなく見極められるのは、個人主義的な[近代]自然法(権)の革命的で反権力的な傾向であるが、すでに盛期中世において、オッカム[Occam:William of Ockham, c.1285-1347]、パドゥーアのマルシリウス[Marsilius von Padua, c.1280-1342]、ニコラウス・クザーヌス[Nicolaus Cusanus, 1401-1464]のようなひとたちは、そこから急進的な政治的結論を引き出している。入れ替わり立ち代り変化は多様を極めてはいたが、どのような人民(Volk)が至高権者(major principe)であるかはともかく、人民主権(Souveränität des Volkes)が想定され、そしてすでに、自然法的制限を踏み越える支配者に対して、革命が、とりわけ公然たる僭主放伐(暴君殺害)(Tyrannenmord)[モナルコマキ]が、説かれることも稀ではない。精神的かつ倫理的なエネルギーを途轍もなく費やして試みられているのは、①一方で不可避の国家権力を概念として獲得することであり、②他方でこの国家権力を神法や自然法と宥和させること、すなわち、古典古代の統一的な国家観から継受された命題、「至上権は諸法に拘束されない(から解放されている)(Summa potestas legibus soluta)」を、つまり国家理性(ragione di stato)というマキアヴェッリ主義的原理を、キリスト教的・西欧的な習俗規範(人倫)性(Sittlichkeit)及び法権利（Recht）のイメージと共鳴させることである。もちろん、絶対主義的な国家論もまた、自然法に安んじて順応すること（sich wohnlich einrichten）を心得ていたし、そして、人民主権に対して同じく論理的に根拠づけられる支配者［君主］主権を対置することを心得てもいた。しかしながら、［近代］自然法のきわめて鋭敏な絶対主義者、イングランドの王党派、ホッブズ［Hobbes, Thomas, 1588-1679］でさえ、基本的には、権力（Macht）を個人の自己保存（Selbsterhaltung）という目的によって正当化せざるをえなかった。

（2）とはいえ、ホッブズははじめて、①権力（Macht）の二元論的断裂（dualistische Zerreißung）［Macht概念の両アスペクトquid factiとquid iurisの乖離］を［社会］契約（Vertrag）という［近代］自然法（権）的ドグマによって排除することに成功し、そして、②人民主権と支配者［君主］主権に関する教説のそれ（二元論的断裂）を、かれが［近代］自然法理論の一部であるいわゆる服従契約（Unterwerfungsvertrag）を脱落させた、ということによって、排除することに成功したのである。しかしながら、ホッブズのようなひともまた、いまや権力を唯一人で無制限に代表する支配者のために、諸個人からすべての自然権やあらゆる法人格性さえも剥脱しえたのは、ようやく「万人」による契約締結［という擬制的論理操作］の後であった。「このことが果たされるならば、多数者は一つの人格であり、これはキーヴィタース（civitas）やレースプーブリカ（respublica）と呼ばれ、そしてこれこそ、リヴァイアサン（Leviathan）というかの偉大なるもの、より似つかわしいものとしていえば、可死なる神の生成なのである（quo facto multitudo una persona est et vocatur civitas et respublica atque haec est generatio magni illius, Leviathan vel ut dignius loquor mortalis Dei）」。イングランドにおいてすでに没落しつつあった絶対的権力［絶対王権］を擁護して、ホッブズは、かれの理論によって、権力［絶対王権］の現存と存続が契約主体（主観的契約）に基づいている、という危険を防遏して、個人主義的に構成されかつ代表（再現前）（repräsentieren）された権力国家を臣下である個人（das untertänige Indivituum）の上に置くことを試みた。

（3） 奇妙なことに、手続きや帰結において似通っているのは、ジュネーヴの共和主義者の『社会契約論（Contrat social）』である。ルソー［Rousseau, 1712-1778］もまた服従契約を否認しているから、ルソーの国家は、理念からして、あくまでも本源的に自由な諸個人の自由な合意（freie Übereinkunft）の合理的所産なのである。ルソーの教説は、その基礎において、きわめて権力に敵対的な個人主義的なものであるから、［擬制的論理操作として］社会契約の全会一致（absolute Einstimmigkeit）を要求する。だが、忘れてはならないことであるが、［フランス］大革命は、同時にとことん現実政治的に仕立て上げられたフランス的国民意識（Nationalsimn）が誕生した時であった。このときに概念的に明瞭になるのは、ルソーにとっての国家契約（Staatsvertrag）は、「このうえもなく自発的な（自由意志による）行為（acte du monde le plus volontaire）」であるが、「万人（Aller）」と「各人（Jeder）」との巧みな等置によって、ホッブズが告知していたのと比べてまさるともおとらない形で、制限されないかつ制限しえない国家権力に導かれてしまう、ということである。しかし、ここでは、主権的人民（das souveräne Volk）こそが、人格主義的な「全員の意思（volonté de tous）」に対する超人格的な「一般意思（transpersonale volonté générale）」として、国家の権力意思（Machtwille des Staates）を呈示するのである。ルソーにおいて見出されるのは、ホッブズが告知していたような王朝的な権力国家の理想に対する革命のみならず、すでに国民的権力国家の積極的な理想である。もっとも、ルソーは、かれの人格主義的個人と古典古代に近づけられたかれの超人格的な権力理想との間の深い矛盾を、十分論理的に解決することに成功してはいないのであるが。

【一八世紀ドイツの啓蒙思想・人文主義における機械論・原子論的な自然法論、個人主義的・自由主義的な反権力国家論】

一八世紀のドイツでは、その基本的傾向からして権力には敵対的な、機械論（力学）的・原子論的自然法［論］が、啓蒙思想や人文主義と密接に結びつけられて登場する。(3) 世紀末頃には、なるほど、ルソーからかれの自由主義的な教育論が、かれの民主制的・共和制的な諸々の理想と同じく、受容されるが、しかし、それらの権力国家的諸目的は見逃されてしまう。いまだきわめて脆弱な公論（öffentliche Meinung）の理論と実践は、ここではどこまでも権力に対する反対にとどまっている。自然人たちの本源的善が信じられていて、これは過剰な国家暴力によって抑圧されるだけだとされる。しばしばあまりに卑小な小規模国家の絶対主義は、もともと、ひとつの国民的権力イデオロギーを締め出し、非理性を充分秘めてはいるが、理性の憲政秩序（国制）（Verfassung der Vernunft）は、国家による奴隷化を排除し、あらゆる政治的強制からの自由、各人の権力の平等をもたらし、かくして人民の断固たる意思を最終的には妥当せしめうる、という見解を普及させる。

【一八世紀ドイツにおける原子論的個人の悟性啓蒙（Verstandesaufklärung）と世界市民国家論：クリスティアン・ヴォルフ（Christian Wolff）】

国家を超人格的に価値づけることは、一八世紀の人間中心主義的な態度においては、完全に締め出されているように見える。個人（個別的人間）（Einzelmensch）だけが、この時代にとっては価値があり、関心を引くことである。この時代の典型的人物（精神）、クリスティアン・ヴォルフ［Christian Wolff, 1679-1754］は、悟性の啓蒙（Verstandeaufklärung）に、個人の道徳的改善を、そしてもっぱらこれを通じて人類の進歩を、期待している。すでに各モナドにおいて、それに必然的に定立されている国家共同体（staatliche Gemeinschaft）への関係づけを主張していたライプニッツ［Leibniz, Gottfried Wilhelm, 1646-1716］の教説は、忘却されている。ヴォルフにあっては、諸々の意識的な理性存在（die bewußten Vernunftwesen）に、周囲の世界の生命を欠く諸原子が無媒介に対立している。これらの絶対的に自由な意思を有する諸個人の幸福にとって、世界は合目的的に設えられており、そして、これら諸個人の契約（Vertrag）によって成立する国家は、「万人」の幸福を促進し、最後には、最大国家［世界市民国家・人類国家］（civitas maxima）に解消されなければならない。

【ゲッティンゲン学派の人格主義・反権力主義、国家目的としての個人の権利と安全：ドイツ的自由と西欧的自由】

なお［一八］世紀末前後に有名なゲッティンゲン学派によって代表されるような、歴史観や国家観においてもまた、人格主義的で権力に敵対的な立場が揺るがされることなく確保されている。歴史の担い手は英雄、君侯、外交官であり、かれらの自由意志は主体（主観）的に道徳的なものとして価値づけられる。大衆や権力の諸作用には、眼が向けられない。シュピットラー［Spittler］、ガッテラー［Gatterer］、シュレーツァー［Schlözer］、アッヒェンヴァル［Achenwall, 1719-1772］、ピュッター［Pütter］のような人たちにとってもまた、個人の権利と安全が排他的な国家目的であり、そしてまさにこれらの理想はドイツの小領邦国家によってもっともよく保全されている、と信じられている。「［神聖ローマ］帝国の無力やその諸分肢［諸領邦］の無規律（Zuchtlosigkeit）はドイツ的自由の守護神（Palladium）として」賞賛された(4)。そして「一八世紀のドイツ国家学は、ドイツ的自由についての古い妄想的諸概念をなおヨーロッパの自由という新しいスローガンによって豊かにしている。ピュッターやヨハンネス・ミュラー［Johannes Müller］にいたるまでのわれわれのすべての著述家（公法学者）たちは、平和を愛する世人に対してドイツ的統一性の破滅的権力を警告し、神聖な帝国の賞賛を、一〇万のドイツの銃剣がいつかひとりの支配者に服することにでもなれば、大陸の自由はただではすまないぞ！という激烈な警告に結びつけている(5)」。

【合理主義・理性に対する反抗：感傷主義（感傷文学）（Empfindsamkeit）における国民的・歴史的思想の萌芽：「疾風怒濤（Sturm und Drang）」の個人主義：自然と魂の闇の本能的・衝動的エネルギー】

この自然法的世界観にとって、各々の自我はひとつの遮蔽された世界であった。この合理的原子化から人類のより内面的な結合へと至ろうとすることを最初に試みたのは、感傷主義（感傷文学）の時代（Zeit der Empfindsamkeit）である。この時代にとっては熱狂的な盟約や結社への結集が特徴的である。ここには国民的かつ歴史的な思惟の最初の柔らかい萌芽がある。とはいえ、この感傷主義もまた、感情のおもむくところ権力イデオロギー的というよりむしろ陰謀的な性格を保持している。しかし、大体おなじように、専制主義や軍国主義に対してとりわけ粗暴に振舞う疾風怒濤（Sturm und Drang）の奔放な個人主義は、あらゆる種類の集団的権力に対して反抗する。とにかく、これらの両方の精神革命によって、人間理性への独断的な信頼は、一定の震撼を経験していた。そして、ひとは、再びルソーの影響を受けながら、自然と魂の闇との本能的・衝動的なエネルギーに関心をもちはじめる。

【啓蒙主義的個人主義の完成者にして克服者たるカント：自然の計画としての闘争を通じての平和（国家的憲政秩序における自律的個人の道徳法則の実現）】

これらの新しい直観は、すでにともにカント［Kant, Immanuel, 1724-1804］の自然法的な国家像の中に組み入れられている。啓蒙主義的な個人主義の完成者、しかしまたすでにその克服者であるカントには、膨脹的な権力政治（Machtpolitik）は憎悪されている。しかしながら、近頃流行になっている見解をもって、カントの国家観を「世事に疎いもの（weltfremd）」、「イデオロギー的なもの」として片づけるならば、それはまるで誤っていることになろう。カントは国家生活における権力契機（Machtmoment）の意義を決して見逃さなかったが、それでもやはり、かれはその権力契機に積極的な価値そのものを認めなかった。カントに従えば、人間は和合（Eintracht）を欲しているにしても、「人類にとって善きこと」をよりよく知っているのは自然である。けだし、「人類は不和（Zwietracht）

を欲している」のである。[6] しかしながら、この闘争は、決して自己目的ではなく、そこで永遠の平和、「最高の政治的善」が実現される、対内的に――そしてこの目的のためにはまた対外的にも――完全な、国家の憲政秩序（立憲体制）（Staatsverfassung）を成立せしめるために、自然のひとつの計画を完遂することである。[7] 歴史の理想的な究極目的と思われるのは、もっとも一般的な形で法権利（Recht）が実現された状態であるが、この状態において、各人は自分の強く制限された自由を契約（Vertrag）の上に基礎づけ、そして一般的な人民（国民）の意思の支配は達成されている。疑う余地のないことであるが、国家へのカントの関心は圧倒的に倫理的なものであり、そして、かれの法権利概念（Rechtsbegriff）は、かれには、それだけが価値のある自律的な個人の道徳法則（das moralische Gesetz）をとことん実効化することを意味している。

【カント（Kant）：（1）カント的国家契約における権利（Recht）と権力（Macht）：homo noumenon（叡智人・可想人）とhomo phaenomenon（現象人）、（2）実践理性の主体としての可想的理性存在（国家市民・世界市民）の定言的一般意思としての国民意思・国家契約：戦争と平和】

（1）しかしながら、ひとがかれの国家理念を文字通りいまのいま実現することをかれに押しつけようとするならば、それはカントに対してきわめて不当な所為となろう。カントがきわめてよく心得ているところであるが、「共同意思（ein gemeinsamer Wille）」を生み出すためには、「万人の特殊意思は互いに相違している以上、それらを統合するもうひとつの原因」［Recht とともに Macht］がなければならない。「したがって、かの［国家］理念を（実践において）実現していく際には、暴力（Gewalt）によって法権利状態（Rechtszustand）を生成せしめる以外に方途はなく、この暴力の強制（Zwang）の上に、後から公法（公的法権利）（das öffentliche Recht）が基礎づけられるのである。[8] カントにおける人民（国民）の意思（Volkswille）は、すべての個別意思の原子論的総計ではなく、法権利を実践する叡智人［アプリオリに想定されうる理性存在］が有する理性の無条件的な一般意思（der unbedingter Allgemeinwille der rechtspraktischen Vernunft des *homo noumenon*）を呈示している。国家契約（Staatsvertrag）は——すでにホッブズとルソーにおいてやはりそうであるように——歴史的事実ではなく、「各々の公法（öffentliches Gesetz）が（総じて国家全体がそうであるのと同じく）法正義（法権利）（Recht）に適っているか否かの試金石（Probierstein）」(9)、すなわち、いかなる範囲で経験的国家の権力（Macht）が公民たち（Bürger）［国家市民と世界市民］の——カントによって要求されている——自由、平等、自立を漸進的な形で実現しているか否かの試金石である。

（2）実践的には、カントは、「かれが願うその起源がいかなるものであろうと」、その憲政秩序（国制、立憲体制）（Verfassung）について屁理屈を捏ねること（Vernünfteln）［Raisonnement］を禁じている。かれは国家元首（Staatsoberhaupt）の「抵抗し難い上位の暴力（Obergewalt）」を正面きって強調している。とはいえやはり、そうであるのは、「人民（国民）の各人を他の者たちに対して保護する権力（Macht）を十分もたない者は、各人に命令する権利（Recht）もまたもたないから」にすぎない(10)。しかしながら、カントはまた、「各人民（民族）は、これを圧迫する他の人民（民族）を隣人として眼前に見出し、この隣人に対する権力（Macht）として武装されているためには、この他の人民（民族）に対して、対内的にひとつの国家（Staat）へと形成されなければならない」ということも(11)、すなわち、永遠の平和は経験的には「実現しえない理念」であるということも(12)、よく心得ている。それゆえに、カントは次のように述べているのである。すなわち、「諸々の市民権の秩序化と神聖化（Ordnung und Heiligachtung der bürgerlichen Rechte）」に伴って遂行される戦争（Krieg）について、それは「崇高なものそのもの」でさえあり、これに対して、長き平和（Friede）はしばしば「単なる商業的精神（Handelsgeist）を、しかしこれに伴って、低劣な利己心、臆病、柔弱を、支配的なものとし、人民（民族）の思惟様式を低劣化することを常とする」と(13)。

【（1）カントにおけるMachtに対するRechtの優位、BürgerとMenschの区別：人間個人の自律性を実現するための手段としての権力国家の他律性：（2）国家を精神的人格形成のための必要悪と見なすフンボルト的な個人主義・自由主義＝貴族的アナーキズム：Korporationに代わるAssoziation：（3）人類的民族としてのドイツ的文化国民：カント、フンボルト、シラー、ゲーテ、レッシングにとって無縁な国民的権力国家思想】

（1）にもかかわらず、［カントにおいては］権力（Macht）は習俗規範（人倫）的な目標（ein sittliches Ziel）と思われてはいないし、形式的な秩序が必要であるからといって、道徳的に善き人間（Mensch）は善き市民（Bürger）とはきっぱりと区別されなければならない、という洞察が曖昧にされることもない。結局のところ、「あらかじめ道徳に忠実でなかった」「真実の政治」[14]なる代物は歩を進めてはならない、との要請がやはりあくまでも貫徹されているし、そして、永遠の平和は、少なくとも「持続的接近」が可能な目標（ein wenigstens der “kontinuierlichen Annäherung” fähiges Ziel）に留まっているのである。[15] いつも個人の習俗規範（人倫）性（Sittlichkeit）と法権利（Recht）とが目的であり、そして権力(Macht)はせいぜい手段である。「権力国家(Machtstaat)そのものの他律性(Heteronomie)は、自律性（Autonomie）の思想に経験的・歴史的な生活において勝利を博せしめるためのひとつの手段として理解され、かつ評価づけられている」[16]。

（2）カントの（同）時代の政治的意見は、カントをはるかに超えて、非歴史的悟性（der unhistorische Verstand）に信頼を寄せていた。［その時代の］きわめて多様な人物像においても、青年期のフンボルトやフィヒテ［Fichte, Johann Gottlieb, 1762-1814］においてさえ、そうであった。ヴィルヘルム・フォン・フンボルト［Humboldt, Wilhelm von 1767-1835］においては、国家権力は人格性が妨げられずに発展するための外的前提以外のことを意味しないとされるので、こうした国家権力に対して擁護されるのは、もはや抽象的個人（das abstrakte Individuum）ではなく、理想的個体性（ideale Individualität）や「性格の全体性（Totalität des Charakters）」である。国家の強制権力（Zwangsmacht）は、カントにおいてそうであるようにとことん非精神的なものと考えられているので、「諸力の自由な競技（ゲーム）（das freie Spiel der Kräfte）」を抑止するにすぎず、それゆえに、「自己自身や外敵に対して諸個人の安全を確保するために必要である以上に踏み出して、一歩たりとも諸個人の自由を制限しない」とされている。フンボルトは、あらゆる団体（Korporation）を、自由に決議され同じく自由に解消されうる諸結社（Assoziationen）によって代替しようとしている。これらの諸結社においてならば、共同体の諸力や手段を使用することについては、多数決（Stimmenmehrheit）によって自由に議決されうるであろうというわけである。だが、そうだとするならば、かの「諸力の自由な競技（ゲーム）」は、ひとつの貴族的アナーキズム（Edelanarchismus）に移行している。[17] まさしくフンボルトの青年期においては、ドイツ的文化国民（deutsche Kulturnation）の意識が力強く喚起されはじめていたが、しかし、それが一つの政治的要因を形成するには程遠かったのである。国民性（Nationalität）は、ひとつの純粋に精神的な案件であったのであり、なんら国家権力には係っていなかったばかりでなく、それどころか国家権力には一定の程度で対立していたのである。一七九八年、フンボルトはパリから次のような書簡を認めている。すなわち、「わたしはおよそ政治的気分については語りません。わたしは本来的に国民的なことだけに、諸々の意見や精神の進展、性格の形成、習俗規範（人倫）等々だけに、自分［の仕事］を制限しています」と。[18] かくして、フンボルトもまた、すでに国民（Nation）をひとつの固有の全体として認識し、そして、ドイツ国民（deutsche Nation）を人類的民族（Menschheitsvolk）として語っているが、そうだとしても、かれはこのことをひとつの純粋に倫理的・審美的な理想としてのみ理解しているにすぎないのである。［フンボルトの］こうした国民的感情が関知しているのは、権力目標ではなく、「諸国民相互の自由な活動」である。「こうした活動こそ、本来的には、すべての善きもの（財）を保持し、これらを憧憬することが人間たちを一つの［人類］社会（eine Gesellschaft）へと導いていく」というわけである。[19] フンボルトは、［一方で］国民全体のために、「祖国のためにいつも戦う用意のある、真の戦士たち――あるいはむしろ高貴な市民たち――の精神」を招来することを望んではいるが、しかし、［他方では］国民を戦争のために教育することは国家には禁じられている、としている。そうだとすれば、こうした時代［青年期のフンボルト］において、こうしたこと［こうしたフンボルトの両義的態度］は、かれが「必要悪」と呼んでいる国家に対して［かれが示した］精一杯の容認ということになる。[20] しかも、この時期にはまた、フンボルトは、これらのアナーキズム的見解を克服していたし、そして、一八一三年の思索ノートにおいては、精神的国民の発展のためには一つの自由かつ強力なドイツが必要であることを認識していたので、やはり、世界精神は、「闘争の時代の間、人間形成という永遠の建設に労苦を傾けるべく、すなわち、瞬時に栄光に輝き自分の役割を演じるのではなく、時代の偉大な審判を勝ち取るべく」、ドイツ民族を選んだのだ、との見解をとっているのである。[21]

（3）シラー［Schiller, Friedrich, 1759-1805］がフンボルトの影響を受けて、すでに一八〇一年に、かの「ドイツの偉大さ」という詩の構想において表明していた思想は、この詩人にとってもまた、あらゆる権力イデオロギーがいかに縁遠いものであったか、どれほどかれもまた権力国家を国民的ではなく王朝的な事案と見なしていたか、これらのことをわれわれにもっともよく示している。[22] かれにとっては、ドイツ人は、屈辱的なリュネヴィル講和（der schmähliche Frieden von Lunéville）［フランスによるライン左岸併合、一八〇一年二月］――「ここでは二つの高慢な民族［フランスとロシア］がドイツ人を屈服させ、そして勝者はドイツ人の運命を決めている」――の後もまた、かれの価値を成すものを失わなかった。というのは、「ドイツ帝国（deutsches Reich）とドイツ国民（deutsche Nation）とは別の事柄であるからである。ドイツ人たちの尊厳（高権）（Majestät）はその君侯たちの頭目（首長）［皇帝］（Haupt）に基づいていなかった。ドイツ人は、政治的な価値とは切り離して、一つの固有の価値を基礎づけた。そして、帝国が没落しても、ドイツの威厳（品格）（deutsche Würde）は無傷である、というわけである。ドイツの威厳は、ひとつの習俗規範（人倫）的な偉大さであり、それは文化の中に、その政治的運命から独立した国民の性格の中に、住みついているのである」。イギリス人やフランス人は権力や富を追い求めるとしても、ドイツ人は「諸世界の精神との交渉を有しているのである」。ここには、より忠実に再び与えられることのありえないような、一九世紀初頭のドイツ精神の政治的な基本的気分が写し取られている。たとえばレッシング［Lessing, Gotthold Ephraim, 1729-1781］あるいはゲーテ［Goethe, Johann Wolfgang, 1749-1832］のようなその他のすべての詩人たちにとって、あらゆる国民的権力思想（der nationale Machtgedanke）がいかに無縁であったか、いかにかれらには総じて国家や政治への関係が欠けていたか、これは周知のことである。

【(1) ヘルダー(Herder)におけるドイツ的国民意識・歴史意識と世界市民主義的個人主義、(2) フィヒテ(Fichte)における本源的理性的自由と権力の罪障深き時代】

（1）かくして、たとえばドイツ的国民意識の告知者たちの一人であるヘルダー［Herder, Johann Gottfried, 1744-1803］はすでに、すなわち「自然のままの国家はまた、ひとつの国民的性格を伴う一民族である」[23]と述べるすべを心得ており、そして、「ドイツ人たちのよく守られた固有の土地」[24]について語っている。とすれば、歴史的感覚（historisches Empfinden）のこのもっとも重要な覚醒者［ヘルダー］にとっても、やはり理性に恵まれた個人（個別的人間）は、あくまでも「すべての境位（本領を発揮する場）（Elemente）や本質存在（Wesen）の息子、それらの選び抜かれた精華（Inbegriff）、そしていわば大地の創造の開花」[25]である。諸個人の幸福（Glückseligkeit der einzelnen）こそ歴史の目標であり、その歴史においては合理性（理性）の発展という思想が鋭意に強調される。国民的かつ歴史的な意識にもかかわらず、ヘルダーはあくまでコスモポリタン的かつ個人主義的なのである。それどころか、まさに諸［領邦］国家が国民化すること（Nationalisierung der Staaten）に、かれは権力政治の一つの終焉を期待している。「祖国（Vaterländer）」同士であれば、互いに戦争で征服し合うことはないであろう。「それらは安んじて隣人同士であり、互いに家族として寄り添っている。――血腥い闘争で祖国同士が敵対し合うなどということは、人間の言葉で語るのも忌まわしい野蛮の極みである」[26]。

（2）フィヒテ［Fichte］にとってもまた、国民的権力国家思想は――しばしばひとはかれにおいてそれを臆測したとしても――徹頭徹尾無縁のものであった。かれはいつも理性支配や本能支配のひとつの本源的な楽園状態（eine paradiesische Urzustand）から出発するが、この状態は、［フィヒテによれば］現世の経過（Weltablauf）において、権威主義的権力の状態に、罪障［原罪］（Sündhaftigkeit）の端緒とその最後の完成との状態に、転化したとされる。この状態に変わって再び、理性的学問（Vernunftwissenschaft）の――そして最後には、理性的芸術（Vernunftkunst）の――時代によって、つまり、聖化の状態（Stand der Heiligung）によって、救済（Erlösung）が訪れるとされる。はじめに、諸時代の最後に再びやって来るであろう理性的自由があった。この自由に、今日では、権力の罪障深き時代(sündhafte Zeit der Macht)が対立している。この時代の唯一の真なる目的は、それが自らを除去することにある。

【初期フィヒテのフランス革命論：絶対的自我の哲学者の個人主義的自由主義・反国家主義】

カントにおいては理性の理念にすぎなかったものは、初期フィヒテにおいては、実践的政治の要求となる。おそらくドイツにおける総じて最初の革命的な諸著作を、フィヒテは、一七九三年に「ヨーロッパの諸侯からの（かれらが従来抑圧していた）思想の自由の返還請求」[27]と「フランス革命に関する公衆の諸判断の正当化への寄与」[28]というタイトルの下に、匿名で公刊している。それらはすべての権力に対する唯一の道徳的憎悪の叫びを意味している。すべての国家体制（Staatsverfassung）は習俗規範（人倫）に悖っている。というのは、それらはすべて「より強い者たちの権利の上に」基礎づけられているからである。[29]「すべての君主制の傾向は、対内的には無制限の単独支配であり、対外的には普遍的君主制（Univeralmonarchie）である」[30]。支配者たちの権力がなければ、万人はいつも戦争に陥るであろう、という理由で、かれらの権力は均衡の一手段である、と主張する支配者たちの偽善的教説を、フィヒテは嘲笑している。かれはまさしく「乾坤一擲（Eines gegen Alle）」の戦争を望んでいる。というのは、この道程で、人類は世界国家と平和に至るであろうからである[31]。「法権利（正しい）（Recht）」とは、かれにとって習俗規範（人倫）的に「正しい」こと（sittlich "recht"）のみを意味し、そして、この絶対的自我の哲学者［フィヒテ］は、「いかなる人間であれ、自分に法律（掟）を与えるのは自分以外ではありえない」と説明している。なるほど、「自分を自分の厳格な法権利（Recht）から引き下ろしてしまうことは」かれの自由である。しかし「かれは［他者が］自分を強制することを許すわけにはいかない」[32]。かれは国家に対して自己を防禦するための各個人の戦争権（Kriegsrecht）を端的に主張する[33]。国家そのものは個人的自由のための一手段にすぎないし、国家の目的は自己揚棄（廃棄）（Selbstaufhebung）である。そして後になってからも、フィヒテは、「政府を余計なものにすることがすべての政府の目的である」、となおしばしば繰り返した[34]。

【近代自然法・理性の時代（理性が権力を完璧に制御しうるようになる、という信憑が支配的であった時代）が向っていた危機：フランス革命】

こうした政治的な精神状況において、フィヒテのみならず、ほんの僅かな例外を除いて、ドイツ国民のすべての偉大な精神がフランス革命の開始に感激して歓呼を送ったことは、驚くべきことであったであろうか？　この状況は、自然法の時代全体がそこに向かっていた危機であった。二〇〇年以上を通じて理性の要求にすぎなかったことは、つまり、従来習俗規範（人倫）に悖る専制権力が妨げていたことは、いまや主権的人民の蜂起によって現実化するはずであった。この「人類の青年期の発端（Anbruch）」は、自然的な法権利秩序、国家秩序、習俗規範（人倫）

秩序をもたらし、理性はいまから権力に命じ、そして自然法はその傑作を完成するはずであった。

【エドマンド・バーク（Edmund Burke）『フランス革命の省察』をドイツに紹介したゲンツ（Friedrich von Genz）：祖国の歴史的連続性を保持する有機的改革政治：歴史と国民によって条件づけられた国家の発展】

革命はまもなくこの理想の正反対に逆転してしまった。そして、望まれた自由と平等のかわりに、残忍極まる暴力がその恐怖支配（Schreckenherrschaft）をはじめた。ひとが理性、永遠の平和、コスモポリタン的友愛を願っていたところで、ひとはギロチンの狂気、永遠の剣の支配、ナポレオンの帝国主義を見たのである。これについての苦痛に満ちた幻滅は、自然法の理想政治からの基本的な転向のための基盤を用意する。この頃、ドイツでは、フランス革命に関するバーク［Burke, Edmund 1729-1797］の著作が、フリードリヒ・フォン・ゲンツ［Gentz, Friedrich von 1764-1832］［ウィーン体制期におけるドイツの政治家・文章家］によって、かれの注と解題——これはすくなくともバークの詳論と同じ価値を有している——を付して、翻訳紹介されている。(35) 自然法の諸軌道から原則的に外れることなく、ここで、現実政治的なこのイギリス人［バーク］は、しばしば痛烈で、またしばしばソフィスト的で、しかし絶えず眩い証明をもって、革命の最初の位相における役立たずの独善的な空理空論（unpraktische Doktrinarismus）を論難し、そして、これをかれの祖国の歴史的連続性を保持する「有機的な」改革政治（Reformpolitik）に対置した。このおよそ体系とは無縁の思想家［バーク］の基本的理念として、政治学は「概して実践的諸目的に向けられた学問」である、という命題が妥当しうる。革命の著述家たちの思弁、「これらの理論家たちの妄想された諸権利は、とことん極端である。そして、それらが形而上学的意味で真実であればあるほど、それだけそれらは道徳的かつ政治的な意味では誤謬なのである」。「人間を制限するものが、人間の自由と同じく、人間の法権利の下に」置かれるべきであったのである。このようなフェンシング術（論争術）がなくとも、ゲンツはここで、多くの正鵠を射たことを述べていた。とりわけかれの緒論は、現代的な時代批判のように読まれることが稀ではない。政治的自由は絶対的概念ではなく、ひとつの関係概念（Verhältnisbegriff）である、とゲンツは考えている。「哲学者は諸体系を見出し、賤民はそれらから殺人ための武器を鍛えあげる」。「政府の道具立てとして諸々の法権利という装飾を用いる国家は、あらゆる臣下を自己自身に対して武装させる」。静寂主義的な本能政治（quietistische Instinktpolitik）と思弁的な理性政治（spekulative Vernunftpolitik）とをあまりに鋭く対置することは、後者にとってはあまりに不都合に思われるにしても、この著作は全体としてやはり政治的教化（教訓）の豊穣な泉を意味していた。ゲンツ＝バークが国家の発展が歴史と国民によって条件づけられていることを大いに強調していること、かれらが純粋に道徳政治的な立場を峻拒していること、これらのことはドイツにおいて途轍もない印象を与えた。ここで準備されていた、政治的見解における深く浸透する変容は、二つの図柄から可塑的に認識できる。上のそれはフィヒテの革命論に、下のそれはゲンツによるバークの翻訳に――両著とも一七九三年に公刊された――由来している。

【初期フィヒテ『フランス革命論』：主観性・抽象性・形式性】

1　良心［個人の内面性］の領域（Gebiet des Gewissens）
2　自然法（自然的法権利［抽象的・形式的法権利］）の領域（G. d. Naturrechts）
3　契約一般の領域（G. d. Verträge überhaupt）
4　市民的契約の領域（G. d. bürgerlichen Vetrags）

【バーク＝ゲンツ『フランス革命の省察』：歴史的・社会的・具体的な客観性】

1　厳格な法権利［具体的・内実的法権利］の諸原理（Prinzipien des strengen Rechts）

2　道徳的な権能［徳律］（Moralische Befugnisse）

3　賢慮（慎慮）［知恵］の諸規則（Regeln der Klugheit［prudentia］）

【主観的な道徳的自我を起点とする初期フィヒテに対して、所与の客観的法権利とこれを前提とする賢慮によって道徳的権能を制約するバーク＝ゲンツ】

その出発点においてドイツの自然法の忠実な似像であるフィヒテの思惟においては、「良心（Gewissen）の領域」によって世界総体が包摂される。諸々の現実の定在に煩わされることなく決断するのは、唯一、外的強制に対して革命的な道徳的自我（das moralische Ich）だけであり、そして、政治的世界の総体は、契約によるその自律的合意（autonome vertragliche Zustimmung）を通じてのみ成立しうる。政治的思惟のすっかり変換されたイメージをすでに示しているのはゲンツの叙述である。ここでは、「（許された［客観的現実によって許容されるかぎりでの］）賢慮（慎慮）（Klugheit）の領域」は、すべての政治的な知恵の諸原理を統一する真実の一点として現れ、諸々の主観的・道徳的な権能（subjective moralische Befugnisse）は、客観的で厳格な法権利の領域によって包み込まれ

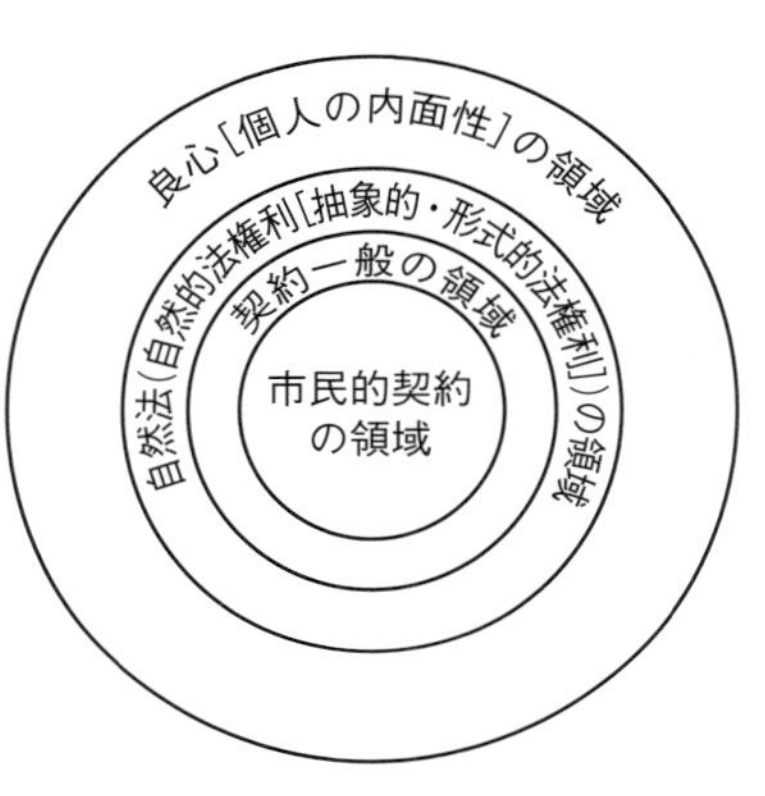

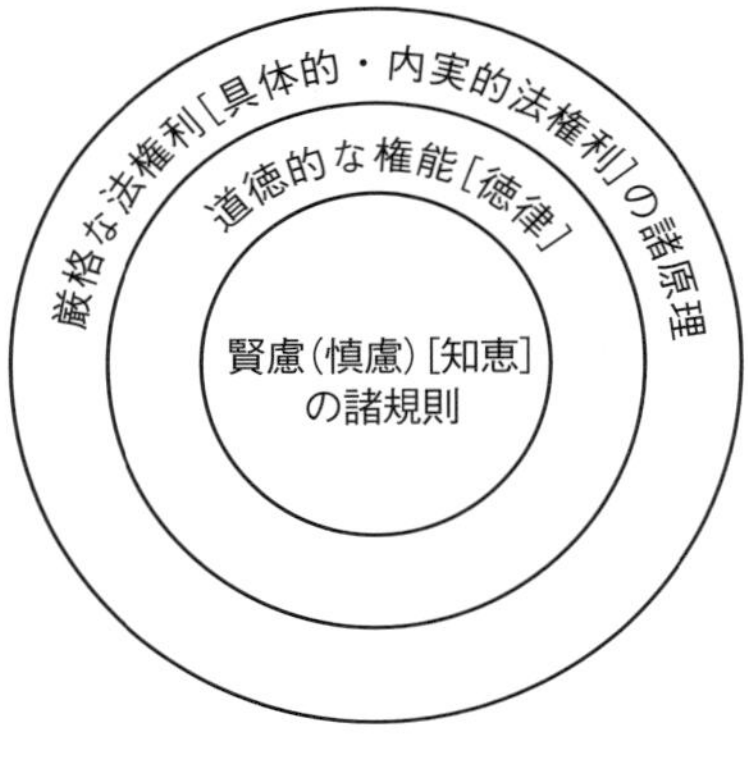

る。

【バーク＝ゲンツの歴史的理解と政治的現実感覚 ↓ ドイツにおける権力国家的思惟】

バーク＝ゲンツの諸思想は、政治的ロマン主義のみならず、ドイツ的精神の総体に対して、途轍もない印象を及ぼし(36)、とりわけ国家や社会にとっての歴史的理解を深め、かくして、政治的現実にとっての感覚（意識）(Sinn) を覚醒し、そして、ドイツにおける権力国家的思惟にとって、もっとも重要な諸前提のひとつであった。

【フランス革命の展開がドイツ人に与えた歴史的教訓】

ゲンツはかれの翻訳の緒論において、次のように予言していた。「フランスは次々と姿かたちを変え、破滅を繰り返し」、かくして、「政治的な放埒と熱狂に対する真剣な警告（となる）であろう」。そして「普通なら歴史がかなり多くの世紀にわたる研鑽に割り当てる大量の教訓は、ここでは数年の活気に満ちた年月の生彩のある画像の中で集約されるであろう」と。二つの方向で、かれの予言は正確であったことになる。予言された諸々の事件は、事実、ドイツ人にとって直に眼にすることのできる政治的教訓となり、普及した著作の政治的諸理念の説得力を並外れて強化した。

【フィヒテの国家観の変容 (1) フィヒテにおける祖国愛と世界市民主義の統一、(2) カント的法治国家のフィヒテ的社会的経済国家への拡大、フィヒテにおける国家権力の意義転換、(3) 外からの形式法の強制の已む文化国家としてのロマン主義的・キリスト教的な習俗規範（人倫）の王国：結局、Machtnation 概念はフィヒテには無縁】

(1) ひとは諸々の精神的復興をあまりに性急にイメージしてはならない。さしあたり、ひとはなお広く圧倒的にコスモポリタン的なものに留まり、そのようなものとして受け取られた教説を、たちまち国民的・権力国家的なものに解釈しなおそう、などとは考えてもみなかったからである。たしかに、フィヒテはすでに一八〇〇年に「冷静なコスモポリタニズム」に反対している。しかし、かれの理想はいつも「祖国愛（Vaterlandsliebe）と世界市民主義（Weltbürgertum）とをきわめて緊密に統一すること」に留まっている。[37] なお一八一三年に、かれは次のように呼びかけている。すなわち、「嗚呼、ドイツ人の幸運が他の諸世界の略奪品への直接的関与からドイツ人を守ったように、その幸運が同じくドイツ人をその間接的関与からも守ってくれますように」と。

（2）かくして、フィヒテは拡張を目的とする国家権力の行使を絶えず峻拒したとすれば、少なからずフランス革命の発展がそうであったような、かれ自身の精神の発展は、初期のアナーキズムから、すでに一七九六年には、かれがいまや庇護的権力として捉えている国家の対内的権力に対する深い理解へと、かれを導いていた。フィヒテの情緒的・社会的な良心は、まもなく、未来にとってきわめて有意義な新しい内容を、まさしくカント的法治国家（Rechtsstaat）に与えることになったのである。かれはこの法治国家を社会的経済国家（der soziale Wirtschaftsstaat）へと拡大する。しかし、この道程において、国民的理念（nationale Idee）は、シラーにとってそうであったのと同じく、フィヒテにとってもやはり、結局、純粋に精神的な事柄であり、非合理的な権力本能とはまるで関係しない事柄にすぎなかったが、こうした国民的理念を介することなく、フィヒテは、結局、一八〇四年には、対内的国家権力に、ひとつの途方もない活動領域を、容認するようになる。「国家にとっておなじみで国家が入手しうる諸個人のすべての力は、国家にとってはその目的を促進するために必要である。というのも、国家の目的は文化であるからである」。[38] いまや、フィヒテがまた認めているところによれば、「国家のそもそもの条件と最初の本質的な指標は、自由な人々が他の人々の意思と監視に服する」、という点にあり、たしかに「文化」はこの服従からはじまるのである。[39] 権力（Macht）と法権利（Recht）との発生的関係についてもまた、いまやまったく別の判断が見られる。すなわち、「現在の人類において法権利を有するものはすべて、（…）法権利の形式（die Form des Rechts）に対立して成立したのである」と。[40]

（3）にもかかわらず、一八一三年の国家論においてもまた、権力はあくまでも下位に秩序づけられた手段であるにすぎない。「法権利（Recht）のためにのみ、自己の法権利と一般的法権利のためにのみ、各人は強制することが許されるにすぎない」。[41]そして、フィヒテは、一八一二年には、きわめて広範囲でロマン主義的・復古的な影響力に身をゆだね、「かれの時代の洞察とかれの民族との頂点に」いる、ひとりの「ドイツ精神へと［民族を］否応なく向わしめる主人（ein Zwingherr zur Deutschheit）」を、望んでいるのであるが、[42]それでもやはり、フィヒテが「強制国家（Zwangsstaat）」にひとつの現存権（Existenzrecht）を認めているのは、かれがその強制国家を、そこではすべての外からの法権利の強制（äußerer Rechtszwang）がなくなる、ロマン主義的・キリスト教的な習俗規範（人倫）性の「王国」（Reich der Sittlichkeit）へと、導いているときだけなのである。「強制国家がこの条件を充たすときにのみ、その強制国家自身は法権利（Recht）を現存させることになるのである。というのは、その条件において、国家は自己揚棄を準備するからである」。[43]トライチュケ［Treitschke］が、この時代のフィヒテは、今日（一八六二年）ドイツの国民的諸政党を動かしている諸理念の最初の名だたる告知者であった人物として挙げているのは、誤りである。[44]フィヒテの目標はいつも、あくまで「人間の顔を有するものすべての平等に基づく自由のために」ということに留まっていたからである。[45]かれの生涯の最後にいたるまで、フィヒテにとって権力国民（Machtnation）という現代的概念は、あくまでも無縁のままであった。だから、一八一三年にもなお、かれは次のように考えているのである。「ドイツ人たちの国民的性格に注目すべき（奇妙な）特徴があるとすれば、それはまさしく、国家なしに、そして国家を超えて、かれらが現存すること、つまり、かれらの純粋に精神的な自己陶冶（教養）、であろう」、したがって、要求されているドイツの統一の実現は、「何らかの特筆される民族的固有性を妥当させるのではなく、

自由の市民を実現する」であろう、と。(46)

【(1) 初期ロマン主義の超主観主義とカトリック教会的超人格的客観主義へのその転化：シュレーゲル (F. Schlegel)、ノヴァーリス (Novalis)、シュライアーマッヒャー (Schleiermacher)、(2) 超人格主義的国家観、(3) ノヴァーリスにおける審美的国家論、カトリック的普遍主義、(4) シュレーゲルにおけるカント的普遍主義からカトリック的普遍主義への移行、(5) ロマン主義における権力からの逃避と権力との同盟への帰着】

(1) 初期ロマン主義 (Frühromantik) はすでにフィヒテに対して深甚なる影響を与えていた。こうした精神と感情との志向は、人間理性に対する不信と魂及び自然の非合理的エネルギーの高い評価とに伴って、ドイツ的権力国家思想 (das deutsche Machtstaatsdenken) のための諸前提を創出した。それにもかかわらず、初期ロマン主義は、過ぎし時代の個人主義の極端な主観主義への上昇を意味しているので、さしあたり、あらゆる集団的権力 (Kollektivmacht) に――国民的それにも――背を向けている。あらゆる特徴的かつ個体的なるものを嗅ぎつける初期ロマン主義の勘 (empfängliche Witterung) は、その初期ロマン主義を、諸民族の生活や国家生活の人格的かつ国民的な諸側面の理解を拡大することに適したものにしたにもかかわらず、初期ロマン主義がひとつの国民的権力イデオロギーになることを妨げたのは、やはり人類を包括する中世的かつキリスト教の教会的な生活共同体へのその憧憬である。青い花の騎士たち (Ritter von der blauen Blume) はすべて、ルネサンスによって引き裂かれたカトリック的調和 (Concordantia Catholica) を惜しみ、すべての権力政治を峻拒する点では、啓蒙主義や人文主義とすっかり同調している。しかしながら、個人が未知の諸力に――歴史的に与えられたものに――必然的に依存していること、そして、自然法によって原子化された世界が内的に結びつけられていること、これらのことをかれらは強調するのであるが、このことを通じて、かれら [青い花の騎士たち] の主観主義は補完され、後には克服される。すでに［一七］九〇年代の中頃には、われわれはフリードリヒ・シュレーゲル［Friedrich Schlegel］とシュライアーマッヒャー［Schleiermacher］がカントの合理主義から離脱するのを見る。カントの倫理学はかれらには習俗規範（人倫）的（sittlich）というよりも、むしろ「法律学的（juridisch）」に見えるのである。(47)

（2）きわめて現代的な印象を与える多くの言葉がすでにきわめて初期に、このサークルにおいて聞かれるようになる。かくして、ノヴァーリス［Novalis］は、すでに一七九八年に次のように考えている。すなわち、「市民たちを公共的な信条（öffentliche Gesinnung）へと教育することによって」、古い国家を、「この機械を、生きた自律的な存在に変える」べきである、と。(48)というのは、別のところで述べられているように、「すべての文化は、ひとりの人間と国家との諸関係から発するからである」。(49)しかし、フリードリヒ・シュレーゲルは、すでに一八〇四年―〇六年のかれの講義において、決然と次のように考えている。すなわち、「あらゆる国家は、それだけで自立して存立する個体であり、無条件にそれ自身の主人であり、それの固有の性格を有し、固有の法律や慣習に従って統治される」と。(50)ここでは国家は、すでにまったく超人格主義的なものとして評価されて、現われている。

（3）しかしながら、初期ロマン主義のこのように国民的でかつ現代の現実政治的なニュアンスを響かせているこれらの諸価値は、あまり真剣に受け取るわけにはいかない。これらの人物たちはすべて、ロマン主義的な芸術家であったのであり、かれらにとっては、一方で十字架がその魅力を、他方でまた国家がその人格的美を、有していたのである。けれどもかれらはやはり、かれらの本質に基づき権力国家を峻拒し、そして世界市民に留まった。一方の人たちは、よりカトリック的・普遍主義的な色合いを、他方の人たちは、より合理主義的・民主制的な色合いを帯びている。かくして、ノヴァーリスは次のように考えている。すなわち、真に完全な国家は「詩的」国家（der "poetische" Staat）であり、(51)「ドイツ精神（Deutschheit）はコスモポリタニズムであり、きわめて力強い個体性（Individualität）を混合されている」と。(52)そして、かれは一七九九年には、「きみたちの国家が大地に向かう傾向を保持するとき」、すべての支柱はあまりにも脆弱であると見ている。「しかし、きみたちがその国家をひとつのより高い憧憬によって天の高みに結びつけ、その国家に宇宙とのひとつの関係を与えるならば、そのとき、きみたちはその国家の中に決して疲れることのない羽をもち、そして、きみたちの努力が豊かに報われるのを見ることになろう」。ノヴァーリスが「聖職者の権力」によって取り除くことを願っているのは、個々の国民たちの間における権力闘争である。[53]

（4）自然法的コスモポリタニズムから出発していたフリードリヒ・シュレーゲルもまた、一七九六年にはなお、カント的法治国家思想、「自由と平等」、「すべての国家の普遍的共和主義（der universelle Republikanismus）」、そして「永遠平和」を代表していたが、最後にはやはり、同じようにカトリック的普遍主義（der kathorische Universalismus）へと移行した。この時代には、国民を「隔離すること（Absonderung）」が「制限」かつ「悪」と、そして、宗教に基づく超国民的帝国（übernationales Kaisertum）が政治的理想と、かれには見えているのである。[54]

（5）いずれにしても、初期ロマン主義の極端な主観主義は、どうみても政治的には、権力国家思想に係わることはなかったのである。人格的かつ政治的な主観（主体）性と、内外の革命から逃れ去るために、ロマン主義が手を伸ばしているのは、国民的な権力共同体の客観的理想ではなく、それによって国家もはじめてその権威を保持する、カトリック教会の超人格的客観性である。ロマン主義は、こうした権力の世界からキリスト教的倫理の世界に逃れ出て、ようやくはるか後に、キリスト教的な愛と、メッテルニヒ［Metternich, Klemens Wenzel Nepomuk Lothar, 1773-1859］の――そして最終的にはまた、プロイセンの――権力政治との同盟に入り込むのである。

【啓蒙主義者とロマン主義者の共通の敵としての権力国家】

したがって、われわれが一八〇〇年前後のドイツ民族（das deutsche Volk）の政治的な精神の体制

(Geistesverfassung) を概観するならば、われわれは次のようなマイネッケの判断に、すなわち、「啓蒙主義者とロマン主義者は、旧体制 (ancien régime) の――かれらの意見に従えば、非倫理的 (unethisch) な――国家において、しかし本来的には、総じて権力国家 (Machtstaat) において、一つの共通な敵をもったのである」という判断に、同意することができる(55)。

【人格主義的・自由主義的個人主義＝世界市民主義的共和主義における反権力国家思想】

当時のドイツには、文学的に彫琢されたそれとは異なる公論は、まったくなきに等しかった。たしかに、[一八] 世紀末頃には、政治的出版の最初の萌芽がゲッティンゲンで形成されてはいた。しかし、この政治的出版もまた、シュレーツァー [Schlözer] によって、とことん自由主義的な反権力的意味で編集されていた。支配的な人格主義的思想が個人に認めるのは、絶対的自立性の権利とひとつの習俗規範 (人倫) 的価値であり、政治的理想は概して道徳的・教育学的な理想の陰に隠れている。まったく一般的に政治的理想として通用するのは、コスモポリタン的・共和主義的な理想である。ひとはすべての権力国家的政治の諸根拠を王朝的利害の中にだけ求めているので、ひとはこのすべての権力国家的政治が終焉することを期待しているのである。国家意識 [家郷への愛着] (Staatssinn) や祖国愛 [父祖の地への思い] (Patriotismus) は――レッシングがかつて述べているように――「英雄 [共同体への埋没を脱する自立的個人] の衰弱 (heroische Schwachheit)」の証とされ、そして当時、行為、人間あるいは社会 (Gesellschaft) について「祖国愛的 (patriotisch)」という形容詞を耳にするところでは、それは殆ど今日のわれわれの "sozial" (連帯、紐帯、社会福祉に係わる) という意味で用いられている。

【対外的・対内的な政治的権力諸関係への関心の欠如：倫理的当為としての民衆による共和主義的自己統治】

「ところで、ひとが対外的に権力政治のあらゆる感情に——なお概して無縁に留まったことによって、ひとは対内的にもまた、政治的諸関係において第一に権力関係を見るということから出発しなかった」[56]。対外的政治には殆どまったく関心が存在していないし、対内的政治においては、同様に、ひとは民主制的・共和主義的な諸制度によって、従来の王朝的な権力統治を倫理化すること（Ethisierung）を望んでいる。さしあたり、ひとはまた、諸々の対内的な国家関係の形式転換のために政治的な権力手段を用いるには、いまだなお程遠いところにいる。当時の革命家たちは、唯一理念の力だけに期待していた。一七八七年の『ベルリン月報（*Berliner Monatsschrift*）』の一記事は、「君侯たちの不死性への一つの新たな道」というタイトルが付されているが、以下のような、この時代にとって非常に特徴的な計画を展開している。すなわち、ひとは、［いまのところ］あらゆる共和主義［思想の普及］にもかかわらず、あらゆる善きもの（財）を——同じくまた総じてあらゆる権力（全能）を——安んじて君侯たちに委ねているのであるが、［やがて］これらの君侯［啓蒙専制君主］たちは、［民衆］教育［上からの啓蒙］によって、かれらの民衆たちが共和主義的な自己統治（republikanische Selbstregierung）を［みずから］行なうべく準備し、後には退位して、共和国（Republik）を告知することになろう、と。この時代の並外れて高揚した法権利や習俗規範（人倫）性についての感情こそ、かれらがすべての存在をかれらの倫理的当為の尺度に置き換えることを強いたのであり、いずれにしても、またしばしば、この時代に単に要求された状態をすでに現前する存在と思わせていたのである。

【ドイツにおける国民的権力国家思想の告知者としてのヘーゲル】

こうした諸世代が、しばしば知らなかった、しかし大抵は意識的に峻拒したこと、すなわち、「①習俗規範（人倫）的なこと（das Sittliche）は、総じて、その普遍的な側面と並んで、また個体的（個人的）に限定（individuell bestimmen）された側面を有すること、そして、②この側面からまた、国家の権力エゴイズム（der staatliche

Machtegoismus）という見かけの非道徳（Unmoral）が習俗規範（人倫）的（sittlich）には正当化されうること[57]」——こうしたことをドイツ民族に最初に教えた思想家、現代的な権力国家をドイツにおいて告知した最初の思想家、これこそがまさにヘーゲルであった。

第二部　ヘーゲルにおける権力国家思想

第一章　青年期ヘーゲルの政治思想の展開

【初期草稿ですでに示されているヘーゲルの個人的資質（権力国家思想）とその時代】

ヘーゲルはかつて次のように述べている。すなわち、「かれの時代が欲し明言していることを、その時代に対して、語りかつ成就する人、かれこそその時代の偉人（der große Mann）である」と。権力国家思想（Machtstaatsgedanke）はその時代の諸傾向の中にあったが、しかしそれはまた、その哲学者のとことん個人（人格）的な資質からも発している。二つの理由からして、われわれはその［権力国家］思想の根底にあるものを、はじめにヘーゲルの青年期の草稿において発展史的に跡付け、それからそれを体系的に呈示することにしよう。ヘーゲルの最初の――およそ世紀の転換期に至るまでの――きわめて興味深い文学的な時期は、政治的には決して充分には評価されなかったのであるが、しかしヘーゲルの成熟した国家論の理解のために基本的な重要性を有しているだけに、それだけこのやり方が必要であるように思われる(1)。

【ローマ史におけるマキアヴェッリ主義的（冷徹な）権力のリアリズムへの着目】

この発展期におけるヘーゲルは、哲学的にはさしあたりカントの影響下にある。けれども、ヘーゲル思想のわれわれに伝えられている最初の証言においてたちまち、カント的合理主義にまったく対置されている、ある生命感情が告知されている。眼を見張らせるほど並外れて特徴的なのは、われわれにアントニウス、オクタヴィウス［オクタヴィアヌス］、レピドゥスの間の談話を描き出している、一七八五年五月三〇日の日付のついた論稿である。(2) そこでは、いかにしてローマの支配を首尾よくわがものにしうるのか、これについて勝者たちがまさにマキアヴェリ主義的流儀で談義している。ローマ人たちは、「羽のようにあちこちに吹き飛ばされている（ことに甘んじていた）。兵士は、敵のそれと同じく市民の血を撒き散らすことにすでに慣れている。そしてわれわれはこういう兵士を味方につけている。下層の賤民には、穀物あるいは金銭と見世物で間に合っている」。「こうしたことにわたしはこころを砕くつもりだ」と言って、レピドゥスは立ち去る。そこで、オクタヴィウスは思案している。「いまわれわれは、かれを必要としている。しかし、思うに、われわれは生涯の経歴のゴールに達しようとしている。思うに、われわれは充分防備を固めている。ただちにわれわれは、かれには相応しくない名誉職からかれを解任し、かれに閑職をあてがい（冷や飯を喰らわせ）、あるいはかれをまったく始末して、かれがわれわれのために植え収穫した穂を喰らい尽くそう」。さらに、アントニウスの退場後、オクタヴィウスは独白する。「まずは間抜けな男が、その後に高慢な男が立ち去った」。アントニウスは「淫蕩の中で転げまわることだろう。わたしは長くそれを許容し、黙認するだろう。だが、かれが心身ともに衰え、蔑まれるようになったら、そのときこそ、ようやくわたしは頭をもたげ、かれにわたしの偉大さを見せつけてやるつもりだ。そして、そうなれば、皇帝か、しからずんば無か（*aut Caesar aut nihil*）、というわけだ」。

【道徳から自由に権力を渇望する現実政治家】

なんとも、これは、イデオロギーなしに権力を評価することを心得ている三人の現実政治家の注目すべき客観的な性格づけであるが、ヘーゲルがあきらかに共感を寄せているのは、三人の中で目標を自覚し、もっとも道徳から自由であり、かつ権力を渇望している現実政治家［オクタヴィウス］である。ここで語っているのが、啓蒙主義とはじまりつつあった心情と感情の横溢［ロマン主義］との時代に生きている、一四歳にも足らない少年［ヘーゲル］である、ということを考慮するならば、この論稿は、あきらかなシェイクスピアの影響を差し引いても、眼を見張らせるほど特徴的なものである。

【実用的歴史（pragmatische Geschichte）】

この時代のヘーゲルの日記は、いかなる種類の感情や道徳的思案も露呈していない同じく客観的な印象を与えている(3)。そこでは、最初の書き込みの中で、教会の説教について記されている。「わたしが他になにも留め置かなかったとしても、わたしの歴史的知識はやはり増やされていたであろう」。かれはこうして獲得したものを何年にもわたる一覧表によってみずからに証明している。何日か後に、この少年は次のように記している。「すでに長きにわたって、わたしは、実用的歴史（pragmatische Geschichte）とは何か、このことについて思案してきた。いまや、わたしはそれについて、かなり曖昧で一面的ではあるが、ひとつの理念を獲得した。思うに、ひとが諸事実を枚挙するだけでなく、有名な一人物、一国民全体、それらの習俗、慣習、宗教、そして他民族のこれらとのさまざまな差異や偏差を調べ上げ、諸々の大帝国の興亡を丹念に跡付けるとき、実用的歴史［現在の生活や活動の指針となりうる実際に役立つ現実的知識］というものがあり、これは、あれこれの事件や国家の変遷が、国民の状態（Verfassung der Nation）、その性格等々に、いかなる結果をもたらしたのか、このことを示している、云々」と。

【憲政秩序（国制・国柄）と国民性の関係：民族精神から世界精神へ】

「この若きヘーゲルの中には、ひとりの偉大な歴史家の資質があった。しかも、それはかれが歴史の関連を諸関係の中に確定することを企てた以前に、そうであった」と正しくディルタイ［Dilthey, Wilhelm, 1833-1911］は指摘している。(4) しかし、ここでは、この少年［ヘーゲル］は、諸々の歴史的特殊性に注意を向けて、それらの理性的結合についても考え、統一体としての一民族が産み出すものすべてを把捉することを試みている。当人には、抽象的・理論的な歴史観も、同じくまたかれの時代の細部にこだわる歴史観も、無縁であり、かれは実用主義（Pragmatismus）にひとつの新しい意味を与えるように努めている。諸民族を宗教的、倫理的、政治的な性格を伴う一全体として考察すること、憲政秩序（国制）（Verfassung）と国民的本質存在（nationales Wesen）とが相互に条件づけられていること、これらのことが、すでにいまやヘーゲル思想の目立った特徴である。これに対して、「形而上学的欲求」の兆候をこれらの日記帳の中に探しても無駄であろう。それらの半分以上は、かれの伝記作者が考えているように、「体験的素材の欠如から」、かれのラテン語のスタイルを完成させるために充てられている。疑う余地のないことであるが、かれは歴史を介して哲学者となり、民族精神（Volksgeist）から世界精神（Weltgeist）に至ったのである。

【範型としての古典古代とドイツ近代の現実：国民の形式と内実】

古典古代の詩人について一七八八年に認められた一論稿の中には、次のような件が見られる。「われわれの古代や近世のドイツ人たちの諸活動は」、古典古代とは対立して、「われわれの国柄（国制）（Verfassung）と絡み合っていないし、それらの記憶はまた、口承によって獲得されていない。「われわれの諸関係がギリシア的なものであるならば」、文学ははるかに深く民族の中に浸透していたであろう。しかし、さらにこうも言われている。「ドイツ人たちが外国の文化なしに次第にみずからを洗練させていたならば、かれらの精神は疑いなくもうひとつの別の道を歩み、われわれは、ギリシア的それから形式を借りたものではなく、固有のドイツ的演劇を有することになったであろう」[5]。われわれはすでに、従来大抵は胡散臭いものとされてきた強い国民的感情（Nationalgefühl）をもって、同時にギリシア的ポリスが国民的理想（nationales Ideal）として、しかし、いつも精神的な国民生活（Nationalleben）が、政治的諸関係ときわめて密接に結びついて現われることを理解している、と。

【初期ヘーゲルのキリスト教理解における二つのアスペクト：宗教と国家、キリスト教と政治の関係：カント主義的キリスト教理解とキリスト教批判】

こうした政治的諸問題と並んで、すでに初期からヘーゲル思想においてひとつの大きな役割を演じているのは、とりわけキリスト教の本質である。わたしの見るところ、いつもくりかえしかれをこれらの問題に連れ戻しているのは、かならずしも宗教的欲求というわけではない。かれが係わっているのは、なかんずく宗教と国家、キリスト教と政治との関係である。この時代のきわめて昇華された宗教的な哲学的教説（Philosophem）の中から、ひとは遠因（causa remota）として、国家、国民、社会（Staat, Nation, Gesellschaft）を検出しうる。キリスト教に対するかれの態度は実に錯綜しており、決して一義的ではない。一面では、かれはなお概してカント及び啓蒙主義的な道徳の精神にあって、キリストを理性的な民族教育者（Volkserzieher）と見なしていながら[6]、［他面では］――奇妙なことに同時に――かれはキリストとその教義に対してまさしく敵対的な関係にある。この二重の相貌は、ヘーゲルにとって、かれの後期の同一哲学（Identitätsphilosophie）ゆえに、とりわけ興味深い。

【此岸を肯定する客観的世界観：善悪の彼岸における生命や力への意思：すべての価値の転倒：ニーチェ的キリスト教批判の先駆的契機】

ヘーゲルは、すでにかれの最初の諸草稿において告知されている、エネルギーに満ちた此岸を肯定する客観的な世界観の全面的根拠づけや一貫した形成を、まさしくキリスト教との細部にまで立ち入った論争に負っているように思われる。［一方では］わたしは、かれの時代にとって斬新な生命感情（Lebensgefühl）――これをひとは善悪の彼岸の生命や力への意志（Wille zum Leben und zur Macht jenseits von Gut und Böse）をもってもっともよく書き換えることができるであろう――を、ここでの引用によって汲みつくすことはできないと思う。けれども、他方では、この時代に成立するヘーゲルの労作［草稿］は、わたしには、告知されている新しい国家観にとってのみならず、ドイツ精神の一般的変容にとって、きわめて大きな意義を有し、それが現代的諸見解と、とりわけニーチェのそれらと、パラレルである点において、何よりも興味深いものに思われる。それゆえに、わたしは、ヘーゲルが一七九六年に構想した、すべての価値の転倒（Umwertung aller Werte）という大胆なイメージを、かれ自身の言葉で再現させるつもりである。

ヘーゲルは、この労作［草稿］において、(7) キリスト教的宗教によって異教的宗教が排除されるに至った諸原因を探求している。

【伝統的民族宗教の解体】

「何世紀このかたその国にしっかり根をおろしていた宗教、そしてもっとも奥深いところでその国制（Staatsverfassung）と結びついていた宗教が、放逐されるというようなことが、どうしてありえたのだろう？　その都市や王国の創設にあずかって力があったとされてきた神々、その民族が事をおこなうごとに祝福を求めていた神々、その旗印のもとで軍隊が無敗を誇ってきた神々、軍隊が勝利を感謝してきた神々、人びとが楽しいにつけ歌を捧げ、真剣になるにつけ祈りを捧げてきた神々、その神々の祭壇、宝物、神像が民族の誇りであり、芸術の栄誉であった神々、その神々への崇敬と祝祭とが民族すべての悦びの機縁以外のなにものでもなかった神々、この神々への信仰がやむというようなことが、どうしてありえたのだろう?――人生の網の目の中に一〇〇〇本もの糸で編みこまれていた信心が、この網の目からもぎはなされるというようなことが、どうしてありえたのだろう?」〔『ヘーゲル初期神学論集』I、ヘルマン・ノール編、久野昭・水野建雄訳、一三二頁以下参照。〕

【悟性の啓蒙】

「かの問いに対する通常の解答と表現、悟性の啓蒙や新たな洞察（Aufklärung des Verstandes und neue Einsicht）等々は、ひとがよく用いるものであるが、われわれには実に耳慣れているので、われわれは、そこで考えるべき大事な事柄やすべてのことを、それで説明したと誤って思い込んでしまう」。「けれども、あの異教徒にだってやはり悟性（Verstand）はあった、そのうえ、かれらはすべての偉大な、美しい、高貴な、自由な事柄について、いまなお、大いに、われわれの模範であって、これほどの人間たちがわれわれとは無縁の種族であった、とはわれわれはただ驚くばかりだ、という単純なことに気づいていた人は、――上で提示された問いに、かのように答えても、まだ疑問が充分に解かれているとは思わないであろう」。

【権力と自由の喪失】

ヘーゲルの見解によれば、まさしく古典古代の諸民族の、政治権力、個人的かつ国民的な自由、これらの喪失に伴って、かれらの宗教もまた没落せざるをえなかったのである。

【ギリシア的・ローマ的（古典古代的）自由の喪失】

「ギリシアやローマの宗教は、もっぱら、自由な民族（freie Völker）のための宗教でしかなかった。だから、ギリシア人やローマ人が自由（Freiheit）を喪失するにつれて、その宗教の意味、力、また人間にとってその宗教がもっていた妥当性も、失われていったにちがいない。軍隊にとって、弾薬を使い果たした大砲が何の役に立つだろう？——そうなれば、軍隊は別の武器を捜さなければならない。もし流れが干上がってしまったら、漁夫にとって、魚網が何の役に立つだろう？」

【自己定立した徳律・法律に能動的に準拠する古典古代的自由人：徳（arête）と行為（ergon）】

「かれらは、自由人（freie Menschen）として、自分たち自身が定めた法律（Gesetzen）に従い、自分たち自身が自分たちの指導者として立てた人物に服従し、自分たち自身が決めた戦争に従軍し、自分たち自身の事柄におのが財産、おのが情熱を傾け、幾多の生命を捧げた。かれらは、教えも学びもしなかったが、あくまで自分たち自身のものと呼べるような徳の格律（Tugendmaximen）を、行為（Handlung）を通じて実践した。公の生活においても、私的な、家庭の生活においても、だれもが自由人であった。だれもが自分なりの掟（Gesetze）にしたがって生活した。自分の祖国（Vaterland）、自分の国家（Staat）という理念が、そのためにこそ自分がはたらき、それによってこそ自分が動かされる、眼にこそ見えね、気高いものであった。これこそが自分にとってこの世界での最終目的、いや、自分の世界の最終目的であった。この最終目的が現実に現れているのを、だれもが認めた。そうでなくとも、だれもが、この最終目的を表すのに、それを守っていくのに、自分なりに協力した。この、自分の国家という理念を前にしては、個人としての自分は姿を消した。だれもが、この最終目的を守っていくこと、それを生かすこと、それの存続することのみを切望し、また自分でも、これを実現しえたのである」。

【人間の意思の自由：神々の掟と人間の掟の相克】

ギリシアの神々、「この自然の支配者たちに対して、この力それ自体に対して、人間は、この神々の意に反するに至ったときは、みずから、自分の自由を対立させることもできた。かれら人間の意思（Wille）は自由（frei）であったし、自分自身の掟（Gesetze）に従っていた。かれらは神の定めた掟（götterliche Gebote）を知らなかった。あるいは、かれらが倫理上の掟（Moralgesetz）を神の定めた掟と呼んだにしても、その掟は、かれらにとっては、どこにも、どんな文字によっても、与えられていなかった。それは眼に見えないままにかれらを支配していた。（『アンティゴーネー』［ソフォクレース］の場合［神々の掟（オイコスの掟）と人間の掟（ポリスの掟）の二律背反］がそうであるように。）［Vgl. Hegel, *Phänomenologie des Geistes*, Werke 3, S. 342ff.］しかも、かれらは、その意思が善い意思であれ、悪い意思であれ、各自が自分なりの意思をもつ権利（das Recht eines jeden, seinen Willen, zu haben）を認めていた。善い人々は、自分に対しては、善良であれという義務を認めていたが、しかし同時に、他人の自由、善良でないことも可能だという他人の自由を認めていた。だからこそ、神の定めた倫理（Moral）であろうが、自分で定めた、あるいは抽出した倫理（Moral）であろうが、それを他人に押し付けがましく立てるようなことはしなかったのである」。

【祖国のために一身を捧げうる徳（気概・力量）を備えた自由人たちの自己支配としての最優秀者支配（aristokratiā）】

自由人たちによって貴族制（Aristokratie）［最優秀者支配］に認められた権力（Macht）は、まもなくこの権力によって「力づくで主張された。そして、すでにこの可能性は、モンテスキュー［Montesquieu Charles de

Secondat, 1689-1755〕が徳（Tugend）の名のもとに共和制（Republik）の原理とし、そして、共和制のために祖国（Vaterland）において実現しているひとつの理念のために、個人を犠牲に供しうる、感情と意識——これらの喪失を前提にしているのである」。

【自由人の共同体（Verein der freien Menschen）（aristokratiâ, tîmokratiâ）の寡頭制（origarkia, plutokratia）への転化：古典古代的ポリス的自由の消滅：Republik の形骸化：原子論的個人とその有用性】

「己の活動の産物としての国家像は、市民（Bürger）〔国家市民〕の魂から消え失せた。全体に心を砕き、全体を眺め渡していたのは、ただひとりの、あるいはごく少数の人間の魂だけであった。だれもが、自分に割り当てられた、多かれ少なかれ限られた、他人の場所とは違う場所に閉じこもっていた。ごく僅かな市民にしか、国家という機械の統治は委ねられていなかったし、市民は他の歯車と噛み合ってはじめてはたらく個々の歯車としてしか、役立たなかった。——全体を細かく刻んでひとりひとりに割り振った部分は、全体との関係からすれば、まことに取るに足らないものだったから、個人がこの関係を知るあるいは眼にする必要はなかった。国家にとっての有用性（Brauchbarkeit im Staat）が、国家がその従属者たちに課した大目的であった。そしてかれらがその際自分自身に課した目的は、生業と生計（Erwerb und Unterhalt）、そしてさらには、なにか空しい虚栄心（Eitelkeit）であった。すべての活動、すべての目的が、いまや個人的なもの（das Indivuduelle）に係わり、もはやひとつの全体、ひとつの理念のための活動はなかった。だれもが自分だけのために労働するか、あるいは他の個人のために労働を強いられるか、このいずれかであった。自分が自分で定めた掟に従う自由、平時に自分で選んだ役職者、戦時に自分で選んだ将軍に服従する自由、自分が協力して決めた計画を遂行する自由（die Freiheit, selbstgegebenen Gesetzen zu gehorchen, selbstgewählten Obrigkeiten und Heerführern zu folgen, selbstmitbeschlossene Pläne auszuführen）は失われた。すべての政治的自由（politische Freiheit）は失われた。法権利（das Recht）が与えるのは、財産の安全の法権利（ein Recht an Sicherheit des Eigentums）だけだった。いまやこの財産がこの個人の世界を充たすすべてであった。亡霊（Ersheinung）が、この個人から、かれの諸目的が織りなす網の全体を、かれの生命全体の活動を、引きちぎった。こうした死は、かれにとってはなにか驚愕すべきことであったにちがいない。というのは、かれの後にはなにも生き残らなかったからである。共和制国家市民（Republikaner）亡き後も共和制国家（Republik）は生き残っていたし、そして、かれには、かれの魂である共和制国家はなにか永遠のものである、という考えが思い浮かんでいたからである」。

【主人（治者）と奴隷（被治者）の関係の転倒：宗教の堕落：自己疎外態としての国家と宗教】

「なにか堅固なもの、なにか絶対的なものへの信仰を欠いていた、こうした状態の中で、どんな悦びも伴いえなかった国家、神々の礼拝に際して市民がただその圧力だけを感じていた国家、その国家の祝いごと、その国家の祝祭に楽しさを持ち込もうと思っても、楽しみはすでに市民生活から逃げ去って、持ち込むことができなかった国家の中で、ほとんどの場合、奴隷（Sklave）がただでさえその主人（Herr）よりも、まず生まれつきの素質の点でも教養の点でもすぐれていて、もはや主人が自分以上に自由であり独立しているとは認めえなかった状態の中で、人間たちに提供された宗教は、すでに時代の要求に適っていた宗教、同様の堕落ぶり、同様の、ただ色合いだけが違う空しい虚栄と欠陥（Leerheit und Mangel）を示している民族の間で発生した宗教か、あるいは、自分たちが欲し求めているものを人間がそこから形づくり、そういうものにしがみつくことができた宗教か、このいずれかである」。

【意思と思惟を有する人間の自己疎外態としての神格】

「理性（Vernunft）は、どこかしらに、絶対的なものを、自立的な実践的なものを、見いだすことを決して断念できなかったが、そういうものはもはや人間の意思（Wille）の中には見いだせなかった。理性にとって、そういうものがなお姿を見せていたのは、キリスト教が理性に提供してくれた神格（Gottheit）の中でのこと、つまり、われわれの力（Macht）、われわれの意欲（Wollen）の領域外でのことであった。但し、われわれの嘆願（Flehen）、われわれの祈願（Bitten）の領域外ではなかった。だから、ある倫理的理念（moralische Idee）の実現を願うことだけはできたが（というのは、ひとが願うことができることを、ひとは自分で成就しえず、ひとはそれをわれわれが余計なことをすることなく獲得することを期待しているからである）、それをもはや欲しえなかった」。

【ユダヤ民族の逆説的運命：独立（自律的自己保存）の気概と力量の有無：他民族への隷属とメシア信仰か、あるいは抵抗の果ての滅亡（玉砕）か】

「ユダヤ人の国家が独立して自己を保持する勇気と力（Mut und Kraft, sich unabhängig zu erhalten）を自分自身の中に見いだしていたかぎり、われわれは、ユダヤ人たちがメシアへの期待をかれらの逃避の場にしたことはめったになかった――あるいは、多くのひとが望むように――決してなかった、と思う。われわれの見るところ、かれらは、異国の圧制の下で、自分たちは無力で弱いという感情をいだくようになって、はじめて自分たちの聖書の中にこのような慰めを掘り当てるのである。当時、かれらの前にメシアが姿を現したとき、そのメシアはかれらの政治的希望を満足させなかったから、この民族は、自分たちの国家がなおひとつの国家（Staat）であろうとする労苦をそのかいのある労苦と見なした。いかなる民族がこれに無関心であろうか。これに無関心であるような民族は、たちまち民族（Volk）であることをやめてしまうだろう。その後まもなく、ユダヤ民族は、そのメシアへの惰性的な希望を投げ捨て、武器を手にした。きわめて感動的な勇気を奮い起こして、つくしうる人事のすべてをつくし、人間の受けうるもっとも戦慄的な悲惨を耐え忍んだ後に、その都市の廃墟の下におのが身とおのが国家を埋葬した。

かくして、①もしも、一民族がみずからの独立のために果たしうることは何か、この感情が［われわれに］それほど無縁でないとするならば、そして、②もしも、われわれが、じぶんたちは己の［道徳だの法だのといった、後知恵で賢しらな］意見を主張するために一指だに動かしてもみないくせに、［奴隷的境涯に甘んじることを潔しとしないで滅亡して果てた］一民族［ユダヤ民族］に対して、その民族がみずからの事柄（使命）として果たすべきであったのは、みずからの事柄（使命）［民族の独立と自由のためにたとえ滅亡して果てても戦い抜くこと］ではなく、われわれの意見［自己保存を自明とするわれわれの常識、あるいは形式的道徳、抽象法］であったのであり、そして、こうした意見に従って、生き死にすべきであったのだ）、などと指示しようとする気にならない（思い上がってご託宣を垂れてみようなどとしない）ならば、こうしたとき（①、②）には、［滅亡して果てた］ユダヤ民族［玉砕して果てたユダヤ人］は、歴史においても、諸国民の意見においても、カルタゴ人（Karthaginienser）［BC.146年、ローマによって殲滅される］とサグントゥム人（Saguntiner）［ギリシア植民市、ローマの盟邦、BC.291年、カルタゴの攻撃で滅亡］と並んで、ギリシア人やローマ人よりも、より偉大なものとして、記憶に留まったであろう。なにしろ、ギリシア人やローマ人の諸都市はかれらの国家の滅亡後も生き延びたのであるから」［Die Positivität der christlichen Religion. Zusätze, Werke 1, *Frühschriften*, S. 209］。

［ヘーゲルの草稿からヘラーが引用しているこの件《くだり》は内容的にきわめて興味深いところであるが、ヘーゲルの文章そのものが整序されていない。ここではM. MoldenhanerとK. M. Michelが新たに編集したテクストから訳出した。］

【此岸と彼岸の転倒：自己疎外の脱却】

「往時に試みられたことはともかく、われわれの時代に格別に残しおかれたままであるのは、天に向けて投げ売りされた財宝を、人間たちの所有物（Eigentum）として、少なくとも理論的に返還要求（vindizieren）することである。しかし、いつになったら、ひとは、こうした所有権（Eigentum）を通用させて［それを］みずからに占有取得（besitzen）する力を、有することになるのであろうか？」

【苦難・悲惨・恥辱・不能を矜持・神聖とし、勇気・力量・名誉を罪悪とする自己欺瞞】

「堕落した人類（人間たち）は、倫理的側面（moralische Seite）そのものからすれば軽蔑されざるをえなかったが、いつもは神の寵児（ein Leibling der Gottheit）として自尊の念をいだいていた。だから、こうした人類（人間たち）のふところの中で、人間というものは本性上堕落しているとの教説は産み出され、しかも悦んで受け入れられたにちがいない。この教説は、一方では、経験に合致していたし、他方では、罪（Schuld）を他人に転嫁したり、悲惨（Elend）の感情そのものの中に矜持（Stolz）の根拠を見出したりする、そういう自惚れ（Stolze）を、満足させたからある。この教説は、ある力の可能性（Möglichkeit einer Kraft）を信じうるということを罪悪（Sünde）としたことによって、恥辱（Schande）であるはずのものを、名誉（Ehre）にし、かの不能（Unfähigkeit）を神聖なもの、永遠なものにしてしまったのである」。

【国家と教会、自由と隷従、天上と地上の交替】

「教会という理念が、祖国、自由な国家にとってかわった。前者（教会）が後者（国家）と区別されたのは、前者（教会）においては自由の占めるべき場所がありえなかったことは別にしても、後者（国家）は地上で完成されたが、これに対して、前者（教会）はきわめて親密に天国と結びついていたからである。」

【ヘーゲル戦争論の萌芽：平和における安楽・怠惰・倦怠・恥辱・利己、戦争における緊張・勇気・名誉・矜持・利他】

「ある民族がおかれている状態の中で、もしあらゆる政治的自由が絶滅されたあげく、国家への一切の関心が姿を消すとすれば（というのも、われわれは自分がそのために活動しうるものにしか関心を寄せえないからである）、またもし人生の目的が、ただ日々のパンを手に入れて、多かれ少なかれ安楽な、あるいは裕福な暮らしをすることだけにかぎられ、国家への一切の関心が、ただ国家を維持すればわれわれがこのような暮らしをすることが許されるとか、そういう暮らしが続けられるとかの、希望だけにかぎられているとすれば――そしてまったく利己的（selbstsüchtig）なものであるとすれば――、われわれがその時代の精神に認める特徴の中には、兵役拒否（Abneigung gegen Kriegsdienste）ということも含まれているに決まっている。というのは、兵役というものは、一般に広く抱かれている願望、落ち着いた単調な生活を享受したいという願望とは、反対のものだからである。兵役には煩わしさがつきものだし、もっと何かを楽しんでいられるという可能性の喪失、つまり、死ということさえつきものであるからである。あるいは、怠惰、道楽、または倦怠の果てになお自分に残っているこの死という最後の救済手段をうまく手に入れて、自分の欲望を満足させようと思う者も、敵を目の前にすれば、ただの臆病者でしかないであろうからである。このような抑圧状態、政治的に無為の状態の中で、多数のローマ人が、逃亡したり、買収したり、みずから手や足を傷つけることによって兵役を拒否したことを、われわれは知っている。また、このような気分をもった民族には、その時代に支配的であった精神、倫理的無力（moralische Ohnmacht）、踏みにじられてしかるべき不面目に、受身の服従という名の下に、栄光や最高の徳という印を打ってくれる宗教、その宗教の操作によって、他人から受けた侮辱や、自分は汚辱にまみれているという自己感情が、名誉や矜持に変わっていくのを見て、人間が悦びと驚嘆の念を禁じえない宗教、人間の血を流すのは罪だと人間に説教してくれる宗教は、歓迎すべきものだったにちがいない」。

【啓蒙主義的でもロマン主義的でもない新しい生命感、ギリシア世界（古典古代共和国）へのルネサンス的憧憬】

以上、われわれは青年期ヘーゲル［の草稿から、政治と宗教、Macht と Recht の関係に係わる思惟］の発展全体の［一端を示す］成果を集めてみた。反響が聴き取れるのは、自然法［思想］とロマン主義であり、しかし、これらと並んで、かれの時代にはそれまで馴染みのなかった新しい生命感情（Lebensgefühl）である。われわれはそれらを、おおよそ、サヴォナローラ［Savonarola, 1452-1498］のような人に対する、メディチ家人（Medizäer）のような人の敵対、こうした敵対［宗教・政治・経済・文化・芸術などの価値観・世界観の衝突］を甦らせるルネサンス的思想（Renaissancegedanken）と名づけてみたい。導入部においてただちに眼を引くのは、啓蒙思想（Aufklärung）を断固として峻拒する態度である。ヘーゲルが啓蒙思想に見出しているのは、「ひとが書斎に引き籠もってみずからに計算してみせる冷たい推理」にすぎない。一八世紀は過去をまことに醒めた悟性（der nüchterne Verstand）によって考察していたのである。ようやくヴィンケルマン［Winckelmann, J. J. 1717-1768］、フンボルト［Humboldt］、それから、ロマン主義のサークルにおいて、古典古代の熱狂的な解釈がはじまる。しかし、この古典古代解釈についていえば、青年ヘーゲルにおいては、ギリシアへの感激は、はじめて国民的理想となり、ヘレニズム的（ギリシア精神の）生地（das hellenische Gewand）は、その背後に固有の政治的な願望や憧憬が隠されて織り込まれているドラペリー（装飾の施されたカーテン）（Draperie）になっている。

【カント的倫理学・国家観（自然法的契約国家）の克服：ヘーゲル的共和国における国民的自己限定としての自由】

自然法とともに、この時代のヘーゲルは、倫理学及び国家観におけるカントを完全に克服した。事実（Faktum）ないし理念（Idee）としての契約国家（Vertragsstaat）を、わたしはかれの草稿の中にまったく見出さない。ヘーゲルは「自然状態（Naturzustand）」と「自然的自由（natürliche Freiheit）」［という概念］を知らないかのごとくであるが、さにあらずである。この点で青年ヘーゲルは、やはりとことん独創性を発揮しているのである。すなわち、このような自然状態は、［かれにおいては］国家から自由な状態ではなく、反対に、まさに（*kat'exochen*）国家状態（Staatszustand）そのものであり、これに対応して、自然的自由は、愛されている力強い国家に自由意志によって従属（unterordnen）することを意味しているのである。この自然的国家状態（der natürliche Staatszustand）は、馴染みのない［国家を欠く］先史時代に想定されているのではなく、歴史的にいえば、［いわば］ロマン主義的な［バイアスのかかった］ギリシア、ローマ、エルサレムの中に局在化されていて、国家的な状態であるから、［ここでは］自然状態だけでなく、あらゆる自由もまた、国民的・超人格的な国家理念（die nationale, transpersonale Staatsidee）を喪失していない。ヘーゲルは、なお共和主義的な理想だけを、すくなくとも外面的に、自然法的政治論から継受したが、しかし、それをほとんど別の内容で充たした。ヘーゲルは自由と平等を共和制国家（Republik）の概念に結びつけていない。奴隷は自分の主人の自由と独立をもはや賛仰したりはしない、ということについての些かの遺憾の念以外には、われわれは青年ヘーゲルの草稿の中で、共和制国家の国内制度について、些かの感慨も耳にすることはないのである。かくして、かれがいつも上からの一体性と見ているヘーゲル的共和制国家の諸指標は、むしろ権力（Macht）、力（Kraft）、国民的自己限定（nationale Selbstbestimmung）、アリストテレス的アウタルキー（自治、自給自足）（aristotelische Autarkie）をもって、特徴づけられざるをえないであろう。

【ロマン主義的主観主義の克服：「徳性」と国民的権力国家（祖国）の関係】

注目に値するのは、ここでもまたすでに、「徳（Tugend）」と権力国家の繁栄との関連が強調されていることである。この倫理学においてはすでに、ロマン主義と国民的権力国家との意義深い綜合が示されている。在来の習俗規範（Sittlichkeit）や法規範（Gesetzlichkeit）［既成化・惰性化・権威主義化された実定的法則性（Positivität）］のすべてに対するシュレーゲル［Schlegel］、ノヴァーリス［Novalis］、ティーク［Tieck, Ludwig, 1773-1853］等々の革命は、極端な主観主義に、つまり「心情の際限のない神経過敏（grenzlose Reizbarkeit des Gemüts）」に、発していた。へーゲルはまた、「神的な道徳も、みずから作為されたあるいは抽象的な道徳も」承認しようとしない。しかし、かれが革命を遂行するのは、共同体の桎梏すべてから解放された個人のためではなく、その正反対のもののためである。ロマン主義のアナーキーな自我感情（Ichgefühl）は、一時だけ、しかも本来時代の気分としてではなく、天才気分として保たれえたにすぎず、その後、教会や国家の権威に従属することになったが、へーゲルは諸価値の転倒（Umwertung der Werte）を、はじめから国民国家の権威のために、いずれにしても、人間の魂の中に住まっているはずのロマン主義的な自律的権威（eine romantische autonome Autorität）のために、完遂していた。「自分固有の掟（Gesette）」にしたがって「生きる」ということは、へーゲルにとって、すでにここで（この青年期において）、祖国の理念を無条件に最高の理念として承認し、みずからを祖国のために捧げようとすることなのである。

【（1）キリスト教的道徳及びカント的道徳に対置された古典古代的徳性・ゲルマン的民族精神：キリスト教における脱民族化・脱呪術化、（2）キリスト教的・啓蒙主義的な世界市民主義の批判、人間存在の価値に係わる権力・支配・意思、（3）国民と国家権力の結合、国民国家的利害関心の優位】

（1）かくして、まさにこの国民的権力という理想のゆえに、かれはキリスト教的道徳に対してと同じくカント的道徳に対しても、古典古代の徳性（virtus）［arête：卓越性、器量、気概、男気］を対置している。この徳性は善悪の彼岸におけるある種の無意識的な生命肯定（Lebensbejahung）、力（Kraft）を信じる本能的徳性（Tugend）であるとされている。「われわれの権能（Macht）の諸領域の外で」「人間の血を流すことは罪である」という教説を告げる宗教について、かれは何ら耳を傾けようとはしない。かれの宗教は、天国へと投げ出されたかの財宝を再び人類に媒介しようとするから、個人の権能（Macht）を利害関心（Interesse）において、そして国民全体の権力（Macht）を高めるために、あらゆる状況において、そして戦争においてもまた、確証しかつ力づけなければならないであろう。ロマン主義者であるニーチェにおけるのと同様に、すでに［青年ヘーゲルの］テュービンゲン時代において、キリスト教はゲルマン的「民族精神」と対立させられる。(8) この宗教（キリスト教）は、「ヴァルハラ（Walhalla）［戦死者を祀る場所、北欧神話］を民族から剥離（entvölkern）し、民族の想像力を恥ずべき迷信として、悪魔からの贈物として根こそぎ取り除き、そしてそのかわりに、その風土、その立法、その文化、その利害関心が、われわれには疎遠であり、その歴史がわれわれとはまったく結びついていない、そういう一民族［ユダヤ民族］の想像力（Fantasie）を与えている」(9)。キリスト教は、「悲哀とメランコリーに満たされている――つまりオリエント的なもの――であり、われわれの基盤の上に成育したものでなく、この基盤とは同化しえない」(10)。われわれは、「数千年前のシリアでのみ理解可能であり、その場所に固有のものであった言い回しやイメージに、七日ごとに耳を傾けなければならないことになろう」(11)。まさしくキリスト教があるゆる種類の権力イデオロギーを峻拒しているがゆえに、ヘーゲルはそのキリスト教に憤慨しているのである。かれはキリスト教的習俗規範（人倫）を「政治的習俗規範（人倫）の多くの麗しき諸関係を締め出すもの」と呼んでいる。(12) イエスの信奉者たちは、「共和制国家市民たる者が祖国に対して有しているような」利害関心を、国家に対して有さなかったであろう。「かれらのすべての関心はイエスという人格に制限されていたのである」(13)。「キリストの多くの命令は、市民社会の第一の基礎、所有権（Rechte des Eigentums）の諸原則、自己防衛（Selbstverteidugung）等々に対立」している。今日、これらの命令をみずからの下に導きいれるような国家は、たちまち自己解体することになるであろう[14]」。

（２）ヘーゲルはキリストの「個人的気質（個人主義的体質）（individuelle Art）」を概して国家や権力に敵対的なものと見ている。とりわけ、かれは国民的権力という理念（Idee der nationalen Macht）にとっては受け入れがたい、キリスト教のカトリック的（普遍的）かつ普遍主義的な側面を、論難している。きわめて特徴的な仕方で、かれはあきらかにルソー的な思想をかれの権力イデオロギーの中に捻じ曲げて押し込み、国民的権力への関与（Anteil an der nationalen Macht）の中にまさしく人間の価値を見ている。「コスモポリタンは人類をその全体において捉えているとすれば、そうであるだけ［かれが］、諸々の客体に対する支配（Herrschaft über die Objekte）から、そして、集団を統治する都合（Gunst des regierenden Wesens）から、一者（Einer）にいたることはない。各人は、そうであるだけ、自分の価値を、自分の自立性の諸要求を、失うことになる。というのは、各人の価値は支配に関与すること（Anteil an der Herrschaft）であったからである[15]」。一般的な世界市民主義（Weltbürgertum）の時代にあって、ヘーゲルにとって、青年期以降、「こうした一般的な人間愛」などというものは、「でっち上げられた空疎なもの（schale Erfindung）」に他ならない。というのは、「思惟されるもの（Gedachtes）は愛されるもの（Geliebes）ではありえない[16]」からである。かれはこうした理念の中に「不自然と空疎（Unnatur und Schalheit）」しか見ていない[17]。

（３）われわれは、ヘーゲルの中に、最初期から、明言された形の国民的な世界観が展開されているのを見る。この世界観がいつも前面に押し出しているのは、国民の精神的意義（geistige Bedeutung der Nation）といったものではなく、国家権力（staatliche Macht）である。ドイツの文献の中で、国民（Nation）と国家権力（staatliche Macht）とがひとつの互いに緊密な関係にもたらされたことは、以前にはなかったことである。「独立して己を保持する勇気と力を挫かれた」ひとつの民族（Volk）にとっては、国家（Staat）はどうでもよいものとなり、「このような民族は、たちまちひとつの民族であることやめることになろう」。ここ［青年ヘーゲル］においてはじめて、これまで純粋に精神的なものであった国民（Nation）は政治的なファクターとなり、このファクターは同時に国民的権力本能（die nationalen Machtinstinkte）へのひとつの訴えを内包している。ここでは、たとえばフィヒテにおけるように、何らかのメタ政治的、道徳的な諸目的にではなく、国民的権力国家の維持に、直接的かつ排他的に呼びかけられる。諸民族は「原則的に手つかずのままであれ」かし、というヤーコプ・ブルクハルト［Jacob Burckhardt, 1818-1897］の言葉は、「一民族が己の事柄（使命）とすべきであったのは、己の事柄（使命）［奴隷的境涯に甘んじることなく、民族の独立・自由を達成すること］ではなく、われわれの意見［形式的道徳、抽象法］である、と指示（vorschreiben）しようとする」ことなど、あってはならないこと［恥ずべき所行］である、というヘーゲルの文章［本著五二―五三頁］の中に聞き取れる。一民族に政治的尺度を与えることを許されるのは、固有の国民国家的な関心（das eigene nationalstaatliche Interesse）だけであり、道徳あるいは法の指示（Moral-oder Rechtsvorschrift）ではないであろう、という後期ヘーゲルの見解は、すでにわれわれが取上げている一七九六年の論稿の中に含まれていたのである。

【国家の権力意思と個人の権力意思の一致：国家権力によって条件づけられた個人の政治的自由】

この時期のヘーゲルは、きわめて楽観主義的に、個人の政治的かつ習俗規範（人倫）的な自律性と全体の独立した権力との合致（共鳴）（Übereinstimmung）の中に、いまだなお、いかなる困難も見ていない。けれども、成熟したヘーゲルもまた、国家の権力意思と人格的な権力意思とを絶えず疑いもなく一致させ、そして、まさにそれゆえに、いつも個人の政治的自由を、そもそも国家の独立した権力によって条件づけられたものと見たのである。ここでは、この国家の独立した権力に、ずばり超此岸（彼岸）的（überirdisch）な機能が認められる。こうした国家権力はこれとは無縁なキリスト教的宗教に代わるものであるとされている。真の共和制国家市民（Republikaner）の念頭に浮かぶのは、かれの国家は「かれの魂、なにか永遠なるもの」である、という思想であるとされている。

【（1）古典古代的自由と近代的自由：国家権力への国家市民的自由：参加と権力、権力と自由の相互限定：人民主権と君主主権の宥和としての国家主権、（2）不可分の個体的全体性としての国家、民族精神】

（1）あきらかに、ヘーゲルは、かれの思い描く古典古代的な理想的イメージの中に、古代ギリシア（Hellas）には実際には存在しなかったような政治的自由を、投影させている。ここには、フランス革命の民主制的諸理念の影響を見出しうるであろう。もっとも、この影響はヘーゲルにあって多くの著述家たちによっていささか評価されすぎているきらいがある。いずれにしても、こうした志向の中に、われわれの哲学者ヘーゲルのきわめて独特な活動が存するのである。いつも「全体」に視線を向けながら、この全体の利害関心において、かれは国家への市民の関与（Anteilnahme des Bürgers am Staat）を、すなわち、国家権力という目的に向かう国家市民的自由（staatsbürgerliche Freiheit zum Zwecke staatlicher Macht）を、要求している。個人は国家のための協働作業（Mitarbeit）によって国家及び政治的権力への参加に関心づけられなければならないであろう。なぜならば、そのようにしてのみ国家は権力（権能）を帯びることになるからである。——このような思想は、これ以降、ヘーゲルが恒常的に「善きもの」とするもの（いずれにしてもこれは後にはかなり保守的なものに変じたのであるが）に属している。いまや、すでにかれが強調するところによれば、「市民の魂（Seele des Bürgers）」における国家は「市民の活動の所産」として存在しなければならない。というのは、「あらゆる政治的自由が根絶されるならば、国家へのあらゆる利害関心は」消えてしまうからである。まさにこれによって、かれは啓蒙された絶対主義も、同じく革命もまた、乗り越えたのである。かくして、権力と自由、人民主権と支配者主権、これらの間の世紀にわたる闘争の、国家主権が用意する一つの宥和（Versöhnung）が、軌道に乗せられた。

（2）しかし、ここであきらかになるのは、この宥和は、世界の究極目的としての国家の前には消えてしまうことになる個人にとっては結果的に不利なものとなる、ということである。したがってヘーゲルは、かれの最初のカント的な時代においてさえ、本来的に個人主義的に考えていたわけではないのである。絶えずかれは、政治的生活をその複合性（Komplexität）において、しかしいつも国家を一つの不可分の全体性（個体的全体）（individuelle Ganzheit）として見たのである。すでに一七九三年に、かれは次のように考えている。すなわち、「民族の精神、歴史、宗教、その政治的自由の度合いは、それら相互の影響関係からも、それらの性状からも、それぞれを隔離して考察するわけにはいかない。それらは一つの結合体(ein Band)の中に編みこまれている」[18]と。そして、すでに同じ年には、すなわちなおロマン主義者たち以前に、そして総じて文献の中ではじめて、「民族精神（Volksgeist）」という言葉がヘーゲルによって用いられる。[19]

【超人格的国家理念：自由主義的必要国家の拒否】

この宗教論稿においては、すでに超人格的な国家理念が可塑的に描き出されている。したがって、「有用性(Brauchbarkeit)」というその諸目的が、そこにおいてはいかなる活動ももはや「一つの全体」のために見出されないような「個人」、こういう個人にだけしか係わらない、そういう国家［自由主義的必要国家］は、峻拒されるわけである。こういう国家についてヘーゲルは、それは「バラバラに分断された全体」、一つの「国家機械(Staatsmaschine)」である、と言っている。

【現象を裁断する抽象的一般的理性からではなく、時代と民族の具体的現実状況から出発：歴史的相対性の基底に存する尺度としての自律的国民的国家権力】

青年ヘーゲルは、抽象的に一般的な形で考えるのではなく、絶えず、しかしとりわけ政治的な事柄においては、特殊的なこと、直観的なこと、国民的なことから出発して考えている。かれの同時代人たちは、一般的に妥当する［形式的］理性という尺度ですべての現象を判断していたので、いまだなおかなり一般的に、歴史や国民によって限定された事柄を、そうした理性からの誤てる逸脱として、考察していた。われわれは、ヘーゲルにあっては幼少期から正反対のやり方がとられていたことを見るのである。そして、この事実は、体系家ヘーゲルの理解にとって基本的に重要である。すでに青年期において、かれは諸時代と諸民族をそれらの固有の状況（環境）から判断している。かれはその際、完全な相対主義に陥ってはいないこと――このことの原因はまさに次の点にあるのである。すなわちヘーゲルにとっては、あらゆる歴史的流動性の内部において、あくまでも国民的権力が、つまり、「ひとつの民族がその独立のために為しえることの感情」が、確固とした尺度であり続けている、という点に。

【ヘーゲル政治哲学の基本ラインの形成に影響を与えた著述家たち】

かくしてわれわれは、スイス滞在の終わりのころまでのかれの青年期において形成された、ヘーゲル政治学の基本ライン（要綱）を、すでに明確に認識しうる。かれがこの時期に主としてシラー［Schiller］、ヒューム［Hume, David, 1711-1776］、モンテスキュー［Montesquieu, 1689-1755］、ギボン［Gibbon, Edward, 1737-1794］、トゥキュディデス［Thukydidês, BC. c.460-400］を読んでいることを、われわれはローゼンクランツ［Rosenkranz, Johann Karl Friedrich, 1805-1879］から知っている。[20] なかんづく後のひとたち［モンテスキュー、ギボン、トゥキュディデス］の影響は、かれの当時の政治観においてはすでに特筆に値する。[21] しかし、かれが当時すでにヘルダー［Herder, Johann Gottfried, 1744-1803］やマキアヴェッリ［Machiavelli, Nicolò, 1469-1527］を識っていたことも疑いの余地はない。

【古典古代的共和国思想と西欧近代的国民的権力国家思想】

かの時代の大部分のドイツ人たちと同じく、ヘーゲルもまた、古典古代（die Antike）を介して国民意識（Nationalbewusstsein）に至っていた。国民的権力国家思想へのさらなる発展は、上で名前を挙げた文献の影響によって、かれにとっては本質的に容易なものとなった。だから、われわれにはかれがスイス時代の終わりには古典古代的イデオロギーだけに取りくんでいたのでは決してないことが分かるのである。この時代からは――ローゼンクランツ[22]がわれわれに伝えているように――「細心に配慮され設定された、すぐれた一覧表が現存しており、ここにおいてかれは、年代記的にいえば、左に教会国家の歴史、右にドイツ帝国の歴史、そして両極の中央にさまざまなイタリア諸国家の歴史、これらの歴史を総合的に配置していた」。これらの草稿は、残念ながらいまだ公刊されていないが、具体的なドイツの状況（諸関係）が、すでにいかに立ち入った形でかれの仕事を進捗させているか、これを示している。それらは疑いなく、かれの政治学の理解にとって基本的な意義を有している、ヘーゲルの最初のすぐれた政治的労作の諸前提なのである[23]。

第二章　ドイツ憲政秩序（国制、憲法）論

【国民的なるもの：「ドイツ憲政秩序（国制、憲法）論」の成立事情】

われわれはこれまでヘーゲル［の政治的思惟］の発展を叙述してきた。これに鑑みるならば、かれの思想において国民的なるもの（das Nationale）が際立っていることは従来の文献の中でほとんど強調されてこなかった、といえよう。これはなんとも実に驚くべきことである。ヘーゲルが著したモノグラフは、いかなる事情があったかはともかく、ようやく一八九三年になって、モラ［Mollat］によって完全な形で公刊されていたし、すでにそのタイトルにおいて国民的主題を臆測させていたから、(1) それだけにまた、この点がこれまで見過ごされてきたことは驚くべきことである。このモノグラフ、「ドイツ憲政秩序（国制、憲法）論（Verfassung Deutschlands）」が成立したのは、ディルタイが確定したように、一八〇一／〇二年の冬である。［ヘーゲルの］政治的思惟の発展にとって、この著作は大きな意義を有している。それゆえに、われわれはこれに細心の注意を振り向けなければならない。ヘーゲル自身はこの労作を単なる時務論（Gelegenheitsschrift）と見なされることを望んでいなかった。このことは、かれがそれを一再ならず書き改めたという事情から見てとれよう。［とすれば］この労作は何故に公刊されなかったのであろうか。それは次のような当時の政治的な時代状況から説明されるであろう。シュトゥットトゥガルトの出版者パー

ム［Palm］は、屈辱的なドイツの状況［一八〇一年二月、リュネヴィル条約でフランスがライン左岸併合］に関する、かれの下で製版された仮綴本のために、ヘーゲルのこの草稿完成の数年後、フランスの占領軍当局によって射殺された。想像に難くないことであるが、おそらく、このパームの運命が、自分の草稿を自分の筐底に秘しておく方が得策だ、とヘーゲルに思わせたのであろう。

【「ドイツ憲政秩序論」第二草稿序文「自由と運命」：己の権能（Macht）と品位（Würde）の喪失→生活活動（Leben）・国民（Nation）の危機（Krisis）→空想への逃避】

その［草稿全体の］精神史的立場は、ディルタイが正しく『ドイツ憲政秩序（国制、憲法）論』の緒論（Einleitung）として特徴づけているヘーゲルのまことに難解なひとつの論稿［第二草稿序文、Lasson, S. 138ff. ヘーゲル『政治論文集』上、金子武蔵訳、四四頁以下参照：Vgl. Die Verfassung Deutschlands（1800-1802）, Werke 1, *Frühe Schriften*, S. 461ff.］によって、ある程度はすでに明らかになる(2)。ヘーゲルは、この「自由と運命」というタイトルが付せられた断章において、次のように論述を展開している。

国民（Nation）はひとつの危機的矛盾のうちにある。「現存する生（生活活動）（Leben）はその権力（Macht）とあらゆるその品位（威厳）（Würde）とを喪失した」。それ（現存する生）はなお、「みずからに固有のもの（所有物）（Eigentum）をまったく既存の秩序に合わせて［形式的・抽象的に］支配することに制限されているにすぎないからである。すなわち、その生（生活活動）は、そのまるで隷属的で卑小な世界を傍観しながら享受し、そしてまたこの制限を緩和（宥和）しようとして己を否定して、思想（Gedanke）において天国に上昇しているにすぎないからである」。

【①特殊態（Besonderheit）（個体・個人）と抽象的一般態（abstrakte Allgemeinheit）（形式法）との、②権利（Recht）と権力（Macht）との、分裂・対立を媒介・揚棄する、具体的一般態（konkrete Allgemeinheit）（国民的権力国家）】これはまさしく一七九六年の宗教論稿と同じ調子である！［ここでは］さらに次のように述べられている。

人間は「［思想（観念）のうちに閉じこもって］ひとりで生きる」ことができない。「そして、人間が己の本性を己の眼前に呈示（描出）（darstellen）し、この呈示されたもの［表象］を己の相手に仕立て上げたとしても、そして、その呈示されたものにおいて己を享受するにしても、やはり人間はいつもひとりでしかないから、人間はまた呈示されたものを生きて活動しているもの（ein Lebendiges）として見出さなければならない」。（時代は個人を）「内面の世界に追いやって」しまった。人間は意思を欠くものとなった。人間はなお、己の固有の情念（受苦）（Leiden）を欲し、（定在（Dasein）の諸制限を）「それらの法権利（Recht）に適いかつ権力（Macht）を有する定在の形式において、強いられないものとして」尊び、「己の限定された諸様態（諸々の被限定態）（Bestimmtheiten）とそれらの諸矛盾を絶対的なものとして」（受け取っているにすぎない。）それゆえに、人間は「それらが己の衝動（Triebe）を毀損しても、自己と他者とを（それらに）捧げることになるのである」。

しかしながら、いまやこの時代のあらゆる現象は、「古い生（生活活動）においてはもはや充足が見出されない」ということを示唆している。（時代は）「人間を主人に、そして現実に関するかれの権力（Macht）を最高のものにした」。「ひからびた悟性（理解力）の生（生活活動）（Verstandesleben）［理念と現実、Recht と Macht の相互限定的動態への自覚を欠く生活活動］」（に満足することなく、その生（生活活動）は人間を諸活動（Taten）に押しやる。この転回（革命）は、超人格的国家（der transpersonale Staat）に与し、合理主義的な個人主義に反対していること、このことをわれわれは熟知しているのだ！「形而上学」を通じて、諸個人がそれぞれバラバラに孤立している状態（Selbstvereinsamung）は、すなわち、「［そのような］諸々の制限は、それらの諸限界とそれらの必然性とを、全体の関連において」（捉え返される。しかしながら、制限された生活が絶対的に一般的なもの（das absolute Allgemeine）を）「暴力（強制力）（Gewalt）として畏怖せざるをえない」とき、「これがまた権力（権能）（Macht）となったとき」、このときにのみ、「制限された生（生活活動）は、権力である以上」、「［具体的］一般態（Allgemeinheit）によって、つまり、より善きものによって、敵対的に権力をもって攻撃され」うるのである。とはいえ、ただもっぱら物理的暴力だけでは不充分であろう。「権力を有する［具体的］一般態」への道程は、こうしたもの［物理的暴力］とは異なる。

「制限されたものは、それ自身の中にあるそれ固有の真実態（Wahrheit）によって攻撃されうるし、そしてこの真実態に伴って、矛盾の中にもたらされうるのである。制限されたもの（das Beschränkte）は、己の支配を、特殊的なものに対する特殊的なものの暴力（強制力）の上にではなく、［具体的］一般態の上に基礎づけている」（のであり、個人の権利能力（Rechtsmacht）は、己のバラバラに個別化された［抽象的・形式的］人格態（vereinzelne Persönlichkeit）にではなく、国家の意思支配（Willensherrschaft）に基づいているからである。「個人が己に返還要求するこの真実態、つまり法権利（Recht）は、個人に受け取られ、生（生活活動）の要求される部分に与えられなければならない」。

一言でいえば、「ドイツ帝国においては、あらゆる法権利（Recht）の源泉としての権力（Macht）を有する［具体的］一般態（Allgemeinheit）［国家］は消えてしまったのである」。（［ここでは］諸々の特殊態（Besonderheiten）、つまり等族（諸身分）（Stände）と［バラバラになった］諸個人（Individuen）だけが、［抽象的・形式的］「権利（Recht）」を有しているのである。しかし、時代は要求している。国家はひとつの絶対的な法権利（Recht）を有するべきであり、国家におけるあらゆる部分態（Partikularitäten）（分邦）はそこから演繹されたひとつの相対的な権利だけを有するべきである、と。

【悟性的思惟における特殊と一般との、Recht と Macht との、個人と国家との、分裂・対立を揚棄するヘーゲル弁証法：政治的現実において、具体的一般態としての国家によって制約された個人の権能と権利】

ディルタイ［Dilthey］とメッツガー［Metzger］によって晦渋・不明瞭な（ちんぷんかんぷんでわけの分からない）もの（dunkel）として特徴づけられた断章［第二草稿序文］も、このように、国民的権力国家論（nationale Machtstaatslehre）の体系的綱領のようなものとして見るならば、かならずしもまったく理解を絶しているというわけではない。個体（個人）（Individuum）と一般態（Allgemeinheit）、権利（法権利）（Recht）と権力（権能）（Macht）との、［ヘーゲルのいう悟性的思惟（Verstand）には必然的な］対立は、ここではすでに克服されているように見える。ヘーゲルの弁証法は、両者の間を哲学的に媒介している。しかし、現実政治に照らしてみるならば、個人の権力（権能）と権利（法権利）は、［具体的］一般態の権力（権能）によって制約（bedingen）された（条件づけられた）ものとして、われわれには示されるのである。(3)

【ドイツの政治状況に関する時代診断：課題としてのドイツ統一国家：ヘーゲルとトライチュケ】

ヘーゲルはこの哲学的緒論［第二草稿序文］において、ドイツの政治的状況を判断するための概念的基礎をみずからに設えていた。しかし、さらにつづく論評そのものにおいてもまた、［これまで引用された箇所におけるごとき］只《ただひたすら》管思弁的な命題だけしか見出されないのか、あるいは、かれの弁証法が何らかの役割を演じているのか、これをひとは懸念するには及ばない。かれの方法は、ここ［この後の箇所］では、とことん歴史的かつ現実政治的であるからである。この［青年ヘーゲルの］論稿の、時代、方法、傾向は、それによって一八六四年にトライチュケ

[Treitchke, 1834-1896] の名をなさしめた「連邦国家と統一国家（Bundesstaat und Einheitsstaat）」という論文との、ひとつの注目すべき一致を示している。(4) トライチュケが将来のドイツ憲政秩序［国制］（Verfassung Deutschlands）の基本的諸条件を探究することを企てたとき、じっさいまた政治的状況は［基本的にはヘーゲルが生きた時代と］まったく変わっていなかったのである。その間いたずらに時を空費した二世代の人たちもまた、ドイツの統一国家をいまだなおもたらしてはいなかったし、みずからの権利を訴えて遺産を継承した分邦主義（Partikularismus）が、あいかわらずわが世の春を謳歌していたからである。かくして、トライチュケもまた、いまだなお「われわれの連邦権（Bundesrecht）の度しがたい腐敗」に対して悪罵を発せざるをえなかったわけである。(5) トライチュケによれば、「ひとは空しくドイツ連邦（der Deutsche Bund）における現状（現存しているもの）を正当性の盾で覆わんとしている」。「法曹神学者たち（juristische Theologen）のもったいぶったご高説」や「法的な懸念」などとて、ドイツ統一を妨げることはできまい。「国家学の研究者たちに帝国中のモデルや教材サンプルをたっぷり集めて奉仕すること」など、祖国の使命（Bestimmung des Vaterlandes）［祖国の独立と自由の達成に資するのもの］ではありえはしないからである。(6)

【（1）国民的統一国家を欠くドイツの現状から帰結する分邦主義と形式主義的国法学に対する批判、（2）有機的に組織化された国民的権力国家を前提にしたMacht=Recht、（3）領邦国家体制に適応しているだけのドイツ国法学の現状、その墓碑銘としてのFiat justitia, pereat Germania、（4）形式主義法学、形骸化した帝国、（5）連邦法とドイツ連邦】

（1）ヘーゲルは驚くほど［トライチュケに］似た言葉で同時代の国法学を判断している。ヘーゲルはその国家学について、まったく［トライチュケと同様に］それをほとんど評価することなく、正当にも次のように述べている。

古い国法学者たちは、ドイツ的国家という概念について合意に達しえなかったのであろうが、しかし新しい国法学者たちは、そもそも、その概念を見出すことを放棄したのであろう。かれらがそれを探究したとて、また無益でもあろう。というのは「ドイツはもはや国家ではない[7]」からである。「ドイツ的な憲政国家秩序（Staatsverfassung）と呼ばれるこの団体の組織化は、まったく別の生（生活活動）の中で形成されていた」。爾来、「全体は崩壊」し、「国家はもはや存在しない[8]」。しかし、ドイツ人たちは「きわめて不誠実であり、全体がどのようにあるか、これについて何ら認めようとしない。――かれらはかれらの概念（Begriffe）、権利（法権利）（Rechte）、法律（制定律）（Gesetze）に忠実であり続けているが、しかし、所与の現状は常にそれらと合致していない[9]」。ドイツ帝国においては、「政治的な強制力（Gewalte）及び法権利（Rechte）は全体の有機的組織化（Organisation）に従って算入されていないし」、「個別の分肢（Glied）［等族、領邦国家］がそれぞれ――その全体の有機的組織化を自分自身で獲得したのであり、そして国家は、みずからの権力をこのように狭隘化するに際して、自分の権力が自分からもぎ取られた、ということを証明すること以外の仕事を有していないのである[10]」。

（2）ヘーゲルが導入しようとするのは、ひとつのまったくより新しい実体的な法権利概念（Rechtsbegriff）である。その法権利概念の内容は「全体の有機的組織化」に従って限定（規定）（bestimmen）され、そして、それによって果たされるべき財（善なるもの）の配分（Güterverteilung）は、もはやこの全体から遊離して抽象的に考えられた人類の諸個人（Menschheitsindividuen）という観点においてではなく、もっぱら国家全体の権力（Macht）を顧慮して、行なわれる。

（3）［ヘーゲルによれば］ドイツにおいては、こうしたことが果たされていない。それゆえに、ここでは、国法（Staatsrecht）は「諸原則に従う学問ではなく、私法様式に従って獲得されたさまざまな国法の多様きわまる諸原則の土地台帳（Urbarium）」のようなものであり[11]、「正義（Gerechtigkeit）」は、もっぱら「国家から分離された諸部分それぞれを保持していること」[12]に存する。「国法学者は、ドイツが略奪され、罵倒されても、これらすべては法と実務（Rechte und Praxis）に適っており、あらゆる不幸な事例は、この［意味での］正義を運用・処理することと（Handhabung）に対しては些細なことである、ということを示すことを心得てはいるのであろう」。ドイツ的な個別的諸［領邦］国家（ヘーゲルはこれらを絶えず「等族（諸身分）（Stände）」と呼んでいる）の分邦主義的（partikuralistisch）な利己主義が無数の不幸な戦争の原因である、ということが認識されてはいても、「国法は、等族（諸身分）がこのような請求額（戦時賠償金）（Betragen）の権利を有していた、ということを立証しているのである」。ヘーゲルによれば、このような状況の下では、こうした「ドイツ的国家の法的構築物（Rechtsgebäude）にとっては、おそらく、正義よ行なわれよ、ゲルマニアが滅ぶとも！（*Fiat justitia, pereat Germania!*）という文言以上に相応しい墓碑銘」は存在しないであろう。[13]

（4）ヘーゲルは、「国家に対立する」このような個体（個人）主義的な権利概念や権利体系にも、まったく形式主義的で不誠実な法学にも、些かも係わろうとしていない。ヘーゲルがまさに示そうとしているのは、「それがいかにしてあるか（wie es ist）」なのである。それゆえに、かれはさしあたり、次のことを確認している。「ドイツ」は、「その本質からして主権的な独立した諸［領邦］国家のひとつの集合」以外ではなく、「帝国（Reich）、帝国元首（Reichsoberhaupt）」といった名称も、法学者たちが途方にくれてやぶれかぶれに用いている概念にすぎない、と。[14]

（5）まったく似たような形で、トライチュケもまた、いまだなお、そのように確認せざるをえなかった。「われわれの連邦法（Bundesrecht）は、大仰な型どおりの寓話のようなもの（fable convenue）であり、かつての神聖な帝国法［神聖ローマ帝国の法体系］（das heilige Reichsrecht）以上に真実ならざるものである。これと同じことを、今日の国法学者たちがドイツ連邦（der deutsche Staatenbund）について語るとき、かれら［かつての国法学者たち］を論駁するわけにはいかない。ドイツ連邦は、実際のところ、主権的君主たちの並列状態だからである」[15]。

【国家概念の核にある組織化された対内的・対外的統一権力（Macht・Gewalt）】

（1）さて、ヘーゲルは、かれの研究において、「一邦（ラント）（Land）は一国家（Staat）を成すか、これを判断することについて、一般的な表現であれこれ忖度しようとはしないで、国家と呼ばれるべきものに委ねられている権力（Macht）の範囲を考量しようとしている」[16]。この点において、すなわち、この［問題はLandではなくStaatである、という］命題においてようやくはじめて、これまでのドイツ的な自然法的国家理論においてまったく等閑視されてきた契機である権力（Macht）が、国家概念の唯一でかつ排他的な基準とされ、そしてこれ以降、鉄のごとき論理的一貫性（整合性）をもって貫徹されることになる。唯一かつもっぱら統一的に組織化された対内的かつ対外的な権力を、ヘーゲルは国家概念にとって決定的なものとしているのである。諸個人の諸力が結集され、ひとつの全体へと統一化されているところでのみ、一国家は現前する。「全体は権力があるところにある。というのは、権力は個々人［諸個体］を統一化するものだからである」[17]。「多数者が一国家を形成するためには、多数者が一つの共同的な防衛力（Wehre）と国家権力（Staatsgewalt）を形成することが必要である」[18]。

（2）国家は、「一中心点を要求するが、この中心点は、指揮・監督（Direktion）のためにもまた、自己と自己の諸決定を主張し、そして個々の部分をみずからへの依存状態において保持するのに必要な権力を有することになろう」[19]。国家概念にとっては、この「共同体的権力（gemeinschaftliche Gewalt）」以外の如何なるものも――しかし、そもそもまったく――「必要」としない。これ以外のすべては、「この権力（Gewalt）が特殊に変容したものにすぎない」し、「この概念にとっては、多かれ少なかれ次善のものの領域に、しかし現実にとっては、偶然と恣意の領域に属している」[20]。トライチュケは上記の論説において、六〇年後、「国家の本質は、第一に権力、第二に権力、そして第三にもう一度権力である[21]」と主張していた。まさしくそのように、ヘーゲルは国家概念を定義しているが、しかしその際、かれは、個別に権力原理（Machtsprinzip）を貫徹することにおいて、トライチュケよりもはるかに厳格である。

【(1) 国家権力（暴力）(Macht・Gewalt) の現存：法治国家（Rechtsstaat）に対する権力国家（Machtsstaat）の先在性、(2) Nation に対する Staat の先在性：国家権力の対内活動に対するその対外活動の先在性】

（1）すなわち、ヘーゲルはただちにわれわれに、権力（Macht）に属さないもの、つまり「偶然に属すもの」、これらはすべて、「最高位にある統一する一点において国家暴力の総体が現存するように」、国家の本質概念から切り離されるべきことを示している。「暴力を保持するものが一者か多数者か、この一者あるいは多数者が至高権（Majestät）を有するのは生得の形なのか選挙された形なのか、このようなことは、一定数の者たちが一国家を構成している、という唯一必要なことにとっては、どうでもよいこと（gleichgültig）である」。ヘーゲルがここで熱心に目指してきたあらゆる種類の平等（égalité）がそうであるのと同じく、それはどうでもよいことなのである。かれの時代が近代国家の、つまり法治国家（Rechtsstaat）の概念にとって必要不可欠なものと見なしていたものすべてを、かれは意識的に国家概念から排除している。「市民法、諸々の法律や司法過程の形式的同一性あるいは形式的非同一性は」、同じく総じて、あらゆる種類の財の不平等な分配は、権力にとって、つまり国家にとって、非本質的であるばかりではない。それどころか、「真実なる諸国家のうちもっとも強力な国家は、形式的にとことん非同一的な法律（制定律）を有する[22]」ことが示唆されている。さらにいえば、いかにして、そして、特殊な権力によって、あるいはさまざまな等族（身分制議会）ないし総じて国家市民の関与のいかなる関係に従って、立法が行なわれるのか、こうしたことは、「法廷の性格」、「行政一般の形式」、「さまざまな階級の税の不平等」、「総じて財富の不平等」がいかなるものか、ということと同じく、国家の本質にとっては、とるに足らない些細なことである。

（２）逆にいえば、「近代的諸国家はむしろ、まさしくそれ（権力）に基づいているのである」。「このような偶然性のすべては、国家暴力（Staatsgewalt）の概念の外にあくまでも留まっている。中心点としての国家暴力にとっては、特定の量のみが必要であって、その起源が同じでないものがさまざまに重なり合うことなど、どうでもよいことだからである」。結局、ヘーゲルは、かれのそのほかの見解に反して、文化国民的統一（die kulturnationale Einheit）もまた権力の本質ではない、との意見なのである。「われわれの時代においては、諸分肢（Glieder）の間には、習俗、教養、言語の観点からして、同じく緩い関連があるか、あるいはまったく関連がないかであろう」[23]。いずれにしても、見逃されてはならないのは、ヘーゲルはここでは権力の現存にとって不可避のものについてのみ語っていることである。「近代的諸国家が現存する」[24]ためには、ヘーゲルがロシアを例にして示しているように、いずれにしてもそれらは国民として統一（national einheitlich sein）されていなければならないわけではない。結局、さらに「宗教の共通性」もまた、偶然的なものの領域のうちに数えられ[25]、共通の権力（gemeinsame Macht）以外のいかなるものも後には残らない。注目しておくべきことは、いかにして、すべての権力国家理論の中でもっとも首尾一貫したこの権力理論において、同時代のドイツがもっぱら眼を向けていた対内的政治（国内政治）が、ヘーゲルにおいてはまったく副次的問題となり、全体の権力とその対外的活動だけが重要なものとなったのかである。

【（１）国家権力の権能としての①戦争遂行、②財政政策、③領土保全、④法治能力、（２）ドイツにおける戦争遂行能力の欠如】

（１）したがって、国家は権力であり、権力以外ではない。第一に「戦争権力（Kriegsmacht）」であり、しかし第二にまた「財政権力（Finanzmacht）」である。というのは、財政は、今日、権力のひとつの本質的部分となったからである。[26]権力（Macht）のさらなる内容に属するのはまた、［第三に］国家の最上位の領土権力（Territorialgewalt）と［第四に］法治権力（Rechtsgewalt）である。そしていまや、ヘーゲルはこの四つの基準だけに従って、ドイツがなお一国家と名づけうるか、これを研究している。

（2）軍事的権力に関しては、かれは、さらに六〇年後のトライチュケのように、殆ど同じ不満足な成果しか得ていない。トライチュケがドイツ人たちの「偉大な戦士的民族（das große krigerische Volk）」は「純粋に防御的な態度をとらざるえない運命にある」と考えているように、[27]ヘーゲルもまたそのように考えているのである。「死せるものも生けるものも大いに戦争を要請している」。にもかかわらず、「いかなる国もドイツほど無防備ではないし、征服しえず自己防衛しかないほど無能力ではない[28]」。権力の分散という現状にもかかわらず、帝国軍隊（Reichsarmee）という名前は「冗談めかした思いつき（witzge Launen）」を呼び覚ましているにすぎない。けれども、「軍人精神」はまた、「一帝国都市の都市警備、一僧院長の護衛」においてではなく、大規模な軍隊においてのみ醸成されうるのである。かくして、すでにここにおいて、いかに分邦主義（Partikularismus）、「全体の（間違った）配置（falsche “Anordnung des Ganzen”）」が一般的な解体を条件づけているか、いかにドイツが軍事的権力ではなく、そしてすでにこの理由からまた国家でもないか、これが明瞭となるのである。

【（1）ドイツにおける財政権力・財政機構：貨幣権力の欠如、（2）フランスの占領による占有地域の喪失：ドイツ諸邦の特権】

（1）ドイツの財政権力（Finanzmacht）は無力という同じイメージを与えている。「一村、一都市、一都市のツンフト等々は、それらだけが係わるにすぎない財政問題を、なるほど一般的な監督の下において処理しているが、しかし国家の諸命令の下にそうしているのではない。——しかしまた、国家権力（Staatsgewalt）そのものが係わっているであろう財政機構は存在していないのである[29]」。したがって、ドイツは「われわれの時代に一国家の本質に属しているような権力」、すなわち「貨幣権力（Geldmacht）」を有していないのである[30]。

（2）軍事的無力と財政的無力の両者は、ドイツが帝国領域を諸々の敵に対して防衛することを不可能にした。ヘーゲルは、帝国が時代の経過のうちに失った諸邦の「長い悲しむべきリスト」を数え上げている。その際かれは、神聖ローマ皇帝自身が直轄した領域をまったく度外視しようとしている。というのは、「諸邦のおかれた地理的状況は同じく諸民族の個体性（Individualität）として諸邦を分離していたが、こうした諸邦の不自然な統一」を主張する力も意思も、帝国は有していなかったであろうからである[31]。これに対して、特殊ドイツ的な多くの占有地域はフランスによって奪われることになったが、こうした占有地域の喪失は、——かれはアルザスからの撤退をひとつの「現実的喪失（敗北）（wirklicher Verlust）」と呼んでいる——ドイツの帝国諸部分が外国の軍隊の支配下におかれた事情がそうであるのと同様に、帝国にとって深刻な権力の損失を意味していた。さらには、「諸邦がそれぞれ帝国から」独立しているという諸特権（Unabhängigkeitsprivilegien）もまた、帝国権力の解体にそれ以上に寄与していたであろう。

【ドイツにおける公法的な法組織・法権利体制の形骸化：私法原則に基づく政治団体：Macht=Recht を欠く国家：宗教の分割から帰結する権力の分裂】

ヘーゲルは、法治組織体（Rechtsorganisationen）の解体から直接的に帰結した帝国権力の崩壊を、もっとも緊急な問題として示している。ドイツは法律学上の形式法的な意味でなお一国家、つまり「思想上の」一国家であるにすぎず、「現実的には何ら国家ではない」。「思想（の上での）国家（Gedankenstaat）の体系は、一国家の本質に属するものにおいて何ら力をもたない法治体制（Rechtverfassung）の組織化である」[32]。全体の権力に関係する公法的（öffentlichrechtlich）原則ではなく、私法的（individualrechtlich）原則にしたがって、この政治的団体は秩序づけられている。なるほど「各身分の国法上の関係とその履行の拘束性はきわめて厳格に——しかし、一般的な本来の法律（制定律）（Gesetz）ではなく、市民法（das bürgerliche Recht）の様式にしたがって——所有権（Eigentum）の形式で確定されている」[33]。各人は国家に対して諸々の権利（Rechte）を有するが、但し国家は権力（Macht）をもたない以上、法権利（Recht）を有さないとされる。ここにはまた、いかにヘーゲルがひとつの実際的で公共的な法権利概念（ein praktischer öffentlicher Rechtsbegriff）を見出そうと心を砕いているか、これをはっきり見てとれる。最後に、かれはさらにまた、いかに宗教の分割がドイツ国家の権力の分裂に寄与したか、これを論証している。

【ドイツ領邦国家体制における統一的国権力を欠くドイツ的自由（deutsche Freiheit）】

かくして、国家の第一の、そして唯一不可避の使命は権力（Macht）であり、そしてまさにそれゆえに、ドイツはもはや国家と呼びえないということを示すこと、このことにヘーゲルは心を砕いた後で、かれはまた国家のこうした分裂状態のより深い原因の探究に赴いている。トライチュケがこの原因を「独立へのわれわれの根絶しがたい衝迫」[34]と関連づけているように、ヘーゲルもまた次のように考えている。描き出された政治的諸状態の最終的根拠は、「よってもってドイツ人たちをもっとも有名にしたところのものに、すなわち、自由へのかれらの衝動」にある、と[35]。かれはここで、ドイツ的共同体における自由のいささかロマン主義的な自然状態（Naturzustand）——われわれはすでに自然状態のもうひとつの［ヘーゲル的］変種［いわば国家状態（習俗規範態）としての自然状態］を識っている——を提示している。この自然状態において、個人は「習俗、宗教、ひとつの不可視の精神、いくつかの数少ない大きな利害関心によって」のみ全体に結びつけられていた[36]。因みに、「各人は恐怖や猜疑なしにもっぱら自己自身によって互いに境界づけていた」。「それだけが自由と呼ばれた、そうした固有の意思的な活動から、ひとつの一般的なもの（ein Allgemeines）［統一的権力国家］を顧慮することなく、他者たち［他の諸邦］を介して暴力（権力）（Gewalt）の圏域（Kreise）が形成された」。かくして、諸々の領域国家（領邦国家）（Territorialstaaten）が成立し、そして「これらの諸国家の権力は、ドイツにおいては権力を生じせしめることなく、それらの拡大をますます不可能にした(37)」。

【領邦国家体制における法治国家思想（Rechtsstaatsgedanke）】

この「ドイツ的自由」を正当化することをヘーゲルは否定せず、それを諸地域（領邦）（Territorien）にも個人にも認めようとしている。「あらゆる等族（身分）、都市、村落、教区等々は、それらの区域にあるものを自身によって果たす自由を享受しうる」。というのは、これらの法治圏域（Rechtskreise）は「固有の衝動（Trieb）から合成され」たであろうし、「それら自身だけで成長してきた」であろうからである(38)。そしてヘーゲルは、あらゆる官憲（警察）国家的理論（polizeistaatliche Theorien）とは対立して、「市民たちの自由な活動(39)」を、ここではなおカント的な法治国家思想を臆測しうるであろうような仕方で、大いに強調している。このカント的な法治国家思想（Rechtsstaatsgedanken）とヘーゲルのそれとが同じものでないことについては、さらに語るべきことが多くあろう。

【(1) 自由と権力、特殊性と一般性、分権と集権、これらの統一としてのドイツ近代国家：限定されたもの、制限されたもの、特殊態、これらをこれらたらしめる、これらそのものの真実態としての一般態（国家権力）、(2) Macht=Recht の特殊性と一般性の相互限定性（権力要求）の自覚化としての良心：法権利の主観性・特殊性のアスペクト（特殊意思）としての利害関心（Interesse）とその客観性・一般性のアスペクト（一般意思）とし

ての全体権力（国家）との関係】

（1）ところで、こうした自由（Freiheit）はかの権力（Macht）といかにして統一されうるのであろうか？　ここ［「ドイツ憲政秩序（国制、憲法）論」］でわれわれに見てとれることであるが、ヘーゲルはこの問題をみずからすでに重大なものとして受け取り、一般的にいえば近代国家の難点（crux）を、しかし特殊的にいえばドイツ帝国のそれを、捉えていた。そして、われわれにとって興味津々なのは、いかにして一方の権力と他方の革命及び分邦主義（特殊主義）の原則的かつ実際的な宥和が試みられることになるのか、これである。緒論（Einleitung）においてすでにヘーゲルは、「制限されたものの中に存する真実態（Wahrheit）」によってのみ、その制限されたものは攻撃され、自己自身との矛盾の中にもたらされうる、というかれの綱領を開示している。「国家があらゆる強制力（暴力）（Gewalt）を喪失し、しかもやはり諸個人の占有物（Besitz）が国家権力（Macht）に基づいているとすれば、無に等しい国家権力以外の支えをもたない人たちの占有物は必然的にきわめて動揺せざるをえない[40]」。このことをヘーゲルは確信している。しかし、［ヘーゲルによれば］個々の臣下たちにおいてのみならず、諸領邦（Territorien）においてもまた、ひとは「一般的であるはずである行為様式（Handlungsweise）は各人の特殊的な利害関心（Interesse）に準じているであろう、という洞察を産み出すことを追求し」なければならないであろう[41]。

（2）しかし、いかにしてこのような洞察を産み出すことは可能なのであろうか？　この問いに答えることが、おそらくこのテクスト全体の成立のための主要な動機を与えたであろう。ヘーゲルによれば、下位に秩序づけられたすべての圏域（Kreise）は、それらの「法権利」に訴えている。「一般性（Allgemeiheit）という、つまり法権利（Recht）」という、こうした品位（威厳）（Würde）を占有するのは、諸等族（身分）、諸個人であり、そしてこの品位はこれらの権力要求（Machtanspruch）の聖なる形式であり、これらの権力要求こそが、「衝動（Trieb）を良心（Gewissen）に反するものとして恥じ入らせるのである」。ところで、このことに対して、一方では法権利（Recht）は全体の権力（Macht）に他ならず、他方では全体の権力はやはりまた諸部分の利害関心（Interesse）にある、ということが示されるならば、ヘーゲルがそう考えているように、「良心」は宥められ、そしてまた「扱われるべき事柄は、意思及び利害関心の領域から洞察の領域へと舞台を移して演じられている」ことになろう。[42] しかし、となると、いかにして国家と諸々の法権利とは相互に関係しているのであろうか？　ヘーゲルはここでもまたすでに、革命と権力国家との宥和を法学的（juristisch）に構築するために、ひとつの意義深い短い試論を企てたにもかかわらず、この問題はヘーゲルの関心をとりわけ国家の対内的側面（das Innere des Staats）へと向けさせてはいない。

【（1）人格性（Persönlichkeit）、概念の両義性（特殊性と一般性）：個人人格と国家人格との間に存する客観性・一般性としての法律（形式法・抽象法）、（2）個人利害（ブルジョア社会）と全体権力（国家）との関係における法律、（3）私法・公法の二分法と抽象的自然法理念（当為・要請にすぎない正義・法権利）の拒否、（4）Recht に対する Macht の優位：外から法的価値賦与を受け取らない国家権力、自律的規範定立を遂行する権力国家、（5）Recht（主観的権利）と Gesetz（客観的制定律）の概念的区別：Staatsrecht（領邦特権）に基づく領邦は、Staatsmacht を前提にする国家ではない、（6）政治的法権利（Recht）、暫定協定としての実定的国際法（positive Völkerrecht）：対外的闘争・国家権力を前提にして成立する権力国家の自律性＝法権利】

（1）ヘーゲルは、［かれの］スイス［ベルン］時代以来、君主制に移行したように思われる。そして、ますますはっきりした君主制的な特徴を帯びる「元首（Regent）」は、いまや「ひとつの人格性（Persönlichkeit）として、国家権力（Staatsgewalt）」である。自由とこの権力の人格性（Machtpersönlichkeit）との宥和は、すなわち、「その［個人の］人格性に対する救済は、再び［国家の］人格性を対置することだけである。形成された一国家においては、君主の人格性と諸個人との間に、法律（制定律）（Gesetze）ないし［抽象的］一般性（Allgemeinheit）が存する」[43]。この構成は、あらゆるぎこちなさにもかかわらず、なによりも興味深い。一方で、この構成はホッブズ的な君主の絶対主義をルソー的な人格主義的基礎と一致させようとする明らかな努力を示している。

（2）他方で、われわれは国家と法［私法］共同体（Rechtsgemeinschaft）［私法体系］をこうして対置することの中に、ヘーゲル的な［ブルジョア］社会概念（Gesellschaftsbegriff）の最初の起源を探究しなければならない。ヘーゲルはここですでに、「諸国家の有機的組織化のあらゆる知恵」は、個人の利害関心（Individualinteresse）と全体の権力（Macht des Ganzen）という問題に基づいている、ということをはっきり認識したのである。やはりまた、ヘーゲルに従えば、あらゆる法権利（Recht）は国家から出発するのであるから、諸法律（Gesetze）が「その間にあること（Dazwischenstehen）」によるかれの解決はそれほど明瞭ではないことを、おそらくかれ自身感じていたであろう。しかし、この対内的問題には、かれはあまり価値をおいていない。かれもまた、「まず自由、次に統一は、まず国法、次に一国家と同じことを意味する、というトライチュケの見解に、結びつけられるであろう。[44] 同じ意味で、ヘーゲルもまた、「しかし第一義的なことは、一国家が存在するということであり、しかしまた直接的にはこれは、諸法律（Gesetze）が存在するということの中に存する」と考えているからである。[45]

（3）そのことは、あたかもヘーゲルは私法と公法とへのローマ［法］的二分法（römische Zweiteilung）しか知らないであろうかのような見てくれを与えかねないであろう。かれは［一方では］私法＝法権利の対象（権利）（Privatrecht=Rechtsgegenstand）についてしか語らないが、他方では政治的な法権利（法）（politische Rechte）について語っている。しかるにやはり、カントは私法、国法、刑法、国際法、世界市民法において、後の法学にとって意義深い区分を先取りしていたのであり、そしてこの区分がヘーゲルにとってお馴染みになっていたことは、まったく疑う余地がない。しかし、これらすべての法学科目の中には、自己において同一の一般的かつ絶対的な自然法理念が、つまり、かの「正義よ行なわれよ、世界は滅びるとも！（fiat justitia, perat mundus）」が、生き生きとした形で含まれており、そしてそれゆえに、ヘーゲルはおそらくこの体系を峻拒しているのである。しかし、ヘーゲルの努力は、国家理念そのもの（Staatsidee als solche）をあらゆる法権利（Rechte）から分離することに向かっている。というのは、かれによれば、国家は、それが存立しようと意思するとき、「まったく首尾一貫した（自己完結的な）私法」を存立せしめておくことは不可能だからである。[46] だから、かれはカント的区別をまったく自覚的に峻拒したのである。というのも、かれはそもそもいかなる国家の権利なるもの（国法）（Staatsrecht）にも関知しようとようとはしないからである。かれは、大抵、「国家の権利（Recht des Staates）」、すなわち、国家を正当化するという意味での国家の諸権利（Staatsrechten）について語っているが、しかし、ひとつの客観的な国家の法権利（Staatsrecht）（国法）については決して語らない。このことによって、かれは、すでに用語法において、この［カント的区別の］峻拒を表現している。

（4）［ヘーゲルによれば］国家はまったく法権利の領域の外側にある。かれは国家を私法に対して鋭く境界づけている。「しかし、ひとつのきわめて重要な事情は、国家権力（Staatsgewalt）と法権利の対象（権利）（Rechtsgegenstand）との間にある区別である。法権利の対象とはひとつの私的所有物（Privateigentum）である。国家権力（Staatsgewalt）は私的所有物ではありえない。国家権力は国家から流出する。国家権力への権利（Recht auf Staatsgewalt）は、国家の法権利（Recht des Staates）としては存在しない。国家権力の範囲、その占有は、国家にかかっているから、国家との関係においてのみ妥当し、法廷が扱う対象ではない」。だから、国家権力（Staatsmacht）は法権利（Recht）の上位に位置し、国家は「最高の命令者（Gebieter）」であり、国家は絶対的に「正しい（recht）」のである。「あらゆる法権利は国家から出発し、決断しなければならないのは、偶然でも、証書（Urkunde）やその他の権原（Rechtstitel）でもなく、国家である」。[47] だから、ヘーゲルの意見に従えば、国家の諸行為（Akte）は法的価値付与（rechtliche Wertung）をそもそも免れているのである。とはいえ、権力（Macht）は「諸部分を一つの国家暴力

(Eine Staatsgewalt) に結びつけることによって[48]」のみ成立する、ということを国家はおそらく心得ているから、国家は、ひとつの客観的秩序を可能にするために、一定の意味において、やはり持続的にその諸規範と結合されているように思われる。しかし、これらの客観的諸規範は、何らかの他者に対する結合ではなく、その自律的結合（拘束）(autonome Bindung) のみを、呈示するはずである。

（5）ここからまた、「（法）権利 (Recht)」と「法律（制定律）(Gesetz)」の間の注目すべき区別が帰結する。ヘーゲルは前者で大抵ひとつの要求、広義におけるひとつの所有 (ein Eigentum) を、後者でそれに対する要求がもはや許されない最高の規範を、標識づけている。何故にヘーゲルはひとつの客観的な国法 (ein objektives Staatsrecht) を拒否するのか、これをかれはかつてわれわれにきわめて明瞭に語っている。［ヘーゲルによれば］「コンリング [Conring, Hermann, 1606-81] やヒポリトゥス・ア・ラピーデ [Bogislav Philipp von Chemnitz, 1606-78] は、ローマ法と国法とを区別していたが、しかし、見るところ、どうやらそれは国家の結合より、むしろ国家の解体のためである。かれらは諸等族（諸身分）(Stände)［領邦］を諸国家として構成したが、そのとき、私法 (Privatrecht) はあきらかにそれら等族（諸身分）には適用しえないものであった。しかし、そのときドイツ［私法が適用された領邦］はなんら国家ではないのである[49]」。

（6）ドイツが再び一国家になるために――「すぐれた人たちをしてかれらの依存性を感じせしめるために[50]」――ヘーゲルは国家をあらゆる法権利を超えたところに立てているのである。かれはこれらの点について手短に扱っているにすぎないが、「政治的法権利 (politische Rechte)」についてのさらなる詳しい展開は、まったく特殊な関心を引くものである。ヘーゲルはこの政治的法権利の下に、われわれが今日実定的な国際法（諸民族の法権利）(positives Völkerrecht) と呼んでいるものを理解している。かれはこの法権利を、ドイツの個々の諸［領邦］国家間に存するものと想定しているから、「諸等族（諸身分）」に対して次のことを、すなわちドイツの統一に対立しているそれらの国家の自立と独立は厄介なものである、ということを証明しようとしている。というのも、それは実際「固有の権力と力に」基づかず、「強大な列強の政治」に依存しているからである。[51] なるほど、「儀礼的な条約」というものも存するであろうし、だから、これらの条約によって諸等族の主権が法権利によって保障されているかのごとき見てくれも生じうるであろう。だがしかし、「これらの法権利がそもそもどのような名誉に値するものを有するというのか！」[52] 法権利（Recht）はまさしく権力（Macht）によって実現されうるはずである。そうでなければ、それは法権利ではない。「諸々の政治的な法権利は、それらが私法の力を有することになるかぎり、ある種の自己矛盾に陥ることになる。というのは、それらの政治的な法権利は、すなわちこのような確固とした政治的な法権利を有するであろう人たちは、ひとつの法権利関係において、ひとつの暴力（Gewalt）と権力（Macht）を有する上位者（Obrigkeit）の下にある、ということを前提にするであろうからである」[53]。しかし、ドイツの個々の諸［領邦］国家においては、このようになっていない。そしてそれゆえに、それらの主権はあくまでも「政治（Politik）」に依存しているわけである。なるほど、それらの諸［領邦］国家は諸条約によってそれらの存立を相互に保障しあっていたであろう。しかし、これらの国際法の諸条約（Völkerrechtsverträge）は、どのような様相を呈しているであろうか？　ヘーゲルは、以下のように、国際法、戦争、法権利の歴史的可変性——これらの本質について、注目に値するほど近代的な印象を与える権力政治的な議論を展開している。「どんな権力もいきなり直接的には締結された条約を攻撃しない。だが、何らかの不確定的な諸側面において、ただちに平和一般を覆し、戦争状態によっていまやまた、その他の特定の諸（法）権利の確定をも揺るがしてしまうような諍いが生ずる」。「かくして、その他すべてのことが、諸条約が以前に確定していたことが、ご破算となるのである」と。

【Macht を前提にして成立する Recht：Macht=Recht：カント的 gerechte Politik の拒否】

「戦争は――ひとがこれを侵略戦争と呼ぼうが防衛戦争と呼ぼうが、この呼び方について諸陣営は決して一つの了解に至らないから――平和条約が無条件的・相互的な和平を取り決めているのであれば、もっぱら不正（ungerecht）なものと呼ばれるだけであろう。そして列強間の永遠の平和や永遠の友好という表現がこうした表現を持つとしても、一方の側から攻撃されるまで、あるいは敵対的に扱われるまでは、そうした表現は事柄の本性の中に存する制限を付して理解されなければならない[54]」。単なる法権利（Recht）はいまだなお権力（Macht）を与えず、法権利は権力によってはじめて生み出される、ということをヘーゲルはこれまでわれわれに証明してきた。しかし、かれはまたさらに、まさしく逆に権力（Macht）が法権利（Recht）である、ということを示そうとする。かれの論争は、ここでは、見たところ直接的にカントに対して向けられている。カントは、ようやく一七九五年にきわめて厳しい表現で政治に対して非道徳（Unmoral）という非難を投げかけ、諸国家に、それらの国益追求の放棄を代償にすることになろうとも、正義に適う政治（gerechte Politik）というものを要求していた[55]。しかしながら、トライチュケが「称揚された道徳的征服（moralische Eroberungen）[56]」に与することなく、そして「マンチェスター主義（自由貿易論）（Manchesterturn）」について、「権力問題をまるで理解できない[57]」と語っていたように、ヘーゲルもまた次のように語っていた。

【政治と道徳、利害と法権利】

「政治をもって法権利（正義）の犠牲においておのれの利益を求めようとする競い合いであり、技術であり、不正の体系であり、技であると、わめき立てる人道家や道徳家がいる。またいずれの側にも与せず、公平を持する居酒屋政論家という公衆、すなわち利害をも祖国をももたず、飲み屋の平和（Ruhe des Bierschenke）をもって道徳的理想とする大衆も、政治をもって誠実に欠け、無法で安定性なきものと非難している。もっとも、かれらといえども、少なくとも関心をいだき、いずれかの側につかざるをえないが、この点からすると、かれらは、「国家の利害（国益）（Interessen des Staates）」をあらわす法権利の形式（Rechtsform）に対して不信をいだくものである。しかし、もしこの利害にしてかれら自身のものであるならば、かれらも法権利の形式を支持するであろうが、この際、かれらを動かしている真実の内面的動機は利害（Interesse）であって、法権利の形式ではない」。

【不可分の Interesse/Nutzen と Recht】

人情的な法律家や道徳家といえども、なにかある利害関心(Interessen)をいだいている。そうであるとすれば、利害関心と利害関心とが相互に衝突におちいる以上、権利(Rechte)と権利とさえ同様に衝突におちいることを、かれらもまた納得しうるであろう。だから、「国家の利害（国益）（Interesse des Staates）」あるいは道徳家にもっと憎まれる言葉で表現すれば、「国家の利益（Nutzen des Staates）」と法権利（Recht）とのあいだに対立を設けることがばかげていることもまた同様である」[58]［ヘーゲル『政治論文集』上、金子武蔵訳、一四六―七頁］。

【自国の福祉への関心を第一とする政治】

まったく同じく、すべての「チュートン（ドイツ）的な感情政治（teutonische Gefühlspolitik）」を峻拒するトライチュケにとって[59]、政治が「端的に自己固有の国家福祉（Wohl des eigenen Staates）以外のいかなる利害関心も顧慮することも許されない」ことは、「九九のごとく自明な考え」である[60]。ヘーゲルはさらに次のように続けている。

【利害の対立＝権利の対立 → 戦争による決着：Macht によって主張される Recht】

「権利（Recht）とは条約によって取り決められ成立をみたところのひとつの「国家の利益（Nutzen）」である。およそ条約においては、国家間の相異なる利害関心（Interessen）が取り決められるのであるが、しかし権利となっても、その利害関心は無限に多面的であるから、相互に矛盾におちいり、したがってまた権利自身も同様たらざるをえない。そこで危険に瀕している利害関心と権利とを、国家の全勢力を挙げて防衛すべきかどうかが、事情のいかんに、権力上の打算に、すなわち政治的判断に依存するだけということになる。しかしこれに対して反対の側も、むろん権利を挙げることができる。なぜといって、敵側もまさに衝突するに至った反対の利害関心を、したがってまた権利を具えているからである。そこで戦争、あるいはそういったようなものが決定をくださなくてはならないことになるが、しかしこれは、双方によって主張せられる権利のうち、いずれが真実の権利であるかをではなくして――なぜなら、いずれの側も真実の権利をもつからである――いずれの権利が他方に譲歩すべきかを決定するのである。（…）そこでこの紛争においては、権利（Recht）はその権力（Macht）によっておのれを主張せざるをえないのである」［上掲、一四七―八頁］。

【Rechtsidee の内容としての国民的なるもの：Macht=Recht】

したがって、ヘーゲルが考えているところによれば、すべての実定的な法権利（実定法）（positives Recht）だけでなく、あらゆる内容的な法権利の理念は国民的（national）なものであって、二つの国家の矛盾する法権利は「同じく真実であって、したがって、第三のもの――これは戦争であるが――は、それらの法権利が統一されうるためには、それらを等しからざるものにせざるをえない。このことは、一方が他方に譲歩することによって行なわれる」[61]。

【国法（Staatsrecht）＝国益（Staatsnutzen=Staatsinteressen）←国家権力（Staatsmacht）：正義としての必

然的戦争】

以上で、われわれはヘーゲルがわれわれを導いてこようとしたところに到達したことになろう。国家の法権利（Recht）は国家の利益（Nutzen）ないし利害関心（Interesse）であり、実際には、国家権力（Staatsmacht）であり、しかも法権利の形式からしてのみならず内容的にもまたそうである。したがって、国家の内的な側面（対内的国家）における法権利が「全体の有機的組織化（Organisation des Ganzen）」に従って計算されるべきであるとすれば、法権利の目的として想定されなければならないのは、国家の権力、外交における国家の妥当であり、何らかの道徳的な目的や尺度ではない。二つの法権利の確執において決断しえるのは、法権利のいかなる理念でもなく、唯一暴力（Gewalt）のみであり、そして侵略戦争と防衛戦争、法権利（正義）に適う戦争と適わない戦争の区別は、まったく不要である。すなわち、リヴィウス［Livius, Titus, BC. 59-AD. 17］の古い命題、「正義とは、かれらにとって必然的な戦争である（iustum est bellum quibus necessarium）」［et pia arma quibus nulla nisi in armis relinquitur spea（そして、武装は、武装する以外に希望が残されていない人たちにとっては、義務である）. Liv. IX］が相変わらず妥当しているのである。

【（1）自然法世界観（理性的諸主体間の契約・合意としての法・権利、神的・道徳的・超時間的・超国民的な法権利理念の作用）の粉砕：歴史的事実性：法権利相対主義に抗する国民国家的規範：原則政治に対する利害政治、（2）ドイツ的精神状況の二局面：理念（天上）と現実（地上）の分裂】

（1）ひとはここで自然法の世界観の総体が粉砕されているのが分かる。そこ［自然法の世界観］においては、すべての法権利は、個々の理性的な諸個人や諸国家の間の契約による意思の一致の上に基礎づけられ、そして、神的あるいは道徳的な、超時間的かつ超国民的な法権利の理念の作用として、扱われていた。理性（Vernunft）と習俗規範（人倫）性（Sittlichkeit）のこうした理念に、ヘーゲルは歴史的事実性（geschichtliche Tatsächlichkeit）を対置している。ドイツ的権力（deutsche Macht）を求めるヘーゲルの燃えるような国民的願望は、あらゆる政治的かつ習俗規範（人倫）的な諸問題についての純粋に歴史的な直観と一致するものであるが、［そして］かれを完璧な法権利相対主義（Rechtsrelativismus）へと導いているが、これに屈しないのは国家的かつ国民的な規範だけである。ひとりのドイツの思想家［ヘーゲル］がはじめて、実際的な国家技術（Staatskunst）によって絶えず遂行された利害政治（Interessenpolitik）を、きわめて先鋭な形式で、あらゆる原則政治（Grundsatzpolitik）に対置している。

（2）われわれはヘーゲルの法権利感覚（Rechtsempfinden）以上に繊細なそれとこの点で矛盾するものすべてを脇において、この［ヘーゲルの］直観を、とりわけ、その担い手から、そしてその時代から、捉えることを試みてみよう。ヘーゲルの人格（個人）的資質や諸々のドイツ的弱小国家の当時における政治的実践については、なお語られることになろう。この点で、ヘーゲルはもっぱら、同時代のドイツ的な世界市民の夢想や非政治的急進主義に対するすぐれた反作用（反動）として、すなわち、「血と鉄」からのドイツ統一への道程をすでに一八〇一年に指示した最初の人として、特徴づけられている。おそらく、はじめにその［ドイツ的精神の］諸々の政治的理想をもっぱら天上にだけ結びつけておいて、しかもそのことによって、ひたすら歴史的国民的かつ此岸的な理念に精通するヘーゲルを呼び出したことは、ドイツ的精神のひとつの悲しむべき運命であったかもしれない。しかし、ひとりのヘーゲルを切実に必要とした精神史的布置状況は、この哲学者の次のような若干の言葉から、われわれには明らかであろう。

【権力に潜む真実態を看過するドイツ的理想主義・観念論】

「いったい人間というものは、まことに愚かなものであって、このように良心の自由と政治上の自由とを無私なる態度で救助せんとする理想主義的な光景に眼を奪われ、また内面的感激の情熱にうかされて、権力

(Macht) のうちにひそむ真実態 (Wahrheit) を看過し、かくして正義の[はかない]人間業と虚構の夢想とが自然と真実とのより高次の正義に対して確実であると信じがちのものである」[62]〔上掲、一三二頁〕。

【法権利（Recht）の現実態と理念態：自然及び歴史の没価値的権力(der wertfreie Macht der Natur und Geschichte)】

それまで無制限に支配していた理性は、いまや法権利と習俗規範（人倫）性とともに降伏する。いまや理性は運を天に任せて、自然及び歴史の価値から自由な権力（der wertfreie Macht der Natur und Geschichte）に身をゆだね、権力の「真実態」及び「より高次の正義」を無条件に承認する。道徳的憤慨のあまり忘れてならないのは、これ「より高次の正義」に伴って政治的認識が生み出していた進歩を評価することである。自然法（Naturrecht）は、純粋理性によって、「自然法則（Naturgesetz）」を、すなわち、天文学的、生理学的、数学的等々の諸法則を、発見しようとしてだけでなく、同じ道程においてまた、あらゆる歴史的影響から独立した倫理的・法的な諸規範を持とうとしていた。自然法は法権利の現実（Rechtswirklichkeit）とその理念（Rechtsidee）とを取り違えていたのである。この点でヘーゲルは、あらゆる実定法（positives Recht）が変わりうることのみならず、あらゆる普遍的な法権利理念（Rechtsidee）が内容を欠いていることをもまた、敢えて主張しようとした最初のドイツ人であった。

【歴史的妥当性を失っている等族【領邦国家】の法権利】

「ドイツの諸等族（Stände）〔領邦〕の諸権利と呼ばれるものは、それらの尊厳（Ehrwürdigkeit）によって、ひとつの道徳的権力（moralische Macht）として存立している」とされるが、このことは「意味をもたない」ということ、これを証明することがヘーゲルの意図するところであった。[63] ヘーゲルはいまやこれに成功したのである。これらの諸権利は歴史的に妥当性を失っており、現存する権力に対してみずからを主張しえない。

【近代国民国家形成に関するドイツ国民の他の西欧諸国民との比較】

しかし、このことを歴史的に証明するために、ヘーゲルはドイツの政治的諸関係を呈示することで満足することなく、他の諸国民を証明のために引き合いに出している。ドイツにおける等族や宗教論争（Religionshader）と同じく、フランスにおいては「豪族とユグノー（die Großen und Hugenotten）」が統一国家の形成を妨げたであろう。まさにそれゆえにヘーゲルが畏敬の念をいだいているリシュリュー［Richelieu Armand Jean, 1585-1642. ルイ一三世治下の仏宰相。ユグノーと貴族諸勢力を打破して絶対主権を確立］は、それらを討伐し、フランス人たちに国民的統一を与えたのである(64)。同様に、イングランドとスペインは国民的国家を打ち立てることに成功したとされる。ドイツのそれと似た運命の行程を辿ったのは、イタリアだけであろう。イタリアの歴史から、個々のドイツ諸［領邦］国家は学びうるであろう。ここで、スイス［ベルン］時代のヘーゲルが、ドイツとイタリアの歴史を一覧表によって比較することでどのような目的を追求していたのか、これが明らかになる。ここでもまた、ヘーゲルは、ひとつの国家は、それが権力（Macht）を有するのとちょうど同じだけ法的かつ道徳的な法権利（juristisches und moralisches Recht）を有している、ということから出発している。イタリアの弱小な諸国家は、「勢力としては千倍もあるいはそれ以上に強大なものに対抗したので、必然的に没落の運命にあったが、われわれはこの運命に同情の念を禁じえないと同時に、必然的だという感じをいだき、巨人と力くらべをしたために踏みにじられた矮人（Pygmäen）がみずから招いた責めと感ぜざるをえないのである(65)」［上掲、一六〇頁］。

【ドイツ統一国家形成の担い手としてのオーストリアあるいはプロイセン】

かくしてヘーゲルは、あらゆる面からして統一を求める要求は、ひとつの全体性（Ganzheit）としてのドイツ国民の利害関心においてのみならず、同じく個々の弱小諸国家の利害関心においてもまた根拠づけられている、ということを証明しようとする。さらにかれは、ドイツの政治的統一のさまざまな可能性を探究することに取りかかっている。確かな眼差しで、かれはただちに、ドイツの将来にとってもっとも重要なものとなるはずであった問題を、すなわち誰がドイツを統一すべきか、オーストリアかプロイセンか、という問題を掴み出している。ヘーゲルが［さしあたり］オーストリア的党派に傾いていること、これについてかれは疑わせる余地を残していない。かれはいくつかのはっきりロマン主義的な色彩を帯びた根拠を論争の場に持ち出し、プロイセンがエスプリや芸術のセンスが「貧弱である」ことを非難し、この点でもまた、かれの貴族主義的な傾向を窺わせている。プロイセンは、「オーストリアの権力、先祖代々富裕で自由な貴族と比較すれば、粒々辛苦してたったの一文から財宝を積み上げたブルジョア」のようなものである(66)［上掲、一七八頁］。とはいえ、この審美的諸観点がヘーゲルの政治的立場にとって決定的なものではなかったことはたしかである。むしろ、かれがオーストリアによる統一を正当と認めたのは、かれはオーストリアを「ドイツのなかで権力的に他を圧倒するもの（übermächtig in Deutschland）」と考え、そして、プロイセンの権力を、「一時的な（はかない）権力（ephemerische Macht）」――この国をこうした権力にまで意識的かつ強引に押し上げたのは、「個々の天賦の才にめぐまれた人物」ではあったが――としてしか見ていなかったからであろう(67)。これはたしかに、後のイェーナ期にもヘーゲルが正当と見なした意見である。なにはともあれ、プロイセンは「ドイツ帝国の一侯国（ein deutscher Reichsfürst）として他の等族［領邦］と同じ立場にあるのではなく、（ドイツの覇権にとって十分考慮に値する）一つの独自の強力な国家である(68)」ということを、ヘーゲルはきわめてよく自覚している。だからかれは、ドイツにおいてオーストリアとプロイセンが支配権（Vorherrschaft）を掌握する見通しを、できるだけ客観的に――とはいえ、前者の権力［オーストリア］がドイツ諸侯にはより受け入れうるものと思わせるように努力して――考量しているのである。プロイセンがドイツ人たちのあいだでプロテスタンティズムを擁護することによって獲得した政治的影響力は、プロイセンに有利にはたらいてはいた。しかし、プロテスタントたちは、今日、このような保護をもはや必要としていない。他面では、オーストリアの普遍的君主制（Universalmonarchie）というかつての危険もまた、「ヨーロッパ的均衡（europäische Gleichgewicht）」の形成によって消えてしまった。しかし、「ドイツの等族を犠牲にしてでも自己を拡大させる」という要求に関していえば、「オーストリアがなお優位を保っていない以上、オーストリアとプロイセンはすくなくとも同等である(69)」。「ひとが大抵［諸等族の脆弱な権力に基づく］ドイツ的自由（deutsche Freiheit）と呼んでいたこと、これは両者［普墺］に対して警戒しなければならないであろう(70)」。とはいえ、この自由をめぐる懸念がドイツの統一に対して申し立てられることは、自由の概念が現在ではまったく変わってしまった分だけ少なくなるであろう。

【（1）権力（Macht）と自由（Freiheit）：国家構成分肢：領邦の自由（Freiheit der Staatsglieder）：フランス革命における自由の狂乱の経験、（2）法治国家としての国民権力国家において可能となる、国家市民及び諸邦のドイツ的自由（deutsche Freiheit）：自由概念の意味転換】

（1）ヘーゲルはこれまで国家生活における権力（Macht）だけを強調しているが、かれはいまやまた国家の構成メンバー（Staatsglieder）の自由（Freiheit）により詳しく立ち入り、そして、かれの詳述はこの関係においてもまた画期的なものである。ここできわめて明確に示されているのは、いかにしてヘーゲルが――この点で、たしかにバークの影響がないわけではないが――フランス革命の諸要求をまったく否定してしまうことなく、しかもこの革命からはるかに離れてしまったか、これである。ヘーゲルによれば、「一〇年にわたる戦闘とヨーロッパの大部分の悲惨とによって学ぶところあって、ひとびとが自由のための盲目的な叫喚にはもはや耳を傾けなくなるまでに、少なくとも理解力の上において成長したこと」が歴然としたのである。「この血腥い遊戯において自由の雲は消え失せ、この雲を抱擁しようとして諸民族は悲惨のどん底に落ち込んだので、〔自由についての〕明確なイメージと理解とが世論のうちに浸透するに至ったのである。自由の叫喚はもう何の効果も奏しないであろう。アナーキーは自由から区別された。そして、自由のためには確乎たる統治（Regierung）が必要であるという確信が、人心に深く刻み込まれたのである」。「立法と最重要の国事には、民衆もまた協力しなくてはならないこと」、そして「国税の一部分、とりわけ非常時の国税に関して君主に協賛を与えなければならないこと、これらのこともまた同様である[71]」〔上掲、一八五頁〕。

（2）ヘーゲルが「フランス的な自由の狂乱」に反対して「国家学の原則」にまで高めようとするのは、「自由は一民族（Volk）を一国家（Staat）に法律によって結びつけることにおいて可能である」ということである。[72]「ドイツ的自由」というこの新しい概念は、個々の市民（Bürger）に適用されるのと同じく、諸身分（Stände）〔領邦〕にもまた適用されることを、かれは理解しようとする。やはりかれは後者（等族）に次のことを示そうとしていたのである。等族の権力と、それとともに等族の〔領邦〕国家的自由（staatliche Freiheit）とは、一つの強力なドイツ的統一国家によってのみ確保されるように思われる。というのも、そこで等族もまたひとつの〔統一国家による〕法律的自由（gesetzliche Freiheit）を享受するからである、と。しかし、まさにこの法律的自由は、「他の種類のドイツ的自由が増大すればするほど、そして個々の構成分肢についての国家権力が減少すればするほど、もちろんますます苦しまなければならなかった[73]」。トライチュケが、「弱小国家においては、自由は確保されていない[74]」ことを強調したように、自由は、国家において、そして国家間において、権力（Macht）によってのみ確保される、とヘーゲルは見ているのである。

【相互に条件づけられる権力と自由】

ここでこの時代においてはじめて、権力（Macht）と自由（Freiheit）は決して絶対的に対立するものではなく、逆に、政治生活において相互に制約し合っているカテゴリーである、と主張される。

【ドイツ的統一国家の中に保持される特殊的領邦国家：領邦諸国家の代表からなる連邦議会（連邦参議院）構想：共同の決定と活動による国家権力の強化】

しかし、いかにヘーゲルはドイツ的統一国家の建設というもっとも困難な眼目を考えているのであろうか？　まずもってきわめて注目に値することであるが、かれは個々の国家（諸領邦国家）の分邦主義（Partikuralismus）に対してまったく共感することなく対立しているわけではない。かれは次のことを心得ているのである。すなわち、「個別国家（諸領邦国家）の各々は特殊的国家として、その個別国家は援助をひとつの一般的なもの［ドイツ統一国家］になんら期待すべくもない以上、それに献身する必要はなく」、「自分の国（領邦）（Land）と臣民たちに配慮するという神聖な義務を引き受ける」のである。(75)ヘーゲルは、大いに望まれたドイツ的統一国家の中に、特殊的諸国家（諸領邦国家）（Partikularstaaten）は必然的に保持される、と想定しているが、まさにそれゆえに、かれはまた、その範囲で現実政治家（Realpolitiker）でもある。かれの統一化プランの中には、ある種の連邦議会［連邦参議院］（Bundesrat）において個別的な諸国家（諸領邦国家）が代表する（Vertretung）という考えがきわめて明確に登場する。というのは、「人間の本性の奥底には、そのためにひとが行為（handeln）するところのもの（行為の目的）、そのためにひとが共同で決定し活動する（mitbeschliessen und mitwirken）ところのもの（共同決定と協働との目的）――ここに意思がありうるがゆえに――こうしたことだけに関心を向ける、ということがある」からである。とすれば、諸邦（領邦国家）は一般的なもの［ドイツ統一国家］のために何らかの形で共同の活動（協働作業）（Mitwirkung）を果たされなければならないであろう」[76]。まさに国家の諸構成分肢（Glieder des Staates）がこのように国家の指導に参加することによって、国家の権力は高められる、という思想が［初期ヘーゲルの］宗教論稿にあったことを想起しよう。

ここでもまた、ヘーゲル自身の言葉で、かれのドイツ統一プランを構想せしめることにしよう[77]。かれは次のように詳述している。

【青年ヘーゲルのドイツ国家統一計画】

「ドイツは、何度かの戦争を経て、その国土の大半を外国の軍隊に蹂躙されてしまうというようなイタリアの運命を甘受すべきでない。とするならば、ドイツは新たに一国家にまで有機的に組織化されなければならないであろう。国家を構成する本質的なことは、元首（Oberhaupt）によって指導され、諸部分（諸邦）と協働した、一国家権力（Staatsmacht）であるが、この国家権力が創設され（なければならないであろう）。司法権の依存、収入の管理、宗教ような非本質的なことはすべて、一国家に不可欠な必然的なことから排除されなければならない」。

【ドイツ帝国の再建】

「ドイツ帝国の存立は、一国家権力（Staatsmacht）が有機的に組織されること、そして、ドイツの民族が再び皇帝（Kaiser）及び帝国（Reich）と関係するようになること、こうした仕方によってのみ可能であろう」。

【再建の前提としての統一的軍隊組織の形成：帝国と諸邦の関係】

「前者［国家権力の有機的組織化］はドイツのあらゆる軍人が一つの軍隊（Armee）に統一されることによって実現されるであろう。この軍隊において、それぞれの強大な君侯（Fürst）は、そこでは生まれながらの将軍であり、それぞれは固有の連隊（Regiment）を保有し、その将校下士（Chargen）を任免し、あるいは連隊とは別個に近衛兵（Leibgarde）及び首都の守備兵（Garnison）をも持つことになろう。弱小な諸等族（Stände）には中隊（Kompagnien）あるいはそれ以下の部隊が割当てられることになろう。もちろん、皇帝（Kaiser）はこの軍隊の最高指揮権を持つであろう。軍費は、今日その大部分を地方議会（Landstände）が支払い、昔のように君侯（Fürst）がその直轄地（Domänen）から支払ってはいないが、同じく諸邦（Länder）によっても負担されるであろう。地方議会は年々この経費を承認しなければならないであろう。しかも、それはおしなべてすべての諸邦から統一されることになろう。しかし、このことは、既存の地方議会から若干のメンバーが代表者として委任せられるという形では、おそらく処理されえないであろう。なぜといって、一方では多くの諸邦は地方議会を持たないし、他方ではまったく弱小な諸等族には負担が過大となるであろうからである。そうではなく、すでに軍人を徴集するためにも、ドイツには軍事的区画が設けられ、それぞれの区域がさらに小さな区域に区画されることが必要であり、しかもこの区画は、軍事的区画とはなんの関係もない裁判所管轄（Gerichtsbarkeiten）やその他の位階関係（Hoheiten）からは、まったく独立している必要があるとすれば、この下級区画から人口に比例して代議士たち（Abgeordeneten）が選挙されうるし、かれら代議士たちが国家権力維持のための課税を承認しなければならないということになろう。

この目的のために、右のごとき代議士たちは、かつての帝国議会（Reichstag）における都市席（Städtebank）と一団（Korps）を形づくることになろう。（…）

諸邦は資金について直接的に諸侯に承認を与え、皇帝と帝国には間接的にのみ寄与しているが、いまやこの資金を直接的に皇帝及び帝国に提供するようになる、という点に完全なる変化があることになるであろう。（…）騎士カントン（Ritterkantone）が代表者（Deptierte）を送るのが諸侯会議（Fürstenrat）へであるか、それとも都市団（Städtekollegium）へであるか、（同じく）諸侯が直轄地及びその他の地方からの収入を一括して寄与することを決議するのか、それとも各諸侯がこれらの収入の一部をさいて自分の連隊あるいは近衛兵を賄うことになるのか、これらは問われるところである」［上掲、一九二―五頁］。

【青年ヘーゲルにおける統一主義と連邦主義を媒介するドイツ連邦統一化プラン】

ヘーゲルのこれらの提案は、ドイツ連邦統一化の最初の実際的なプラン、「統一主義者たち（Unitarier）」と「連邦主義者たち（Föderalisten）」との最初の可能な媒介を呈示しているといってよかろう。ピュッター［Pütter, Johann Stephan 1725-1807］は、ドイツ的国家論から消えていた「多数の特殊な諸共和国から構成された一共和国（respublica composita pluribus respublicis specialisbus una）」を、いずれにしても学問的には可能なものとして説明していた。(78) しかし、この連邦国家概念（Bundesstaatsbegriff）をひとつのドイツ統一国家プログラムにおいて能動的活動によって活用することなど、この時代のひとには、いまだなおとうてい思いもよらないことであった。ようやく一世代後、ドイツにおいて真剣に受け取られるべき連邦国家的統一化プランが浮上している。たしかに、この世紀三〇年代のガーゲルン［Gagern, Heinrich Freiherr von, 1799-1880］、プフィッツァー［Pfizer］、ヴェルカー［Welcker, Karl Theodor, 1790-1869］の諸提案は、ヘーゲルの提案よりもより積極的なものである。とはいえ、かれらはまた、ライン同盟（der Rheinbund）とドイツ連邦（der Deutsche Bund）に伴ってなされたその間の諸経験を活用しえたし、そして、オーストリアの非ドイツ的政策を、一八〇一年のヘーゲルよりもより厳密に評価しえたのである。しかしながら、ガーゲルンの連邦国家（Bundesstaat）という基本思想、「諸邦の君主（Regenten）が領邦内のすべての高権（Hoheitsrechte）を放棄することなく」[79]、ひとつの共同体的国家権力（eine gemeinschaftliche Staatsgewalt）という国家目的をほとんど完全に達成することに服属する多くの諸国家を統一するという理念、国家元首によって統率される軍隊、代表制的立憲体制（憲政秩序）（Repräsentationsverfassung）を伴う世襲君主制（Erbmonarchie）、諸侯がおのれを代表としうる「諸侯会議（Fürstenrat）」――これらすべての提案は、わたしにはすでにヘーゲルのプランの中に含まれているように思われる。いずれにしても、後のビスマルクの時代は、的確であったのは三月革命前後の自由主義者たちではなくヘーゲルの権力論であったことを示した。このことは、とりわけ、われわれの哲学者［青年ヘーゲル］の当該テクストにおける結論部分によって、明らかになる。[80]［とはいえ、］ドイツの統一化の有用性と必要性についてのかれの論証によって、諸邦はいまや単なる洞察によって有害な政治を脱することになった、などとはヘーゲル［自身］は決して思い込んではいない。

【ドイツ国家統一への強制】

「ドイツが一国家となることによって、そのすべての部分は利益をうるに相違ない。とはいえ、およそ国家形成という種類の事件はこれまでにも決して熟慮（Überlegung）の結実ではなく、権力（Gewalt）のそれであった。しかも、たとえ事件が一般の文化状態（die allgemeine Bildung）に適合し、またその要求が深刻かつ明確に感得されているにしても、やはりそうであった。ところでドイツ民族中の普通の民衆は、地方議会と同じように、ドイツ民族（Völkerschaften）から分離すること以外の何事も知らず、統一をもって何かあるまったく無縁の事柄と見なしているから、一征服者の暴力（Gewalt）によって、一集団にまで結集されなければならないであろう。すなわち、ドイツに帰属することを思い知らせるためには、かれらは強制される必要があるであろう」。

【国民国家形成を完遂する指導者：参加と有機的組織体】

「散り散りばらばらになった小族たちから国民を作りあげるこのテセウス［Theseus］［クレタの迷宮で怪物ミノタウルスを退治した英雄］は、第一に、すべての人びとに関係ある事柄については民衆にも参加（Anteil an dem, was alle betrifft）を許すだけの大度量の持主でなくてはならないであろう。もっとも昔のテセウスがかれの民衆に与えたような民主制的国制（demokratische Verfassung）はわれわれの時代の大きな国家においてはそれ自体矛盾を含んでいるから、参加といっても、それはひとつの有機的組織化（Organisation）によるものでなくてはならないであろう。第二には、このテセウスは、掌握した国家権力の行使によって昔のテセウスのように恩を仇で返される心配のない保証を得ているにしても、リシュリューやその他、人間の特殊性や固有性を粉砕した偉人たちがみずからに招いた憎悪を耐え忍ぶだけの性格力を具えるものであることを要するであろう」［上掲、一九五―六頁］。

【トライチュケが継承し、ビスマルクが実行した国民的目的としての権力政治の精神】

ここでは、ビスマルク的精神の誓願（Beschwörung）を聞き逃すわけにはいかない。そして最後の言葉は、次のような命題をもう一度裏づけている。すなわち、あるゆる政治（Politik）は基本原則（Grundsätze）によってではなく、権力（Macht）によってなされなければならない。というのも、「概念（Begriff）と洞察（Einsicht）は自己不信のようなもの（Mißtrauisches）を伴うから、概念は実力（Gewalt）によって正当化されなければならず、そうして人間というものは概念に服することになるからである」。いずれにしても、トライチュケが国民的統一への「移行状態（Übergangszustand）」としての「剣の支配（Herrschaft des Säbels）」に同意していることを明言しているのとまったく同様に、ヘーゲルはこの権力政治（Gewaltpolitik）を国民的目的として要求している、という点を忘れてはならない[81]。かくして、ヘーゲルのこの初期の労作の中には、トライチュケが後から継続したにすぎずビスマルクが実行することになった精神の源泉がすでにある、ということを論駁するわけにはいかないであろう。

【ヘーゲルの現実主義的権力論のモデルは誰か？】

ところで、［一八世紀末から一九世紀初頭の］時代精神のとことん反権力的な思想を凝視してみるならば、この血腥いまでに現実主義的な権力論が突然ドイツの文献に現われるのを見て、大いに驚かざるをえない。ヘーゲルの模範は誰だったのであろうか、かれは文献においてはどこに結びついているのであろうか？

【マキアヴェッリ】

一民族の精神的指導者たちの諸見解に照らして、かれの精神的イメージをめぐって現在でも四〇〇年前と同様に同じ激しさで闘争が波打っている人物――ヘーゲルの労作に影響を及ぼしたのは、マキアヴェッリ［Machiavelli, Niccolò, 1469-1527］に他ならない――を介して、ひとはその一民族の政治的意見の水準を、ほとんど確実に見てとりうる。トライチュケはこのフィレンツェ人について述べている。「国家とは権力である、とかれがはじめて明言したこと」は、いつまでもかれの栄誉であり続けるであろう[82]、と。トライチュケもまた、かれがすでにかれの教授資格論文を契機に没頭したマキアヴェッリに負っている[83]。

【一八世紀ドイツの反権力的思潮において非難されていたマキアヴェッリ】

しかし、ヘーゲルの国家観もまたマキアヴェッリの深くかつ後まで残る影響の下にあること[84]、このことは、ひとがヘーゲルを権力政治家としては知らなかったという理由だけで、これまで強調されなかった。ヘーゲルの時代には、歴史はすでにマキアヴェッリについて無数の矛盾をきわめた見解を示していた。モール〔Mohr, Robert von〕[85]は、この文献についてのすぐれた概説において、次のことを示していた。すなわち、一方では、とりわけ教会の側からは、『君主論』は「悪魔の指で」記されたものとして特徴づけられていたが、他方では、他の人たちがこの著作の中に一つの風刺、一つの冗談、そしてあらゆる可能な他の事柄を見ようとしていた、と。しかし、ひとはその中で提起されている教説を習俗規範（人倫）的にいまわしい非難されるべきものと殆ど異口同音に決めつけ、そして、ボダン〔Bodin, Jean, 1530-1596〕のようなひとでさえ、それらの教説を政治的には誤てるもの、習俗規範（人倫）的には忌避すべきものと名づけていた。だから、マキアヴェッリが一八世紀の反権力的なドイツにおいて一般的にきわめて鋭く非難されたことは、ほとんど自明なのである。フリードリヒ大王でさえ、自分が反マキァヴェリストであらざるをえないと感じていたほどである。

【ヘルダーによるマキアヴェッリ評価の変容】

ドイツにおいて敢えてマキアヴェッリに与した最初の人はヘルダー〔Herder〕であり、かれにおいて国民の政治的判断の意味深い変化が告知されている。一七六九年にはなお、ヘルダーはこのフィレンツェ人について次のように考えている。マキアヴェッリは、われわれから「祖国愛の柔和な感情」を奪う「卑しくて冷血な人間嫌い（Misanthrop）」に属している、と。[86]三〇年後には、ヘルダーはまったく別様に判断している。マキアヴェッリは、実際のところ、「低脳（うすのろ）（Schwachkopf）」どころではなかった。かれは歴史と世間とを経験した誠実な人物、かれの祖国の繊細な観察者にして温かな友であった」と。かれの『君主論』は、「風刺でも道徳教本でも両者の折衷でもない。〔ヘルダーによれば〕それは当時のイタリア君侯たちのための純粋に政治的な傑作であり、マキアヴェッリが最終章で申し立てている、イタリアを野蛮人たちから解放する、という目的のために、かれらの嗜好と原則に合わせて書かれている」[87]のである。

【ヘーゲルのマキアヴェッリ擁護：国民的統一の希求と利害政治の推奨】

ヘーゲルは、すでにモンテスキュー［Montesquieu］やルソー［Rousseau］を読んだときに時代の変化を感じ取っていたとしても、マキアヴェッリについての判断については、ヘルダーからもまた受け継いだように思える。マキアヴェッリ読解は、あきらかにヘーゲルにとって意味深いことであったに違いない。マキアヴェッリもまた――これは今日の歴史研究も受け入れているが――「ひとりの愛国者が望みうるかぎり熱狂的に[88]」、国民的統一を希求し、この目的のために――少なくともヘルダーとヘーゲルはそう考えたのだが――絶対的に無前提の利害政治（Interessenpolitik）を推奨していたのである。マキアヴェッリのイタリアとヘーゲルのドイツがそっくりであることは一目瞭然である。このことがヘーゲルの胸におのずと湧き上がってきたのである。ヘーゲルは「ドイツ憲政秩序（国制）論」の中で次のように詳述している。

【マキアヴェッリが生きた時代のイタリアとヘーゲルが生きた時代のドイツの類比】

「この不幸な時期に、すなわちイタリアがその悲惨に向ってあわただしく足どりを進め、外国の君主がその国土について行う戦争の修羅場と化し、しかも自分ではこの戦争に手段を提供しておきながら戦争の犠牲となっていたとき、イタリアが己自身の防衛を暗殺に毒薬に裏切りに、はたまた（…）外国賤民の群れに委ねているときに（…）――このような全土にわたる悲惨、憎悪、攪乱、盲目の状態に深く感動したさるイタリアの政治家は、冷静なる思慮をもってイタリアを救うには、それを結集して一つの国家とするほかない、という必然的な理念を把握した[89]」［上掲、一六一―二頁］。

ほとんど同じ言葉で、ひとは歴史的なドイツの状態と、ヘーゲルをかれの労作に赴かしめた、この状態によって呼び起こされた意図とを、描き出すことができるであろう。ヘーゲルがマキアヴェッリについて語っていることは、かれ自身についても言えるのである。

【「目的は手段を正当化する」という命題を正当化する情況】

「かくも心底から真実をもって語る人が心胸に下賤の根性をいだき、頭で諧謔を弄したのではないことを、われわれは明確に認めることができる」〔上掲、一六三頁〕。（このフィレンツェ人の時代にも）「民族が形成すべき国家の何であるかについての理念がいわゆる自由を叫ぶ人々の滅茶苦茶な喧騒によってかき消されて聞こえなくなっていた」（のである）〔上掲、一六三―四頁〕。（マキアヴェッリの国民的目標をやむなく認めさえする人たちも、やはり主張するであろう。）「その諸手段は嫌悪すべきものである」と。「そこで道徳には、目的は手段を神聖にしない、などという陳腐なことを今さら並べたてることによって、活躍する広い余地がひらかれることになる。しかしながら、ここでは手段の選択は問題になりえない。焦げ臭くなった肢体はラヴァンデル香水では浄められない」。――「腐敗の瀬戸際にある生命はただもっと手荒な療治によってのみ再組織されうる」〔上掲、一六四頁〕。

そしてこのようなことを、ヘーゲルは、われわれが見たように、ドイツでもまた無条件に必要なことと考えたのである。ヘーゲルはさらに続けている。

【政治における結果倫理】

（歴史的に捉えるならば、）『君主論』は「ただに是認せられるのみならず、きわめて偉大なかつきわめて高貴な心情を具えた真に政治的な頭脳のこのうえなく偉大かつ真実の着想であることがわかる」［上掲、一六五頁］。ヴァレンチノ［Valentino］公がヘーゲルによって擁護されるのは、かれがとどのつまり成功を博したからである。「公とおじとは亡びても、かれらの功業は亡びることはなかった」［上掲、一六七頁］。

しかし、フリードリヒ大王については、ヘーゲルは次のことを注目に値すると見ている。

【己の反マキアヴェッリ論を己の行為によって反駁しているフリードリヒ大王】

「一種の本能に基づいてさる君主――その全生涯と活動とはドイツ国家の独立諸国家への解体であることをきわめてはっきりと示している――がマキアヴェッリについて練習文をものにして、マキアヴェッリに道徳的な論説を対抗させたが、しかしかれ自身がこの論説の空疎であることをおのれの行為の仕方によって、はたまた著述家としての作品において明確に示した」［上掲、一六七―八頁］。

【マキアヴェッリ的権力論のヘーゲル国家哲学への影響：国家宗教：キリスト教的禁欲・現世逃避に対する古典古代的此岸性の肯定】

すでにして、この大いなる構想のもとに認められたマキアヴェッリ擁護だけからも、当時のイタリアの情勢とドイツのそれとの充分に意図的な同一視だけからも、同じく、このイタリア人の諸教説に厳格に従っていることに照らしてみるだけでも、これらの「マキアヴェッリの」教説がいかにヘーゲルに後にまで残る影響を与えていたか、これを見てとることができる。ヘーゲルがかれの「ドイツ憲政秩序（国制）論」をもって少なくとも文献上己の祖国のある種のマキアヴェッリたらんとし、かれの師匠から権力論全体を見てとったこと、そして、とりわけ、ドイツを実力で強引に一民族たらしめるべき征服者へのアピールを伴うヘーゲルの労作の結末は、チェーザレ・ボルジアへの似かよったマキアヴェッリの呼びかけを想起させること、これらのことに疑う余地はない。しかし、明確なマキアヴェッリの影響を示しうるのは、ヘーゲルのこの労作においてだけではない。われわれはさらにしばしば、ヘーゲルの国家哲学においてその影響に遭遇する機会を持つであろう。しかし、すでにここでも、われわれは次のような重要な事実を確認しておきたい。すなわち、ヘーゲルは、かれがはじめて一つの詳論の中で国家に専門的に（ex professo）取り組んでいる時代において、マキアヴェッリに、「国家宗教（Staatsreligion）と呼びうるであろう」[90]ひとつの「国家への狂信（Staatsfanatismus）」を見出していること、そして、かれがこの教説にきわめて緊密に結びつけられていること——これらの事実がそれである。ヘーゲルのキリスト教に対する立場にとってもまた、マキアヴェッリは重要な意味を持ちえていた。すでにここで、かれはキリスト教的な禁欲や現世逃避に対して、宗教性の古典古代的理想、「精神の偉大さと身体の強健（grandezza del animo und fortezza del corpo）」を見出しえていた。すでにマキアヴェッリは言っていた。キリスト教あるいはその解釈は力（virtù）よりも柔弱化（ozio）に役立っている、と[91]。

【スピノザの権力国家論と法実証主義：国家・権力・意思】

いずれにしても、われわれは、ドイツにおける最初の近代的権力国家論は、当時の自然法的な流行からはまったく触れられないままになっていたマキアヴェッリのルネサンス的政治に結びついている、という興味深い事実を確認しうる。それ以上に強い刺激ではないにしろ、同じくらいの意義をもつ刺激を、ヘーゲルの国家観はスピノザ

［Spinoza, Baruch de, 1632-1677］から受け取っていたといえよう。この哲学者が権力としての国家（Staat als Macht）についての教説と法実証主義（Rechtspositivismus）とをいかにラディカルに信奉していたかは、周知のことである。[92]スピノザのヘーゲルへの影響は、この両思想家がかれらの一元論的な諸々の基本前提においてきわめて近くに立っていただけに、それだけより深いものであったであろう。だから、スピノザの権力国家論は「二世紀を通じて思想家たちに見てとれるような影響を与えないまま」であった[93]、という見解は誤っている。ヘーゲルは、スピノザとマキアヴェッリから受け取った刺激を、かれの国家論の豪壮な建築物の中にともに組み入れたのであり、ここから権力論の伝統はわれわれの時代に至るまで辿ることができる。かくして、いまやたしかに、「国家は権力であり、意思の世界に属する、ということは善意の学者たちのこの世代にはいまだまったく隠されつづけていた[94]」と、いまだ解放戦争以後の時代についても主張されるならば、トライチュケとかれに伴い今日もまた支配的な意見とはいずれも不当である、ということをわれわれはいまや見てとっているのである。

第三章　ヘーゲル体系における権力国家思想

【ヘーゲルの国民的権力国家思想成立史の総括】

いかにして、①［初期］ヘーゲルの政治的直観とその思弁的基礎とは、［一八世紀末から一九世紀初めの］現実のドイツの情勢についての直接的観察から、そして、②その情勢の改善についてのヘーゲルの願望は、多様な文献的影響から、とりわけマキァヴェッリとスピノザの影響から、著しく現実政治的でかつ権力を強調するものとして結晶化されたのか――これらのことが、これまでに発展史的に叙述された。さらに試みられるべきことは、この権力イデオロギーを、われわれの哲学者の発展を遂げた体系においても、裏づける（論証［nachweisen］する）ことである。

【（1）Recht に対して Macht を優位に置くことの根拠としての国家統一権力を欠くドイツの歴史布置情況に関する判断、（2）権力と自由、権力国家と革命（理性・自由・法権利・法治国家）との綜合としてのヘーゲル国家体系】

（1）ヘーゲルは、国民的権力（die nationale Macht）を、きわめて際立った形でかれの国家観（Staatsauffassung）

の前面に押し出し、そしてそれを、習俗規範（人倫）性（Sittlichkeit）や法権利（Recht）の上に定立したのであるが、このことの根拠は、いま示したように、大方かれがそこから思想を展開している［当時のドイツの］歴史的な布置状況（Konstellation）に存する。まもなく完全に解体することになったドイツ帝国［神聖ローマ帝国］［das Deutsche Reich］には、まさしく国家統一のために、事実上、なによりも一つのことが欠けていた。そして、この欠けているものこそ、まさに権力（Macht）であった。そして、ヘーゲルの政治的教育に影響を与えていたのは、さらに展開されていた歴史的状況であった。何年か前から、ナポレオンにおいて権力は体現され、世界にいきわたり、旧来の秩序や法権利は、無慈悲にも崩壊してはいたが、しかし、それらが権力の指令を介してより善いものにとって替わられることも稀ではなかった。［青年］ヘーゲルはこのナポレオンの権力を肯定し、それが失墜するまで、ほとんど無条件にその権力に驚嘆していた。［青年］ヘーゲルはナポレオンを「世界精神（魂）（Weltseele）」と名づけ、ナポレオンに「パリからの偉大な国法の教師（Staatsrechtslehrer）」[1]を見て、これを尊崇していたのである。それゆえに、［青年］ヘーゲルはその構想において、ドイツを強制的に統一させることになる征服者をボナパルトに仮託していた、とわれわれが想定しても、的外れではなかろう。しかしながら、二国間関係についてのヘーゲルの見解に関していえば、たしかにこの［ヘーゲルの］見解は、一般的ケースにおけるかれの歴史的世界観と並んで、特殊的ケースにおいては、当時のドイツ諸侯たちの「辻強盗的政策（Wegelagererpolitik）」によって、少なからず同時に規定されてもいるのである。この政策は「仲間たちの占有状態に対するあらゆる敬意、ドイツ君侯身分におけるあらゆる誓約仲間的な権利感覚（der eidgenössische Rechtssinn）」を押し殺してしまったが[2]、その［政策の］排他的発条は「領地欲と王朝の驕慢」であった。この仮借のない暴力的な膨張政策の時代において、ポーランド分割がなされ、そこにおいてプロイセンは、「ありとあらゆる食言と虚言、買収と姦計によって[3]」、その内的必然性においてまったく根拠づけられることのない権力政策を押し進めていたのである。

（2）［青年］ヘーゲルは、理論と実践、自然法的な平和及び法権利の夢想と事実の政治（Politik der Tatsachen）、この両者の間の深淵を認識していた。この事実の政治は、その「外側（外観）（Außenseite）」が変わったにすぎなかった旧来の「拳の権利（Faustrecht）」に他ならない、とヘーゲルは認識していた。かの「拳の権利」において、肝に銘じられてきたのは、「しかるに政治においては、殴りかかる前には計算がなされ、したがって大きな利益は僅かな利得のために危険に晒されることはないが、しかし、それが確実にされうると思われるところでは、それが逸せられることはない」ということである。(3a) ヘーゲルは、この政治的事実を不可変の必然的なこととして受け止め、それゆえに、それを理念においても肯定している。内的（対内的）国家についてのかれのイメージに影響を及ぼしたのは、すでに名を挙げた著述家たちと並んでギリシア人たち、とりわけプラトンであり、しかしまたこれと並んで、自明のことながら同時代史の諸事件である。国家は政治的自由なしにはもはや存立しえないし、あらゆる国家の知恵は自由と権力との媒介に基づいている、という見解へとヘーゲルを志向させたのは、フランス革命であろう。ドイツの他の詩人や思想家たちと同じく、かれもまた革命を歓迎していたし、テュービンゲンの神学校で同時代人たちの報告に感激して、自由と平等を称える演説をし、シェリングとともに自由の樹を植えたとされている。(4) しかし、一七九四年のクリスマスにシェリング宛に「ロベスピエール一派の破廉恥」について書簡を認めたとき、ヘーゲルは冷静さを大いに取り戻していたに違いない。いずれにしても、たしかにヘーゲルの国家体系全体は、驚くべきエネルギーで試みられた権力国家（Machtstaat）と革命［法治国家］との綜合として、特徴づけられうるであろう。とりわけヘーゲルがプロイセンに移住してから、この綜合は革命的な自由の諸要求にとってはあまりにも不利益な結果となって、脱落してしまった。このことは今日誰もが知っているが、しかし、いかに誠実に青年期のヘーゲルがそれらの［革命的な自由の］要求の実現可能性に心を砕いていたか、これはあまり知られていない。

【価値を規定する権力（支配への関与）：法権利や道徳性に対する本源的本能（欲望・情念・利己心）の優位】

ところで、ヘーゲルの権力国家論は、歴史的状況や文献的影響からのみ説明しうるわけではない。たしかに、個人は、共同体によって支えられ、個人の意識内容は、きわめて広く歴史と環境によって規定される。しかし、個人の本質的核心は、やはりいつも個人の説明し難いとことん個人的（人格的）なもの（Allerpersönlichstes）である。そしてヘーゲルにおいてもまた、このとことん個人的（人格的）なものにおいて、権力イデオロギーが根拠づけられていた。ヘーゲルの最初の草稿から「ドイツ憲政秩序（国制）」に至る真っ直ぐな道筋は、すでに示された。ほとんど少年期から、権力（Macht）を――つまり「支配への関与（Anteil der Herrschaft）」を――人間にとって価値を規定するものと見なしていた、そしてあらゆる思弁にもかかわらず、やはり再びまた欲望（Begierde）がかれを地上に引き戻していた、そういう一人の思想家［青年ヘーゲル］を、自然（造物主）は、一八世紀の人びとよりも、より強靭な材質で創造していた。このことに疑いの余地はない。ヘーゲルをいつも恭しい畏敬へと強いているのは、本源的に湧き上がってくる本能（die urwüchsigen Instinkte）である。「情念（受苦）（Leidenschaft）、利己心（Selbstsucht）の充足は、この上なく強力なもの（das Gewaltigste）である。それらがそれらの力（Macht）を有しているのは、それらが法権利（Recht）や道徳性（Moralität）［個人の内面的格律］が定立しようとするいかなる制限も尊重しないからであり、自然本性の強制力（Naturgewalten）は人間にとって、秩序や節度（馴化）（Mäßigung）、法権利や道徳性、これらのための手間隙のかかる訓育（Zucht）などよりも、直接的により身近な（より分かりやすい）ものでからである」[5]。

【理性的人間一般ではなく定在する経験的個人：本能と情念、活動と労働において自己充足（己固有の権力目標の充足）を見出す主体（経験的個人）】

かくして、ヘーゲルがかれの哲学の似姿に従って基礎においているのもまた、［一八世紀的・合理論的な人間観におけるのとは」まったく別の人間である。抽象的な平等において人類の価値を呈示している自然法的な理性存在と意識的に対立させて、ヘーゲルが計算に入れようとしているのは、最広義の実践的政治のために考察される経験的個人である。「というのは、個人は人間一般ではなく、定在する個人であるからである。というのも、現存するのは人間一般ではなく、一人の限定された人間であるからである[6]」。この国民的かつ歴史的に、しかしまた「情念（受苦）（Leidenschaft）」つまり「性格（Charakter）という特殊に限定されたもの」によって個体化された人間は、ヘーゲルによれば、いつも「利己的な意図（selbstsüchtige Absichte）」からのみ行為する。実際、この「絶対的」イデアリスト［ヘーゲル］の見解によれば、個人というものは総じて、物質的な財という手段によってのみ自分を理念的に現存させうるのである。「人格（Person）は、理念（Idee）として存在するためには、自らに自らの自由の外的な領域を与えなければならない」（R. Ph. §41）。しかし、自然のままに「在るもの（Sein）」に、別様に様式づけられた「在るべきもの（Seinsollen）」は、はじめて付け加わらなければならないのではなく、後者（Seinsollen）はまた、いつも前者（Sein）に、すでに、なんらかの形で、内在しているのである。「主体（Subjekt）が、自己自身が自己の活動や労働において充足されているのを見出すこと、これこそ、主体の無限の法権利である」。人間に行為（handeln）せしめるのは、まさしく固有の権力目標を充足すること（Befriedigung der eigenen Machtziele）である。「というのは、善のための善というような空虚なものは、総じて生きた現実においては場所をもたないからである」。むしろ、なんらかの形であらかじめ定められた調和が現存し、そしてそれに従って「諸々の情念（受苦）は自己充足し、それら［の情念］は、自己自身とそれらの目的とを、それらの自然的限定（使命）に従って展開し、そして人間の社会という構築物を産み出すが、この構築物において、それら［の情念］は法権利に対して、つまり秩序に対して、己に反する暴力［Gewalt gegen sich］を、揮ってきたのである」。しかしながら、なかんづく強調されるべきことであるが、「世界のいかなる偉業も情念なしには完遂されなかったのであり、そして、偉人たちは「いつも、他人を満足させようとしたのではなく、もっぱら己を満足させようとしたのである」。

【特殊（das Besondere）の中に一般（das Allgemeine）を、存在（Sein）の中に当為（Sollen）を、意思（Wille）の中に利害（Interesse）を見出す：思惟（Denken・Wissen）と意思（Wollen）の不可分性】

この点にヘーゲルの「発展を嘉するオプティミズム」の一部がある。(7) かれは、特殊的なものの中にいつもまたすでに一般的なものが、存在の中に当為が、権力への人格的意思の中に社会的かつ習俗規範（人倫）的な利害関心が、内在していることを見出し、そして、人間は考えること（denken）なしには意思（wollen）しえず、意思することなく考えることはできない、と考えているからである。

【ヘーゲルにおける権力の審美的・倫理的評価：Energon/Energeia―Dynamis（活動・現実・権力）：ヘーゲル自身の中の権力意思】

さて、これまで述べられたことを要約してみよう。アレクサンドロス、テセウス、チェーザレ・ボルジア、ナポレオンなどのような活動的人間（Tatmenschen）に対してヘーゲルを満たした深い感嘆の念を彷彿とさせてみよう。ヘーゲルが権力を審美的かつ倫理的に評価するについては、ヘーゲルの人格そのものにその根拠がある――このようなわれわれの主張は、われわれがこの見解を十分確証する一つのヘーゲル像を一人の著名な同時代人の次のような言葉で伝えるなら、それだけより正当化されるであろう。その同時代人によれば、「権力（Macht）というものが、支配（Herrschaft）あるいは能力（Vermögen）として、才能（Talent）や陶冶（Bildung）として、あるいは美の呪力（Zauber der Schönheit）として、いずれのものとして現われようと、あらゆる権力は、ヘーゲルが大いに気にいっていたところのものである。なぜならば、かれは力漲る人間としてあらゆる活動的（エネルギッシュ）なもの（Energisches）

を好んでいたからである。[8] 異口同音に、当時まだヘーゲルと密接な親交を保っていたシェリングが、かれの友人「ヘーゲル」を「哲学についてのごたごたには我慢がならないで、何がなくともただもう食欲だけは持っている、なんとも融通のきかない人物（ein gar kategorische Mensch）」[9]［K・ローゼンクランツ『ヘーゲル伝』、中埜肇訳、みすず書房、一九八三年、一五四頁］と呼んでいた。また、いかに威信（Geltung）を願うヘーゲルが、自覚的にまったく選り好みすることなく、一人の学者にとってはそれまで前代未聞のベルリンにおける権力的地位を手に入れる術《すべ》を心得ていたか、これは周知のことである。ヘーゲルは、この目的のために、あちこちで「付和雷同（mit den Wölfen heulen）」することも、[10] 俗物の製帽業者や哲学を弄ぶ陸軍中尉とのコネを役立てることも恥じなかった。かくして、われわれはヘーゲル自身の中に権力への意思（Wille zur Macht）がきわめて強く展開されているのを見るのである。この確認は、ヘーゲルの歴史哲学的直観（見解）にとっては、この上なく大きな意義をもっている。というのは、たしかに、「歴史哲学的な諸判断が基本的に説明するのは、判断する人自身の心情の状態（Gemütszustand）だけである」[11] ということは、正鵠を射ているからである。

【（1）権力（権力意思）と精神（観念論的思弁）の対立・矛盾：リアリスト（Realist）かつイデアリスト（Idealist）としてのヘーゲル：理性的（vernünftig）なものと活動現実的（wirklich）なもの、理性と感性、知識活動・思惟活動（Wissen・Denken）と意思活動（Wollen）、主知主義（Intellektualismus）と主意主義（Voluntarismus）、存在（Sein）と当為（Sollen）、これらを対立させない物活論的権能（vitaristische Macht）：一元論（Monismus）：世界事象の生きた可変的原動力としての諸理念（Ideen）、（2）Macht としての Vernunft、同一哲学、一元論：物質的機能の精神化・理念化・習俗規範化された国家権力】

（1）さて、拙論の目的は、［初期］ヘーゲルの精神像における激烈な権力意思をとりわけシャープに描き出し、その本質におけるこの学問の世界でこれまでまったく見過ごされてきた特徴をくっきり際立たせることである。だがそうだとしても、他面においては、かれの思惟活動（Denken）の少なからず強烈な観念論的思弁的な力（idealistisch-spekulative Kraft）は強調されなければならない。ところで、権力国家思想はこの「観念論的・唯心論的」哲学（"idealistisch-spiritualistische" Philosophie）といかに関係しているのであろうか？　この思惟活動にとっては、権力と精神とが矛盾・対立しているので、ここではこの思惟活動は一つの架橋しえない矛盾を臆測させるであろう。ひとは帝国主義者（Imperialist）ヘーゲルというわたしの叙述に、「理想主義者（観念論者）（Idealist）」ヘーゲルを対置するであろう。だが、それはまったく不当である。というのは、ヘーゲルはリアリスト（Realist）であるのときっかり同じ程度にイデアリスト（Idealist）であるからである。世界全体を概念（Begriff）から演繹しようとする絶対的な汎論理主義（Panlogismus）および論理的実念論［概念実在論］（logischer Idealismus）において、まさにここにおいて、感性的世界が「絶対的なもの（つまり精神全体）の中に受け取られ」、しかしそれとともにまた、精神は感性的世界へと生成する、ということが根拠づけられているのである。かくして、「理性的（vernünftig）なものは、（活動）現実的（wirklich）なものであり、（活動）現実的なものは、理性的なものである」と言われることになるわけである。[12] ヘーゲルの理性が感性の世界の中に「組み入れられている」ように、感性もまたかれの理性に内在している。絶えずヘーゲルは、かれの諸理念（Ideen）が抽象的であることに対して、それらの「抽象的一般性（abstrakte Allgemeinheit）」に対して、異議を唱えている。ひとはむしろそれらの理念をあらゆる世界事象の生きた原動力として、そしてこの原動力そのものにおいて可変的なものとして、イメージしなければならない。ヘーゲルの諸理念そのものは、ある本能的生命力なしにはないのであり、かれがかつて述べているように、「諸力の遊戯（ein Spiel der Kräfte）」であり、物活論的権能（vitalistische Macht）であると同じく、精神（Geist）である。

（2）したがって、ヘーゲルの時代には同一哲学（Identitätsphilosophie）と名づけられていたこの一元論（Monismus）

にとって、理性は、「無限の権能（Macht）」であり、「それ（諸力の遊戯）をもっぱら理想（Ideal）に、つまり当為（Sollen）に、もたらすことにすぎないほど、無力ではない」[13]。精神とは「それが果たすこと（was er tut）に他ならず」[14]、それは主意主義（Voluntarismus）と主知主義（Intellektualismus）の対立をなんら知らない。そして思惟活動（Denken）は「主体的に知りかつ意思する活動（Wissen und Wollen）」である[15]。それらにおいてヘーゲルの絶対的観念論が経験的世界をきわめて強力に「単なる仮象に」引き落とすように見える、そうした諸契機において、かれはこの経験世界にきわめて広い余地を許容したのである。したがって、いかなる哲学も、まさしくヘーゲル哲学ほど、まさしく一元的であるとはいえ、きわめて両義的な方法によって、物質的権能をとことん精神化かつ理念化しえなかったのである。それゆえに、国家の権力は、ヘーゲルにあっては、単なる軍事的・物理的なそれと理解されるわけにはいかず、いつも「習俗規範（人倫）化された」それ、倫理的・歴史的なそれなのである。しかし、この一元論は、必要に応じて、重心を一方から他方に移し、物理的な権力あるいは心理的なそれのいずれかを、たちまち定立しうる。したがって、わたしのヘーゲル観において捉えられた絶対的観念論（der absolute Idealismus）が皮相な考察とは相容れないもののごとく見えたとすれば、こうした絶対的観念論は、いまやむしろ、ヘーゲルの権力国家哲学は、かれの人格性の奥底においてのみならず、かれの形而上学と論理学の最高の極みにおいてもまた、根拠づけられていた、ということを確証するものとして、呈示されているのである。

【媒介・関係・産出：弁証法的三極形式：Ideelles=Reelles, Materiales=Spirituales】

ヘーゲルの弁証法的方法の「単線的軌道（Eingeleisigkeit）」は――これは、他の諸領域とりわけ自然科学においては、実に奇妙な帰結に導かれたとしても――かれの国家論においては、たしかに、今日でもなお完全には認識されていない変革を呼び起こした。自然法的思惟にとっては、両者間に媒介が存在しなかった、①権力（Macht）と法権利（Recht）、②権力（Macht）と自由（Freiheit）、③権力（Macht）と習俗規範（人倫）性（Sittlichkeit）、といった対になった対立があった。ヘーゲルにとっては、一方で同時に存在の形成体（Seinsgebilde）一般を、他方でその対立するものとの媒介作用（Vermittlung）を、みずからのうちにもたない、そういう思惟カテゴリーの形成体（思想像）（Gedankengebilde）は現存しない。かれのすべての概念は関係概念（Beziehungsbegriffe）であり、一方の概念が他方のそれを駆り出してくるのである。かれの理性の仕事は絶えず産出すること（ununterbrochene Zeugung）であり、これは弁証法的三極の形式において現前してくる。このような仕方で、われわれはヘーゲルの社会哲学における自由と権力の関係もまた概念把握（begreifen）しなければならないのである。この単線的軌道こそがまた、ヘーゲルをして観念論的気分から手堅い権力イデオロギーへの直接的な移行を可能ならしめたのである。ヘーゲル以前の観念論は、あらゆる外的なもの、物質的なもの、地上的なものに背を向け、そして、内的なもの、超越的なものだけが「理念的なもの」であり、こうしたものだけに注意が払われている。ヘーゲルの一元論は後者の中にまたすでに前者を見出し、前者の中に後者を見出している。あらゆる精神は権力となり、しかしまたあらゆる権力は精神的なものになるのである。

【（１）弁証法的概念把握（思惟活動）過程の出発点と終極点：アルキメデスの支点（dos moi pou sto）：国家にまで有機的に組織化された民族（国民）、（２）直観的全体としてア・プリオリに与えられた国家：国家人格と個人人格を媒介する実定法体系（抽象的一般性）：国家と社会：ブルジョア社会・資本制的市場経済メカニズム・実定法体系（抽象的一般性）を必要国家・悟性国家として内包した真実態（具体的一般性）（＝権力）としての国家、（３）後期ヘーゲルの『法権利の哲学』における体系区分、具体的一般態としての権力国家を前提としての、抽象的一般態としての市民社会（法治国家）の概念把握、（４）①国家と②ブルジョア社会（悟性国家・法治国家・

経済国家）との、概念的区別と現実的関連】

（1）ヘーゲルの弁証法的方法はかれの恣意的カテゴリーを確証するためにかれが恣意的にでっちあげたものにすぎない、という意見を主張する人々が今日でさえいまだに存在する。そうだとすれば、おそらくこうした意見が発せられる理由の一半は、ひとが見たところ始まりも終わりもない弁証法的流れの中に、いかなる出発点（Ausgangpunkt）も見出しえない、すなわち、そこからヘーゲルが概念把握した、そしてそこからヘーゲルが概念把握されうる、そうしたいかなる位置（Position）も見出せない、という事情にも存するであろう。だがしかし、やはりヘーゲル［の政治的思惟］もまた、かれの［いわば］アルキメデスの支点（do kai sto）［δός μοι ποῦ στῶ καὶ τὴν γῆν κινήσω: Gib mir, womit ich stelle, dann werde ich doch den Erde bewegen: われにわれがよって立てるところのもの（支点）を与えよ、しからば大地を動かさん。Arkhimedes, Pappus Alexandrinus, Collectio, Lib VIII, 11, Prop.10］を、すなわち、政治的のみならず哲学的でもある［いわば petitio principii としての］ア・プリオリ（a priori）［思惟活動を可能にするところの前提］を有しているのである。それは「民族（Volk）」、厳密にいえば国家にまで組織された民族（zum Staat organisiertes Volk）である。すでにかれの青年期草稿において示されたように、かれは社会的（sozial）にではなく国家国民的（staatsnational）に、国家において、そして国家から思惟しているのである。たしかに、かれの思惟活動の習慣（Habitus）はかれの国民的願望から決定的に影響されていた。いうまでもなくヘーゲルは、ドイツ統一の諸々の可能性にきわめて詳細に取り組んでいたかれの体系的な概念形成期においてはじめて、かれの政治観を原則的に正確に設定したのである。

（2）ここでもう一度、対置された自然法についての方法に簡単に注意を促しておかねばならない。この方法にとって、国家は、この方法が個人（個別的本質存在）（Einzelwesen）から出発し、この個人を契約（Vertrag）によって第二の個人等々と結合するということによってのみ、概念的に可能であると思われたのである。かくして、社会的構築物は下から上へと組み上げられた。ヘーゲルは逆の道筋をとる。かれにとっては、国家は直観的全体（anschauliches Ganze）としてア・プリオリに与えられている。そしてこの全体から出発して、かれは国家の本質を認識しようとするのである。全体としての国家が本源的に所与であること（ursprüngliche Gegebenheit des Staates）は、ヘーゲルとのあらゆる論争に際して、確保されなければならない。われわれの哲学者の体系におけるこの国家の本質は、これをヘーゲルがドイツにおいてはじめて導入した［ブルジョア］社会［Gesellschaft］概念と対置することから、きわめて明確に帰結する。すでに「ドイツ憲政秩序（国制）論」において指摘されたヘーゲルの固有の見解に従えば、国家を代表する君主と諸個人との間には、「法律（制定律）（Gesetze）」あるいは「［抽象的］一般性（Allgemeinheit）」があるとされている。ここに、われわれはヘーゲルの［ブルジョア］社会概念にとっての出発点を探さなければならない。ここでは、国家は君主の人格性（Persönlichkeit）であり、かつこの君主の本質からして権力（Macht）である、［一方の］狭義の国家と、［他方の］「［抽象的］一般性」の領域、そして結局は、諸個人の領域とに、分置される。[16]

（3）［後期］ヘーゲルの『法権利の哲学（*Rechtsphilosophie*）』においても、ひとは似たような区分を観察しうる。最上位に「国家」があり、［具体的］一般性に代わって「ブルジョア社会」（bürgerliche Gesellschaft）が登場し、そして「家族（Familie）」を介して、ひとは諸個人の領域、「抽象的法権利（abstraktes Recht）」と「道徳性（Moralität）」の領域に達する。周知のように、ヘーゲルはブルジョア社会の下にそもそも何を理解したのか、これについてはきわめて多様な意見がある。とはいえやはり、かれの青年期の思想展開との関連において見るならば、事態はそれほど不明瞭であるとは思えない。『法権利の哲学』においてこの「ブルジョア」社会の中に算入されるのは、A．欲求の体系（System der Bedürfnisse）つまり経済のすべて、B．司法（Rechtspflege）しかも最広義におけるそれ、すなわち、a．法律としての法権利（Recht als Gesetze）、b．法律の定在、c．法廷、さらに、C．福祉行政（Polizei）と職業共済団体（Korporation）である。われわれが想起するところでは、われわれは上で「［抽象的］一般性」を法律(法則)(Gesetze)として知るに至ったのであるが、いまやわれわれはさらに、対内的な「国家体制(Staatsverfassung)」に属しているのは、a．君主権（fürstliche Gewalt）、b．統治権（Regierungs*gewalt*）、c．立法権（gesetzgebende Gewalt）である、ということを聴き取ることになる。「ドイツ憲政秩序（国制）論」においてと同じく、ヘーゲルの体系においてもまた、国家は権力（Macht）であり、そして本質的に権力以外ではない。それ以外のすべては国家の概念に属さないし、「この権力（Gewalt）の特殊な変容にすぎない」。

（4）さしあたり確認しておきたいのは、ヘーゲルは国家と社会を分離しているが、このことは事実に対応していないということである。現代の社会科学がヘーゲルに対して逆のことを非難しているのは、より正当でありえよう。というのは、ヘーゲルの国家は、いつもいたるところで、空気と水が遮断された一種の潜函（Caisson）に留まっているからである。この国家は、自らの外にいかなるものも、だからまたいかなる種類の社会（Gesellschaft）も、絶対的に許容しない。社会は、むしろ同じくある国家存在（Staatsein）として、しかも一つの不完全な国家と理解されなければならない。ひとは社会を――ヘーゲル自身の言葉によれば――「外的国家――必要国家かつ悟性国家（Not- und Verstandesstaat）と見なし」うるのである。[17] 社会とは、端的にいえば、カント、フンボルト、フィヒテを介して自然法から展開された法治国家かつ経済国家以外のいかなるものでもないのである。ヘーゲルはこのことをきわめて明確に理解させるべく次のように述べた。「近代の国法学者の多くは、国家について」まさしく社会のこの概念以外の「見解をもたらすことができなかった」と。社会はたしかにヘーゲルによって一つの「単位（一体性）（Einheit）」としても定義されるが、「しかし、この単位（一体性）は、共通性（Gemeinsamkeit）」[17a]、個人人格を寄せ集めたもの（personalistische Summme）にすぎず、個人人格を超えた共同体（transpersonale Gemeinschaft）ではない。まさしくヘーゲルは国家を法共同体（Rechtsgemeinwesen）かつ経済共同体（Wirtschaftsgemeinwesen）として概念把握しようとはしていないがゆえに、ひとはかれの社会を、たとえば自由主義的国家についてのラサール的「夜警的理念（Nachtwächteridee）」と同一視するわけにはいかない。ヘーゲルの国家国民的思想は、たとえば一つの閉鎖的戦時経済がすでに社会主義を意味しているわけではないように、「社会的（sozial）な」ものではない。「戦時社会主義（Kriegssozialismus）」にあって、共同経済が国家権力の高次化された展開のための下位に秩序づけられた手段として役立つように、ひとはヘーゲルの「必要国家かつ悟性国家（Nots-und Vertandesstaat）」を真実の国家が必要とする前提として考えてみなければならない。しかし、真実の国家とは権力であり、あくまでも権力以外のなにものでもないのである。

【権力国家（Machtstaat）と社会国家（Gesellschaftsstaat）の区別：英仏における政治的社会（political society）：独と英仏における国家と社会、目的と手段の関係の転倒】

ヘーゲルは権力国家（Machtstaat）と社会国家（Gesellschaftsstaat）とのこの区別をいつも自覚している。かれが人間を、社会に帰属するものとして「市民（ブルジョア）（Bürger）」と、国家に帰属するものとして「臣民（Untertan）」と呼ぶときがそうである。「個人は、かれの諸義務からすれば臣民であるが、市民としてそれらの義務を履行することで、かれの人格及び所有の保護を見出す[18]」。ヘーゲルのこの区別は、完全にオリジナルというわけではない。シュレーツァー［August Ludwig Schlözer, 1735-1809］はすでに一七九三年に、社会（Gesellschaft）として、帝国なしの国家に先行する統一化（eine dem Staat vorangehende Vereinigung ohne Imperium）を標識づけていた[19]。そして、おそらくヘーゲルはきわめてはやい時期に、このことにかれの概念規定を結びつけ、この概念規定をかれの意味で形象化（ausgestalten）していたのであろう。ヘーゲル的形象（Gestalt）において、そして、かれの途轍もない影響の下で、この政治観は、ドイツの理論的政治にとってのみならず、その実践的政治にとってもまた、顕著な意義を有することになった。イギリス人にとっては政治社会（political society）という概念において、フランス人にとっては同じ意味の政治社会（société politique）において国家と社会は同じものとなるが、これに対してドイツにおいては、これに当たる言葉と概念が欠けている。英仏においてひとは国家を、社会の諸目的の手段として捉えている。これに対して、ドイツの歴史的発展が部分的にもたらしたことであるが、ドイツでは今日でもなお、社会は権力目的の手段と見なされる。[20]

【ヘーゲルにおいては市民（ブルジョア）社会における個人主義的・形式的・抽象的な法権利と自然法（権）的個人の抽象的自由・自由競争は、国民的権力国家の法的・経済的一アスペクト（「必要国家・悟性国家」）として捉え返される：ブルジョア社会レヴェルにおける自由と権力の一致】

ヘーゲルによる国家と社会の区別は、上で述べた意味において理解しうるのみならず、かれの体系においては無条件に必要なことである。法権利［形式法・抽象法］の目的と経済の目的は、先立って支配している権力の目的をしばしば妨げるから、真実の国家の概念からは締め出されなければならなかった。いかにして、単なる法権利［「抽象的法権利（das abstrakte Recht）」と「道徳態（Moralität）」］の立場（Rechtsstandpunkt）、「正義よあれかし（fiat justitia）」は、なるほど「世界が亡びようとも（pereat mundus）」には導かれないとしても、しかし、特殊的国家の没落には導かれてしまうのか、このことをヘーゲルはすでに「ドイツ憲政秩序（国制）論」において明確にしていた。個人主義的な法権利［「抽象的法権利」と「道徳態」］の理念（Rechtsidee）がそうであるように、しかしまた、ヘーゲルの時代に無条件に承認されていた自由放任（laissez faire）という経済原理は、国家の権力目的とは一致しえない。法権利［「抽象的法権利」と「道徳態」］の普遍主義（Rechtsuniversalismus）は、妨げられない国際的自由競争がそうであるのとまったく同じく、国民的権力にとっては危険である。にもかかわらずヘーゲルには自由競争は、形式的かつ抽象的な法権利がそうであるのと同じく、［ブルジョア］社会にとって必要なものと見えている。それゆえに両者はともに、ヘーゲルの国家概念からは区別され、単に形式的な自由の個人主義的な社会領域へと向けられるのである。ここでは、自然法的個人の抽象的自由は、いずれにしても抽象的なものにすぎない一つの可能性である。権力国家と形式的に自由な社会の領域とのこうした対置にもかかわらず、ひとはそれでもやはり、この後者を自由と権力とに関するヘーゲルの最初の宥和として捉えることができる。というのは、かれはこの区別を概念的に行っているにすぎず、しかし通常は［ブルジョア］社会を国家の法的かつ経済的側面（rechtliche und wirtschaftliche Seite des Staates）と見なしているからである。

【(1) 自然法国家（「必要国家・悟性国家」、夜警国家）における諸個人間・個人・国家間の形式的・抽象的な法権利関係、(2) 実体的意思の活動現実態としての国民的権力国家におけるその習俗規範（人倫）性の関係：個人の思惟＝意思と抽象的・形式的法権利とは国民的権力国家からそれらの内容・意味・目的を保持する、(3) 個々の個人人格の形式的・抽象的自由に内実を与える、固有の対象性を有する超人格的人格としての国民的権力国家：権力国家レヴェルにおける自由と権力の一致】

(1) しかしながら、真実の国家、権力である国家においてもまた、ヘーゲルは自由と権力を宥和させようとしている。［ブルジョア］社会においては、国家存在（Staatsein）は、自然法においてと同じく、諸個人の法権利の諸関係および経済諸関係に汲みつくされていたが、国家は一つの固有の対象性には達していなかった。ここ［ブルジョア社会］では、国家の構成メンバーたちに対して国家は授受（交換）(do ut des)［give and take］の関係にあって、つまり［抽象的・形式的］法権利の関係（Rechtsverhältnis）にあって、習俗規範（人倫）性の関係（Sittlichkeitsverhältnis）にはない。この特殊的意味においてもまた、自然法国家は、ヘーゲルの［ブルジョア］社会がそうであるのと同じく、法権利国家（法治国家）(Rechtsstaat) であった。

（2）しかしながらわれわれの権力国家（Machtstaat）は、「実体的意思の」そして「習俗規範（人倫）的意思の」活動現実態（Wirklichkeit）であろうとする。いかにしてヘーゲルはこの要請とこの要請の根拠づけに至ったのか、これはかれの政治思想の発展に照らして、明確に跡づけることができる。かれはかれの民族（Volk）の中にいかなる国民国家的意味も見出さない。そして、とりわけこの理由からして、ドイツの政治的諸関係は、完全にズタズタに破壊されている。しかしながら、ヘーゲルにとって法権利国家（法治国家）（Rechtsstaat）の理念は、法的に保障された自由の領域を外から割り当てることによって、諸個人を遊離化し結びつけないように見えている。それゆえに、内容的に空虚な［抽象的・形式的］法権利の理念（Rechtsidee）にさらに加えて、個人には国民国家的権力への意思（Wille zur nationalstaatlichen Macht）が内在することにならなければならないのである。というのは、［抽象的・形式的］法権利（Recht）は、個人のあらゆる思惟活動と意思活動と同じく、国家の共同体理念によってはじめてひとつの調和的目標に向けられ、国家によってはじめて、内容、意味、目的を保持し、そして、それは国家権力によってのみ保持されるからである。それゆえに、すでに［ヘーゲルの］スイス［ベルン］時代に、国家は「世界の究極目的」に、すなわち、そのために「自由な共和国市民」がかれの民族の精神において「かれの諸力を振り傾け、そして、これを義務から果たした」、そうした理念に、なるはずである、とされていた。そうして、市民は自分の努力を、「かれがその代償や保障を要求しうる」ほど高く勘定に入れることはないはずである、とされていた。[21]

（3）この意味で、国家は人習俗規範（人倫）的（sittlich）なものにならなければならない。個人は、かれにとっては、あらゆる具体的な反対給付を度外視して、この超人格的権力に一身を捧げるはずである、とされた。社会におけるように、内的かつ習俗規範（人倫）的には結合されず、ただ外的な法権利の同盟によってのみ集結されるのではなく、国民的国家共同体において現前する意識内容によって確乎として統一されて、諸個人はこの超人格的な国家権力を促進するという目的にために、「習俗規範（人倫）的」に生きているはずなのである。諸個人とかれらの利害関心は、家族と［ブルジョア］社会において、かれらの完全な承認（Anerkennung）を獲得するはずである。しかし、国家においては、かれらの自由は、「かれらが自己自身を通じて一般的な部分に移行し、部分的には、知識及び意思の活動を伴って、この［抽象的に］一般的部分を、しかもかれら自身の実体的精神として承認し、そしてかれらの究極目的としてのこの［具体的に］一般的部分のために活動する」という点に存する。[22]かくして、国家はあらゆる個人とは異なる人格的な対象性を獲得し、そして、国家権力は自己目的（Selbstzweck）となる。国家はそれ自身一個の個体（Individuum）であり、この個体の独立と権力において、個別的個人は、なお他の種類の［抽象的］自由を欲することなく、自分固有の［具体的］自由を再認識することになるはずである。こうしたことをもってヘーゲルは、さらに示されうるであろうように、一つの国民的な偉大な権力という近代の超人格的理想を展開したのである。しかしながら、この理念の根拠づけは、ヘーゲルにおいてもまた、国民（Nation）という契機の援用の下においてのみ可能であるように思われる。

【国民的権力国家の形式と内容としての国家と国民を緊密に結合する内発的権力衝動（権力意思）：人民主権と支配者主権を克服する国家主権】

マイネッケ［Meinecke］は、大きな国民国家に関して、古い刻印を帯びたそれと新しい刻印を帯びたそれとの間の差異を、前者における人々は「駆り立てられること（Drängen）よりもむしろ従うこと（Folgen）」を示し、しかし後者においては「下からの権力衝動（Machttrieb von unten）」が活発である、という点に見出した。「下からの権力衝動が欠けていたかぎり、そこには国家（Staat）と国民（Nation）とを相互により緊密に結びつけようとする欲求もまた存在しなかった」のである。[23]まさにこの下からの国民的権力衝動こそ、ヘーゲルが絶えず要求しているものであるが、この要求ゆえに、かれはすでに最初期に、国家と国民とをいつもきわめて緊密に結びつけて見ていたのである。しかしながらヘーゲルは、いずれにしても諸個人の国民的な名誉欲と権力意思に訴え、かれらに国民的全体の権力を絶対的に最高の目標として定立することによって、自由と権力との宥和のまったく新しい可能性を創出している。これは、たとえば、ビスマルクが〔一八〕六〇年代の自由主義者たちに対抗して実践的・政治的に遂行したような、ひとつの概念的な手続きである。その際には、国家の構成メンバーたちは、君主において集約された国民の権力を、あらゆる目標の中でもっとも本源的に固有でかつ究極的な目標として承認し、支配者と被支配者との対立はもはやなく、両者は共通の理念を有し、そして、人民主権と支配者主権とは国家主権として克服されているように思われている。

【国家からの自由と国家における自由＝共同で意思する自由：利害関心の対象への生きた活動：有機的組織体と自己統治】

革命の抽象的でコスモポリタン的な自由への要求は、結局のところ、国家からの絶対的な自由であったが、世界市民的人類から、国家に統一された個別的な国民が取り出され、究極目的として定立される、ということを通じて、国家における自由（Freiheit im Staate）への要求、すなわち国家権力を――即自的にはなお決して共同で決定するのではないにしても――共同で意思する自由（Freiheit die Macht des Staates mitzuwollen）への要求となる。フランスやドイツの自由主義が諸個人から出発するのとは異なり、全体のこの権力から出発して、ヘーゲルはまさにこの全体の利害関心において一定の尺度の政治的自由を要求する。こうした自由、すなわち、いつも強調される市民たちの「生きた活動」（lebendiges Tun der Bürger）は、それのためにその利害関心の対象への関与が要求される、そうした下からの権力以外ではない。「というのは、われわれは、われわれがそのために活動しうるものに対してのみ、利害関心を持ちうるからである」。したがって、上で述べられた意味における政治的自由が強力な全体のために要求されるならば、全体とその構成メンバー（分肢）との間には、「有機体（Organismus）」におけるような相互作用が存在することになる。構成メンバー（分肢）たちは全体を意思し、そしてまさにそれゆえに全体の権力は、それ自身の存立のために危惧をいだく必要なく、かれらの自由に譲歩しうるのである。古い形式の絶対主義は、その権力を保持するために、無条件に厳しく集権化しなければならなかった。国民的権力国家は、下からの権力衝動が、上からのそれと同じ方向を持っているので、自己統治（Selbstverwaltung）に広い遊域を許容しうるのである。

【国民的権力意思による治者と被治者の闘争の克服：外政に従う内政】

ところで、この国家思想（Staatsgedanken）においては、政治的関心もまた、自然法思想におけるそれとはまったく違う方向を持っている。後者において関心が持たれたのは、共同体の対内的制度だけだった。前者においては、人民（民族）と支配者との闘争は国民的な権力意思によって克服され、あらゆる国内の諸力はいまや外部に向かい、そして、人民（民族）の帝国主義（Volksimperialismus）という言葉は、人民主権と支配者主権（Volks- und Herrschersouveränität）との自然法的確執のそうした性質の宥和をまさしく暗示している。内政はいまや膨張的外政のもとに従属させられるのである。

【国民的権力国家への没我的権力意思としての習俗規範（人倫）性：倫理的要請としての戦争】

新しい政治観には、いつも必然的に新しい概念が結びついている。法権利国家（法治国家）（Rechtsstaat）や経済国家（Wirtschaftsstaat）、交換（Geben und Nehmen）（give and take）の関係、これらが習俗規範（人倫）的にはそれ自体価値を欠くものであったとすれば、いまや国家への無償の献身（die unentgoltene Hingabe）は最高の習俗規範（人倫）的善となり、国民的国家への没我的意思（das selbstloze Wollen）は新しい習俗規範（人倫）性（Sittlichkeit）となる。

かくして、キリスト教的・普遍的な倫理及びコスモポリタン的な権利感覚との鋭い対立において、ひとつの国民的権力倫理（eine nationale Machtethik）、「よかれあしかれ、わが祖国（wrong or right my country）」という後から付された意味を伴うかの命題、これが成立する。それは、全体の権力本能を、この全体のための個人の意識的な権力希求とおなじく、そして、とりわけ戦争を、倫理的要請にまで高めるような習俗規範（人倫）性である。

権力国家イデオロギーのこれらすべての要因（境域）（Elemente）は、体系的に整合的に形成された形でヘーゲルにおいて見出せる。それらを個別的に論証しうるためには、われわれはヘーゲル的国家の個々の諸規定を、人格性（Persönlichkeit）、有機的組織体（Organismus）、民族（人民）（Volk）、習俗規範（人倫）性（Sittlichkeit）として、より詳細に分析しなければならない。

A　対内的権力国家

（a）民族（国民）（das Volk）

【（1）ヘーゲルの国民感情・国民意識・国民感覚の固有性：キリスト教的（自然法論的）普遍主義に対するドイツ的国民性・民族文化への帰属性としての絶対的習俗規範（人倫）性、（2）文化国民と権力国民を架橋する国民的権力国家を志向する民族：感情政治に対する現実政治、（3）ヘーゲルを大ドイツ主義から小ドイツ主義へと転換せしめたプロイセン的権力政治への期待】

（1）はたしてヘーゲルは「国民に基づいて」思惟（national denken）したのかという問いは、しばしば投げかけられてきた。そして、この問いは、才気に富むが必ずしもいつも正当であるわけではないハイム［Haym, Rudolf, 1821-1901］の著作(1)以来、大抵は否定されてきた。ヘーゲルの青年期の思想的発展を考察し、そして、かれの後期作品における抽象的思弁の背後にまで視線を届かしうる者は、ヘーゲルは国民に基づいて思惟しただけでなく、絶対的に習俗規範（人倫）的なるものが存在すること、すなわち「一民族に帰属すること」というア・プリオリな前提の上にかれの体系全体を構築した、ということを見逃しえないであろう。いずれにしても、かれの国民感情(Nationalgefühl)は特殊な性質のものである。ドイツ的文化国民(Kulturnation)についてのかれの思い入れ(Empfinden)はたいしたものではない、と評価するわけにはいかないであろう。ドイツ文学の国民的発展が生え抜き（土着）のもの（bodenständig-national）でない、ということを嘆じたかれの遺憾の念、キリスト教に対するラディカルに国民的な立場等々を、われわれはすでに知るに至っているからである。ヘーゲルはまた、かれにとって「すべてを自分の言語で話すこと」が「一民族の最高の教養［自己陶冶］（Bildung）に属している」、そして、ルター［Luther］が聖書を、フォス［Voß, Johann Heinrich, 1751-1826］がホメーロスをドイツ語に翻訳したように、哲学をドイツ語で語ることを教えようとした、そうした最初のドイツの哲学者であった(2)。――もっともこうした企ては、周知のように、ヘーゲルにおいては必ずしもいつもこの言語の了解可能性に寄与したわけではなかったが。個々の表現での典拠は任意に増やすことができるであろうが、ヘーゲルの国民的感覚（Nationalsinn）に限っていえば、かれの哲学の構築物全体がそうであるのと同じく、ほんの僅かなことが論証されているにすぎない。

（2）しかしながら、かの国民的感覚がかれの思惟活動の前提として決して見逃されてはならないとしても、ヘーゲルの意義は、かれの文化国民的な意識や影響力にあるわけではまったくない。ヘーゲルはむしろ、文化国民的(kulturnational)精神を権力国民的（machtnational）なそれに導き入れているのである。両者を架橋するものは、すでに一七九六年の論稿に見出される。そこには、みずからの国家権力に無関心な民族は、まもなくまた文化国民であることをやめる、というかれの考えが見られる。ところが、われわれがおそらく今日もはや擁護するには及ばない、ヘーゲルのナポレオンに対する畏敬はともかく、かれがブルシェンシャフト（Burschenschaft）の運動［イェーナ大学学生組合と解放戦争の義勇兵を母体とし、「名誉、自由、祖国」をスローガンとするドイツ・ナショナリズム運動］を論難したがゆえに、そして否定し難いことであるが、かれが大ドイツ・プログラム［大ドイツ主義］からプロイセン［小ドイツ主義］に移行したがゆえに、通常、ヘーゲルには国民的意識の欠如という非難が投げかけられている。両方の事情は、ヘーゲルの国民的意識と一致しうるのみならず、この国民的意識によってのみ概念把握されうる。一八世紀の世界市民的信条から直接的に発した、いわゆる自由主義的国民思想は、殆んどもっぱら国民感情に向けられたのであるが、こうした国民思想をもってしてはいかなる現実政治もなしえないということを、ヘーゲルは明確に認識していたのである。かれの解決策は、われわれが見たように、すでに一八〇〇年前後には自覚的な権力政治（bewußte Machtpolitik）であった。そして、かれがプロイセンに移行したとき、このことはかれのそれまでの見解の僅かな変更を意味したにすぎなかった。この権力国家プログラム（Machtstaatsprogramm）から、黒・赤・金の運動と「この浅薄さの将軍（Heerführer dieser Seichtigkeit）」、哲学者フリース［Fries, Jakob Friedrich, 1773-1843］とに対する憎悪にまで高められた拒絶が捉えられなければならない。ドイツは「友愛の神聖な鎖によって隙間なく統一される」[3]と考えていた、この「心情の粥（Brei des Herzens）」、ヘーゲルがいずれにしても他の理由から——かれの教授招聘に従ってもまた——ベルリンにおいて論難しなければならなかったこの感情の政治（Gefühlspolitik）、これに対してヘーゲルはかれの古い権力国家プログラムを対置した。

（3）いずれにしても、かれがまっすぐ脇目もふらずプロイセンに移行したこと［ヘーゲル自身がベルリンに移住し、かつある種の小ドイツ主義的立場をとるに至ったこと］は、いまだ説明されていない。この点でわれわれが考察しておかなければならないのは、この領邦［プロイセン］はそうこうするうちに解放戦争によって、ヘーゲルが「ドイツ憲政秩序（国制）論」において［それが欠如したドイツの現状に］疑義を呈していた、そうした権力を有することを証明していた、ということである。これによって——かれがまともな関係をもたなかった［プロイセンの改革派官僚］シュタインの［隷農制廃止等］改革［1807-08］によるよりもむしろ——プロイセンは、ヘーゲルの共感を獲得していたに違いないのである。プロイセンは、再びフリードリヒ大王的な権力政治を受け入れ、かつ継承していた。ある現代の歴史家は述べている。「プロイセン政治の目標は権力国家であり」、「臣民たちの福祉は、それが権力概念に役立つかぎりで、一つの役割を演じるにすぎない」と。(4) いかにして、この国家［プロイセン］は、それが自らを再び発見していたとき、ヘーゲルの国家概念に対応することにならざるをえなかったか、これをわれわれは認識している。大ドイツ［主義］的思想が固執していた［神聖ローマ］帝国は解体されていた［一八〇六年］。すくなくともそこには、目下いかなる現実政治的な実現可能性もなかった。そして、ヘーゲルは大ドイツ［主義］的思想を放棄し、唯一の強力なドイツ的国家の形成を志向するに至ったのである。ドイツ帝国［神聖ローマ帝国］と名づけられていた「無意味な体制（der Unisinn der Einrichtung）」は、「とうとうそれに相応しい、そして、その外面的なあり方からしてもそれに適った、恥ずべき結末に達した」(5)——ヘーゲルが、一八一七年に、かれの初期の信条に反してまでも、このような見解を述懐していたのは、必ずしもかれがあまりにも気位が高かったからではない。とはいえ、ヘーゲルの国家思想が国民的にドイツ的なそれとしてのみ成立しえたということは、わたしには、すでにこれまで述べられたことからして、疑いの余地がないことのように思われる。「ドイツ憲政秩序（国制）論」は、このことをあらゆる頁で証明しているからである。「一民族が構成すべき一国家という理念」は、自分のために基礎づけを行う著作にヘーゲルを赴かせたのである。一人の征服者［ナポレオン］がドイツの「粉々にされた民族の破片」から「一民族」を創造してくれるように、とヘーゲルは願っていたのである。

【（1）民族への帰属性としての絶対的習俗規範（人倫）性：単なる文化的共属性ではない「生きた自立的精神」としての習俗規範（人倫）性＝民族精神：自立性の喪失という不幸と恥辱に対する闘争と死の優位：独立と権力としての国民意識、（2）文化国民と国家国民：両概念の分離と国家国民形成の優位：Volk → Nation・Staat：独立した一民族の自己感情としての Ganzheit-Gesamtheit】

（1）したがって、この［民族という］根拠の上に、かれの国家哲学の総体もまた構築されているのである。最初の綱領的諸論稿の一つである一八〇二年の「自然法論」においては、習俗規範（人倫）性とその内容を認識するために、「われわれは、絶対的な習俗規範（人倫）的全体性（absolute sittliche Totalität）とは一民族（ein Volk）以外ではない、という肯定的テーゼを前提にしている」と述べられている。この絶対的に習俗規範（人倫）的なこととは、「一民族に帰属していること（das Angehören einem Volke）」である[6]。同じく、さらにそれよりも前に認《したた》められたかれの「体系の断片」においては、絶対的習俗規範（人倫）性は「祖国における民族のための絶対的生（生活活動）（das absolute Leben im Vaterland und für das Volk）として」現われている[7]。ここでは、習俗規範（人倫）性は、「生きた自立的精神（lebendiger selbstäbdiger Geist）[8]」と呼ばれ、かなり明確に民族精神（Volksgeist）一般と同置される。しかし、この民族精神は、たとえばヘルダーやフィヒテにおけるような、単なる文化的共属性（Kulturzusammengehörigkeit）の意識では決してない。もし国民が「他国民によって蹂躙され、その独立を喪失せざるをえず、したがって、自立性の喪失という不幸と恥辱を闘争と死（Kampf und Tod）に優先したとき」[9]、ヘーゲルは［そうした］「国民の創造的精神（守護神）（Genius）」を、総じて「地に落ちて卑しくより弱々しいもの」と呼んでいる。したがって、国民的意識（Nationalbewußtsein）は、ここでもまたすでに国民的な独立と権力への意思（Wille zur nationalen Unabhängigkeit und Macht）であり、そして、おそらくまた一八〇二年には疑う余地がないのと同じく、当時ヘーゲルにとって、ドイツ的文化国民（Kulturnation）の理念は要求された国家国民（Staatsnation）の理念と重なっていたのである。

（2）この要求が見込のないものとして放棄されて以後、ドイツ的「民族」のために刻印された諸思想は、あっさりとはプロイセン「国民」へと適用するわけにはいかなかった。ヘーゲルは、文化国民と国家国民という概念を分離することで、自力で難を切り抜けた。前者の下にかれは、いまだ国民国家的権力手段を有するに至っていなかったので、いまだ「承認されず」、その「自立性」がいまだ「主権」ではない、そうした民族を理解している。[10]しかし、［ヘーゲルによれば］あらゆる文化国民は国家国民になる義務を有している。一民族の定在において「実体的目的は、一国家であり、国家として自己を保持すること」である。国家形成を欠く民族（一国民そのもの）は、もともと歴史を持たない。[11]すなわち、単なる文化国民は世界史において十全なる権力をもって通用しない。しかしながら、一つのドイツ民族（Volk）が一ドイツ国民（Nation）を構成していなかった以上、ヘーゲルは、一ドイツ民族［プロイセン］が強力な［領邦］国家を占有していたことに、すなわち、いわゆるプロイセン保守主義的な国民国家思想に、甘んじたのである。ヘーゲルはいまやかかる［プロイセン保守主義］思想を、たとえば、まだ一八四七年には、「あなたも一匹のドイツの犬に噛みつかれましたね」と、ある大ドイツ派の人に声高に語っていたビスマルク以上に、根っからプロイセン流儀で代弁しているのである。[12]これと同じことを、ヘーゲルの『法権利の哲学』における」次の見解は意味している。すなわち、「多かれ少なかれ一つの自立的な国家を構成し固有の中心を有する一つの全体性（Ganzheit）を願うことについて語りながら、他のそれとともに一つの全体（ein Ganz）を構成するために、この中心点とその自立性を失うことを願うことについて語っているような人たち、こういう人たちは、総体性（Gesamtheit）の本性とその独立性における一民族の自己感情（Selbstgefühl eines Volkes in seiner Unabhängigkeit）とについて、ほとんど知るところがないのである[13]」。

【プロイセン保守主義的国民国家思想への加担】

ところで、これまでドイツ的保守主義が国民的なものであったとすれば、まさしくヘーゲルの保守主義は、ドイツ的民族精神に関するかれの初期の教説を、黒白の境界標柱の内側にやはり完全には閉じ込めておくこと［Volk と Nation、Kulturnation と Staatsnation などの概念的区別をそのままにしておくこと］ができなかった。したがって、われわれもまた、国民（Nation）、文化国民（Kulturnation）、国家国民（Staatsnation）という諸概念の最初の厳密な定式化を、かれに負っているのである。

【（1）民族精神の製作物（歴史的に形成された諸制度の総体）としての民族：国民文化の自律の前提としての政治的独立、（2）自律的国民的権力国家相互の（国民を規定する時・処と性格の）差異性】

（1）今日、国民（Nation）といえば、「かなり高次の独自の文化的諸業績を蓄積することによって一つの共同の本質存在を獲得した、かなり大きな人口を擁する民族（Bevölkerung）」として、特徴づけられる。[14] とすれば、この国民という概念は、ヘーゲルの民族精神（Volksgeist）を書き換えたものと重なっている。この民族精神は、自己を現前する世界にまで構築（erbauen）する、ひとつの「限定（規定）された精神（bestimmter Geist）」である。この現前する世界は、「いま、その民族精神の宗教、その祭祀、その慣習、その憲政秩序（国制）、その政治的制定律、その諸制度の全域、その出来事や活動において、いままさに存立している。こうしたものは、その民族精神の作品（製作物）（Werk）であり――これがこの民族（Volk）なのである」。[15] しかし、すでにこれらの言葉において、ヘーゲルは国民的な文化業績の下にとりわけまた政治的なそれを理解していることが明らかになる。この政治的な諸業績は、あらゆる民族における宗教的、倫理的、芸術的な産出物を伴って特殊な差異を有する一つの全体を構成している。個々の諸国民の自己支配的な自律性やそれらを分離する壁の乗り越え難さを、ヘーゲルほど正面きって強調した者はいない。

（２）［ヘーゲルによれば］諸国民は相違しているのみならず、そもそもいかなる本質的なものも互いに共有していないとされる。もちろん「あらゆる世界史的民族には、文芸、造形芸術、学問、哲学が」存在するであろう。「しかし、総じて、様式や志向のみならず、むしろ内容が異なるのであり、そして、この内実は最高の差異に、つまり、理性のあり方［何をもって道理と感じるか］（Vernünftigkeit）の差異に、係わっている」[16]。ヘルダーにおけるように、諸国民は、三つの規定によって、すなわち、場所（Ort）、時代（Zeit）、さらには合理化不能な「性格（Charakter）」によって、性格づけられている。個別的な民族精神は、それぞれ固有の地理的基礎をもっている。この基礎は、「このような地盤の息子である民族の型と性格に密接に関連する地域性の自然型（Naturtypus der Lokalität）」によって形成される[17]。個別的な民族精神は、さらにいえば、「ひとつの限定された精神であり、その発展の歴史的側面から限定されている」[18]。この被限定性は、ヘーゲルにとっては変更し難いものだから、かれは、「国民的差異は、人間たちの人種の相違と同じく確固とした差異である」と考えているのである。――「諸民族の歴史を遡るかぎり、その歴史は、諸国民のこうした型が頑強に不可変のものであることを示しているのである」[19]。

【国民的意思・政治的権力衝動：帝国主義的国民概念】

さて、一九世紀には政治的な、それからまた学問的な理由から、国民のこれらの客観的な指標が不充分なものと烙印を押され、とりわけルナン［Renan, Joseph Ernest, 1823-1892］以来[20]、国民の意思（Wille der Nation）が決定的な基準として強調された。この概念規定の主観的で揺れ動いているところを、ひとは国民を「系譜学的な意味から」解放し、「地理的、現実的、お望みならばビスマルク的な意味へともたらす」ことによって、再び克服しようとした[21]。こうした見解に従えば、「総体の意思（Gesamtwillen）」は、つまりルナンの一般的精神（ésprit general）は、国民の魂（die Seele der Nation）を形成するとされる。しかしこうした意思は、とりわけその意思を権力国家において貫徹することへと向けられ、その意思の妥当は、その意思が「そのための権力手段を有し」、国民的国家をその意思に固有のものと名づけるとき、はじめて保証されていることになる。この政治的な権力衝動（Machtdrang）の度合いによって、文化国民（Kulturnation）と国家国民（Staatsnation）とが区別される(22)。一九世紀の国民的膨脹政策に適応された国民概念（Nationsbegriff）こそが、対外的にも対内的にも、他の諸国民に対する征服欲として前面に現われてくるのである。

【国民国家的権力意思：国民的権力国家への帰属性：Volk-Nation-Staat】

しかしながら、まさしくこのビスマルク的な国民概念（Nationsbegriff）がすでにヘーゲルにおいてあらかじめ形成されているのを、われわれは見出す。まさしくこの国民概念こそ、本源的に文化国民的感情を、地理的・現実的なそれにもたらし、国家的な権力意思（staatlicher Machtwille）へと変容せしめたのである。ヘーゲルがこの国民概念を後にプロイセンに制限することは、国民についての現代的思想との対立をなんら形成しない。けれども、ひとが件《くだん》のまさにビスマルク的概念の意味で、一九〇二年になおドイツ・オーストリア人たちに関して考えていたとすれば、ひとは「かれらを」「今日のドイツ国民に加算することを、決して決断しえない」であろう。しかし、いずれにしてもそのドイツ国民にポーランド人は属していない(23)。国民的ドイツ的な権力意思をプロイセン国家へと移すことは、ヘーゲルにとってやはり、それほど容易ではなかったであろう。このことは、次のようなきわめて注目に値する事情から、すなわちプロイセンに移住するまでのかれの論稿においては、絶対的に習俗規範（人倫）的なものは「一つの民族（ein Volk）に帰属すること」であるとされているが、後には「民族（Volk）」はいつも「国家（Staat）」によって代替されている、という事情から推し量ることができる。かくして、『法権利の哲学（*Rechtsphilosophie*）』

においてもまた、諸個人の「最高の義務」は「国家の構成メンバー」であることである、とされている。(24)

【合理的自覚的権力政治(bewußte Machtpolitik)：国家(Staat)と国民(Nation)の関係←習俗規範性(Sittlichkeit)】

ドイツ的国民概念からプロイセン的それへの転換に伴ってヘーゲル国家思想は、それになお付着しているロマン主義から自覚的な合理性（bewußte Rationalität）へと、曖昧な権力意思（dunkler Machtwille）からより自覚的な権力政治（bewusste Machtpolitik）へと、一般的に転換していく。この転換は、ヘーゲルの「習俗規範（人倫）性（Sittlichkeit）」に照らして、なお一層明確に観察されうるが、その習俗規範（人倫）性においてはまた、かれの国家概念と国民概念との関連はなお一層はっきりと現われてくることになる。

（b）政治的習俗規範（人倫）態（Die politische Sittlichkeit）

【習俗規範（人倫）態概念（Sittlichkeit）と国民的権力意思】

ヘーゲルの習俗規範（人倫）態（Sittlichkeit）は、一方で、いかにしてかれの国家哲学が国民的情況（die nationalen Umstände）から生まれ出てきたか、他方で、いかにしてそれが国民的権力意思（nationaler Machtwille）についての教説であるか、これらのことをおそらくもっとも明確に示している。

【道徳と政治との緊張：自然法的個人主義、カント的形式主義、ロマン主義的主観主義を克服して達成されるべき政治的倫理：信条倫理に対する結果倫理（責任倫理）】

「ドイツ憲政秩序（国制）論（Verfassung Deutschlands）」の緒論において、ヘーゲルはわれわれに、一九世紀初頭に理想と現実との、道徳と政治との、間に存した途轍もない緊張を、僅かな言葉で叙述した。この時代は、きわめて強い焦燥と希望をもって、政治を道徳と法権利により適うものにしようとする絶えず更新された試みを、もう一度企てていたのである。自然法の個人主義的な倫理は、カントの形式的命法（formeller Imperativ）において客観化されていたが、これは再び初期ロマン主義の極端に主観主義的な倫理によって交替していた。両方の方向は、ひとつの政治的倫理（politische Ethik）に達していなかったのである。

【（1）習俗規範（人倫）性に関する客観的尺度（Sein=Sollen）としての祖国・国民的権力国家：具体的一般性に包摂された特殊性・抽象的一般性：有機的全体性としての民族（国民的習俗規範）、（2）個人の習俗規範（人倫）性としての徳（Tugend）：ヘーゲルの Sittlichkeit とマキアヴェッリの virtù dell' uomo universale の親近性：戦士的徳（virtus）＝勇気（andreià）】

（1）ヘーゲルもまた、カント的立場を走り抜けてから、しばしロマン主義的な人倫性に敬意を表したように見える。かれが青年期の友人ヘルダーリン［Hölderlin J. Ch. Friedrich, 1770-1843］に献じた頌詩「エレウシス（Eleusis）」において、「自由な真実のためにのみ生き、意見や感情を縛る教義には決して甘んじないことを誓っている」ときがそうである。[1] しかし、この詩は、かの宗教論稿と殆んど同じ時期に成立したのである。この宗教論稿におけるあらゆる価値の転倒は、上で論証されたように、そこでは習俗規範（人倫）的個人が「固有の力から自分の軸をめぐって自由に」自己を動かすことになるであろう、そういうロマン主義的人倫性からは、無限に隔てられているのである。ヘーゲルは、最初から、かれの習俗規範（人倫）性についての一つの客観的な尺度を持っていた。そしてこの尺度は祖国（Vaterland）、すなわち世界の究極的目的としての国民的な「権力を十分に備えた一般性」（nationale machtvolle Allgemeinheit）とされる。祖国が十分に権力を備えて現存すること、この存在（Sein）は、即自的（an sich）にすでに習俗規範的（人倫）的当為（Sollen）である。この倫理がロマン主義的であったのは、それが国民的国家への無反省な千年至福説的な献身（chiliastische Hingabe）を要求したかぎりにおいてである。この習俗規範（人倫）性の客観性は、とことん非ロマン主義的であった。だから、「体系断片」の「絶対的習俗規範（人倫）性」は、「祖国と民族と掟（法律）への愛としてではなく、祖国における祖国のための絶対的な生（生活活動）として」現われているのである。[2] この習俗規範（人倫）性とは、主観的なものが客観的なものの中で否定されていること、特殊的なものが一般的なものの中で受け入れられていることである。[3]「それ（この習俗規範性）は個人にではなく、有機的全体性（organische Totalität）として、民族（Volk）にのみ属する」。それは、簡単にいえば、国民的習俗規範（nationale Sitte）である。

（2）個人の「習俗規範（人倫）性」は、それに対して、「徳（Tugenden）」を意味するにすぎない。けれども、絶対的習俗規範（人倫）性は「あらゆる徳を貫いているが、しかし、いかなる徳にも固定されない」[4]。絶対的であるのは、国民的国家の要求だけであり、あらゆる他の規範は相対的である。ここにおいて、ヘーゲルの習俗規範（人倫）性（Sittlichkeit）とマキアヴェッリの「普遍的な［人間の］徳性（virtù dell'［uomo］universale）」との近似性が完全に明らかになる。その際、ヘーゲルはこのフィレンツェ人［マキアヴェッリ］よりはるかにキリスト教的習俗規範（人倫）性との関係を絶っている。習俗規範（人倫）性とは、ヘーゲルにとっては全体の権力及び力という目的（Zweck der Macht und Kraft des Ganzen）に従って個人的生活に形姿を賦与すること（Lebensgestaltung）であり、そしてこの習俗規範（人倫）性から、弁証法的論理によって、直接的に「民族の敵」、「闘争の危険」という概念が導き出される。[5] そして、マキアヴェッリにおいて「一人の人間の徳性（力量・男気）（virtù di un' uomo）」が無力（debolezza）、怠惰（ozio）に対置されているように、ヘーゲルにおいては、さらにより高い程度で、徳（Tugend）は顕著に戦士的（kriegerisch）な理想である。「勇気（Tapferkeit）」は、端的に「徳そのもの（Tugend an sich）」であり、勇気において「諸徳性の王冠全体が現われる」[6]。こうした［個人的］習俗規範（人倫）性もまた、マキアヴェッリの原則から発している。「祖国の救済が問題であるところでは、正当であれ不当であれ、人間的であれ残酷であれ、賞賛すべきであれ唾棄すべきであれ、どんなことも考慮されてはならない」[7]。だから、すでにブルクハルトが指摘したように、ひとつの徳（力量・男気）(virtù) はきわめてよく極悪非道 (scelleratezza) と共存しうるのである。

【相対的習俗規範（人倫）性にすぎない実直性（Rechtschaffenheit）】

ヘーゲルにおいてもまた、国家の絶対的習俗規範（人倫）性に対しては、「実直性」［所与の義務への適合性、Vgl. Ph.R. §150］(Rechtschaffenheit) は「相対的習俗規範（人倫）性 (relative Sittlichkeit)」にすぎない。というのは、「それ［実直性］は、全系列の諸徳性を貫徹しえないし、あるいは、［それは］徳性として、その［それが果たされる］瞬間だけ有機的に組織化されることもないが、それと同じく、それは勇敢なものでもありえないからである。というのも、徳性 (Tugend) というものは、その［それが果たされる］瞬間でさえ、目的なしに、そして、それがそれ自身のうちに有するのとは異なる全体性との関係なしに、存在するからである」[8]。

【権力倫理の前提である国民的国家思想：習俗規範（人倫）の全体性としての民族】

マキアヴェッリにとってそうであったのと同じく、ヘーゲルにとって、国民的国家の思想 (Gedanke des nationalen Staates) は、こうした権力倫理 (Machtethik) のための前提であったのであり、このことはあっさり理解しうる。ヘーゲル自身もまた、こうしたことを強調し、絶えず「絶対的な習俗規範（人倫）的全体性 (sittliche Totalität) は、ひとつの民族 (ein Volk) 以外ではない」という「積極的な主張 (das Positive)」を前提にしていたのである。

【国民的習俗規範（Sitten）としての習俗規範（人倫）性（Sittlichkeit）：善く秩序づけられた民族（国民国家）の市民（国民）に自己陶冶せしめることとしての教育：習俗規範（人倫）、習俗規範（人倫）性、法規範としての国家権力】

かくして、ヘーゲルの習俗規範（人倫）性は純粋に国民的な習俗規範として成立したと考えうる。「われわれはここでまた、絶対的な習俗規範（人倫）性の本性の中には、一般的なものあるいは習俗規範である（ein Allgemeines oder Sitten zu sein）ということがある、という言葉で暗示されていることに注意を向けておこう[9]」。「習俗規範（人倫）性（Sittlichkeit）に関していえば、古代における最高の賢人たちの言葉だけが真実の言葉である。習俗規範（人倫）的（sittlich）であるのは、自分の国の習俗規範（人倫）（Sitten）に従って生きることである」。そして教育に関していえば、自分の息子にとって最善の教育とは何かという問いに、ピュタゴラスは答えている。「あなたがかれを善く秩序づけられた民族の市民とするならば[10]」と。しかし、習俗規範(人倫)は、権力の命令(Machtgeboten)において、「立法の体系（System der Gesetzgebung）」において、正しく表現されるのであるから、国家権力（Staatsmacht）、習俗規範（人倫）（Sitte）、習俗規範（人倫）性（Sittlichkeit）は同一のものであり、法律（掟、制定律）は「民族の神として直観され尊崇されなければならない[11]」。

【キリスト教的・カント倫理（学）的な普遍主義的個人道徳の峻拒：個人倫理に対する国家倫理の優位】

国家の利害関心（Interesse）を内容とする、こうした習俗規範（人倫）性（Sittlichkeit）に対して、あらゆる個人倫理（Individualethik）は「消極的習俗規範（人倫）性」にすぎない。個人倫理の諸規範は、それらが「一般的習俗規範（人倫）性における可能性（Möglichkeiten）あるいは能力（Fähigkeiten）であること」を呈示するかぎりでのみ、習俗規範（人倫）的なものとして説明されるにすぎないからである[12]。こうした国家倫理（Staatsethik）は、道徳からの政治の完全な解放を、あらゆるコスモポリタン的かつ普遍主義的な個人道徳の峻拒を呈示し、そしてカントに対してと同じくキリスト教に対して立ち向かっている。それゆえにわれわれは、ヘーゲルもまたかれのすべての公刊された初期論稿において、カント倫理（学）に対して、それが「非実践的な」理論であるがゆえに著しく対立的な立場をとっているのを見るのである。「自分の祖国を敵に対して名誉心をもって防衛するという格律［Maxime］は、そして無限の格律は、［カントにおけるような］一般的な立法の原理以上のものと考えられる以上、［カント的ないしキリスト教的な原理や格律をみずからに包摂して］自己を揚棄するのである」(12a)。

【無意識的衝動から意識的国民的権力意思へと展開される習俗規範（人倫）性：道徳と政治の分離と再統合：習俗規範（人倫）性の体系的三局面としての（1）抽象的法権利、（2）道徳態、（3）習俗規範（人倫）態（①家族、②ブルジョア社会・必要国家・悟性国家、③国家）】

かくして、ヘーゲルが初期に記した文献におけるヘーゲル的倫理（学）がかれの国民的権力願望を直接的に開陳しているものであるとすれば、そのさらなる発展は、上で呈示された国民概念（Nationsbegriff）の転換と併行して進められている。民族精神（Volksgeist）が、あらゆるロマン主義的な無意識性から解放されて、ヘーゲルの汎論理主義（Panlogismus）の中でくっきり照らし出されるように、かれの習俗規範（人倫）性の主観的側面は無意識的な衝動を帯びたものから純化され、意識的な国民的権力意思へとさらに展開される。これに伴い、ヘーゲルが試みたのは、ロマン主義の基本思想を、つまり、主体と客体の区別をなくしてしまうことを、かれの政治学から遠ざけることであり、そして、個人により大きな顧慮をはらうための余地をみずから創出することである。しかし、この人倫性の客観的側面、無条件に最高の規範としての国家、そして、これに伴って与えられる道徳と政治の分離――これらのことは変えられることなく存立し続ける。ヨードゥル［Jodl］(13)が指摘するように、ヘーゲルの本来的倫理（学）

であり、そして、ヘーゲルの諸価値の完璧な体系として標識づけうる、『法権利の哲学』において、ヘーゲルは、これらの諸価値の三階層を区別している。その際、［抽象的なものから具体的なものへの叙述の展開の順序についていえば］導入原理は、「自由な意思（der freie Wille）」、「法権利（Recht）」である。最下層には「形式的［抽象的］法権利（das formelle Recht）」が、その上に、「道徳態（Moralität）」があり、これら抽象的な両契機の統一性と真実性として、「習俗規範（人倫）態（Sittlichkeit）」がある。これは再び三階層的に「家族（Familie）」、「市民（ブルジョア）社会（bürgerliche Gesellschaft）」、そして最高位に「国家」をみずから分肢化（gliedern）する。[14]

【最高の習俗規範（人倫）的命令としての国家の利害関心：個人道徳や宗教的人倫性の上位にある啓示された習俗規範（人倫）的理念（活動現実的精神）としての国家】

ヘーゲルはここでは道徳性に、かれのロマン主義にかぶれた時代におけるよりも、より大きな注意を払っているにもかかわらず、すでにこうした区分からは、基本的にはそこにおけるのと同じ立場表明が、やはり見てとれる。すなわち、法権利（Recht）と道徳性（Moralität）は「形式的」かつ無内容であるのに対して、「習俗規範（人倫）的実体」は、「直接的ないし自然的な習俗規範（人倫）的精神」にすぎない「家族」から始まる。[15] その上には、「外面的（必要国家）」としての「市民（ブルジョア）社会」があり、そしてすでに呈示された関係において、最高位に、権力としての真実の国家がある。そもそもの始原からしてのごとく、ここでは国家（Staat）は「習俗規範（人倫）的理念（sittliche Idee）の現実性（活動現実態）（Wirklichkeit）――啓示されたそれとしての人倫的精神」である。[16] そして、ひとはこの国家を「地上の神であるかのように尊崇し」なければならない。[17] 国家が存在する、ということは世俗世界における神の行幸である」。[18] したがって、国家の利害関心はあいかわらず天上においても地上においても最高の習俗規範（人倫）的命令（sittliches Gebot）であり、国家は「絶対不動の自己目的」であり、国家に対しては、個人の道徳的意識も、宗教の習俗規範（人倫）性の諸要求も考慮されない。

【（1）芸術、宗教、学問に対する国家の優位、（2）国家という活動現実的に最高の価値の精神的差異態としての芸術、宗教、学問】

（1）ヘーゲル哲学の体系を概観する際に、よく聞かれるのは、ヘーゲルは芸術、宗教、学問を国家の上に置いた、ということである。しかしながら、これは間違った見解である。かれの諸価値の序列においては、いつも国家が最高の位置にあるのである。国家は絶えず絶対的価値であり、真（das Wahre）、美（das Schöne）、善（das Gute）、聖（das Heilige）の諸理念は、国家に関係づけられた一つの相対的な価値を有するにすぎない。というのは、国家においてのみ、そして国家によってのみ、それらは可能であり、そして国家は人間の考えうるあらゆる精神的かつ身体（生理）的な諸機能を集中化し、それぞれに方向を与えるからである。しかし、国家がこうした統一点（Vereinigungspunkt）であり、あるべきであるということは、ヘーゲルにとってはすでに、さまざまな国民国家は、まったく異なる文化形式を産出し、これらの文化形式はなんら本質的なものを相互に共有していないということから帰結する。したがって、一つの具体化された内容を占有する、芸術、宗教、学問の唯一客観的な目的は、国家権力を強化するという目的である。歴史哲学及び法哲学において、ヘーゲルはこの関係を正面きって強調した。[19]

（2）かれはこの点で、宗教に対して、マキアヴェッリと同じ政治的態度をとっている。マキアヴェッリにとって、宗教は「一つの文明を維持しようとするためにどうしても必要なもの（cosa al tutto necessaria a volere mantenare una civiltà）」である。[20] かくしてヘーゲルもまた、宗教は「習俗規範（人倫）的なもの一般、さらに詳しくは、神の意思としての国家の本性を含む基礎を成している」と述べている。しかし宗教は、それは「基礎にすぎない」という点において、宗教以上に自己を世界の現実的な形姿や組織へと展開する精神としての「神の意思」である国家とは、区別される。宗教は、「感情、表象、信仰の形式における絶対的なものへの関係」にすぎず、これに対して、国家はこの主観的確信に対して、「知識活動を営むもの（das Wissende）」である。それゆえに宗教は、それが「国家に対する否定的かつ論争的な方向（志向）」を欠き、「むしろ国家を承認し確証する」ときにのみ、「真実の性質」を有するのである。[21] まさにカトリック的宗教は国民的な国家思想を最高の命令として承認しないがゆえに、プロテスタントのヘーゲルは、「カトリック的宗教をもってしてはいかなる理性的な憲政秩序（国制）（Verfassung）も可能ではない」、と端的に言明せざるをえないのである。[22] もっとも普遍的かつ最高の価値は絶えず国家であり、他の諸々の「絶対的」価値は、この［国家という］絶対的に絶対的（absolut-absolut）かつ「活動現実的に」最高の（"wirklich" höchst）価値が――文化のさまざまな領域へのその適用としての――精神的に差異化されたものにすぎないのである。

【国家と教会のプロイセン的・プロテスタント的統一：ヘーゲルにとって即かつ対自的に妥当する国家の自己保存・自己主張を超越的に基礎づける規範は存在しない】

「国家の諸原理は」、宗教に関してそうであるのと同じ仕方で、認識と芸術とに「適用されている」[23]。というのは、国家はいつも、「芸術、習俗、宗教、学問といった民族の生活活動（Volksleben）の他の具体化された諸側面の基礎かつ中心点」であり続けるからである。「あらゆる精神的活動は、この統一化（Vereinigung）を自覚するという目的だけを有している」[24]。いずれにしても、国家は宗教に基づいているということが正しいとしても、しかし、それは以下の意味においてのみである。すなわち、「国家の諸原理は、即かつ対自的に妥当する（an und für sich geltend）ものとして考察されなければならず、そしてそれらは、それらが神の本性そのものの諸規定（Bestimmungen）として知られているかぎりにおいてのみ、こうしたものなのである」[25]。したがってヘーゲルは宗教を、国家を支えるものとして、そしてその最高の確証（Bestätigung）として考察するがゆえに、かれもまた、かれの同時代人たち──かれらのうちでは、シュライアーマッヒャー［Schleiermacher, Friedrich, 1768-1834］のようなひとは両者の分離を要求した──とまったく対立して、国家と教会とのプロイセン的・プロテスタント的な統一に与している。[26] したがって、国家にとってはいかなる超越的な規範源泉（transzendente Normenquelle）もありえないように、ヘーゲルにとってもまた、人間的・道徳的な規範源泉は存在しない。そうではなく、国家の無条件的に最高の命令は、ヘーゲルが一八〇一年にすでに述べているように、「自己自身を保持すること」である。ヘーゲルがそこでマキアヴェッツリを擁護するために、マキアヴェッツリの意味で述べていたこと──まさしくこのことを、トライチュケは、二世代後に、国家の「最高の命令」は「自己自身を主張すること（sich selbst zu behaupten）」である、という言葉で繰り返した。[27]

【(1) 国家市民による国家権力の利害関心のための自発的自己確証活動：義務の根拠としての意思の無条件的自己限定、(2) 合法性（形式性・抽象性）としての道徳的自律性、(3) 内面性と外面性の相互限定的対立並存：自由と必然の習俗規範（人倫）的綜合（die sittliche Synthese vo Freiheit und Notwendigkeit）：被限定的非限定主義（determinierter Indeterminismus）】

（1）ところで、ヘーゲルはまた、マキアヴェッリにおいて、われわれにはかれの青年期草稿からおなじみのさらなる思想を、すでに見出すことができた。すでにこのフィレンツェ政府書記官は、「国家生活の健全性は究極の根拠において圧倒的多数の政治的に利害関心をもつ帰属メンバーたちが国家活動を喜んで是認することに基づいている」[28] ということを知っていた。この思想はヘーゲルにとって、全体の権力（Macht des Genzen）から、そして、この権力の利害関心において、諸個人の一定の習俗規範（人倫）的かつ政治的な自律性に達するための出発点であった。だから、「自然法論文」においてはまだ、絶対的習俗規範（人倫）性は「きわめて本質的に万人の習俗規範（人倫）性であり、したがって、ひとはそれについて述べることができず、それは諸個人においてそれとして反映される」といわれていたが[29]、国家の帰属メンバーたちの自由な確証［自己確証活動（freie Bestätigung）］を全体の権力のためにより高く評価する後期のヘーゲルは、主観（主体）的習俗規範（人倫）性にもまた、より大きな注意を向けている。

（2）ヘーゲルは、カント的自律性（Autonomie）を軽蔑するロマン主義的・無意識的な倫理（Ethik）から、「意思の純粋で無条件的な自己限定（reine unbedingte Selbstbestimmung）を義務（Pflicht）の根拠として際立たせること」[30]がいかに本質的なことか——このことを強調することに、移行している。しかし、かれが「良心の立場（Gewissensstandpunkt）の高次性」[31]について語ることを心得ているとしても、それでもやはり、かれが初期に呈示した習俗規範（人倫）性の実体については、なんら変わるところはなかった。発展が見られたのは、習俗規範（人倫）的意思の実体（Was）ではなく、あり方（Wie）にすぎなかった。というのは、主観的な道徳的自律性のあらゆる承認にもかかわらず、「習俗規範（人倫）性の概念に移行しない単なる道徳の立場に固執することは、この［道徳的自律性という］メリットをひとつの空虚な形式主義に、そして道徳的学問を義務のための義務についてのひとつの駄弁に、貶めてしまう」からである[32]。したがって、習俗規範（人倫）性とはいつも国家の意味（Staatssinn）、国家権力への意思（Wille zur staatlichen Macht）に他ならないのである。たしかにわれわれもまた、「良心（Gewissen）というものは、それを侵害することは冒瀆行為になるであろう、そうした神聖なるもの」であろう、ということを繰り返し耳にする。しかし、良心が神聖なるものであるのはやはり、この「善であるべきである（Gutseinsollen）」ということの内容が、「一般的な考えられた諸規定によって、すなわち法律（制定律）と原則（Gesetzen und Grundsätzen）によって」、したがって、究極的には再び国家によって満たされるときだけである。しかし、国家はこの道徳性（Moralität）を合法性（Legalität）としてのみ承認しうるが、しかし、「その固有の形式における良心

（Gewissen）、すなわち主観的知識活動（Wissen）としての良心」を承認しえない。[33] ここでもまた、カント的道徳性やその「実践的諸原理」について、次のように言われている。すなわち、それらは「習俗規範（人倫）性の立場を不可能にさえしてしまい、それどころか、習俗規範（人倫）性を否定しかつ憤激させてしまうのである」。なぜならば、それらは、キリスト教的倫理と同じく、「外面性（Äußerlichkeit）をどうでもよいものとして」しまうからである、と。

（3）これに対して、ヘーゲルの習俗規範（人倫）性は、権力を獲得し保持しようとする国家国民的・現実政治的な意思、「諸個人の中で国家が生きていること」とされている。国家道徳以外のいかなる他の道徳も、人間たちを限定しないとされる。「かれらの表象はそれ（国家道徳）によって満たされ、そして、かれらの意思はこの法律及びこの祖国を意思することである」[34]。なるほどヘーゲルは、一定の意思の自由を個人に認めようとしている。しかしこの意思の自由は、形式的かつ抽象的なものにすぎない。内容的には、この抽象的に自由な意思は、それらの最高の位置に国家がある、そうした現前する習俗規範（人倫）的な諸価値によって、決定されている。[35] こうした歴史的・政治的に所与のものの内部においてのみ、一つの習俗規範（人倫）的に自由な意思が存在し、そして、そこに自由と必然性の習俗規範（人倫）的綜合（sittliche Synthese von Freiheit und Notwendigkeit）が現存する。いずれにしても、この決定された非決定主義［被限定的非限定主義］（determinierter Indeterminismus）において、ロマン主義的な親近性が否定されていないのは、この習俗規範（人倫）性について、「習俗規範（人倫）的人間は無自覚的である」[36]と言われうるかぎりにおいてである。ロマン主義的・歴史主義的な国家論とのヘーゲル［の国家論］の関係にとって特殊な重要性を有しているのは、後者から前者への諸々の移行はきわめて微妙で、政治的にはしばしばもはや計測し難いものである、という一つの事情である。

【(1) 国家にまで有機的に組織化された国民：自己意思を自己産出する国民的権力国家としての対内的習俗規範(人倫)性、(2) 対外的には(国際関係においては)純粋に没規範的権力としての国家】

(1) ところでヘーゲルは、この国民国家の習俗規範(人倫)性を、必然的に国家の内部(das Innere)に制限した。自然法と啓蒙思想は国家を正当化し、国家を習俗規範(人倫)的なものとして概念把握するために、人類あるいはキリスト教的な普遍的共同体の構成メンバーとしての「人間」を考慮に入れていた。ヘーゲルは、国家のあらゆるコスモポリタン的正当化を拒否する。かれは国家を、国民的なものとして、すなわち、国家にまで有機的に組織化された国民(die zum Staat organisierte Nation)によって、つまり自己自身によって、習俗規範(人倫)的なものとしている。国家は習俗規範(人倫)的な自己目的であり、そしてそれゆえにまた、あらゆる倫理をすでにその定在において吸収する。したがって、国家内部においては「道徳は際限なくより過敏なものであるに違いない――というのは、自国の秩序はわたしにとって神聖なものであるからである――」[37]という点において、ヘーゲルがトライチュケと一致しているとするならば、この高次化された国内の習俗規範(人倫)性によって、道徳は授けられていることになる。

(2) ところで、対外的には(nach außen)――そして、これについては国際法(諸民族の法権利)(Völkerrecht)においてなお語られることになろう――もはやなんら習俗規範(人倫)性は存在しない。ここでは、国家は純粋に没規範的な権力(reine normfreie Macht)として現われる。ここではまさしく、ヘーゲルが個人に対しては論難していること、勝手気ままに振舞うこと、国家にまで統一された民族(das zum Staat geeinte Volk)が意思すること、これが習俗規範(人倫)的なことになるからである。ここでは、マキアヴェッリの言葉、「徳を増やせば、力も増えている(crescendovi la virtù, cresceva la potenza)」が――またこの逆のことが――妥当する。ヘーゲルは、この習俗規範(人倫)性の政治的かつ個人的な諸要求を、意味深長な諸命題に中に集約した。「民族は、自己が意思することを自己産出することによって、習俗規範（人倫）的、有徳的、強力なものであり、そして、それは自己を客観（客体）化する労働において、自己の活動結果を外部暴力に対して防禦する。しかし、個人は「民族の存在を、個人がわがものとしなければならない、ひとつのすでに出来上がった確乎とした世界として、眼前に見出す[38]」。したがって、いつもどおり、国民的権力の存在（Sein）は、同時に習俗規範（人倫）的な当為（Sollen）なのである。

【政治と道徳、Macht と Recht の相互限定関係と前者の優位】

かくしてヘーゲルはすでに、一九世紀がトライチュケの口によって要求したことを、果たしていたのである。「政治がより道徳的になるべきであるとすれば、道徳はより政治的にならなければならない。すなわち、道徳家たちは、「ひとは国家についての判断を、個々の人間の本性や生活目的からではなく、国家のそれらから受け取らなければならないということを、ようやく認識しなければならない[39]」。

（c）政治的な法権利概念（Der politische Rechtsbegriff）

【（1）近代自然法論やカント倫理学における強制・当為・要請としての抽象的・形式的な法権利（Recht）、（2）ヘーゲルの国民的権力国家思想における国民の内発的規範（習俗規範）としての具体的・内容的な法権利（Recht）】

（1）預言者と山とについてのおなじみの諺がある。［すなわち、「もし山が預言者のところに来ようとしないのであれば、預言者が山に往かなければならない（Wenn der Berg nicht zum Propheten kommen will, muß der Prophet zum Berge kommen［gehen］）」。］この諺にならってヘーゲルが政治化（politisieren）して［すなわち、国家権力との全体的な関連において捉え返して］いるのは、個人主義的な習俗規範（人倫）性（Sittlichkeit）［個人の徳性］だけではない。ヘーゲルは、自然法と、とりわけカントによって展開されていた［個人主義的、形式的・抽象的な］法権利の理念（Rechtsidee）とを、一般的にいえば、国家権力の存立（Bestand）にとって危険なものと見ていたのであり、そして、われわれが見てきたように、特殊的にいえば、ドイツ的権力の成立（Entstehen）にとって危険なものと見ていたのである。それゆえに、ヘーゲルはいつも、正義はなされよ（fiat justitia）という普遍主義的［当為］命題を論難し、そして、かれがその命題を「ドイツ憲政秩序（国制）論」において拒否していた同じ時期には、たとえば、フィヒテに反対して、次のように述べている。すなわち、［ヘーゲルによれば］正義は為されよ（あれかし）、而して世界は滅びよ（世は滅ぶとも）（Fiat justitia, pereat mundus）［皇帝 Ferdinand I］［という命題］［ここの fiat は、文法的には、接続法の三人称単数であろうが、その場合、他動詞 facio と自動詞 fio のそれは同形である］は、正義（法権利）はあれかし、而して世の中のすべての悪党（ごろつき）どもは滅びるとしても（Das Recht geschehe und wenn auch alle Schelme in der Welt zugrunde gehen）［ここでは geschehen という自動詞の接続法三人称単数が使われている］という、カントが解釈したような［当為・要請・願望の］意味で法則（掟）（Gesetz）であるわけでは決してない。そうではなく、それ（世の中のすべての悪党、ごろつき）ゆえに、信頼、愉悦、愛、真正に習俗規範（人倫）的な［自己］同一性（echt sittliche Identität）のあらゆる潜在力（Potenzen）が、ひとがそう言っているように、悉く根絶されることになろうとも、正義（法権利）（das Recht）は果たされるはずである（果たされるにちがいない）、（という［必然の］意味で法則（掟）なのである[1]）。

（2）ここにもまた、あらゆる習俗規範（人倫）的な感情（alle sittlichen Gefühle）によっては結合されていない遊離化した諸個人の間の［形式的・抽象的］法権利による結合（Rechtsband）としてしか国家を許容しない絶対的な［しかし形式的・抽象的でしかない］法権利理念（Rechtsidee）の支配に対する反感（Antipasis）において、すでにロマン主義とのヘーゲルの同調（共鳴）が示されている。自然法もカントもまた、その抽象的法権利（das abstrakte Recht）を外的強制（äußer Zwang）と見なしているのであるが、この抽象的法権利の形式に代わって、ヘーゲルが国家の内部（対内国家）において意思しているのは、構成メンバーたち（Mitglieder）の習俗規範（人倫）的な関連である。というのも、この構成メンバーたちにとっては、国家の法権利権力（Rechtsmacht des Staates）は、外からの命法（Imperativ von außen）としてではなく、内的な規範（innerliche Norm）として現われるからである。すなわち、単に外的な法律（制定律）的な関係態度（振舞い）（das bloß äußerliche legale Verhalen）に代わって、ヘーゲルが意思しているのは――まったくロマン主義者たちと同じく――「信頼、愉悦、愛（Vertrauen, Lust, Liebe）」である。但し、初期ロマン主義のこうした諸規定は、ヘーゲルにあっては、国民的権力への自覚的意思（der bewußte Wille zur nationalen Macht）によって、とことん客観的な内容を獲得しているのではあるが。

【（1）近代自然法（社会契約）論的国家論における抽象的・形式的法権利（Recht）とこれに対応する法治国家（Rechtsstaat）＝私法的社会、抽象的法権利（Recht）・主観的道徳（Moral）と具体的・客観的政治（Politik）との分離、（2）時空において（歴史的・国民的に）限定された有機的組織体としての国民的権力国家においては、両契機は相互限定的に媒介されて、具体的・客観的な法権利の形姿をとる：ヘーゲル的 Idealismus における reell＝ideell：自然法と実定法の弁別と再結合】

（1）［近代］自然法［論］（Naturrecht）は、一般的で絶対的な法権利概念（Rechtsbegriff）を拡張することによって、私法に照らしても、また同じく公法（国法）や国際法に照らしても、結局のところ、国家（Staat）をあらゆる私法的結社（privatrechtliche Vereinigung）と殆んど同置（同一視）してしまい、国家をもっぱら「もっとも完全な社会（societas perfectissima）」と見なし、その法治国家の理想（Rechtsstaatideal）を押し進めていたので、国家と私法的社会との間の［国家］権力（Macht）によって定立される差異はまったく掻き消され、伝統の先鋭な主権概念（Souveränitätsbegriff）とこの国家概念との結びつきはもはや殆んど不可能になってしまった。[2]［したがって］この普遍的な［抽象的・形式的］法権利概念及びこの概念に対応する法治国家思想には、ヘーゲルの国民的権力国家論は係わりえなかったのである。それゆえに、すでに［初期ヘーゲルの］「自然法論文」において次のように言われている。すなわち、「近代においては、自然法（権）［論］において論じられている［いわば］内的家政（innere Haushaltung）［国内の資本制経済］において、こうした外面的正義（äußere Gerechtigkeit）、市民（ブルジョア）的法権利の［私法］原理が構成する無限性［悟性の悪無限性］（Unendlichkeit）が、すなわち、存立している有限なものの中で反省（reflektieren）される、そして、それに伴って形式的な無限性が国法（Staatsrecht）及び国際法（Völkerrecht）の上に立って、これらを支配することになった[3]」と。ヘーゲルはここで［この「自然法論文」において］、道徳（Moral）と政治（Politik）を分離するように、法権利（Recht）と政治（Politik）を分離している。政治における［主観的］道徳の支配と同じく、政治における［抽象的・形式的］法権利の支配もまた、「最深の専制であるのと同じく最大の弱さであり、一つの習俗規範（人倫）的な有機的組織体（Ornanisation）という理念の完全な喪失であろう。というのは、道徳的原理は、市民（ブルジョア）的法権利の原理と同じく、有限かつ個別的なものの中にのみ存するにすぎないからである[4]」。

（2）ヘーゲルは、かれの政治的論稿の綱領的緒論に対応して、人格主義的（personalistisch）法権利概念（Rechtsbegriff）を、超人格主義的（transpersonalistisch）なそれによって改訂（修正）（berichtigen）しようとする。［ヘーゲルにおいては］「［原子論的］個人が［いわば生得の所有権に基づいて］みずからに返還要求（vindizieren）する法権利は、個人から取り去られ」、そして、それにともなって「権力を有する［具体的］一般性（machthabende Allgemeinheit）」［の衣装］を身に纏わざるをえない。ヘーゲルがこの企てに成功したのは、かれが法権利を歴史的（historisch）かつ国民的（national）に限定されている「全体の有機的組織体」に従って算出し、したがって、時・空を欠く自然法の理念という絶対的かつ形式的なカテゴリーを歴史化（historisieren）かつ国民化（nationalisieren）し、そして、まさにそれにともなって、国民的国家の権力という形姿（Gestalt der Macht des nationalen Staates）で、このカテゴリーに積極的内容を与えたからである。「ドイツ憲政秩序（国制）論」において、そして、一八〇三年の「自然法論文」の中の哲学的基礎づけにおいて、かくのごとくヘーゲルはすでに政治的（politisch）であった［政治権力によって統合された習俗規範態において法権利を捉え返していた］のである。後者［自然法論文］において、ヘーゲルは次のように論じている。すなわち、自然法（Naturrecht）と実定法（positives Recht）との差異はそもそも現存しない。というのは、一方では「哲学においてはすべてが実在（Realität）であり、他方では、実定（実証）的諸学問（positive Wissenschaften）は、「歴史的なもののみならず、諸概念（Begriffe）や即自的に理性（Vernunft）に属する多くのものをもまた、概念把握（begreifen）する」からである。(5) この観念論（Idealismus）においては、まさしく、われわれが見ているように、すべてが実在的（reell）であるのと同じく理念的（ideell）でなければならず、そして、［近代自然法論やカント倫理学におけるように］いかなる実践的・政治的な経験や権力も対応しない［抽象的・形式的］法権利理念（Rechtsidee）は、そもそも法権利理念ではないのである。

【法権利の内容としての民族の自由：自由概念の意味転換：恣意としてではなく、自由の定在としての法権利：世界精神としての最強の民族精神（国民的権力国家の意思）の法権利によって内容を得る諸個人の形式的・抽象的法権利】

したがって、ヘーゲルが法権利概念の内容として、無数の自然法哲学者たちと同じく「自由（Freiheit）」を規定しているとするならば、この自由はその最高の価値形式において「民族の自由（Volksfreiheit）」であって、［原子論的］個人の自由ではないし、いずれにしても、いつも、国家との個人の妥協（相殺）（Ausgleich）、「事情変更の條款」としての［恣意としての］自由（libertas rebus sic stantibus）［ここで絶対奪格の句で謂われているのは、契約締結時の諸条件が変らないかぎりで契約が遵守されるべきである、すなわち、いつでも契約を撤回しうる、という意味での自由。rebus sic stantibus ominis promissio intellegitur, Thomas Aquinas, *Summa Theologica*, 2.2.110.3: Seneca, *De Beneficiis*, 4.34.3-4, 35］ではない。［ヘーゲルによれば］自由な意思［恣意・任意］の形式的可能性ではなく、自由の「定在（Dasein）」こそが「法権利（Recht）」なのである。この［自由の］定在はさまざまな段階で現象してくる。しかし、法権利の［現象する］諸段階はすべて、法権利の最高の価値に――つまり国家に――照らして妥当する。「自由の理念の発展におけるあらゆる段階は、それら固有の法権利を有しているが――世界精神（Weltgeist）の法権利だけが制限されない絶対的それである(6)」。けれども、この世界精神は一定の時代における最強の民族精神（Volksgeist）と合致する。だから、国家のもっとも自由な意思の定在の――完全に独立した国家権力の――活動現実化（Verwirklichung des freiesten Willensdasain des Staates）が、法権利理念（Rechtsidee）の目的である。いずれにしても、諸個人もまた「法権利」を有するが、かれらの法権利は、形式的・抽象的な――われわれの用語法からすれば、法律家的な――法権利（formelles, abstraktes, juristisches Recht）にすぎない。「正しい法権利（Richtiges Recht）」は、全体の権力目的に従って規定される価値尺度（Wertmaßstab）である。この配分測定器（Verteilungsmesser）に従って、諸個人の形式的な法権利は、ようやくひとつの内容を獲得するのである。

【①個人・社会のレヴェルでの抽象的・形式的法権利と②国民的権力国家のレヴェルでの法権利＝自由のあらゆる諸規定の定在としての法権利、①と②の概念的区別：人格性（Persönlichkeit）とその権利能力（Rechtsfähigkeit）：個人人格の抽象的法権利の基礎にある国家人格の具体的法権利：国家と社会の概念的区別】

総じて［近代］自然法（論）の法権利理念が一般的なそれであったのは、その理念の適用領域が押しなべて人類に拡張され、その理念の担い手があらゆる人間であったかぎりにおいてである。ヘーゲルの法権利は民族精神の国民的産物であり、この民族精神の諸々の意識内容は、それらが「思惟する理性（denkende Vernunft）であり、自由――その自己意識がこれで［自由］ある――であるかぎり」、したがって、それらがまた法権利に該当するかぎり、国民によってまったく多様である。[7] そしてここでもまたわれわれは、「人類の法権利というのは空虚である」[8] ということについての、すでにわれわれには周知の見解（直観）を耳にするのである。［とはいえ］ヘーゲルは［近代］自然法（論）をすでに一九世紀の法学（Jurisprudenz）［法実証主義、概念法学、歴史法学、自由法学等々］の意味で完全に克服していたというわけではない。[9] かれもまた、「人格性（Persönlichkeit）はそもそも法権利能力（Rechtfähigkeit）を含んでいる」[10] という命題なしにはすまないのである。しかし、抽象的法権利のこのような諸命題はすべて、個人的・抽象的な領域において動いている。これに対して、ヘーゲルは正面切って次のように指摘している。すなわち、かれの法権利概念は「制限された法律家的権利（das beschränkte juristische Recht）としてだけでなく、自由のあらゆる諸規定の定在として受け取られうる」[11] と。これら諸規定の最高のものは、まさに、「絶対的」法権利を有する国家である。[12] かの［近代］自然法概念は「抽象的かつ形式的な法権利のそれ自身抽象的な基礎」にすぎず、そして、その実践的には使用不能な内容の全体は、「一人格たれ、そして他者たちを人格として尊敬せよ（Sei eine Person und respektire die anderen als Personen）」というものである。いずれにしても、ヘーゲルはこの基礎の上に、われわれが技術的な意味で［術語として］法権利（Recht）と呼ぶものすべてを、築き上げている。その結果、形式的な領域の中には、私法（Privatrecht）だけでなく、［公法としての］刑法（Strafrecht）や訴訟法（Prozeßrecht）も入ることになる。こうした注目すべき事情は、［かれが］国家（Staat）と社会（Gesellschaft）を区別しているということから説明がつく。この区別の基礎にあるのは、国家におけるすべての法権利は、その成立を国家に負うばかりでなく、すべての生活（生活活動）を結びつける絶対的に最高の点としての国家にあくまでも従属してもいる、という思想である。

【(1)国家契約論批判:私法概念に基づく二元論的・個人主義的国家観に対する一元論的超人格的国家観、(2)歴史的国家の成立端緒としての本能・暴力・恐怖・意思:習俗規範・法権利・制度・民族・文化(言語・権力・貨幣)】

(1)ヘーゲルは、この観点から、すなわち〔近代〕自然法(論)の主要な道具である国家契約(Staatsvertrag)についての教説から、愛(Liebe)へと移る。かれは、この〔国家契約という〕教説を基本的に論難し、あらゆる形式において拒否した最初の思想家だといってよかろう。「契約(Vertrag)がそれであるような下位に秩序づけられた関係の形式は、習俗規範(人倫)的な全体性の絶対的威厳(高権)(Majestät)の中に押し込められた[13]」と、ヘーゲルはすでに一八〇三年に述べている。こうした〔近代自然法論における〕二元論的・個人主義的な表象に、ヘーゲルはかれの一元論的・超人格的な国家観を対置しているのである。「君主と臣民、政府と人民との関連」は、「本源的・実体的な統一性」であるはずであり、「契約という概念」や「私法の法律(制定律)的諸規定(gesetzliche Bestimmungen des Privatrechts)」はこうした統一性に「相応しくない[14]」。支配契約としても、おなじく服従契約としても、あらゆる形式において、かれは契約を拒否する。というのは、この教説は、「まったく異なりかつより高次の本性をもつ領域の中に私法概念を転用した」からである[15]。

(2)歴史的にいえば、ヘーゲルは、国家はむしろ暴力(Gewalt)によって成立したと考えているのである。「国家というものの最初の産出は、支配と本能に係わる(高圧的かつ本能的な)もの(herrisch und instinktartig)である。しかし、服従と暴力、支配者に対する恐怖は、すでに意思の関連である[16]」。「諸国家を創設する英雄の権利(Heroenrecht)[17]」は、「このような自然状態——総じて暴力の状態——」において暴力を適用することを正当化する。

「というのは、善意では自然の暴力に対して殆んど何も達成されえない（手の施しようも無い）からである」。なるほどかれは、農業（Ackerbau）と婚姻（Ehe）との導入に伴って国家生活の諸端緒が現れたと考えているが、しかし、これらの端緒にはまだ「法律（制定律）的な諸規定（gesetzliche Bestimmungen）」や「客観的な諸制度（objective Institutionen）」が欠けていたのである。(18)

【（1）国家と個人の関係は契約関係ではない：法権利や契約から国家が成立するのではなく、その逆である：Recht に対する Macht、個人に対する国家の優位、（2）習俗規範的なものによる権利・義務関係：政府と個人の権利・義務関係、（3）政府（Regierung）（必要国家・悟性国家）の義務は、①一方ではブルジョア社会に対応し、②他方では、法規範ではなく、習俗規範（人倫）である：ブルジョア社会（道徳態←抽象的法権利）（個人人格、私的所有、社会契約）を包摂する習俗規範態としての権力国家】

（1）ヘーゲルは、かれの超人格的国家概念に応じて、契約（Vertrag）というものを、国家と国家の個々の諸行為が法権利（正義）に適っているか否かということ（Rechtsgemässigkeit）の単なる試金石としてもまた、妥当させることができなかった。というのは、この検証尺度はかれにとっては国家の存在そのものであり、そして法権利（Recht）が「正当（richtig）」であるのは、それが満足させうる仕方で全体の関連に、つまり国家の権力に、役立つときであるからである。契約という表象はいつも、国家が個人と［等位の］調整関係（Koordination）にあることを前提にし、その際、国家と個人の間では、法権利は結合する意思活動（das verbindende Wollen）を呈示している。ヘーゲルにとっては、このような［等位の］調整関係は考えられないことであり、それゆえに、相互的な拘束（結合状態）（gegenseitige Verbindlichkeit）としてのあらゆる法権利もまた国家の領域から締め出されているのである。

（2）ヘーゲルは国家と個人の間における権利（Rechte）と義務（Pflichten）とをまったく否定してしまったわけではない。「人間というものは、習俗規範（人倫）的なもの（das Sittliche）によって、かれが義務を有するかぎりで権利を有し、そして、かれが権利を有するかぎりで義務を有する」ということを、かれは強調している。[19]しかし、これらの権利と義務は、道徳的［主観的］なもの（morarische）であって、決して法権利的［客観的］なもの（rechtliche）ではない。いずれにしても、「国家に帰属する人たち（Staatsangehörige）には、納税（Abgaben）と兵役（Kriegsdiensten）等々を履行する義務があり、そして同じく、かれらの私有財産や一般的・実体的な生活の保護を［政府に］要求する権利があるように、政府（Regierung）には、刑事裁判権、政府の行政権等々［の諸権利］があり、これらの諸権利はまた、同時に刑事罰を与え行政管理等々を遂行する政府の義務でもある」[20]。ここでは主体的な公的諸権利（公法の理論（eine Theorie der subjektiven öffentlichen Rechte）が近縁のものであるかのように思えるが、こうした［公私両レヴェルを抽象的に分離したままにしておく二元論的な］理論はヘーゲルの国家思想には疎遠なものである。

（3）というのは、一方では、政府（Regierung）の諸義務は、あくまでもあらゆる種類の［抽象的・形式的］法権利によっては触れられない権力であり続ける国家の領域に属しているのではなく、市民（ブルジョア）社会の領域に属しているからであり、他方では、政府の諸義務はまさしく［抽象的・形式的］法権利の諸規範（Rechtsnormen）ではなく、ヘーゲルが婚姻、愛、宗教というより高次の諸関係で構成している習俗規範（人倫）性の諸規範（Sittlichkeitsnormen）だからである。[21]それゆえに、［抽象的］個人は国家に対して権利要求（Rechtsanspruch）を決して有さない。というのは、なるほど法権利（Recht）はいたるところで国家の権力（Macht）に奉仕しているが、しかしその領域のどこにおいても国家の権力を支配していないからである。そして、［国家に対する］法権利の従属的（下位に秩序づけられた）役割は、ヘーゲルの国民的国家概念にとっては必然的なものである。というのは、国家［の権力］によってようやく法権利と道徳は、ひとつの内容を有することになるからである。「法権利（Recht）

と道徳（Moral）に係わるものは、それだけでは現存しえないのであり、そして、それらは習俗規範（人倫）的なもの（das Sittliche）を担い、かつ基礎として有していなければならない。というのも、法権利には、道徳を再びそれ自身だけで有する主体性（Subjektivität）の契機は欠けているからであり、そして、かくして［Recht と Moral の］両契機はそれだけでは活動現実性（Wirklichkeit）を有さないからである。法権利は、一つの全体の枝（Zweig）としてのみ、すなわち、即かつ対自的に確乎とした樹木［Sittlichkeit としての Machtstaat］に絡みつけられている（sich anrankend）植物［諸契機］としてのみ、現存するのである[22]」。

【最高の自由の定在としての Macht=Recht, Machtstaat：自由と必然の相互浸透：意識における権力の承認と妥当】

かくして、ヘーゲルの法権利理念(Rechtsidee)［Sittlichkeit の諸契機として捉え返された Recht と Moral］の立場からは、［その Recht と］権力（Macht）との宥和は格別困難ではなくなった。最高の「自由の定在」、すなわち最高の法権利を占有するのは、国家すなわち権力である。自余のすべての社会的諸現象は、この最高の［国家］権力と理性的に整合されたものであり、それらの法権利は国家にとってのそれらが有する意義の関係から規定される。古典的な諸命題（文章）でヘーゲルは、自由と必然性、法権利（Recht）と権力（Macht）とのこうした浸透関係を、次のような言葉で表現した。「自由は世界の活動現実態（Wirklichkeit）としての形姿を賦与されて、必然性（Notwendigkeit）の形式を獲得する。この必然性の実体的関連は自由の諸規定の体系であり、そして、権力として現象するこの関連は、意識において、承認されていること（das Anerkanntsein）、つまり、権力が妥当していること（Gelten）である[23]」。

【法権利の創造者・保持者・実現者としての権力国家：強制可能性を欠く憲法（制定権）や国際法は、ヘーゲル

によって承認されない】

しかしながら、ひとつの世界の活動現実態としての形姿を賦与されたこの自由（die zur Wirklichkeit einer Welt gestaltete Freiheit）は、国家に他ならず、そして、ヘーゲルの見解にはいつも、次のことが見られる。すなわち、国家の有用性（Nutzen）を法権利（Recht）に対置しようとすること」は「愚かなこと」であろう。というのは、両者は必然的に互いに同一のものであるからである。国家においてのみ、そして国家によってのみ、法権利は可能である。国家は法権利の創造者であり、その保持者かつ実現者である。というのは、ヘーゲルの見解によれば、法権利概念には、国家の権力だけが占有する強制可能性もまた属しているからである。かくしてヘーゲルは、この後者の理由からもまた、大抵強制を確保するもの（Zwangssicherung）を欠く憲法［憲法制定権］（Verfassungsrecht）やいつもそれを欠く国際法（Völkerrecht）を、承認しえない。かれの国家主権概念は法権利によって拘束する自己義務化を許容しないだけに、それだけ一層、かれはそれらを承認しえないのである。

（d）政治的な有機的組織体（Der politische Organismus）

【国家と個人、統一性と多様性、客観性と主観性の関係に関する新たな生活感情の変容】

かくして、個人（Individuum）のあらゆる定在［個人の限定された在り方］とあらゆる文化は、国家権力の下位に秩序づけられていた。しかし、①この実体的統一性及び閉じられた権力において、やはりキリスト教と自然法とが不可疑の価値そのものとして確定していた個人は、いかにしてなお毀損されずに可能なものとして考えられ、イメージされることになるのであろうか？　②いかにしてこの統一性（Einheit）においてなお多様性（Vielheit）が、この客体性（客観性）においてなおひとつの主体性（主観性）が保持されえたのであろうか？　新しい思惟活動が［一八世紀末から一九世紀初頭への」世紀の転換期の前後にヘーゲルの前に置いた諸問題のなかでもっとも困難なこの問題に対する答えは、この時期の生活感情全体の変容（Umwandlung des ganzen Lebensgefühl）によって条件づけられている。(1)

【絶対主義国家論とこれに替わる立憲主義的法治国家論とにおける全体の統一性：立憲主義的法治国家論と権力分立論：①下位における諸個人の原子化と②上位における権力の分立：①、②における実践的統一の可能性をもたらすものは何か？】

両主権［対外主権・対内主権、君主主権・人民主権］についての、絶対主義に対応する教説においては、国家権力と個々人からなる大衆とは、たしかに外面的（対外的）には確固として結びつけられていたが、しかし内面的（対内的）には結びつけられることなく相互に対立していたし、多数性（大衆）（Vielheit）は、一つのもっぱら外面的（対外的）にすぎない統一性（Einheit）を、支配者の人格性（Herrscherpersönlichkeit）の中に有していた。絶対主義と絶対主義に対応するこうした教説とは、時代の移り行きにしたがって、立憲主義的な法治国家論と権力分立論（die konstitutionelle Rechtsstaats- und Gewaltenteilungslehre）とに交替していた。ここでは国家権力に対しては、即自的に平等で多数の諸個人に法的に［形式法上］境界づけられた自由（rechtlich begrenzte Freiheit）が、そして国家権力のためには、同じく輪郭のはっきりした法的［形式法上の］義務（Rechtspflicht）とが、割り当てられた。国家的一体性の結束（Band）を形成することになったのは、もはや多かれ少なかれ啓蒙された絶対的国父（Landvater）の善意（Wohlwollen）ではなく、法権利と法律（制定律）（Recht und Gesetz）であった。これに伴って、大衆（Vielheit）は十分満足させられた。しかし、①下位におけるこうした原子化（Atomisierung unten）と②上位における権力分立（Teilung der Gewalten oben）とにおいて、いかにして全体の統一性は考えることができたのか、そして、いかにしてその統一性は実践的なものになることとなったのか？

【原子論的・機械論的世界像と有機体論的世界像：合理主義的因果論（Kausalität）とロマン主義的目的論（Teleologie）】

フランス革命の経過は、こうした「外面的で形式的な、かつ遊離化する」法治国家理念（Rechtsstaatsidee）の不充分さを、決定的に証明するように思えた。ひとは、「諸原子［原子論的諸個人］」を合理主義的「機械論的」な仕方で社会的形像（soziale Gebilde）にまで結びつけうることに、疑念を抱いたのである。いまや「機械論的」世界像に「有機体論的」それを対置するかの新しい思惟様式は、政治的なるもの（das Politische）をはるかに超えて行く。ディルタイ［Dilthey, Wilhelm, 1833-1911］は、この時代の思惟活動を、「やはり概念においては表現されないとされる全体（das Ganze）から諸現象を理解しようとする」努力として特徴づけている。(2) 合理主義的因果律（Kausalität）は破綻していた。そして、神秘的な目的論（Teleologie）への憧憬が覚醒されていた。初期ロマン主義の誰もが、この目的論に出入りしながら思惟活動を営んでいる。

【神秘主義的・汎神論的・審美主義的・ロマン主義的思惟感情：有機体の表象】

ところでヘーゲルもまた、そこでかれがヘルダーリンと再会を果たしたフランクフルト滞在期間の終わりに、このような感情を表現している。「かれ（人間というもの）は形象（Gestalt）から、死すべきもの（das Sterbliche）、移ろいゆくもの（das Vergängliche）、果てしなく対立するもの（das unendlich Entgegengesetzten）、戦いに赴くもの（das sich Bekämpfende）、こうしたものから、生きて考えるもの（das denkende Leben）、移ろいゆくものから自由に生きるもの（das Lebendige von Vergehen Freie）、多彩なものを殺がれることのない関係（die Beziehung ohne das Tote und sich Tötende der Mannigfaltigkeit）、思惟範疇によって把捉された関係（eine gedachte Beziehung）としての一体性ではない、きわめて溌剌として生命躍如とした限りなき生命（allebendiges, allkräftiges unendliches Leben）としての一体性、こうしたものを取り出し、そして、こうしたものを神と名づけている」[3]。直観から出発し、抽象化に敵対する、神秘主義的・汎神論的な思惟感情（Denkgefühl）は、額にはっきり審美主義的・ロマン主義的な起源を帯びている。この「青い花サークル（Kreis der blauen Blume）」において、ひとは所与の多数性（多様性）（Vielheit）を、放棄された一体性（Einheit）と同じく、同じ愛で包括していた。ここではまた、この二律背反的な関係を直接的・直観的に写し取ることが追求された。そして、それに代わり、いまや世界観にまで広げられる有機体（Organismus）の表象が見出されるのである。

【ゲーテ、シラー、ヘルダー、カント、そしてロマン主義における有機体論：原因と結果、手段と目的、部分と全体、原因と結果、等々が相互に関係し統合される有機体：国家理念としての有機体：初期ロマン主義におけるカトリック的・普遍主義的な政治的有機体思想】

この思想はすでに多様な形で以前から考えられていた。ゲーテやシラーによって自然哲学的かつ審美的に、ヘルダーによって歴史的に。しかし、この思想にはじめて論理的基礎を与えていたのは、この思想をまたすでに政治的に適用している［『判断力批判（*Kritik der Urteiskraft*）』における］カントである。かれは一七九〇年に次のように定義していた。すなわち、「自然の有機的に組織化された産物は、そこではすべての目的が相互的にまた手段であるところのものである。――したがって、［それは］単なる機械ではない。というのは、機械は動かす力（bewegende Kraft）を有するにすぎないからである」。諸部分は、「全体へのそれらの関係によってのみ可能であり」、そして、「それらが相互に原因であり結果であることによって、一つの全体の一体性として結合されなければならない」[4]。この有機的組織化の国家への適用もまた、すでにカントにおいて見られる。[5] かれの影響の下に、「『人間の美的教育論（*Über die Ästhetische Erziehung des Menschen*）』における」シラーもまた一七九五年にかれの国家理想をひとつの「有機的組織化」の中に見ていた。「この有機的組織化は、自己自身によって自己自身のために自己を形成する」。この有機的組織化においては、諸部分は「全体の理念に向けて規定された」が、「一つの作用する力（eine wirkende Kraft）として、習俗規範（人倫）法則（Sittengesetz）が当てにされる」[6]。その際初期ロマン主義は、さしあたり政治的な有機体思想をキリスト教的・普遍主義的かつコスモポリタン的に適用した。この政治的な有機体思想は、ここでは、合理主義的無神論によってもたらされた中世的な文化共同体及び生活共同体の個々の国民への分裂状態を新しい有機体的な「カトリック的調和（Concordantia catholica）」によって克服することの象徴であるとされたが、しかし同時に個々の国家にも適用されたのである。

【自覚的な対外的権力政治の象徴としてのヘーゲルの有機体論的国家論：カントの警告】

しかしながら、特殊近代的な意味における有機体（Organismus）としての国家は、ようやくヘーゲルによって告知された。[7] かれによってはじめて、この「有機体的」国家は「機械的」それに対置された。ヘーゲルの対内的政治は「有機体的」・ロマン主義的なそれときわめて多くのことを共有しているとしても、対外的には、かれの有機体国家（Organismusstaat）は、初期ロマン主義的それとは原則的に異なっている。かれはその有機体国家をひとつの自覚的な権力政治（bewußte Machtpolitik）の象徴としているからである。しかしながら、カントによれば、この有機体論は「象徴的（symbolisch）なもの」としてのみ受け取られるべきである。「というのは、それを理性だけが思惟し、そして、いかなる感性的直観もそれに適合的なものではありえない、そういう概念（ein Begriff）の下に、このような有機体論は置かれるからである」。――このようなカントの警告もまた、はじめはヘーゲルによって、そしてこれに続いて後期ロマン主義によって、忘却されてしまった。[8]

【ヘーゲルにおいて国家と社会の概念的区別に役立てられた有機体論】

自分たちの魂の中に国家が係留されている国家の構成メンバーたち（Glieder）――かれらの活動の所産としての国家、その理念の前にあらゆる個人性（個体性）が消えている究極目的としての国家、こうした国家は、ヘーゲルによって、すでに一七九六年の宗教論稿において、「国家機械（Staatsmaschiene）」、「バラバラにされた全体」に対置されている。こうした全体に、市民たちは個々の歯車として役立っているにすぎず、そこでは、ひとつの全体のためのいかなる活動もなく、すべての目的は個人的「有用性（Brauchbarkeit）」に関係づけられている。真実の国家に機械としての後期の「［ブルジョア］社会（Gesellschaft）」をこのように対置することにおいて、いかにしてヘーゲルが有機体論をかれの国家論に役立てているか、まさしくこのことが明らかになる。

【（1）生きた精神（有機体）における、個（部分）と全体、上・下からの権力衝動、対内的秩序と対外的権力のフィードバック関係、（2）①支配者主権と人民主権の対立の克服と、②契約論排除とのための有機体論：国民の自発的権力衝動の発揮を可能にする有機体論：①啓蒙化された絶対主義国家論と②原子論的立憲主義国家論に対する二正面作戦：契約論・原子論・機械論の排除】

（1）この二つの表象はすなわち有機体において統一的に直観されることになり、そして一面では全体との分肢（構成メンバーたち）の関係に、他面では分肢（構成メンバーたち）との全体の関係に係わる、そうした二つの表象は、ヘーゲルが強調するところによれば、「生きた精神（der lebendige Geist）」であり、より詳しく規定すれば、①下からの権力衝動（Machttrieb von unten）であり、そして、②「生きた分肢化（lebendige Gliederung）」、すなわち、上からの権力衝動（Machttrieb von oben）として作用する、前者（下からの権力衝動）の一つの統一的全体への有機的組織化（Organisation）である。「全体」が形成されるのは、両傾向が同じ方向を、すなわち一面では国民的諸秩序を確乎としたものにすることを、しかしとりわけ［他面では］対外的権力の発展を、有することによってである。

（2）かくして、ヘーゲルの有機（的組織）体論は、われわれがさらに見ることになるように、支配者主権と人民主権との対立の克服のための、そして契約論の排除のための、象徴となる。こうした政治的機能から、その有機（的組織）体論がそのために武器を提供するに違いない二重の戦線が説明される。一面では、啓蒙化された絶対主義――なぜならば、これは国民の自発的権力衝動に殆んど余地を認めないからである――に対する戦線が、他面では、誤ってフランス的なものと思い込まれた「原子論」的立憲主義――なぜならば、これは個人を全体にもっぱら「機械論的に」結びつけ、「有機体論的に」は結びつけないからである――に対する戦線が説明される。

【構成メンバーの自発性・自己感情を殺ぐことによって生きた全体の権力を脅かすプロイセン的官憲国家（啓蒙専制国家）批判】

さしあたりヘーゲルの青年期草稿における有機体論的思想の発展に立ち入るならば、ヘーゲルがすでに「ドイツ憲政秩序（国制）論」において、自分の民衆（人民、民族）に上から「団体及び国民の精神（esprit de corps et de nation）」を流し込み、このようにしてプロイセンを強化しようとする［啓蒙専制君主］フリードリヒ大王［Friedrich II, der Große, 1712-1786］に、反対していることが分かる。「国家は、他のすべての際限なく連動する歯車に運動を伝達する唯一の発条を備えた機械であり、社会団体（das Wesen einer Gesellschaft）が必然的に伴うあらゆる諸機構（諸制度）は、最上位の国家権力（Staatsgewalt）から出発し、統御され、命令され、監視され、導かれるべきである。」――こうしたこと［フリードリヒ大王の考え］は、ヘーゲルによれば、基本的に偏見である。――「国家権力との関係ではなく、何らかの一般的な関係を有するにすぎないであろう、そういう国家市民たちのあらゆる固有の活動の「フリードリヒ大王が為そうとしたような」際限のない粗捜し（Mäkelei）は、理性の諸原則（Vernunftgrundsätze）という衣装を纏っていた」[9]。こうした細部に至るまでの官憲国家的な後見（polizeistaatliche Bevormundung）に、ヘーゲルは反対しているのである。しかし、ヘーゲルがそれに反対しているのは、たとえばフンボルトの自由主義（Liberalismus）のように、個人の自由ゆえではなく、かれはそれによって全体の生きた権力（die lebendige Macht des Ganzen）が脅かされていると見ているからである[10]。「最高に悟性的でかつ高貴な目的に捧げられた機械論的な位階制（Hierarchie）は、いかなることにおいてもその市民たちに信頼を寄せていないし、したがってまた、いかなるものも、かれらに期待しえないし」、市民には「いかなる生きた活動も、かれの自己感情による支持も、希望しえない[11]。「というのは、国家権力は、それが当てにしうるものすべてを手中にするが、しかし、まさにそれゆえに、またそれ以上いかなることも当てにできないように、整備されているのか、それとも、国家権力は、それが手中にしているものの他に、人民（民族）の自由な依存性、自己感情、固有の努力をも、かの位階制が是認した一つの全能の克服され難い精神をも、当てにすることができるのか――この相違は無限だからである」。ヘーゲルは、「秩序づけられた一般的活動において国家によって多くのフリーハンドが委ねられている」人民（民族）を幸福なものと見なし、「同じく、その人民（民族）のより自由で小事に拘らない精神（der freiere und unpedantisierte Geist）によって支えられうる国家権力を強力なもの」と見なしているのである。

【民族（人民）の魂に内在する自発的有機的権力衝動によって担われた有機体的権力国家における、個人の権力衝動と国家の実践的権力との共鳴としての、特殊的なものと一般的なものの揚棄としての、有機体的原理】

ここにはおそらく、いかにしてこの民族精神（Volksgeist）から国家国民的な権力衝動（staatsnationaler Machttrieb）が生成するか、そして、いかにして同時にこの国民的権力国家がようやく権力（Macht）から福祉（Wohlfahrt）へと達するか、これらが疑う余地のない明確さで示されている。このような下からの権力衝動が当時のフランスにもプロイセンにもないことを、ヘーゲルは慨嘆していたのである。かれによれば、プロイセン国家の権力を、「ひとりの個人としての天才［フリードリヒ大王］」が束の間その国家をそこに向けて強制することができた「はかないエネルギーに照らして」、判断するわけにはいかない[12]。すでにここで有機体（Organismus）という言葉そのものを用いることなく、ヘーゲルは、絶対主義的な官憲国家（Polizeistaat）の「機械」に、民族（人民）の有機的な権力衝動（organischer Machttrieb）によって担われた国家を対置している。かれの理想を形成するのは、国家の実在的・物理的な全能（Omnipotenz）ではなく、上からそして外から市民たちにもたらされる権力でもなく、理念的全能として国家を構成するメンバーたち（Staatsglieder）の魂の中に内在する権力である。ここで個人のために要求される自由は、個人の国民的な権力意思を国家の権力意思と統一する自由、すなわち、政治的な意味におけるひとつの特殊に「活動的な状態（aktiver Status）」である。この個人的権力衝動と国家全体の実践的権力とが一致すること（Übereinstimmung）、すなわち特殊的なもの（das Besondere）を一般的なもの（das Allgemeine）において揚棄すること（Aufhebung）、これこそがヘーゲルにとって、「有機体的原理（das organische Prinzip）」の理念である。

【初期シェリングの同一性哲学とルソーの一般意思論の批判的継承：（1）非差異態と差異態の非差異態（Indifferenz von Indifferenz und Differenz）（同一性と非同一性の同一性）：多数性における同一性（Einheit in Vielheit）、同一性における多数性（Vielheit in Einheit）、（2）「全体意思」と「一般意思」の二律背反（Antinomie der volonté tous und volonté générale）の象徴的解消、（3）習俗規範的有機体としての国家におけるその国家の構成メンバーとその国家の権力との共鳴】

（1）ヘーゲルはこの［有機体的］原理をすでに「体系断片」において、あらゆる推論を駆使して展開していた。「有機体的な全体性（organische Totalität）としての民族（人民）は、実践的かつ習俗規範（人倫）的なものの非（没）差異態（差異を欠く状態）（Indifferenz）である。その諸契機そのものは、［第一に］同一性（Identität）の――非差異態（Indifferenz）の――形式であり、次に［第二に］差異態（Diefferenz）の形式であり、そして最後に［第三に］絶対的な生きた非差異態（Indifferenz）［非差異態と差異態の非差異態、自己同一性］の形式である。これらの契機のいずれもが、ひとつの抽象的なもの（抽象化）（Abstraktion）ではなく、ひとつの実在（Realität）である[13]」。

（2）ここにおいてはじめて――いまだシェリングの言葉によってであるが、しかしヘーゲルの思惟様式によって――実在的で抽象化されない有機的な多数性における統一性および統一性における多数性についての近代的な政治的教説が提示され、そして、「全体意思（volonté tous）」と「一般意思（volonté générale）」というルソー的二律背反が象徴的に解消される。こうした国家観の諸々の推論はすでに次のように引き出されている。すなわち、「民族（人民）においてそもそも形式的に定立されているのは、多数の諸個人の関係（Beziehung einer Menge von Individuen）であって、関係を欠く多数者（beziehungslose Menge）でも、単なる多数（Mehrheit）でもない」。というのは、「多数者（Menge）一般は、習俗規範（人倫）性において存する関係（die Bezieung, die in der Sittlichkeit ist）を――すなわち、かれらの意識にとって実在性を有し、かれらとひとつであり、かれらが諸個人であろうとするかぎりで、かれらに対する権力と実力（Macht und Gewalt）を有し、友好的であれ敵対的であれ、かれらと同一なものであろう、そういう一つの一般的なもの（ein Allgemeines）に、すべての人々を包摂すること（Subsumtion）を――定立しないからである[14]」。

（3）したがって、習俗規範（人倫）的有機体（sittlicher Organismus）としての国家についての表象は、以下のことを果たすことになるはずである。すなわち、その表象は①諸個人を一つの全体としての共同体の権力への習俗規範（人倫）的意思（der sittliche Wille zur Macht der Gemeinschaft als zu einem Ganzen）を通じて内面的に結びつけられているものとして呈示し、②この全体を構成メンバー（Glieder）の意識にとっての対象的な実在性（gegenständliche Realität）にまで高め、そして③その権力がかれらに対立するときにもまた、かれらはいつもこの権力と同一のものである、ということをかれらに明確化することになるはずである。

【自由と権力の有機体論的宥和：所与のものとしてではなく、erwerben/gewinnen されるものとしての自由：可想的（noumenal）・近代自然法論的な自由概念に代わる現象的（phenomenal）・政治的な自由概念：前後・上下・左右における Zucht, Wissen, Wollen の無限の媒介を通じて獲得される自由：ヘーゲルの政治的自由概念の両義性】

いずれにしても、ヘーゲルの国家観にとっては、自由と権力のこうした「有機体論的」宥和はそれほど困難なことではありえなかった。自然法［論におけるそれ］に原則的に対置されたかれの自由概念は、ここではそれ（自然法）に歩み寄っていた。ルソーはかれの『社会契約論（*Contrat social*）』を、「人間は自由なものとして生まれた、――共通の自由は人間の自然本性の結果である[15]」という言葉で始めた。しかし、ヘーゲルによれば、自由は、「直接的かつ自然的なものとしては」存在しないのであり、「むしろ獲得（erwerben）され、勝ち取られなければならない。しかも、鍛錬（Zucht）、知識活動（Wissen）、意思活動（Wollen）の無限の媒介によって[16]」。ヘーゲルの見解は、かれには近現代史（Zeitgeschichte）によって確証された。かれはフランス革命の抽象的な自由の騒乱がアナキーに退化するのを見て、可想的（noumenal）・自然法的な自由概念を、現象的（phenomenal）・政治的なそれのために、まったく放棄した。しかしながら、まさにこのことによって、ヘーゲルにおける「政治的自由」の表現は、きわめて両義的な意味を得ているのである。

【解放（Befreiung）の条件としての制限（Beschränkung）：習俗規範（人倫）的な活動現実態（sittliche Wirklichkeit）において実現される、権力と自由の思弁的宥和、諸個人の自由（固有の本質存在・内面的一般性）】

［近代］自然法［近代自然法論者たち］は、そして、これとともにまたなおカントは、国家（Staat）と法権利（Recht）を、自然的自由を制限するものとして理解していた。これに対して、ヘーゲルは次のように考えている。すなわち、逆に「このような制限（するもの）（Beschränkung）は、そこから解放（Befreiung）が現われる条件であり、そして社会と国家は、それらにおいて自由がむしろ実現される諸々の状態である」[17]と。こうした歴史的・政治的な認識の中に、ヘーゲルは自由と権力との思弁的な宥和を見出している。しかしながら、かれは、こうした歴史的思弁（historische Speklation）をもって、主体的な「市民（ブルジョア）的」かつ「政治的」自由へのかれの時代の要求をもまた、宥和かつ満足せしめうる、と誤って思い込んでいる。ヘーゲルによれば、あらゆる「真実の」法則（掟・法律・制定律）（Gesetz）は、すでに「ひとつの自由である。というのは、それ（真実の法則・制定律）は客観的精神のひとつの理性規定（Vernunftbestimmung）を含んでいるからであり[18]」、そして、諸個人の自由権（Freiheitsrecht）は、――「かれらの自由の確信がこのような客観性においてその真実性（Wahrheit）を有し、そして、かれらが習俗規範（人倫）的なもの（das Sittliche）において、かれらの固有の本質存在（eigenes Wesen）を、すなわちかれらの内面的一般性（innere Allgemeinheit）を、活動現実的（wirklich）に占有取得（besitzen）することによって」――かれらが「習俗規範（人倫）的活動現実性（sittliche Wirklichkeit）に帰属する」ということにおいて、履行される（Erfüllung haben）からである。[19]

【ギリシア的自由と近代的自由の差異：古代ギリシア人の自己意識には、西欧近代人の自己意識において成立するような、主体性の自己抽象化作用・自己帰還作用（主体的自由、意思の決断、特殊性と一般性の分離（抽象的

一般性）の具体的一般性への還帰）が、欠けている】

にもかかわらず、ヘーゲルは「ギリシア的自由と近代的自由の対立という明確な概念を有していなかった」[20]という、おそらくはじめはハイムによって広められた見解は、まったく正しくない。というのは、ヘーゲルは相違をしばしばきわめて先鋭に強調していたからである。「ひとつの有機体的分肢化（organische Gliederung）はすでにアテーナイの見事な民主制の中に現前している、とひとは言うことができよう。しかしギリシア人たちは、まったく外面的諸現象から、神託等々から、最終的決断を取り出したということが、われわれには直ちに分かる。――自己意識（Selbstbewußtsein）は、この時代にはいまだ主体性の抽象化作用（Abstraktion der Subjektivität）に至っていない、すなわち、決断されるべきことについて「わたしは意思する（Ich will）」ということが人間そのものによって言明されなければならない、ということにいまだ至っていないのである[21]。ここ［古代ギリシア］では、特殊性（部分性）（Partikularität）がいまだ切り離され解放されておらず、［具体的］一般性にまで、つまり全体の一般的目的にまで還帰していない[22]」。プラトンの国家においては、「上位者が諸個人に仕事を割り当てていることによって」、主体的自由（subjective Freiheit）がいまだなんら妥当していないのである[23]。

【有機的組織化作用（Organization）としての国家的権力共同体に組み入れられる、近代的な個人の自由と市民（ブルジョア）社会：生きた自立的精神（der lebendige selbständige Geist）としての習俗規範（人倫）態（Sittlichkeit）】

したがって、ヘーゲルは近代的自由と古典古代的自由の差異をよく自覚していたが、しかし、前者の「フランス的」自由を再び全体の権力目的に連れ戻し、近代の個人主義的市民（ブルジョア）社会を国家的権力共同体（staatliche Machtgemeinschaft）に高め、それゆえに、個人を有機的に全体の有機的組織化（Organisation des Ganzen）に組み入れようとした。そのための手段は「習俗規範（人倫）性（Sittlichkeit）」［という概念］であり、この習俗規範（人倫）

性によって個人はみずからを自由に意思された全体の分肢（Glied des freigewollten Ganzen）として自覚し、そしてこの習俗規範（人倫）性は「生きた自立的精神（der lebendige selbständige Geist）」として、すなわち、「それらのそれぞれは一つの絶対的な個体である、何万もの眼、腕、他の諸肢体を有する」ブリアレオース（Briareus, Briareôs）［百の腕を持つ巨人］として、現象するのである。(24)

【(1) カント、フィヒテ、ヘーゲルにおける有機体（Organismus）と憲政秩序（Verfassung）という思惟カテゴリーの含意の同一性と差異性：被治者と統治者の一致としての自由、(2) ヘーゲルにおける国家権力の有機的分肢化（organische Gliederung）：諸身分（等族）（Stände）としての憲政秩序（Verfassung）】

（1）この習俗規範（人倫）的有機（的組織）体（sittlicher Organismus）［という思惟カテゴリー］で、ヘーゲルは、たとえばカントあるいはフィヒテとはとことん異なることを謂わんとしていた。まったく対立する政治的諸見解が有機（的組織）体という思惟カテゴリー（Organismusgedanke）で重なりうるとするならば、それはこの有機（的組織）体という思惟カテゴリーが、認識価値を有すると同時に、いずれの政治的見解の意にも副う、ということの一つの古典的な例証である。われわれの哲学者ヘーゲルが、有機（的組織）体的原理とは、「統治されるもの自身が統治するものであるという自由（Freiheit, daß das Regierte selbst das Regierende sei）(25)」である、と述べているのをひとが聴くならば、ひとは一瞬、ヘーゲルとカントが見解を一致させていると臆測しかねないであろう。だがしかし、ヘーゲルはこの命題を象徴的にのみ謂っているにすぎないことが示される。すなわち、個人は有機（的組織）体そのものの中において自己を直観し、「最高の主体（主観）・客体（客観）性（Subjekt-Objektivität）に達する」とされるのである。(26) カントにとって、有機（的組織）体という理念の中にあったのは、そこにおいて個人は手段（Mittel）ではなく目的（Zweck）として考えられた、という価値に溢れることであった。ヘーゲルについては正反対のことにすぎない。がいえる。かれにとっては、有機（的組織）体全体は自己目的（Selbstzweck）であって、個人は単なる手段（Mittel）

（2）いかにして個人が保持されるかという問いは、あまりヘーゲルの関心を引かない。かれの関心を引くのは、いかにして権力による全体の有機的組織化（Machtorganisation des Ganzen）は成立するのかという問いである。それゆえに、ヘーゲルが、「憲政秩序（国制）（Konstitutionen）」[27]について語り、そして真実に習俗規範（人倫）的な全体性について、そこでは「統治（Regierung）の概念が憲政秩序（国制）の知恵（Weisheit der Verfassung）として呈示され」なければならない、ということを要求しているとすれば、ここで問題になっているのは、カントや立憲主義（Konstitutionalismus）の意味で、主体的な市民的かつ政治的な自由を授与するひとつの憲章（Charte）ではなく、ヘーゲルが後にきわめて現代的に表現したように、「国家権力の分肢化（Gliederung）」である。[28]このような有機（的組織）体的な権力の分肢化とヘーゲルに思われているのは、「諸身分（等族）」（Stände）である。かれはここではきわめて緊密にプラトンに依拠しながら、しかしまたすでに注目すべきことに、プロイセン農業経済を念頭に置きながら、より厳密にこの「諸身分（等族）」に理解を示している。[29]かくしてヘーゲルは、この有機（的組織）体の概念（Organismusbegriff）を、すでにかれの思想が発展した何年かの間に、かれの権力国家論という目的のために打ち立てていたのである。

【生物学的有機体概念：自己目的的・自己産出的・自己関係的な生物学的有機体とのヘーゲル的権力国家の類比：動的均衡：差異性と同一性の同一性：結合原理として差異性：自己関係的・自己目的的・有機体的権力国家】

（1）支配的教説は、このヘーゲルの有機（的組織）体概念に「観念論的なもの」というレッテルを貼り、この概念を後の自然主義的な有機体論者の見解と対比した。[30]しかしながら、この関係においてもまた、ヘーゲルの哲学は観念論的（idealistisch）であるのと同じだけ実在論的（realistisch）であり、そしてそれは、国家の生物（Lebewesen）との――プラトンと中世以来見られた――外面的類比（比較）を特殊近代的な仕方で、それゆえに自然的有機体の身体的・感覚的な諸属性を国家のために少なからず主張して、想起させたのである。かくしてヘーゲルもまた、国家という権力統一性（Machteinheit des Staates）との適切な類比を呈した不可分の全体という――生物学によってしばしば反証された――有機体的属性と称されるものを、[31] 強調している。ヘーゲルの定義によれば、「動物の本性は、あらゆる有機的諸部分を、一なるもの（Eins）であるひとつの全体に従属せしめる主体的一体性（subjektive Einheit）を有する。動物的有機体の生理学は、全体を継続的に産出するためにともに作用し、かつこの過程によって産出される諸部分の機能を、考察する」[32]。まさにこのように、ヘーゲルの国家哲学は国家を考察しているのである。

（2）国家の中にも、この国家哲学はひとつの「生命力（Lebenskraft）」を見ている。ここでは、「有機的身体における生命活動（Leben）におけるように、その生命活動があらゆる点にあり、すべての点においてひとつの生命活動だけが存在し、対立するものは存在しない。それから分離されれば、あらゆる点は死んでいることになる。このことはまた、あらゆる個々の身分（Stände）、実力（Gewalten）、団体（Korporationen）――これらが存立し独力で存在する衝動を有するとしても――の同一性（Identität）である。独力で自己を定立し、しかし同時に揚棄され、犠牲に供され、全体に移行する、有機（器官）的なものにおける胃がそうであるように」[33]。ここに見られるのは、いかにヘーゲルの有機体思想のこうした生物学的な適用がかれの権力国家理念に適合的であったか、ということである。しかし、さらにまた、国家の絶対化のために歓迎される有機体の類比がかれに提供されている。あらゆる生きた有機体は、自己目的（Selbstzweck）であり、したがってまた国家有機体（Staatsorganismus）もそうである。かくして、個体的国家（der individuelle Staat）は「自己を自己自身に関係づける有機（的組織）体（ein sich auf sich selbst beziehender Organismus)」である。(34)

【具体的自由の活動現実態（Wirklichkeit）としての、国民的権力意思によって担われた有機体論的国家】

ヘーゲルがこうした有機体の表象（Organismusvorstellung）で、国民的権力意思によって担われた国家を、自由と権力の同一性の感覚像（Sinnbild）として描き出し、そしてこうした国家を「具体的な自由の活動現実態（Wirklichkeit der konkreten Freiheit）」として表象可能なものにしようとしていたとするならば、それによって与えられたのは、せいぜいのところ国家の哲学的理念であり、この理念の政治的な価値はその諸々の果実に照らしてはじめて認識されうる。

【一方の諸個人に対する国家の先在性・自己目的性と他方の諸個人の自発的な自己目的的活動、憲政秩序（国制・国政）への自覚的関与の必要性】

そして、ここでおそらく次のように述べられなければならない。すなわちこの有機体論的国家観は、やはりこの復古哲学者（Restaurationsphilosoph）［ヘーゲル］を、同時代のプロイセンの現実をはるかに越えていたさまざまな自由の容認へと誘ったのである、と。いずれにしてもヘーゲルは法治国家思想（Rechtsstaatsgedanke）を拒否するのであるが、しかしあまりに政治的に考えているので、個人は一方で国家の容認がなくても、他方で暴力の適用がなくても、権力によるきわめて広範な吸収（Aufsaugung）に同意する、という信仰に身を委ねてしまう。国家は、諸個人の「単なる信条（Gesinnung）」に頼りえないがゆえに、みずからを「諸個人の意思活動から独立させ」なければならない。「国家は、諸個人に、かれらの責任性（Schuldigkeit）を、すなわちかれらが全体のために果たさなければならない分担を、予め指示（vorschreiben）する」。しかし、「このようにして、こうした国家は機械に、すなわち諸々の外面的依存性（äußere Abhängigkeiten）の一体系に、なってしまう」[35]。こうした国家は何ら基礎づけられた権力を有さない。だから、それは理念的全能を伴う有機体ではなく、物質的全能を伴う古い絶対的国家である。他面では、「わたしがそれのために活動するひとつの目的は、何らかの仕方でまた、わたしの目的でもなければならない」[36]。国家への人民の思弁的な関与（spekulative Beteiligung des Volkes am Staat）と並んで、人民はまた、現実政治的な関与を、つまり「憲政秩序（国制、憲法）」（Verfassung）を要求してもいるのである。

【(1) ヘーゲル的国民的権力国家における、統治者と被治者の媒介機関としての身分制議会（Stände）の地位と機能、(2) 政府に対する人民の代表機関としてではなく、人民に対する政府の代表機関としての身分制議会、(3) 政府の適法性と正統性を保障する諸制度、(4) ヘーゲルにおいては、媒介機関としての議会の必要性は認められるが、いわば国家の存立（das Bestehen des Staates）の必然性・緊急性からして、議会の予算承認権の必要性は認められない：議会（議員）に対する政府（官僚）の優位】

（1）かくして、ヘーゲルは一定の度合いまでは立憲主義者（Konstitutionalist）となった。近代的権力国家は上からの命令（Kommando）だけではもはや十分ではないこと、それ［近代的権力国家］は憲政秩序（Konstitution［=Verfassung］）を「国家権力の分肢化」（Gliederung der Staatsmacht）としてのみ必要とするわけではないこと――これらのことを、ヘーゲルは心得ている。しかしながら、もっぱらこの権力ゆえに、この権力を高めるために、絶対主義は立憲的（konstitutionell）にならざるをえないのである。それを通じて人民が国家への関与を獲得することになる機関（Organ）は、「身分制議会」（Stände）である。

（2）［ところが］ヘーゲルがこの身分制議会（Stände）の中に見ているのは、議会（Parlament）における自由主義者たちのように、統治者（政府）（Regierung）に対する人民の代表（Vertretung des Volkes）では決してなく、まさにその反対のことである。身分制議会は、統治者（政府）が「単なる恣意と思われない」ように、人民に対する統治者（政府）の代表なのである。というのは、「身分制議会の本来的意義を成すことは、国家がこの身分制議会を通じて人民の主体的意識の中に歩み入り、人民が国家に関与しはじめる」ということであるからである。[37] したがって、身分制議会は、統治者（政府）のための一種の教育手段かつ広報手段、権力を支えるものであり、しかし、民主制的な法治国家理論家たちが望んでいたように、法律と正義に適った統治者（政府）［政府の適法性と正統性］を保障するもの、したがって権力を制限するもの（Beschränkung der Macht）ではない。

（3）というのは、身分制議会によるこのような保障についていえば、身分制議会はこの保障を一連の他の国家諸制度（Staatsinstitutionen）と共有し、そうした諸制度には、「君主主権」、王位継承の世襲等々があり、それらの中に、こうした保障ははるかに強力な形で存在するからである」。身分制議会の「善意」や「特殊な洞察」の中にもまた、このような保障は置かれていない。「というのは、最高の国家官僚たちは、必然的に［身分制議会の議員たちよりも］より深くかつより包括的な洞察を有しているからである」。[38] ヘーゲルは身分制議会に「検証された（折紙つきの）官憲的意味（ein erprobter obrigkeitlicher Sinn）と国家の意味（Sinn des Staates）」を要求しているのである。[39]［ヘーゲルによれば］身分制議会は実際にはひとつの「媒介機関（ein vermittelndes Organ）」であるはずであり、身分制議会を欠くならば、「大衆の自己表明はいつも野蛮なものになるであろう。しかるに「その身分制議会を、主として統治者（政府）との対立の観点から、あたかもこの対立がその本質的立場であるかのようにイメージすることは、よくある、しかしきわめて危険な偏見」に属している。

（4）それ［大衆の自己表明］を通じて、人民が統治者（政府）の味方につけられること、このことをヘーゲルは、とりわけ「いかなる国でも、まさしくイングランドにおけるほど多くの租税は支払われていない」ということに鑑みて、理解している。[40]［ところが］当時法治国家の教義によって要求されていた、［議会の］短期的な［年度ごとの］

予算承認権（kurzfristige Budgetbewilligunsrecht）を、ヘーゲルは国家の必要（必然性）と合致しないものと見ている。「しかし、財政活動をいつもくりかえし新たに承認するという能力の中に設定される利点（利害関心（Interesse））は、すなわち、身分制議会の総会がこのこと［予算承認］について統治者（政府）に対する強制手段と、したがって［統治者（政府）の］不法越権と暴力的活動に対する保障とを［占有していること］、こうした利点（利害関心）は、一面的では、表面的な仮象である。というのも、国家の存立に必要な財政整備（Veranstaltung der Finanzen）は、何らかの他の［国家の存立以外の］事情に制約されうるわけではないし、国家の存立は年度ごとに疑問に付されうるわけでもないからである[41]」。

【（1）成文憲法と権力分立論とに対する異論：いつもすでに定在する憲政秩序（Verfassung）、（2）国家権力の機能分割とその諸機能の自立の否定：立法府に対する執行府（君主と官僚）の優位】

（1）成文憲法（die geschriebene Verfassung）に対してもまた、ヘーゲルはきわめて懐疑的である。ヘーゲルは、国家の憲政秩序（Staatsverfassung）の保障を、「人民（民族）総体の精神（Geist des gesammten Volkes）」、すなわちそれに準じて人民（民族）総体が理性の自己意識（Selbstbewußtsein der Vernunft）を有することになる、そうした使命感（被限定性）（Bestimmtheit）、同じくこれに対応する「かの原理の発展としての有機的組織化（Organization）」――これらの中に見ている。それゆえに、「ひとがひとつの憲法を制定（作成）すること（Konstitution machen）と呼んでいることは、これ（民族精神（Volksgeist））が分割不能であるがゆえに、法典の制定（法典を作成する）（das Machen eines Gesetsbuchs）ということと同じく、歴史において決して現われなかったのである。憲政秩序（国制、憲法）（Verfassung）というものは、精神からのみ展開されたからである[42]」。憲政秩序（Verfassung）はもともといつも定在するのであって、ヘーゲルは、「あたかもいつかひとつの憲政秩序や基本法が――はじめてつくられ（制定され）うるかのような」表象に対して、強く異を唱えている。[43]

（2）カントやフィヒテがなお個々の人格に結びつけられたものと考えていた諸権力の分立という原理（Prinz der Teilung der Gewalten）に対して、ヘーゲルはとりわけひとつの国家権力（Staatsgewalt）の分割されない統一的な存立を強調している。権力分立論の現実的価値を、かれは、一つの権力（Gewalt）の個々の諸機能を特殊な形で有機的に組織化することの中に、したがって、「国家の一般的利益（にかかわる業務）が相互にも区別されてさまざまな形で有機的に組織化されていること」の中に、見ているのである。[44] しかし、［ヘーゲルによれば］諸権力（Gewalten）を相互に独立させ、執行府（Exekutive）をまったく立法府（Legislative）に従属させることは、不可能であるとされる。というのは、「諸権力（Gewalten）」が「自立する」と――「ひとがまた大抵こうしたことを見てきたように――国家は瓦解するからであり、あるいは、国家が本質的に保持されるかぎりでは、ひとつの権力が他の諸権力を従属させることによって、さしあたり、統一性を――それは通常どんな性質のものであれ――実現させ、かくして本質的なこと、つまり国家の存立（das Bestehen des Staates）を救済する」からである。[45] これにともなって、ヘーゲルは近代の法治国家における合法的政府（rechtmäßige Regierung）の保障を形成する［成文憲法、権力分立、立法権の優位等々の］殆んどすべての制度を退けるから、唯一の保障として、君主と官僚が残らざるをえない。これについてはさらに扱われることになろう。

【（1）国家によって限定された自由（基本権、言論・出版の自由・陪審裁判制度）、（2）直接選挙制は退けられる：有機体思想に基づく身分制議会の構成、①世襲土地貴族、②同業者組合（Genossenschaften）、教区（Gemeinde）、職能共済団体（Korporationen）からの代議士 ↓ 中世的ツンフトへの反動、社会主義評議会（Räte）思想】

（1）全体の権力を絶えず視野にとどめた同じく冷徹な眼差しで、ヘーゲルは国家からの自由（die Freiheit vom

Staat)、基本権(Grundrechte)をもまた考察した。これらは当時まさにはじめてドイツ[諸領邦]の憲政秩序(憲法、国制)に導入されていたからである。ヘーゲルが承認しているのは、数少ないいくつかの権利である。これらの権威に関するかれの判断の的確性に肩を並べうるものは、きわめて一般的にこれらが過大評価されていたこの時代にあって、殆どないであろう。もちろんその際かろうじて残っている自由は、①自由な意見表明の権利(Recht der freien Meinungsäußerung)[46]、②出版の自由(Preßfreiheit)[47]──こうした権利は、政府(Regierung)、その監督官庁(Behörde)、とりわけ官僚(Beamte)を決して軽視することは許されない──、そして③陪審裁判の制度(Institut der Geschworenengerichte)[48]である。しかしながら、これらの制限された自由主義的な容認は国家権力との直接的な係わりを欠いているが、出版及び言論の自由の尺度は、訴訟可能な主体的公共的な諸権利(klagbare subjektive öffentliche Rechte)には縁遠かった時代には、政府(統治者)によってのみ規定(限定)されるから、したがって、政府(統治者)にとっては、あくまでも危険のないものであり続けている。

(2)これに対して、かの政治的自由権(politische Freiheitsrecht)そのもの(*kat exochen*)、政治的代表団体についての選挙権(Wahlrecht zu politischen Vertretungskörpern)は、事情が異なる。この権利は、一度市民に容認されると、それが行使される際には国家権力から免れ、権力はむしろしばしば選挙に依存させられる。ヘーゲルは個人のあらゆる直接的選挙権(direkte Wahlrecht)をおしなべて退けている。かれの「身分制議会」は、一面では土地所有者たち(Grundbesitzer)から構成されている。かれらは「選挙の偶然性を免れ、生まれによってその任に就けられ、正当化されている」。かれらは「王位と社会を同時に支えているからである」[49]。他面では、その「身分制議会」は代議士たち(Abgeordneten)から構成されている。しかし、かれらはまた、「諸個人によって原子論的に解消」されず、「構成された同業者組合(Genossenschaften)、教区(Gemeinden)、職能共済団体(Korporationen)」によって代議士として選出されるとされている。──これは有機体論的国家観の片鱗であって、ヘーゲルの時代にあっては、中世的ツンフト（Zunft）への反動と見られたに違いなかったが、われわれの時代には、ドイツにおける社会主義的なレーテ（評議会）思想（Rätegedanken）の実践的な実現可能性として、きわめて現代的な再活性化を閲してきた。

【退けられている普通平等選挙制度：各種諸団体の代表を通じての政治参加】

ヘーゲルは、平等かつ普遍的な選挙権なるもの（ein gleiches und allgemeines Wahrrecht）を、さらに承認しようとはしていない。一八一五年のヴュルテンベルク憲法は、このような選挙権を、二五歳の年齢と二〇〇フロリンの財産評価（Zensus）という前提と結びつけていたにすぎない。この場合ヘーゲルには、市民（ブルジョア）たちは「遊離化された原子［論的個人］」（isolierte Atome）に見えているし、そして選挙集会（Wahlversammelung）は秩序づけられない非有機的な集合体（Aggregate）、「バラバラに解体されて積み上げられた」人民一般、「有機体的秩序化（organische Ordnung）の原理よりも、個別化（Vereinzelung）の――民主制的な、それどころかアナーキーでさえある――原理に関連する」状態に、見えているのである。[50] したがって、ヘーゲルは国家への個人の内面的な参与を要求しているだけでなく、個人に外面的実践的な参加を容認しようとしてもいる、ということが正しいとしても、このことはやはり間接的な仕方でのみ、そしてきわめて制限された程度においてのみ、なされているのである。というのは、「個人は、一般的なもののためのかれの現実的かつ生きた使命（lebendige Bestimmung）を、さしあたり職能共済団体（Korporationen）、教区（信仰共同体）（Gemeinden）等々の自分の領域において達成する」からである。[51]

【有機体的国家構成メンバーたちの自由な自己限定：有機体としての国家に分肢として組み込まれた諸団体の自

立性という、いわば同盟（連邦）主義的思想（der föderative Gedanke）】

すでに指摘したように、ヘーゲルがまさに権力有機体（Machtsorganismus）としての共同体（Gemeinwesen）に好意的に容認したこうしたすべての自由は、権力の単なる変容（Modifikationen）として、国家の領域ではなく、市民（ブルジョア）社会の領域に属する。しかしながら、「原子化」されない有機的な国家構成分肢（メンバー）たち（organische Staatsglieder）の自由な自己規定（freie Selbstbestimmung）という基本的な思想は、ヘーゲルによってまったく否定されるわけではなく、それどころか、国家の中に分肢として組み入れられた同業者組合（Genossenschaften）や職能共済団体（Korporationen）等々の自立性という同盟（連邦）思想（der föderative Gedanke）にまで拡張される。

【（1）諸々の自律的職業共済諸団体（Korporationen）を統一的権力へと有機的に組織化、（2）諸個人（下からの権力衝動）・中間諸団体・有機的に組織された権力国家の相関的重層化（Übereinanderschichtung）、（3）（国家）権力の集中化を目的とする脱集中化（Dezentralisierung zum Zwecke derZentralisierung der Macht）】

（1）一八世紀の自然法論は、集権主義的（zentralistisch）かつ原子論的（atomistisch）に、主権的国家と主権的個人との間のあらゆる社会的諸団体（soziale Verbände）を排除しようとしたか（ルソー、カント、フィヒテ）、あるいはそうでなければ、集合主義的（kollektivistisch）かつ個人主義的（individualistisch）に、国家を個々の生粋の仲間組織（協働団体）lauter（Einzelgenossenschaften）において解消することにやぶさかではなかったであろう（シュレーツァー［Schlözer］、フンボルト［Humboldt］）。これに対して、ヘーゲルは、より大きな国家権力（Macht des Staates）のゆえに、敢えて時代精神に反して、古いドイツの職能共済団体（Korporationswesen）に断固として与した。すでに一八一七年に、かれは次のように考えている。いずれにしても、以前の職能共済団体はかつて国家権力にとって危険なものであったが、しかしいまや上位の国家諸権力の形成が完成したからには、「下位に秩序づけられたツンフト・クライス（Zunftkreise）や共同団体（Gemeinheiten）」は、再び国家の中に組み入れるときである、と。「生きた関連は、分肢化されたひとつの全体の中にのみあり、こうした全体の諸部分そのものは下位に秩序づけられた特殊なサークルを形成する」[52]。自律的な職能共済団体（die autonomen Korporationen）を統一的な権力にまで有機的に組織化するというこうした思想を、ヘーゲルは、まさに「諸教区（信仰共同体）（Gemeinde）の中に諸国家の本来的な強さがある」がゆえに、表明しているのである。

（2）「幾時代も経て、いつも上から組織化がなされ、この組織化に主要な努力は払われた。しかし、全体の下位にいる大衆はややもすると、多かれ少なかれ非有機的に組織されないままに放置されている。やはり何より重要なのは、全体が有機的なものとなるということである。というのは、そのようにしてのみ全体は権力（Macht）であり、実力（Gewalt）であるからである。そうでなければ、全体はひとつの集積（Haufen）、多数のバラバラに分散する諸原子にすぎないからである」[53]。ここで、ヘーゲルはきわめて明確に次のように言明した。すなわち、かれにとって国家的有機体という思想は、なによりもまず下からの国民的な権力衝動（Machttrieb）の有機的組織化を意味している、と。有機体論的国家という自己において分肢化されたこの全体は、かれには、さまざまな社会的サークルの一つの相互的な重層化（Übereinanderschichtung）として呈示され、ここでは最下部において、個人が自分の精神的かつ生理的な諸力をもって、秩序づけられている。

（3）しかし、このような秩序化（Einordnung）は法治国家的それであるわけにはいかない。法治国家的秩序化は、［必要・悟性］国家に回帰した外面的な国家市民的な側面だけを捉え、個人の総体を捉えられないからである。［必要・悟性］国家的な［形式的・抽象的な］法権利の結合（Rechtsband）が不充分なものであるのは、排他的結合手段としてのそれが、個人を、あまりにもかけ離れ、あまりにも媒介されずに、［必要・悟性］国家に拘束するからである。したがって、個人をそれ自身より確乎としたものに教育するためには、国家は、個人にとっては社会的、空間的、精神的により身近にあり、それゆえに自分の諸力を有機的に組織化するのにより適している他の組織化を、「個人と国家の間に」押し込まなければならないのである。大きな権力のよく基礎づけられた集中化という目的のための脱集中化（Dezentralisation zum Zwecke einer wohlfundierten Zentralisation der Großmacht）という思想は、一九世紀全般にとって重要であり、シュタインの自己管理の基礎にもあるが、ヘーゲルはこの思想を――おそらくここでもまたはじめて――有機体論的国家という理念によって表現したのである。(54)

（e）国家の人格性（Die Staatspersönlichkeit）

【（1）近代以前には存在しなかった有機体的・実在的な国家人格性（Persönlichkeit des Staates）概念、（2）グロティウス、ホッブズにおける主権・国家人格（persona civitas）概念、（3）フランス革命によって成立する政治的国民意識＝民主制的国家・国民的かつ帝国主義的人民という理念、（4）ルソーにおける personne publique, corps moral et collectif という概念】

（1）意思を賦与された有機体としての国家というプラトン的かつ中世的な表象においては、国家の実在的人格性（eine reale Persönlichkeit des Staates）という概念は与えられていなかった。(1) 支配者と人民との間で国家権力の主体（Subjekt der Staatsgewalt）の確定をめぐって争われた中世においては、国家の統一性（die Einheit des Staates）という概念が現前していなかったがゆえに、たしかにその概念は与えられていなかったのである。同じく中世においては、自然法全体が実在的な国家人格性についての教説として説かれることがなかった。中世「の人々」は抽象的で非国民的な個人の優位性（Priorität des abstrakten anationalen Individuums）から出発し、支配者と人民との二元論（Dualismus von Herrscher und Volk）に固執したからである。

（2）それゆえに、グロティウス［Grotius, Hugo, 1583-1645］において「国家主権の思想を予感させるもの」が現われ、ホッブズ［Hobbes］によってとりわけ国家人格（persona civitatis）という術語（terminus technicus）が刻印されているとしても、これはやはりあくまで虚構の人格（作られた仮面）（persona ficta）、技術的生命（技術によって作られた生命）（vita artificialis）を伴う、つまり国家契約によって創成された、技術によって考え出された製作物（excogitatum opificium artis）である。有機体的で実在的な国家人格性についての理論は、超人格的全体としての国家国民（Staatsnation als transpersonales Ganzes）が政治的思惟の出発点にならないうちは、すなわち、支配者主権と人民主権との間の自然法闘争が戦い抜かれ、個人主義（Individualismus）が社会哲学において克服されないうちは、発展しえなかった。

（3）国家（Staat）は広義において民主制的（demokratisch）に、そして人民（Volk）は国民的・帝国主義的（national-imperialistisch）にならなければならなかった。両者は周知のようにフランス革命において完遂された。この革命の民主制的な諸端緒は政治的国民意識の覚醒（Erwachen des politischen Nationalbewußtsein）と一致した。この革命は最後には、やはりおそらく国民全体で担われたナポレオン的帝国主義に流れ込んだ。それゆえに、われわれが有機体的国家人格性の最初の端緒を、革命の父祖たち、モンテスキュー［Montesqieu］やルソー［Rousseau］に見出すことは、なんら偶然ではない。[1a]

（4）なかんずく、後者［ルソー］はおそらくその近代的な理解におけるかの人格性論の先駆者として見なされなければならないであろう。かれは、一般意思（volonté générale）と全体意思（volonté tous）をきわめて鋭く区別しながら、国家を、ひとつの公的人格（personne publique）、一体性（unite）を伴う道徳的かつ集合的なひとつの団体（corps moral et collectif）、わたしにとっての共同体かつ意思（moi commune und volonté）と呼んでいる。[2] しかしなにはともあれ、ルソーの基礎はなお原子論的・自然法的であり、そして、その権力はなお、いつも個人主義的な契約を介して基礎づけられなければならない。かくして、この天才的ではあるが、しかししばしば矛盾に満ちた思想家は、やはり再びひとつの作為的な団体（corps artficiel）に立ち戻っているのである。(3)

【（1）実在的国家人格性概念は啓蒙思想には無縁、（2）有機体概念と国家人格性の結合：初期ロマン主義における自我有機体の個体性としての有機的一体性、民族有機体の個体化原理：普遍主義的世界感情→マクロ人間（Macroanthropos）としての人類】

（1）ドイツの自然法［論］的な啓蒙思想にとっても、実在的な国家人格性という思惟カテゴリー（思想）は縁遠いものである。ここでは、国家は、「機械装置（Maschinenwerk）」（カント）として、「機械」（シュレーツァー（Schlözer））として、「人為的アンシュタルト（künstliche Anstalt）」（フィヒテ）として、特徴づけられる。そして、ヴォルフ［Wolf］、ネッテルブラット［Nettelblatt］あるいはフィヒテが折にふれて一人格としての国家について語っているとしても、かれらは、国家は「真実の人格」ではない（フィヒテ）、この場合「一は一と見なされるだけである（一は一の代わりにはならない）（non unum pro uno habetur）」（ネッテルブラット）、と付け加えることを、忘れていない。(4) 一般的にいえば、こうした表象の対内的な仮想の（作為された）国家人格（fingierte Staatsperson）は、一連の私法的義務（privatrechtliche Obligationen）の中に解消され、そして、対外的にのみ、国際法（Völkerrecht）において、一定の一体性及び一貫性を獲得するにすぎない。しかしながら、これは周知のようにフィヒテにおいては同じく失われる。(5)

（2）「全体からの」思惟活動に伴いようやくはじめて、すなわち、ロマン主義とヘーゲルにおいてようやくはじめて、有機体概念（Organismusbegriff）と国家人格性という思惟カテゴリー（der Gedanke der Staatspersönlichkeit）が緊密に結びついて見出される。すでに初期ロマン主義の中に、本質的なもの、「全体（das Ganze）との個人の関係（Verhältnis）ではなく、全体の一体性（die Einheit des Ganzen）への個人の関係」が存している。そしてすでにここでは、有機的一体性が、あらゆる自我有機体（Ichorganismus）の個体性（Individualität）の中に存している。[6]したがって、すでに初期ロマン主義が諸々の民族有機体の個体化原理（principium individuationis）として国民的なもの（das Nationale）を知っていたとしても、それはやはり「活性（賦活）化（Vivifizieren）」［ノヴァーリス Novalis, 1772-1801］を、すなわち生きた個体的一体性（lebendige individuelle Einheit）としてのあらゆる多様性（Vielheit）の完全に一般的な考察を無際限に押し進めたので、[7]人格性としての国家という思想は、政治的にはまったく無価値にされた。とりわけ、ノヴァーリスもシュレーゲル［Schlegel, Friedrich, 1772-1829］及びシェリング［Schelling］の両者も、かれらの普遍主義的な世界感情（Weltgefühl）に対応して、人類全体もまたひとつの人格として、ひとりのマクロ人間（Makroanthropos）として、考察していた。[8]

【（1）有機体（Organismus）・人格性（Persönlichkeit）・個体性（Individualität）→習俗規範態（Sittlichkeit）としての国民的権力国家、（2）支配者と被支配者を包括する一般的なものと特殊的なものの同一性としての習俗規範（人倫）性・有機的一体性→国家人格性：有機的全体性・一体性としての民族・国民・国家】

（1）ヘーゲルにおいては、事情はまったく異なる。かれは有機体（Organismus）思想も同じく人格性（Persönlichkeit）思想も国家だけに制限し、この政治的直観における国民的なもの（das Nationale）を権力国家的なもの（das Machtstaatliche）へと翻訳している。かくして、かれはすでに「自然法論文」の中で、「一民族の生きた個体性（Individualität）」について語り、さらに次のように続けている。「全体のこの個体性から、そして一民族の特定の性格から、そこにおいて絶対的全体性が有機的に組織化される体系全体が、認識されうる」。[9]しかしながら、こうした個体性は、「形姿を欠く（gestaltlosig）コスモポリタニズムにも、また人類の空虚（leer）な諸権利や同じく空虚な人民国家や世界共和国にも、流れ込む（ことはありえない）。これらのものとしての諸々の抽象化や形式性は、生きた習俗規範（人倫）性（sittliche Lebendigkeit）とは正反対のものを含み、そしてそれらの本質からして、個体性に対して、プロテスタント的かつ革命的に、対立しているからである。そうではなく、個体性は、絶対的習俗規範（人倫）性という高次の理念のためには、もっとも美しい形姿（Gestalt）を認識しなければならないのである。そして、絶対的理念はそれ自体において絶対的直観でさえあるから、その構成（憲政秩序）（Konstitution）に伴って、直接的にはまた、もっとも純粋でもっとも自由な個体性が規定されている」[10]。

（2）こうした個体性はすでに国家人格性（Staatspersönlichkeit）というわれわれの概念を含意している。このことを、ヘーゲルはきわめて明確に認識させている。「あらゆる生きたもの（Lebendiges）と同じく、習俗規範（人倫）的なもの（das Sittliche）も、端的に、一般的なもの（das Allgemeine）と特殊的なもの（das Besondere）とのひとつの同一性（Identität）であること――このことによって、それ（習俗規範（人倫）的なもの）は一つの個体性（Individualität）であり、形姿（Gestalt）なのである」。こうした個体的一体性（individuelle Einheit）は、それを構成する諸々の諸内容を、「人類」からではなく、より狭い、とりわけ国民的な諸々の共同体からのみ取り寄せうる。その個体的一体性は、一面では「習俗や掟（Sitten und Gestzen）の全体」において、他面では「生きた民族」において、存立する[11]。因みにまた、すでに「体系断片」においてと同じく、いつも「民族」は「有機的全体性」として登場する。そして、こうした政治的直観（見解）（politische Anschauung）の原則的に新しいところは、この直観が国家を、支配者と被支配者（Herrscher und Beherrschte）とを包括する民族（人民）（Volk）の習俗規範（人倫）性として、そして申し立てられた意味で「個体的全体（individuales Ganzen）」として概念把握（begreifen）する、という点に存する[12]。

【ヘーゲルの国民的権力国家論における有機体と人格性の関係】

ところで、ヘーゲルの権力国家論においては、有機体と人格性の関係が、いつもではないとしても、とりわけ次のような仕方で、呈示されている。すなわち、有機体は下からの有機的に組織化された権力衝動の象徴を、人格性はそのように有機的に組織化された権力が国家という一点に集中化することの表現を、意味している、という仕方で。このことはまた、ヘーゲルが対内的な国家の人格性をその対内主権においてとことん論じ尽くせしめている、ということと関連している。(13)

【(1) 近代国家における有機的に集権化された国家主権、(2) 実体的一体性（理念性）の諸契機（分肢）、(3) 意思（主体性）概念からの出発、(3) 抽象的一般態としての個体的意思（人格・法権利）が己の存立の社会的・歴史的被媒介性を自覚して具体的一般性としての有機体的権力国家（国家人格性）にまで形成陶冶される過程、(4) 特殊利害と一般利害、自律性と権威性の均衡：意思の具体的一般態としての国家の人格性】

(1) ヘーゲルは、有機体的な国家の人格性という思想範疇がひとつの歴史的発展の産物であり、近代の集権化された権力国家にのみ適用しうるものであるということを、徹底的に自覚している。「かつての封建的君主制においては、国家はたしかに対外的には主権的であったが、しかし対内的には、たとえば君主だけでなく国家が主権的ではなかった。一面では、国家や市民（ブルジョア）社会の特殊な諸業務や諸権力は独立した職業共済団体や教区の形で組成されていて、したがって全体はひとつの有機体（Organismus）であるよりは、むしろひとつの集積体（Aggregat）であった。また他面では、それらは諸個人の私的所有物であって、それゆえに、かれらが全体を考慮してなすべきことは、かれらの私見や好みに委ねられていた」(14)。しかしながら、このような権力の分散化（Zersplitterung）と不安定性は、近代的な国家思想とは一致しない。(15) 近代的な国家思想は、「有機的」かつ集権化された主権を要求するからである。「主権を構成する観念論が遂行する同じ規定に従えば、動物の有機的身体においいては、それのいわゆる部分は部分（Teile）ではなく、その有機的な諸契機たる肢体（Glieder）であり、それらがもし遊離して、それだけで存立することになったら病気である」[16]。

（2）かくしていまや、ヘーゲルは明確に概括した形で、近代的な国家の人格性の概念を展開する。その際注意すべきことは、いかにこの思惟範疇が権力の一体的集中化への願望と重なっているか、これである。「政治的国家の基本規定は、それの諸契機の理念性としての実体的一体性であり、ここでは国家の特殊な諸権力とその諸業務は一方で解消されているとともに、他方で維持されてもいる。但し、維持されているといっても、それらが独立した権限をもつのではなく、全体の理念によって限定されているような、そしてその範囲での権限を有し、この全体の権力から出発し、それらの単純な自己としてのその全体の流動的諸肢体であるかぎりにおいてにすぎない」[17]。したがって、「政治的」国家――市民（ブルジョア）社会とのその対立はここでとりわけ明確になる――は、集中化された権力であり、それはそれを構成する諸々の多様性とは異なる権力の一体性であり、この権力の一体性はさらに次のような諸属性を有している。「国家の諸々の特殊な職務と実効的活動は、国家のきわめて本質的な諸契機として、国家固有のものであり、これらを管掌する諸個人に結びつけられている。但し、かれらの直接的な人格性によってではなく、もっぱらかれらの一般的かつ客観的な諸資質（資格）によって結びつけられ、だから、特殊な人格性そのものとは、外面的かつ偶然的な仕方で結びつけられているのである。それゆえに、国家業務と諸権力とは私有財産ではありえない」[18]。

（3）したがって、ここできっぱり次のように述べられている。国家を構成するのは、民族（人民）だけでも、しかしまた支配者でもないのであり、国家は両契機を包括するひとつの第三の実在的権力を呈示する、と。しかし、それを通じて、即自的には現前することのない、あるいは少なくとも感覚的には知覚しえない、一つの一体性（Einheit）が成立する、そうした国家人格性という一体化的契機（das vereinheitlichende Moment）の本質は、どこにあるのであろうか？　ヘーゲルが「国家という有機的組織化作用（Organisation）における第一のかつ最高の一貫した規定」と呼んでいる「個体性」（Individualität）は、いかにして形成されるのであろうか[19]？　今日の教義学（Dogmatik）と同じく、ヘーゲルは、「意思において（im Willen）！」と答えている。そして、今日の形式的な国家論が大抵そのお陰をこうむり続けているこの答えの社会学的説明は、かれの［著作］『法権利の哲学』全体の本来的な内容を形成している。かれはここではその説明を、次のような言葉で総括している。「学問は内在的に展開する。単純な概念からその全内容を導き出す。ここには本来的に固有のものが示される。すなわち、まったく同一の概念は、ここでは意思（Wille）は、当初は出発点であるがゆえに抽象的であるが、己を保持し、しかし己の諸限定を、しかも同じく己自身を通じてのみ凝縮し、そうして具体的内容を獲得していく。かくして、媒介を欠く直接的な法権利（Recht）においてはさしあたり抽象的であった人格性（Persönlichkeit）という基本的契機こそが、おのれの主体性（Subjektivität）の種々さまざまな諸形式を通じて、己を形成（陶冶）し来たり、遂にここにおいて、絶対的法権利において、すなわち、意思の完全に具体的な客観性（vollkommen konkrete Objektivität des Willens）たる国家において人格性（Persönlichkeit）に、換言すると国家の自己確信になるのである[20]」。

（4）ヘーゲルの言葉を翻訳すれば、およそ次のようなことが言われている。個体的意思はさしあたり己と、そして人類一般としての己の抽象的な一般性（abstrakte Allgemeinheit）だけを意思しているが、しかしまさにこの抽象的な没内容性を通して、己自身を超えて駆り立てられ、この意思がわれわれにおなじみの諸段階を経巡った後に、己の具体的な内容を、最終的には、国家という自然的かつ歴史的に限定された共同体において獲得し、そのとき、この国家は、個人的利益と一般的利益との、自律性と権威性との、均衡（Ausgleich）を呈示するのである。ところでここでは国家は、実在的な総意（一般意思）（Gesamtwille）と同一であり、主観的な個別意思の総体とは区別されて、「意思の完全に具体的な客観性、つまり国家の人格性」にまで凝縮されている。

【(1) ルソー一般意思論の継承と批判、(2) 個別意思やその意識的同意から独立した客観的意思として実在的に現存する対象的・客観的人格性としての一般意思、(3) 国民の自己形成・陶冶 (Bildung der Nation) を通じて成立する国家人格性、(4) 習俗規範において表現される民族精神 (国民意識)：国家権力の主体 (主権) の所在─君主主権でも人民主権でもない国家主権】

(1) われわれはここで多数性（Vielheit）における一体性（Einheit）とその逆としての国家の人格性を見てきた。ヘーゲルはこの教説を完成するにあたってルソーを踏まえていることを意識し、かれは「意思を国家の原理として打ちたてた」とルソーを褒め称えた。但しヘーゲルによれば、ルソーは意思を（後のフィヒテと同じく）もっぱら個別的意思という特定の形式でのみ捉え、一般的な意思を意思の即かつ対自的なもの（das An und für sich）としてではなく、もっぱら、意識されたものとしての個別的意思から現われる共同体的なもの（das Gemeinschaftliche）として捉え、かくして再び、国家契約に達したのである。

(2) まさにここで、ヘーゲルは国家とブルジョア社会の区別をしていたのである。［ヘーゲルによれば］国家の総意（一般意思）（Gesamtwille）は、個別意思（Einzelwille）からはまったく独立して、実在的に現存する人格性として、つまり「客観的意思」としてイメージされるべきでなのである。この意思の定在にとっては、それが「諸個人によって認識されるか否か、そしてかれらの好みによって意思されるか否か」は、まさしくどうでもよいことであるからである。[21] これに伴って国家の権力（Macht des Staates）は、なおまたルソーにおいては脅威となっている意識的な個人的同意という自然法的危険から切り離され、ひとつの対象的・客観的な人格性の形姿を賦与されている。

(3) しかし、いかにしてこの凝縮という事象（Vorgang des Verdichtens）が人格性として生成するのか、いかにして一般的意思の内容は対象性として生成するのか、われわれがこれを問うならば、ヘーゲルはわれわれに、一貫して弁証法的・法学的にだけでなく、社会学的・政治的に答えている。民族精神（Geist des Volkes）が実在的にこの凝縮を配慮するのである、と。「国家において露わにされ自覚される一般的なものは、一国民の陶冶（自己形成・教養）（Bildung einer Nation）を成すところのものである。

（4）しかし、一般性の形式を獲得し、国家である具体的な活動現実態にその本質が存する限定された内容は、民族の精神である」[22]。したがって国家の人格性は、とりわけ、「習俗規範（Sitte）」において表現された国民的な意識を通じて成立し、そしてこの意識を通じてその個体的生を獲得する。これに伴ってヘーゲルは、——しかも本質的にはすでに一八〇三年に——今日なおドイツのみならず外国の学問が一般的に承認しているひとつの国家理論を定式化していた。数世紀にわたって国家権力の主体をめぐって学問的かつ政治的に闘争が繰り広げられ、そしてこの理論がこの主体を一面では「人民」の中に、他面では支配者の中に見極めようとしてきた後に、いまやヘーゲルは、主権の保持者は両者を越えた第三のものである国家である、と説明している。

【君主（支配者）主権に与するようなヘーゲルの言説についての誤解：端的にみずから始めるもの（das schlechthin sich Anfangende）としての君主：国民権力集中化論としての国家人格性論】

従来、ヘーゲルがかれの君主に与えている固有の地位が明らかに誤解されてきたがゆえに、ヘーゲルは国家の近代的な人格理論の創始者として承認されてこなかったように思える。「主体性は、実のところ主体としてのみ、人格性は人格としてのみ」、そして「国家の人格性は、ひとりの人格である君主としてのみ、活動現実的であるにすぎない」。しかし、君主という概念は、「導き出されるもの（ein Abgeleitetes）ではなく、端的にみずからはじめるもの（das schlechthin sich Anfangende）［起動因（archê）］である。——ヘーゲルがこのようにさらに述べているとすれば、このことは、国家の特殊業務や実効的活動は国家そのものに帰属し、個体的諸機関とは「外面的かつ偶然的な仕方で」のみ結びつけられているにすぎないという、まさに明確に言明された命題とは、明らかに矛盾しているように思われる。それによって、ヘーゲルはまさに打ち立てられた国家の人格性の理論から再び滑り落ち、偽装された支配者主権（Herrschersouveränität）をこっそり導入している、といった仮象が生じている。だがしかし、これは当を得ていない。というのは、まさに君主のこうした地位において、一面ではいかに人格性理論全体が国民的な権力集中化（nationale Machtkonzentration）についての教説であるか、しかし他面ではまた、ヘーゲルの教説がいかに新しく、近代の君主理論がいかに古いか、このことがとりわけ明らかになるからである。

【人民主権という革命的原理に対する反動としてのドイツにおける君主（支配者）主権としての自然法的契約論】

人民主権という革命的原理に対するもっとも鋭い反動として、ドイツにおいては、一面で、支配者主権としての自然法的契約理論がさらに形成され、そして最終的には、ルイ一八世の憲章の何がしかのむしろ外面的な影響もなく、「君主制原理」にまで形づくられていた。[23] その後一八二〇年には、ヴィーン最終議定書（Wiener Schlußakte）第五七条におけるこうした原理は、「これによって与えられた基本概念に従って、国家権力の総体はその元首（Oberhaupt）において統一されていなければならない」とまでされた定言的（無条件的）な定式化を獲得していた。

【主体としての国家人格性に相応しい国家権力（国家意思）を代表する特殊機関としての君主：フランス革命以後の君主制原理の核心としての君主（支配者）機関説（立憲君主制）】

この［君主制］原理の核心は、人民主権（Volkssouveränität）についての革命的・民主制的な教説に対する対立の中に、すなわち、「君主は――人民がそうではなく――即自的に主体としての国家の人格性そのものに相応しい国家権力である国家意思を代表するための特殊機関（das spezifische Organ zur Repräsentation des Staatswillens der an sich der Staatspersönlichkeit selbst als Subjekt zustehenden Staatsgewalt）と、見なされるべきである」という［フランス革命以後の］復古的思想（derrestaurative Gedanke）の中に、存している。(24)支配者主権の正統性（Legitimität）というこの原理と並んで、宗教的縁取りである「神の恩寵（das göttliche Gnadentum）」は、それがフリードリヒ・ヴィルヘルム四世やロシアのアレクサンダーにとっては重要なことと思えていたとしても、相対的にはきわめて些細な、本質的には装飾的な、役割を演じているにすぎない。

【従来の二元論的君主制正当化論：①自然法的服従契約説、②家産制国家論、③君主神授権論：ヘーゲルの国家一元論的立憲君主制論】

さて、君主制原理［支配者主権論、人民主権論］に関するこうした国家論は、［それまでは］三重の仕方で理論的に根拠づけられていた。すなわち、第一に、［近代］自然法［論］的な服従契約（Unterwerfungsvertrag）の教説［国家契約説］をさらに展開したもの［社会契約説］として、第二に、家産制的国家理論（Patrimonialstaatstheorie）として、そして最後に、支配者の神授権論（göttliche Einsetzung des Herrschers）として。これらすべての理論は、二元論的な世界観及び国家観に帰着し、支配者の地位を国家そのものから説明していない。ようやくヘーゲルを通して、君主制的原理は一元論的な色彩（monistische Färbung）と立憲主義的な装飾（konstituelle Drapierung）を獲得した。これらの形式において、その原理は、プロイセン及びドイツの国法文献の多くの部分の教義に成りえたのである。

【（1）ヘーゲルにおいては君主制原理の基礎づけとして、上の①、②、③の理論的契機が揚棄される、（2）神的権威によって根拠づけられた君主権の無条件性：哲学の課題→理性的諸規定の妥当性と理性的当為要請とを保証するところの当のものとしての神的なるものの概念把握、（3）シュタールとヘーゲルにおける君主制原理と

神の恩寵の同一性と差異性はどこにあるのか？：合理主義の克服：理性規定の妥当性を保証するのは誰か？：規範主義（合理主義）と決断主義（非合理主義）の揚棄】

（1）ヘーゲルにあってこの君主制原理への復古的な適応だけを臆測することは、誤りであろう。ここに見られるのはむしろ、かれの体系と本源的にロマン主義から影響を受けたかれの権力国家論とが論理整合的にさらに形成されている、ということである。その際、王政復古の哲学的基礎づけは、このプロイセンの国家哲学者［ヘーゲル］が好意的に受け取った課題圏に属していた。このことは決して否定されるべくもないが[25]、とはいえわれわれの哲学者は、国家業務や諸権力は私的所有物ではありえない以上、君主制原理を、家産制的理論（Patrimonialtheorie）によっても、またわれわれが見たようにヘーゲルが絶えず退けている国家契約（Staatsvertrag）によっても、基礎づけていない。しかしまた本来的には、かれはそれ（君主制原理）を神の命令（göttliches Gebot）として認識しようとしてもいない。もっとも、まさにこの教説に対するかれの両義的（曖昧な）態度はとりわけ特徴的ではあるが。

（2）ヘーゲルによれば、なるほど、君主のおのずから漂わせる品格（Würde）と「一番ぴったりと」合致するのは、「君主の法権利を神の権威（göttliche Autorität）の上に基礎づけられたものとして考察する」という表象である。「というのは、ここ［神の権威］には君主の法権利の無条件的な側面（das Unbedingte）が含まれているからである。しかしながら、周知のように、どれほどの誤解がこれと結びつけられてきたことであろうか。そして、哲学的考察の課題は、この神的なものを概念把握（begreifen）することなのである」[26]。したがってヘーゲルは、国家の宗教的基礎づけ一般と同じく、君主制的原理の神学的基礎づけを退けてはいない。しかし、この基礎づけはかれにとってもまた、ひとがそう思い込みかねないであろうようには、プロイセン的な神の恩寵（Gottesgnadentum）に対する単なる譲歩でもなければ、あるいは、主張されていたように単なる「古臭い形式（archaisierende Form）」でもない。さしあたり、革命に厭いた時代の反動としての初期ロマン主義が、君主制的な国家権威を――この傾向は最終的にはシュタール［Stahl, Friedrich Julius, 1802-1826］によってひとつの哲学的体系にもたらされた――超地上的なもの（das Überirdische）に高めようとする努力を示したように、この同じ意図においてヘーゲルもまた、支配者［君主］を国家権力の唯一人の担い手として絶対化することを試みている。いかにシュタールにとって、哲学的な中心問題が、不充分な保障を与えているにすぎない合理主義的思惟を克服することに集中されていたか――このことをカウフマン［Ehrich Kaufmann］は示した。合理主義は理性から現実のあらゆる内容を概念把握しうること、このことをひとが認めようとしていたとしても、次のような問いがあくまでも残っている。すなわち、誰が理性の諸規定の妥当性と理性によって当為として要求されたものとを保証するのか？(27)」

（3）ところで、シュタールにおいてもまた、「国家は一体性（eine Einheit）であるべきである」という要求が述べられてはいる。しかし、シュタールの意見によれば、シェリングとヘーゲルにおいては、この要求の保障はやはり再びもっぱら合理主義的なものに留まっているにすぎない。［シュタールによれば、両者においては］「人間の意識すなわち民族（人民）なるものは、みずからに理念を構成し、そしてこのことに従ってその公権力（上位の官憲機関（Obrigkeit）を設立し、かつ支配するのであって、この公権力（上位の官憲機関）をみずからの上に頂いたりはしない」。すなわち、［逆にいえば］「民族（人民）を政治的に一なるものにならしめることになる」この公権力（上位の官憲機関）は、「民族（人民）の以前にも、民族の上にも存在することはないのである」(28)。シュタールのヘーゲルに対するこうした論争は、完全に根拠づけられているのであろうか？　ヘーゲルはすでに一世代前にシュタールと同じことを言っていなかったか？　かれは、統治者（政府）（Regierung）は「神の現われ（Erscheinung Gottes）」であると主張していなかったか？　「統治者（政府）の言葉は神の言明であり、そして統治者（政府）は他の形式では現われえないし、ありえもしない。統治者（政府）は至高なるもの［神］の直接的な祭司であり、その至高なるものの聖性において、統治者（政府）は、至高なるものとともに助言し、その啓示を保持する。あらゆる人間的なものやあらゆる他の裁可はここでは停止する」。「それ（統治者）にその聖性（Heiligkeit）を与えうるものは、このような強制力は毀損されないものであるべきであるという宣言でもなければ、人民全体がその代表を択ぶ選挙でもなく、このような裁可を、それ（統治者）はむしろそれ（聖性）から受け取るのである。選挙や宣言は活動であり、自由や意思から生じ、したがって、おなじく再びひっくり返されかねないのである」。これに対して、統治者（政府）は「神的なもの」でなければならず、「みずからにおいて裁可され、つくられることはない」[29]――このようにヘーゲルがさらに述べるとき、それはフランス的な民主制理念に対立する［シュタールにおけるのと］同じ君主制原理ではないのか？　君主制原理の神の恩寵は、おそらくシュタールによってもまた、［ヘーゲルがしていた以上に］より権威主義的には決して根拠づけられてはいなかったのである！

【神政政治的原理としてではなく、歴史的・政治的な正統性原理としての君主制原理：君主高権（尊厳）の無根拠的直接性と自体存在性：君主高権の根拠は、党派闘争の防遏という機能に還元されない】

ヘーゲルにとっては、人格神（der persönliche Gott）はいつも政治的目的のための手段にすぎず、しかし、シュタールにとっては大真面目なものである。たしかにこのことは忘れられるべきではない。とはいえ、ここではまさに両者に共通の政治的目的が問題なのである。シュタールもまた、かれの君主制原理を、「神政政治的原理（ein theokratisches Prinzip）と対立して、歴史的原理として、正統性（Legitimität）の原理として」打ち立てた[30]。そしてこれに伴いヘーゲルの理論は、シュタールの理論と同じく、君主の設定の実践的に政治的な根拠づけにおいて、同じ目標に至っている。その際、ヘーゲルの直観は決してより大きな合理性に訴えることはできないし、そうしようともしていない。というのは、ヘーゲルの君主の「端的にみずからはじめるもの（das schlechthin aus sich Anfangende）」はシュタールの神授権（göttliche Einsetzung）以上に非合理的でないというわけではない、ということはまったく確かなことであるからである。ヘーゲルは、まさにこの非合理的な側面に特別な強調点を置いている。ヘーゲルが力説するところによれば、「生得権と相続権（Geburts- und Erbrecht）」が正統性の根拠を成すのは、これらによって「王位が空位となるとき党派闘争（Fraktionen）が防遏される」から、というわけではまったくない。こうした側面［党派闘争の防遏］は、「結果にすぎないのであり、そしてこの側面が根拠にされるならば、この側面は［君主の］尊厳（高権）（Majestät）を屁理屈（Räsonnement）の領域に引きずり下ろし、その尊厳（高権）に――その性格はこうしたの無根拠の直接性であり、この究極の自体存在（In-sich-sein）であるのに――それに内在的な国家理念を与えないのである」[31]。

【（1）①自然法的・二元論的な契約論による君主の根拠づけの拒否、②立憲主義的主権と国民主権との固有な形での結合（2）君主に体現された国家の自由な個体性（人格性）：君主の一体的意思による権力の集中化：下からの有機的に組織化された権力衝動を組み上げた立憲主義的国家理念】

（1）プロイセン的国家観にはよく知られた原則のこうしたヘーゲルの定式化において新しいことは、第一に、かれが［近代］自然法的契約論とは相容れない形で反合理主義的に国家から根拠づけを行なっていること、そして第二に、かれが立憲主義的主権と国民的主権とを固有な形で結びつけていることである。絶対主義的な自然法論は、それまで、君主をいつも契約によって成立させ、そして、市民（ブルジョア）社会の諸目的を繰り返し個々の成員たちに引き戻して関係づけていた。かくして、スアレス［Suarez］は、一七九一年―九二年、王位継承者（Kronprinz）［フリードリヒ・ヴィルヘルム三世、位1797-1840］への進講において、次のように詳説した。すなわちプロイセン君主は「ラント憲法（Verfassung des Landes）の定めにより、市民社会の元首（Oberhaupt）であり、この市民社会は、この元首の下に、その結合の目的――その安寧と安全を保持すること、その私的福祉を促進すること――のために統一された諸力をもって機能すべく、統一されたのです。市民社会は市民の契約により、その統一されたあらゆる諸力の使用と処分をその主権者に委ねました――したがって、主権者において市民社会のあらゆる法権利は統一されるのです」と。(32)

（2）自然法的・二元論的な契約の教義の抽象化や形式性に代えてヘーゲルが定立しているのは、「絶対的直観としての絶対的理念」、すなわち、かの国家国民的・君主制的な意識によって形成された、国家のきわめて自由な――支配者［君主］の中に体現された――個体性（freieste Individualität des Staates）である。しかし、これと並んで、自然法から自由なこの原理を一つの有機体論的・立憲主義的な国家理念と結びつけようとする意図が残っている。このことはすでに「ドイツ憲政秩序（国制）論」においてそうである。そこでは、君主（王）（Regen）は「一人格性として国家権力」であるからである。この原理がヘーゲルにとって有していた政治的意味は、支配者［君主］の一体的意思による権力の集中化である。有機的に組織化された下からの権力衝動（der organisierte Machttrieb von unten）の表現としての有機体思想との結合において、ヘーゲルはまさしく、われわれが近代的な君主制的・立憲主義的な原理と呼んでいるものを構成したのである。ここには、多数者から独立し、そしてそれらの諸目的には役立ちえない、非合理的な権力の一体性（irrationale Machteinheit）が、市民社会の自然法的・個人主義的な国家概念に対抗して登場している。国家の権力（Macht des Staates）は自己目的となったのである。

【ヘーゲル立憲君主制の意義と限界（1）君主制原理と有機体原理の結合→立憲主義的諸機関、（2）国家人格性における人民主権と君主主権の揚棄：自己限定・自己決断する主権的意思（主権）としての国家人格・有機的な全体性・個体性（人民総体）→君主人格：機関としての君主の地位と実存的人格としての君主、（3）身分制議会の消極的機能：議会に対する君主権・執行機関の優位】

（1）君主制原理と有機体原理とのこうした固有の結合によって、ヘーゲルは立憲主義（Konstitutionalismus）の特定の諸機構（Einrichtungen）をかれの国家像の中に受け入れることができた。但し、そうであるのはいつも、そのことによって君主の絶対的地位と誤って思い込まれることによって保障された権力の集中がいかなる仕方でも疑問に付されることがないように思われるかぎりにおいてにすぎない。諸々の立憲主義的国家機構は、こうした矛盾した諸傾向によって、ひとつのまったく特別な印象を獲得していた。そして、ヒンツェ［Hinze, Otto, 1861-1940］(33)がヘーゲル以来承認されたこの君主制的な立憲主義（立憲君主制）（der monarchische Konstitutionalismus）を、「古い啓蒙化された絶対主義のひとつの変容（Metamorphose）」と特徴づけているのは、当を得ている。かくして、人民（民族）主権（Volkssouveränität）によって、「人民（民族）一般が対外的に一つの自立したものであり、ひとつの固有の国家を構成していること」、このこと以外のことが表現されていないかぎりで、ヘーゲルは人民（民族）主権をたしかに妥当せしめているのである。けれども、人民（民族）が「真に有機的な全体性と考えられる」や否や、主権は全体の人格性として、そしてこの人格性はその概念に適合する実在性において君主という人格として存在する」ことになる。(34)こうなると、革命的な国家思想の上に君主制原理が置かれてしまう。

（2）［なるほど］ヘーゲルが主権と国家の人格性とを真剣に受け取っていたことには、疑いの余地がない。しかしヘーゲルの哲学は、この国家人格性の上に支配者（君主）の人格性を植え付けるという、きわめて安易な道をかれに提供したのである。［従って、そこでは、］国家は意思であるから、誰がこの国家意思を捉えることになるのかという、いずれにしても解決し難い問題が成立することになる。「［たしかに、］国家は自己自身を限定する完全な主権的意思であり、究極的な自己決断である——このことは容易に表象によって捉えられる。［けれども］より困難なことは、この「われ意思す（Ich will）」が人格として捉えられることである」(35)。だから一面で、ヘーゲルがかれの最初の体系からかれの最後の著作に至るまで、国家をいつも「その有機的全体性」における民族（人民）として捉えようとしたことは、疑問に付されるわけにはいかないとしても、ひとはやはり君主なしの民族（人民）よりも民族（人民）なしの君主を表象しかねないのである。というのも、後者（君主）がはじめて民族（人民）に「己において形式化される全体の中にのみ現前するあらゆる諸規定――主権、政府、法廷、支配機構、身分制議会、そして何であれ」を与えるからである。

（3）それゆえに、君主制的原理は「展開された理念」であり、この理念に対しては、「共和制、しかもより限定していえば、民主制」は、総じてもはや「問題になり」えない[36]。したがって、たしかにひとは国家を有機的・国民的な民族（人民）の人格性として表象しうることになろうが、しかし、「国家の人格性は一人の君主という人格としてのみ現実的であることになる」[37]。この君主は再び「国家の内在的有機的な契機」であるということになり[38]、このことと素晴らしく使い勝手のよい有機体思想はきわめてうまく折り合いがつけられ、そして、君主を「全体の頂点かつ出発点」であることにする[39]。たしかに、ヘーゲルが望んでいたことは、君主が「恣意的に行為することが許されて」はならない、ということであった。支配者（君主）はむしろ「諸々の助言の具体的内容に拘束されているべきであったし、そして憲政秩序（憲法・国制）が確乎としたものであれば、かれはしばしば自分の名前に署名する以上のことをする必要がない[40]」。「かれは然りといって、das I の上に点（御璽）を付せば（押印すれば）よいのである――よく秩序づけられた君主制においては、客観的な側面は法律にだけ帰され、君主は法律に「われ意思す」を付け加えるだけでよいのである[41]」。しかしながら、にもかかわらず、われわれにすでにお馴染みの「身分制議会」はあくまでも、助言（輔弼）することだけに留まり、そして「不当にも立法権と」見なされ、この立法権には「特殊な政府官庁が本質的に関与し、そして、君主権は最終的決断に絶対的に関与する」[42]。かくして、なるほどいつも理念においては君主は拘束され、そして憲政秩序（憲法）は確乎としたものであるが、しかし実践においては、まさに同じ君主が「絶対的なもの」となるのである。

【(1)権力機能の分割(分立)と国家権力の一体性、(2)君主制原理と議会制原理との差異の認識の欠如:君主による権力の集中化と国家権力の立憲主義的諸制限の二律背反を克服するという課題:国家権力と国家人格=君主人格の統一】

(1)たえず所与の諸権力と論争しながら、それらを尊重する、ヘーゲルのこうした慎重な政治的思惟は、かれの時代の自由主義にかぶれた感情政治家(Gefühlspolitiker)に対する途轍もない優越性をかれに与えた。ヘーゲルは大抵、法治国家的諸理念を過大評価するには程遠いのであるが、むしろそれを過小評価してしまっている。権力分立論(Gewaltenteilungslehre)においてもまたそうである。かれはここでもまた、決して家産制的あるいはルソー的な人民絶対主義に立ち戻ろうとはしないが、しかし、民主制的権力分立論は、はるかに過小評価されている。「すべての具体的な国家諸権力(Staatsgewalten)をひとつの現存するものへと統一することは、家父長制的状態においてそうであるのと同じく、あるいは、すべての諸社会への万人の参加という民主制的憲政秩序(国制)においてそうであるのと同じく、それだけ取り出せば、諸権力の分割(権力分立)(Teilung der Gewalten)という原理と抵触する」[43]。したがって、すべての具体的な権力は主権において統一されていることはないし、おそらくまた統一されていることはありえないということを認めていたとしても、ヘーゲルはやはり、国家生活においてはいつも、究極的な自己決断(letztes Selbstschießen)、決断する権力の裁定(ein entscheidender Machtspruch)が必要であること、これを認識しているのである。

(2)この最高の権力結合を確定するために、ひとりの君主が必要である。かれはこの目的のために、少なくとも理念に従えば、国家のあらゆる権力を君主の人格において統一することになる。いずれにしても、君主制的原理(monarchisches Prinzip)と議会制的原理(parlamentarisches Prinzip)との差異という明確な概念を、ヘーゲルの時代は有していなかった。ようやく一八四五年にはじめて、シュタールはこれらの両憲政秩序形式(Verfassungsformen)

における相互に排他的な諸対立を明確化した。だからヘーゲルは、君主による完全な権力の集中化と立憲主義的な諸制限とが一致しうるかということを、真剣に考えることができなかったのである。国家の権力は、その完全な能動性を支配者（君主）において表現することになるであろう。というのは、「あらゆる行為と活動現実性は、その端緒とその完遂とを遂行者の決断する一体性（die entscheidende Einheit des Anführers）において有する」からである。[44] 権力としてのこの国家には、諸々の立憲主義的な支配機構は影響を有さないであろう。これらもまた基本的には、市民（ブルジョア）社会の領域に属する。だから、「市民（ブルジョア）社会に帰属する」すべての人たちがそれによって立法に参加する「常設機関」は、やはりいたるところで、（戦争と和平のような）個体としての国家の登場と行為とに係わる」利害関心が問題になるところでは、締め出されることになる。[45] ここでは、国家は人格性そのもの（kat exochen）であり、したがって、集中化された権力とこの人格性とは支配者（君主）において統一されているのである。

かくして、［ヘーゲルの国民的権力国家思想においては］国家の人格性の理念はとことん保持され、しかし、この国家人格性によって集中化された権力の実践的な運用は支配者（君主）の人格に委ねられ、この支配者（君主）はあらゆる［対内・対外］主権の保持者にされているのである。

B　対外的権力国家

【主体と客体、個人と社会、権力と法権利、権力と自由、個別意思と一般意思、これらの実体的一体性（人格性）としての国家：個人の自由と権利の前提としての国家】

このようにヘーゲルは、国家を最高の、かつもっとも普遍的な生活形式（Lebensform）として、つまり人間生活一般の一体性（Einheit）を呈示するものとして、見出していた。国家は、内外のあらゆる目的を統一するもの、あらゆる価値を均衡（ausgleichen）させるもの、権力（Macht）と法権利（Recht）、同じく、権力と習俗規範（人倫）性（Sittlichkeit）や宗教を宥和させるものである。法権利、習俗規範（人倫）性、宗教は、すべてこの宥和によって統一され、共同体の自由（Freiheit der Gemeinschaft）となる。ところで、この自由はまた、あらゆる文化的諸機能を、それらの主権的な現存を目的として統一することを要求する。それらは相互に浸透して一つの精神的・自然（物理・生理）的（geistig-physisch）な権力（Macht）にならなければならない。かくして、主体と客体、個人と社会、これらの実体的な一体性（substantielle Einheit）が創出されるが、この一体性が理念における国家なのである。というのは、その成員たち（Mitglieder）によってかれらの完全な身体的かつ精神的な現存を伴って自由に意思された国家だけが、同時に強力であり習俗規範（人倫）的であり、この強力な国家においてのみ、個人にその権利と自由とが、権力の尺度（Maßgabe der Macht）に従って成立するからである。

【自由（即且対自的自己限定態）への理性の自己実現の過程としての世界史＝諸国民間の権力闘争＝生存競争 Machtkampf, Kampf ums Dasein】

この国家哲学はさらに、上に向けた一つの形而上学的結論を、つまり一つの究極的な当為（Sollen）を、必要としている。この当為は主観的な権力希求にその客観的な正当化（Rechtfertigung）を分与し、そして、純粋な国益（Staatsinteresse）についての教説全体を、利己的な権力希求を超えて、ひとつの世界観的関連の中に置く。これまでヘーゲルがわれわれにもっぱら述べてきたのは、国家はあらゆる文化諸力の集中化であり、あらねばならない、ということである。しかし、ひとつの哲学に要求されるのは、それが究極的な「何のために（Wozu）」に答えることである。存在するものは理性的である（was ist, ist vernünftig）、という原則に忠実に、最高の当為を内容とするこうしたヘーゲルの答えは、歴史的存在（das historische Sein）から生ずる。生命（生活活動）（Leben）の意味は「発展（Entwicklung）」であり、しかも呈示しうる内容を欠く「自由への」[1]発展である。しかし、この発展を励起するものは、諸国家や諸国民の間の物理的・精神的な権力闘争（Machtkampf）である。あらゆる民族（人民）は、われわれが見たように、国民を世界史において実現し、支配にもたらし、労苦して形成し、貫徹しなければならない、一定の「原理」（Prinzip）が対応する、完全に限定された固有の一様式である。これらの諸原理を提示するのは、世界精神（Weltgeist）である。世界精神は物理的かつ精神的な最高の遂行によって実現される。この遂行は諸民族間の闘争が、しかもその都度、その時代の「最強の」、それゆえに最高のもの、世界精神の法権利を有する国民によって、惹起する。これはダーウィン・ヘッケル的な生物学的一元論をすでに先取りしているひとつの思想行程である。というのは、両者においては、生存競争（Kampf ums Dasein）によって目指された自動的な種の保存と進化とが、諸民族の自然的淘汰（natürliche Völkerzuchtwahl）として主張され、そして、このことから定在（生存）の目的が一元論的な人種淘汰（Rassenertüchtigung）の形姿において演繹されているからである。

【ヘーゲルの世界史の哲学：世界史において、その目的の実現のための手段・道具としての特殊目的（利害）を追求する諸個人の受苦（情熱）を通じて、自己実現する世界精神（大文字の理性）：「理性の狡知」（List der Vernunft）】

ヘーゲルの歴史哲学においてはあらゆる目的のうちで究極のそれは、「自己自身を対象として有する」精神であるとされていること、これはこの淘汰においてはあくまでも些細なことである。というのは、第一に、この淘汰は一元的なものであり、第二に、ヘーゲルだけがこの究極目的についての何かを知っているにすぎず、しかし、この究極目的を実現する諸アクター（Akteure）を知らないからである。これらのアクターは、それらがそれらの具体的な利害関心に向けられている権力への意思（ihr auf ihre konkreten Interessen gerichteter Wille zur Macht）に献身することによって、むしろ無意識にこの究極目的を達成する。やはりまさにこの点に、世界精神（Weltgeist）の狡猾さ（Schlauheit）、それが「諸々の情熱（受苦）（Leidenschaften）をみずからのためにはたらかせる」という「理性の狡知（List der Vernunft）」が存するのである。(2) 他の仕方では、発展はまったく成立しないであろう。「わたしがそのために活動するひとつの目的は、何らかの仕方でわたしの目的でもなければならない」からである。(3) それゆえに、国家国民的な主観的諸目的はまた同時に客観的な世界精神の諸目的でもあり、そしてまさにこの点に、理性が歴史的定在に内在すること（Immanenz der Vernunft im geschichtlichen Dasein）が、すなわち、「けれども、諸個人や諸民族の生活活動（Leben）は、それらが自分自身のことを追求し充足させることによって、同時に、それらがそれについてなんら知らず、それらが無意識に成就する、より高次かつそれ以上のことの手段や道具（Mittel und Werkzeuge）であること」、このことが存するのである。(4) 諸個人にとっても、とりわけ世界史において直接的な行為者たちである「世界史的諸個人」にとっても、事情は異ならない。かれらもまた、「他者たちではなく、自分を満足させるために」のみ、意思するのである。(5) しかし、かれら「固有の特殊な諸目的が、世界精神の意思である実体的なものを含む」ことは、自動的に惹起されるのである。(6)

【国民が権力という精神的・物質的な生産手段によって達成した発展の最高の状態としての世界精神：諸個人や諸民族は自己利害の追求を通じて無意識的に結果として世界精神の仕事を遂行する】

それゆえに、ひとはヘーゲルの世界精神を何らかの形であまりにも客体化することに対して、きわめて慎重でなければならない。かれの世界精神は、外から歴史過程に介入する権力ではまったくなく、特定の国民（Nation）が権力（Macht）という精神的かつ物質的な生産手段（Produktionsmittel）によってその時代に達成した発展の最高の状態、これ以外のものを呈示していない。世界精神の立脚点は、とりわけ政治的な世界権力の立脚点であり、そして諸個人や諸民族は、これをそれら自身の精神的かつ政治的な利害関心の追求によって達成する。その利害関心を伴って、それらは世界精神の仕事を果たすのである。というのは、それらは「同時に無意識的な道具であり、かの［世界精神の］内的な仕事の分肢である」からである。(7)

【（1）屠殺台（Schlachtbank）としての世界史：国家の主観的権力意思と世界理性の客観的世界目的との一致、（2）仮借のない血腥い戦士的精神、隠れたる神（anonymer Gott）：神義論（Theodizee）としての世界史】

（1）このことによって、いずれにしても歴史が、「その上で諸民族の幸福、諸国家の知恵、諸個人の徳が犠牲に供される」「屠殺台（Schlachtbank）」として現われるとしても、あらゆるこうしたことは、それらによって達成される絶対的な究極の目的の「手段」にのみ属するにすぎない。(8)あらゆる国民的権力の希求――これが無制限なものであるにせよ――は、それに伴って、考えうる最高の意味を獲得する。というのは、国家の主体（主観）的な権力意思と客体（客観）的な世界目的とは合致し、そして、「あるべき現実の世界は（die wirkliche Welt, wie sie sein soll）、真実に善なるもの（das wahrhafte Gute）であり、一般的に神的な理性（Vernunft）はまた自己自身を完遂する権力（Macht）である」ということが示されるからである。こうした善なるもの、そのもっとも具体的な表象におけるこうした理性は神であり、神は世界を統治し、神の統治の内容、神の計画の完遂は世界史である」。(9)

（2）たしかにこの神は、「習俗規範（人倫）的な理念とも、審美的に観照し創造する力とも、恵深き善良なる神なるものが計画し配慮する意図とも見えず、仮借のない血腥い戦士的な神（rücksichtsloser, blutaler und krigerischer Geist）として、武装され、装甲されている」。(10)客観的には、すなわちわれわれの哲学者には、事実上、かの屠殺台の支配人（Leiter der Schlachtbank）としか見えないが、しかし諸民族にとっては、神はこの客観的な形姿の中にあくまでも隠されていて、ひとつの上昇していく国民に、それどころか考えうるもっとも実践的な政治的目標さえも提供する。歴史的な権力闘争においてこの神に対応するのは、あらゆる存在可能性（Seinsmöglichkeiten）のうちで最善のそれをいつでも好戦的（streitlustig）に肯定する、ひとつの非常に此岸的な生命感情である。この生命感情は、絶えず理性的な一つの世界関連の中に秩序づけられ、そして鎮静化されて見出される。そして、結局のところ、ヘーゲルはたしかに「蔑まれた（嫌悪された）現実（verschmähte Wirklichkeit）を正当化（rechtfertigen）する」こと以外のことを意思していなかったのである。[11] かれにとってはその際こっそりと弁明（Apologie）が神格化（Apotheose）となっていたし、あるべきということ（存在当為）（Seinsollen）は、いずれにしても再びもう一度、存在（Sein）において現われたのである。

【キリスト教的・自然法的世界観ともっとも鋭く対立するヘーゲル的世界精神：諸国民の闘争を通じての人類の自己陶冶（自己完成）：諸国民国家の人格性からそれらの間の権力闘争によって構成される具体的人類】

ヘーゲルのこの世界精神は、キリスト教的かつ自然法的な世界観と、考えうるかぎりもっとも鋭く対立していた。この後者の世界観の普遍主義的な法権利や習俗規範（人倫）性の諸概念は、人類の完成可能性（Perfektibilität）のために、国民的平和や国家間の平和を要求していたからである。諸国家の平穏な並列関係（Nebeneinander）［善隣友好］という理想に対抗して、ヘーゲルにおいては、世界支配をめぐって闘争する諸国民の前後［優劣］関係（Nacheinander）が、単なる歴史的哲学的な認識としてでは些かもなく、同じく理想として登場する。まさしくこの闘争の中に、実際、「人類の完成可能性と教育」があるとされ、そして、この闘争の中でより高次の発展を認識しない人たちにとっては、「歴史が偶然的ないわゆる単に人間的な努力や情熱の表面的な戯れに留まるように、精神は空虚な言葉に留まる」とされる。[12]かくして、人間性（人類）（Menschheit）というヘーゲルにとって単に抽象的な理念は、個々の「即自的な人間たち」からではなく、それによってはじめて個人が人間性（人類）に参与する、諸々の国民的な国家の人格性から構成される「具体的な人類（Menschengeschlecht）」になるのである。人間は「かれの民族の息子であり、そして同時に、かれの国家が発展しようとしているかぎりで、かれの時代の息子」である。[13]かれの真実なる人間性の価値は、個人にとって、ようやくかれの国家の物理的・精神的な権力価値（Machtwert）によって媒介され、そしてあらゆる意味で、国民的な権力の展開は、精神のより高次な発展である。

【ヘーゲルの戦争哲学：（1）戦争哲学の理念（原理）と現実（適用）の区別と関係：歴史（時間における精神の論証）と論理（学）（空間における精神の論証）とにおける戦争哲学の根拠づけ、（2）ヘーゲルにおける実在的論理：存在（Sein）（肯定態）と非在（Nichtsein）（否定態）の同一性（相互限定性、限定的否定性・否定的限定性（definitio=negatio）、習俗規範的活動現実態における実在としての矛盾、差異、闘争、（3）個人の生命・財産の保全よりも、むしろ習俗規範的契機にある戦争の意味、（4）特殊態・有限態の理念性が活動現実態に転化する契機としての戦争：人間の生（精神）に緊張をもたらす戦争における死、（5）習俗規範態の活動現実的発展のために必要な戦争、（6）実践的統治手段としての戦争：既成秩序に埋没した利己的諸個人の覚醒化）】

（1）こうした世界観から、ヘーゲルの戦争哲学（Kriegsphilosophie）もまた概念把握されなければならない。ヘーゲルは、ひとまず、「[戦争の]哲学的理念、あるいはひとが別の形で表現するのを常としているように、（そもそも戦争は存在している、という）摂理の正当化（eine Rechtfertigung der Vorsehung）」、これに見極めをつけている。「現実の戦争は、なおもうひとつの別の正当化を必要とする」。[14]その際に、さらに指摘されなければならないのであるが、戦争の哲学的な正当化と政治的な正当化とは、ヘーゲルにあっては、原理（Prinzip）と適用（Anwendung）がそうであるように、互いに関係している。客体（客観）的な世界精神の実現化と主体（主観）的な権力追求とは合致するから、戦争もまた、第一に人類の永遠の価値として、第二に他を押しのける強さのある国民的権力にとっての時代的価値として、現象する。ヘーゲルは、かれの戦争哲学の根拠づけを、［一方で］歴史（Geschichte）の中に、すなわち、こうした「時間における精神の論証（Auslegung des Geistes）」の中に、しかしまた、［他方で］かれにとって「空間における精神の論証」である論理学（Logik）の中に、見出しているのである。

（2）［ヘーゲルの］論理学においては、存在（Sein）と非在（Nichtsein）とはいつも同一であり、そして、その場合、あらゆる相反する対立は同時にアプリオリに矛盾するそれであるから、国家的存在もまた、あらゆる経験に先立って与えられている実在的に対抗する矛盾を含んでいなければならない。こうした道筋においてヘーゲルは、すでにかれの「体系断片」において、戦争を論理化（logisieren）することに成功する。「習俗規範（人倫）的なもの（das Sittliche）は、その差異（Differenz）そのものにおいて、みずからの生活（生命）活動態（Lebendigkeit）を直観しなければならない。かくしてここでは、この対立する生活活動的なるもの（gegenüberstehendes Lebendige）の本質は、ひとつの疎遠なものかつ否定されるべきもの（ein Fremdes und zu Negierendes）として定立されている。このような差異（Differenz）は敵対（Feind）であり、そして、この差異は、関係において定立されるならば、同時に、諸対立の存在（Sein）という、差異とは正反対のものとして、つまり、敵対の非在（否定態）（Nichts des Feindes）として、存在し、そして、この非在（否定態）は、両側において同じ程度であるならば、闘争（Kampf）の危険である[15]」。

（3）かくしてヘーゲルは、これまでおそらく誰も成功しなかったこと、戦争を論理的なものに、そして論理を帝国主義的なものになしえたのである。しかしながら、それよりもなによりも、［かくして］銃砲（Schießprügel）［戦争］さえ哲学的なものになるわけである。すなわち、それ［銃砲］は「無差別（無関心）で非人格的な一般的な死の発明（Erfindung des allgemeinen indifferenten unpersönlichen Todes）」を意味し、そしてこの場合、国民的栄誉（die

Nationalehre）は、個人を駆り立てるもの（das Treibende）であって、個人が毀損されること〔で受け取るもの〕ではない」[16]。この後者の思想は、われわれを戦争の歴史的・哲学的な正当化に導く。戦争の理念の個人主義的な根拠づけにおいては、〔個人を〕駆り立てるものは、「国民的栄誉」ではなく、いわば国家の防衛による自己〔の利害（生命・財産）の〕防衛という理念になろうが、こうした〔戦争理念の個人主義的な〕根拠づけによって、戦争は、ヘーゲルにとっては、絶対的に価値のあるものを失うことになろう。というのは、戦争の「習俗規範（人倫）的契機」は、諸個人の生命や財産を保全するために犠牲になること〔一定の犠牲を支払うこと〕」にはないからである。このような「いかがわしい計算（schiefe Berechnung）」〔をする人たち〕は、国家を再び「もっぱら市民（ブルジョア）社会」〔個人の利益を図るための手段・道具〕としてのみ見ているにすぎない。このような〔諸個人の生命や財産の〕保全が達成されるのは、保全されるべきものの放棄によってではなく――その逆のことによってなのである」。

（4）ひとが洞察しなければならないことは、戦争一般は「絶対的な悪として、そして単に外面的な偶然性として、考察されるべきではない、ということである。こうした偶然性は、何であれ、権力保持者たちあるいは諸民族の情熱（受苦）、不正義等々、総じて、あるべきでないものにおいて、その戦争の――だから偶然的な――根拠を有しているのである」[17]。むしろ、習俗規範（人倫）的全体性のために、戦争は必要とされるのである。――というのは、戦争の中において、個々の〔既存の〕被限定態（Bestimmtheiten）〔個々人の実存、生命、財産〕のみならず、それらの完全性（既存性）（Vollständigkeit）が生命として否定される、そういう自由な可能性が、存在するからである」[18]。したがって、ヘーゲルならば、カントを捩って真剣に言うことができるであろう。「戦争よあれかし、国民が滅ぶとも（fiat bellum, pereat natio）」と。というのは、戦争がやむならば、人間たちが地上で生きることに価値はないからである。そうなれば、かれらは発展の能力をもはや持たなくなるであろうし、世界はその目的を失うであろう。

（5）こうした超人格主義的な戦争の正当化にもかかわらず、ヘーゲルはここでもまた、個人を疎かにしようとしてはいない。「この世の財物や事物が空しいものであるというのは、通常ならおためごかしのお説教であるのが常であるが、この空しさが真剣に受け取られる状態としての戦争は、したがって、特殊的なものの理念性（Idealität）がその法権利（*Recht*）を獲得して活動現実態（Wirklichkeit）になる契機である」。ここでは、移ろいゆくこと（Vergänglichkeit）は「意思された無常（ein gewolltes Vorübergehen）」であるからである。[19] 世界精神の立場からいえば、戦争は――ヘーゲルがなお二〇年後にみずから［の文章］を引用して詳述しているように――次のような「より高次の意義」を有している。すなわち、戦争によって「諸民族の習俗規範（人倫）的な健全性は、有限な諸限定が固定的なものになることに対してそれらが無関心になることによって、保持される。風の運動が海を腐敗から守るように。凪が持続すれば海は腐敗することになろうが、同じく、平和が持続すれば、それどころか永遠であるならば、諸民族も腐敗するであろう」。[20]

（6）この哲学的理念と客観的な世界精神との関係は、個々の経験的な戦争と当該の国家の統治との関係と同じである。すなわち、市民たちの間で共同精神（Gemeingeist）が眠り込まず、権力への希求、したがって世界精神の実現がやまないためには、「統治者（政府）はかれら（市民たち）をかれらの内面において、時々戦争によって震撼させ、かれらのみずからに正当に形成された秩序を、次のことによって毀損し混乱させせなければならない。すなわち諸個人に、しかし［とりわけ］その秩序の中に埋没して全体から切り離され、毀損されえない対自存在（Für-sich-sein）（利己心）と諸人格の安全とを追い求めている諸個人に、かの課された労働［兵役］において、かれらの主人たる死を感じせしめることによって」。[21] ここでは、世界精神はその仕事を明らかに統治者（政府）に譲渡している。そしてヘーゲルは、ビスマルクの理論――これは強いられた戦争だけに責任を持つことができると考えていた――には同意していないように思える。なぜならば、「ひとは、自分の計算に従って歴史的発展をあらかじめ捉えるために、摂理（Vorsehung）の手の内を覗くことはできないからである」[22]。ヘーゲルはこの一元論的な試練の哲学（Stahlbadphilosophie）と戦争の論理的根拠づけを論証し、戦争を再び実践的な統治手段として特徴づけながら、次のような総括を行っている。

「平和なときには、市民（ブルジョア）的な生活はより拡張していきます。けれども、どの領域もそれぞれ己の中に引き籠ってしまいますから、それも長きにわたれば、人びとは自堕落になってしまいます。それぞれの偏狭な視野狭窄がますます固定化し凝り固まってしまうことになるのです。しかし、健康にはなんとしても身体の一体性が必要であって、それぞれの部分が身体全体から切り離されて勝手に固まってしまえば、身体は死ぬことになります。永遠の平和はしばしば、人類がそこに至らなければならないひとつの理想として要求されます。ですからカントは諸国家の紛争を調停すべき君主同盟を提案しました。神聖同盟はほぼこのような機関たろうとする意図を持っていました。しかしながら、国家は個体であって、個体性の中には本質的に否定作用が含まれております。したがって、ある数の諸国家が家族のようなものとなるとしても、この結合体は個体性である以上一つの対立を創出し、一つの敵を生み出します。諸々の戦争から、諸民族は強化されていくだけではありません。己の中（国内）で折り合いのつかない諸国民は、対外戦争によって国内の安寧を獲得するのです。いずれにしても、戦争によって所有財産は不安定となりますが、しかし、この実際に不安定であることは、必然的である運動以外ではないのです。ひとは説教壇の上で、この世の事柄は不安定で、空しく、無常である、ということについてきわめて多くのことが語られるのを耳にします。しかし、どれほど心を動かされても、誰もがその際、そうはいってもわたしが自分のものを失うことはないだろう、と考えます。ところが、この不安定さが白刃をかざした軽騎兵の形で語られ、深刻な事態に立ち入ることになると、そのときはすべてを予言していたかの心を動かした説教は、一転して征服者への呪詛を表明することになります[23]」。

【予防戦争＝自衛戦争＝侵略戦争】

ところで、この種の拡張的な権力政策は、ヘーゲルにとって、民族への奉仕だけでなく、同時にまた世界精神への奉仕でもある。それゆえに、国家はみずから絶えず戦争の諸原因を、それがそれらを見出さないときも、創出しなければならない。「国家は、己の細部のいかなることについても、己の無限性や名誉を申し立てうるから」、このような戦争原因はたしかにそれらそのものとしては「限定し難いもの」である。だとすれば、国家はそれ以上に、「一人の強力な個人が、長きにわたる国内的な平穏にしびれをきらせ、対外的な活動の材料を求め調達することに駆り立てられれば駆り立てられるほど、それだけより多くこうした細部のことに神経を尖らせることになる[24]」。いわばこうした追求や調達の例としての予防戦争（Präventivkriege）を挙げて、ヘーゲルは次のように述べている。「そのうえ、国家は総じて精神的なものであるから、単に侵害の現実だけに注意を払おうとすることに留まりえず、他国から脅かされる危険が侵害として表象され、おまけに侵害の意図についての大小の揣摩憶測が乱れ飛ぶことになる[25]」。ところが、きわめて深刻に防衛戦争（Verteidigungskrieg）が問題になるならば、すべての市民は防衛のために徴されることになる。「こうして全体が権力となり、国内での生活が国外へと引き出されると、それと同時に防衛戦争は侵略戦争（Eroberungskrieg）に移行する[26]」。これは自明のことである。別の解決があるなら、それは戦争の哲学的理念にも、同じくヘーゲルの世界精神にも矛盾するであろう。かくして、われわれがすでに「ドイツ憲政秩序（国制）論」から知っているように、侵略戦争と防衛戦争の区別はまったくどうでもよいことである。というのは、一方は他方と同様に正当であり、そして両者は同じく侵略的であるからである。

【自然法論的法権利論とヘーゲル的法権利論との原理的対比、（1）習俗規範的活動現実態に内在する理性（法権利）の概念把握（Erfassen=Ergründen des Vernünftigen）、（2）カント的法権利理念としての「共存の格律」、ヘーゲル的国民的法権利概念としての「優位性の格律」＝国民的諸権力の自由競争：国際法の根拠付けの原理的困難性、（3）実践哲学的に思惟した絶対主義者的自然法論者、カント的普遍主義原理、要請・当為としての国際法秩序とロマン主義・カトリックにおけるキリスト者の同盟】

（1）われわれがヘーゲルの法権利の概念（Rechtsbegriff）やこれとともにまた国際法（Völkerrecht）へのかれの立場を明確にしうるためには、われわれはこうした［上で見てきたようなかれの］世界観を心に留めておかなければならない。［ヘーゲルによれば］国家内部において、法権利（Recht）の目的は、全体の権力（Macht）の発展や有機的組織化にあり、この全体はこのことを通じて世界精神の発展に参与する。この原理を超えていく法権利の理想は、［ヘーゲルにおいては］考えられないように思われる。［近代］自然法［論］が、理性［悟性］によって要請されたことに経験的な定在を付与したことはまれではなく、法権利の諸価値（Rechtswerte）［例えば個人の自由や平等］を法権利の現実性（Rechtswirklichkeiten）として実体化（hypostasieren）していたとすれば、ヘーゲルは正反対のことをしている。ヘーゲルは、かれの企図に従って、「臨在する活動現実的なるもの（das Gegenwärtige und Wirkliche）を把捉すること（Erfassen）」をもって、学問のために、そしてかれの民族の政治的思惟のために、偉業を果たしていた。しかし、「まさにそのことをもって」ヘーゲルはまた、すでに、「理性的なもの（das Vernünftige）を根拠づけること（Ergründen）」を完全にやり遂げた、と私念していた。［近代］自然法［論］は、アプリオリな諸規範を純粋な理性［悟性］から演繹し、それらの諸規範に、歴史的活動現実態を顧慮することなく、妥当性を賦与しようとしていた。ヘーゲルは、この理性をすでに歴史的事実性（geschichtliche Tatsächlichkeit）を伴う所与のものとして見て、理性からはまた、「法権利」であるところの当のもの（was “Recht” ist）を受け取りうる、と信じている。

（2）ヘーゲルは、政治的権力（Macht）によって根拠づけられた法権利の活動現実態（Rechtswirklichkeit）を形而上学的な法権利の価値として、国民的な帝国主義（der nationale Imperialismus）を世界精神の立場として、実体化（hypostasieren）している。それゆえに、［ヘーゲルにとっては］「戦争や条約を正当化する原理は一般的な（博愛主義的な）思想ではなく、その限定された特殊性において活動現実的に犯されたり脅かされたりする（国家の）福祉（Wohl）である」という以外のことはまったくありえないのである。[27] したがって、最上位の法権利の原理としての自然法が「万人」の自由を考えていたとすれば、そして、シュタールがカントの法権利理念（Rechtsidee）をきわめて絶妙に「共存の格律（Maxime der Koexistenz）」として特徴づけることができたとすれば、ヘーゲルの国民的法権利概念は、優位性の格律（Maxime der Prävarenz）に基づいているのである。別様に表現するならば、ヘーゲルにとって世界の意味は、諸権力の自由な競争（Konkurrenz der Mächte）にあり、［近代］自然法［論］にとっては諸個人の自由と平等にある。［近代］自然法［論］による諸国家や諸個人の仮説的な平準化（hypothetische Nivellierung）は、ひとつのとことん形式的な法権利の理念を条件づけていた。こうした理念は、物理的かつ精神的に、国民的かつ歴史的に、さまざまな現実の実践に適用されても、まったく内容を欠くか、あるいはしかしひとつの主観的な内容を備えるか、このいずれかにならざるをえなかった。ここから帰結したのは、拘束力のあるものとして想定された自然的な国際法と、もっぱら個々の諸国家の利害関心によって規定された国際的な実践との間の、絶望的な矛盾である。他面では、自然的な国際法に内容のある原理を、すなわちそこから実際に有用な実定的な諸規範が導き出されえたであろうひとつの究極的目的を与えることは、非常に困難に思われた。

（3）「国際法の父」グロティウス［Grotius］は、このような諸規範を、過去及び現在の実定的な国際法の慣習（習俗規範）（Völkerrechtssitten）から、一種の平均的国際法（Durchschnittsvölkerrecht）として、折衷して（eklektisch）提起し、そして、このようにして究極的な根拠づけの困難を回避しようとしていた。しかし、グロティウスの国際法の法典は、これに伴い、哲学的には充分な形では基礎づけられていなかったし、かれは政治的な実践を正当に扱うことができなかった。〔近代〕自然法〔論〕のそれと同じく、グロティウスの偉大な活動は、自然法を要請（Postulat）として定式化したことであった。けれども、この目標はあまりにも高く定められたので、願望から現実へ歩みうる道筋を認識せしめることができなかった。それゆえに、ホッブズ〔Hobbes〕、プーフェンドルフ〔Pufendorf, Samuel, 1632-1694〕、トマージウス〔Thomasius, Christian, 1655-1728〕のような、実践哲学的に思惟した絶対主義的な自然法論者たちは、たしかに自然的な国際法を認めはしていたが、しかし、あらゆる実践的な義務づけ（praktische Verpflichtungen）を否定していた。これに対して、普遍的な法権利思想を放棄することなく、この思想にひとつの究極的な目的を調達しようとこころを砕いていた人たちは、このような目的を、最大の市民国家（civitas maxima）という形姿で見出していた。たとえば哲学者ヴォルフ〔Wolff〕や法学者ファッテル〔Vattel〕がそうである。このような原理は国際法についての実際的な学問には役立たなかったから、この〔国際法に関する〕学問は一八世紀の中頃には、さらに最上位の法権利理念にこころを砕くことなく、大抵は、実定的な個々の条約や国際法上の習慣を記録することに引き戻された（クリューバー〔Klüber〕、モーザー〔Moser, Johann Jacob, 1701-1785〕）。他面では、この時代の哲学は、国民的な実践にはこころを砕くことなく、一つの確乎とした諸国家の組織化と、最終的には法権利を管理する人類社会を可能とするはずであった、そうしたひとつの超国民的な法権利原理を見出すように努めた（カント）。それから、合理主義的な政治思想がロマン主義によって経験した――上で描き出された――転換は、キリスト教徒たちのコスモポリタン的な団体（Corpus Christianum）という中世的な思想を新たに賦活させた。〔こうしたロマン主義的政治思想によれば、〕人類は再び以前の「普遍的な個体性（universelle Individualität）」を獲得することになろう。そして、かつて君主たちがかれらの揉め事を「キリスト教徒たちの父」の前に提訴していたように、キリスト教徒たちはいまや再び「活発に活動し、国境を顧みることなく一つの可視的な境界を形成することになろう」。そうなれば、「永遠の平和の聖なる時代が再来した」のである。[28] こうしたロマン主義的・普遍主義的な諸思想の代表者になったのが、カルテンボルン［Kaltenborn］とガーゲルン［Gagern］である。[29] かれらは神聖同盟に実際的な表現を見出した。この同盟の神によって指定された構成メンバーたちは、「同一のキリスト教国民のメンバー」（members d'une même nation chrétienne）と見なされたからである。

【自然状態としての主権的諸国家間の関係：当為としての条約遵守：理論は実践と対立せざるをえないが、実践は理論と対立してはならない】

そこにヘーゲルは登場し、そして［近代］自然法［論］及びキリスト教の普遍主義的な法権利の理念に、国民的・権力国家的な原理を対置する。かれは歴史において権力（Macht）によって法権利（Recht）が成立するのを見て、そしてこのことから、法権利はまた、体系的、理性的な世界連関において国民的権力という目的を持たなければならない、と推論している。諸国家相互の関係を、かれは完全に現実政治的（realpolitisch）に考察しようとし、そして自然的な国際法に対して、さしあたり、「存在するところのもの（was ist）」を認識する。ヘーゲルが考えるところによれば、「諸国家間で一般的に即かつ対自的に妥当すべき法権利（das allgemeine an und für sich gelten sollende Recht）としての」国際法の形式的な原理は、「諸国家相互の拘束力（Verbindlichkeiten）は条約に基づいているのであるが、こうした条約は遵守されるべきである、ということにある。しかし、諸国家の関係はそれらの主権を原理としているがゆえに、それらはそのかぎりで互いに自然状態（Naturzustand）の中にあり、そしてそれらの法権利はそれらを超えた権力のために構成された一つの一般的意思においてではなく、それらの特殊的意思において、それらの現実性（Wirklichkeit）を有するのである。だから、かの一般的規定は当為（Sollen）に留まり、そしてその状態は、諸条約に従う関係とこの関係の廃棄との交替となるのである」。[30] かくて、ヘーゲルは「現実（活動現実態）

（Wirklichkeit）」を「当為」と一致するものとは考えず、たちまち決然と攻勢に転じて、理論は実践と対立せざるをえないが、実践は理論と対立してはならない、と言い放つわけである。

【（1）権力を前提にしない国際法には内容的拘束力が存在しない、（2）国際法的自然規範としての個別諸国家の無制約的自己保存権、（3）権力利害の確定としての国際法的協定、（4）国家は国際関係においてみずからの権力（Macht）に応じた法権利（Recht）を持ちうるにすぎない】

（1）ところで、すべての法権利と同じく、条約は守られなければならない（契約は遵守されるべし）（pacta sunt servanda）、という命題もまた、ヘーゲルにとっては、一般的な法権利の理念からではなく、もっぱら国民的な国家秩序から生ずる。だから、かれはすでに「自然法論文」で次のように考えている。すなわち国際法にとって、諸主体の依存性（Abhängigkeit der Subjekte）に直接的に帰着する市民的な契約の関係（das Verhältnis des bürgerlichen Vertrags）に従って、習俗規範（人倫）的全体性である絶対的に自立的かつ自由な諸民族の関係が限定されるべきであるとするならば、それは「そもそも矛盾していることである」[31]と。だから、ヘーゲルが国際法の法権利の性格を否定しているのは、ひとつには、国際法の拘束力は、いつも最高の原理である絶対的な権力と結合されえないからである。あらゆる国際法は、不完全な法律（lex imperfecta）であらざるをえないであろう。というのは、「諸国家間には最高法官（Prätor）は存在せず、せいぜい調停者（Schiedsrichter）か媒介者（Vermittler）がいるだけであり、しかもこれらすら、偶然の成り行きで特殊な意思まかせでしかない」[32]からである。〔近代〕自然法〔論〕においてもまた、ボダン、ホッブズ、ルソー、同じくまたカントは、国家権力は形式的には拘束されえないという立場を受け入れていたが[33]、しかし、それだけより正面切って、諸国家関係を内容的に義務づける諸規範（inhaltlich verbindende Normen）を要求していた。ボダンのようなひとでさえ、形式的にはあくまで絶対的に主権的なものである国家権力に、実質的な制限としての「神及び自然の法律（掟）（loy de Dieu et de nature）」を置いていた。

（2）ヘーゲルはこれに対して、国家権力を形式的のみならずどのようであれ実質的に拘束するものを退けている。かれにとっては、「人類」はあくまでも空虚な概念であり、それゆえに、「あるべき（存在しているはずの）（seinsollende）」国際法は、どのような性質のものであれ、当為（Sollen）ではない。法権利は、超国民的に人間社会に役立つ必要はなく、国民的な共同体の権力においてその排他的目的を有するのである。かれがアプリオリな国際法として承認している唯一の「自然的な」規範は、個別的な国家の無制約的な自己保存権（das unbedingte Selbsterhaltungsrecht des einzelnen Staates）である。［ヘーゲルによれば］こうした自己保存権は諸国家相互の関係態度のための基礎を与えなければならないし、これ［この自己保存権］から実定的な国際法は規定されなければならない。それゆえに、二国家間のあらゆる「法権利」は同じく国民的であり、そして「外面的な国家法」以外ではない[34]のである。それが実定的な契約法であれ、あるいは慣習法――これは即自的にはすでに「諸国民の習俗規範（Sitten）」に基づいている――であれ[35]、あらゆる国家は、習俗規範（人倫）と法権利の一つの全体性（eine sittlich-rechtliche Totalität）であり、そして――すでに「体系断片」にあるように――「他の民族諸個体に対して、それだけで独立して個別存在（Einzelwesen）として定立されている」[36]。「個別的な個体として、国家は他の同様の諸個体に対して排他的である。それらの相互関係においては、恣意と偶然性が処を得る。なぜならば、これら諸［国家］人格の自律的全体性のための法権利という一般的なものは、これらの間では、ただあるべき（sein sollen）ものにすぎず、現実的（wirklich）なものではないからである[37]」。

（3）しかし、「あるべきこと（存在当為）」（Seinsollen）はヘーゲルの意図するところではなく、自然法的な協定（Konvention）への譲歩にすぎない。かれにとっては、いつもどおり、国家の存在（das Sein des Staates）が最高の要請である。「全体の特殊的意思」、内容的には個別的国家の「福祉」だけが、「他の諸国家に対するその関係態度

（Verhalten）における最高の法則（掟）である」[38]。このことからあらゆる国際法は出発しなければならない。だから、国際法の命法（Imperative）はたとえば次のようになる。すなわち、汝は汝が権力（Macht）を有するだけの法権利（Recht）を有するにすぎない。だから、国際法的な協調（Vereinbarungen）というのは、個別的諸国家の偶然的にパラレルになっている（拮抗している）権力利害（Machtinteressen）の確定以外のことではない。けれども、これらの利害協定（Interessenkonventionen）は、義務づけというよりむしろただの宣言という性格を有し、そして「諸国家の関係は、互いの間で約定を取り結び（sich stipulieren）ながら、しかし同時にこれらの約定を超えている自立性の関係である」[39]。これらの「特殊な条約関係（Taktatenverhältnisse）」において[40]、なお客観的な「法権利」が見られうるのか？　もっぱら自分たちの特殊な権力要求を促進するためにのみ互いに合意し、利害の死活的な変位に際してただちに契約［条約］を破棄するのみならず、こうした目的のためにまたさらに、みずからに「対外的な活動の素材を追求しかつ調達する、という自明の留保を伴って契約［条約］に臨む、こういう諸個体間において、このような客観的な法権利はそもそも可能なのか？　こうした問題については、別のところで論じよう。

（4）いずれにしても、注意しておかなければならないのは、ヘーゲルの主権概念は、自然法やまた現代ドイツ国家学のそれのようには、決して純粋に形式的かつ抽象的なものではない、ということである。それゆえに、ヘーゲルに対して次のような異論が唱えられるならば、かれは誤解されているのである。すなわち、「かの利己主義的な原理に忠実であるような国家は、必然的にあらゆる他の国家を敵にまわし、これらを統一したものに服さざるをえないであろう。［というのも］そうした国家は諸国家から成る社会における共通に危険な主体であるであろうからである。となれば、諸国家の最高の法則（掟）としての福祉についての理論は必然的に解消される」[41]。ヘーゲルは、この種の国家に対しては、「ピグミー人（小人）たちが巨人のとなりに立って踏み潰されるときみずから受け取る必然性と負目の感情」しか持たないであろう。[42]　かのような国家は、まさしくあまりにも小さな「権力」を、それゆえに、あまりにも小さな「法権利」を有していたということになるであろうからである。

【抽象的かつ形式的な諸国家間の相互承認】

諸国家の絶対的な基本的自己保存権から、ヘーゲルはひとまず、全体としての諸国家だけが国際法の適格性を備える諸主体（berufene Subjekte）である、という重要な命題を導き出している。かれはこれをもって、国際関係論（Völkerwissenschaft）の法学的構成に、はじめて確乎たる基礎を与えていた。[43] しかし、こうした基本権から実践的帰結として現われるのは、法権利の主体としての諸国家の相互承認（gegenseitige Anerkennung）だけである。これについて、ヘーゲル自身は、これは「形式的」かつ「抽象的」なものとしてしか考えられない、ということを強調している。[44] 平和の法権利については、ヘーゲルによって何の結論も引き出されないし、戦争については、「戦争においても平和の可能性は保持され、したがって、たとえば使節は尊重されるべきだし、戦争は国内諸制度や平和的な家庭生活や私生活に対して行われるべきではない、という規定だけが帰結する」[45]。

【国境を越えて暴力的に膨脹する世界精神：国民的帝国主義】

いかにして国家のこうした絶対的な権力の法権利がヘーゲルの世界精神と一致するのか、これは明らかである。国家の権力が大きくなればなるほど、当該の国家が世界精神の「絶対的」法権利に参与する度合いはそれだけ大きくなる。権力は一民族の最高の法権利的かつ習俗規範（人倫）的な命令である。そして、ここには、「申し立てうる境界を欠く暴力的な膨脹を見境なく自由裁量することへの世界精神の要求」といったようなことが、切実に現前している。こうした言葉によって、最近、帝国主義という困難な言葉が、いずれにしても先鋭化されて定義された。[46]

【世界精神の発展の現段階の担い手であるという絶対的法権利】

事実、国民的な帝国主義の、ヘーゲルによるそれ以上により大胆な形而上学は、誰によっても構想されなかった。ヘーゲルに従えば、世界史においてはいつも、「現在、その段階である、世界精神の理念の契機が、その絶対的法権利」を獲得し、「この契機において生きている民族とその活動が、その成就、幸福、名声を獲得する」[47]。「この民族は世界史において、この画期にとっての支配的民族である。――そしてこの民族は世界史においてただ一度だけ時代を画しうるにすぎない。世界精神の現在の発展段階の担い手であるという、この民族のこの絶対的法権利に対しては、他の諸民族の精神は法権利を欠き、自分の時代が過ぎ去っている諸民族と同じく、それらはもはや世界史においては勘定に入れられない」[48]。現代の国民的な帝国主義のこの最初でもっとも偉大な正当化に、ひとは次のように付加しなければならないであろう。すなわち、国民的な権力政治をより高次で「より習俗規範（人倫）的な」観点の下に考察し、それを、ヘーゲルがここで果たした以上に、永遠の相の下において（sub specie aeternitatis）考察することは、可能とは思えない、と。

【（1）ヘーゲルの権力国家哲学とロマン主義的それとの異同、（2）人文主義、啓蒙主義、ロマン主義、このいずれの世界市民主義とも相容れないヘーゲルの国民的権力国家思想：国民主義的世界権力の習俗規範（人倫）的正当化の表現としての世界精神】

（1）ひとはおそらく次のような誘惑に駆られるであろう。すなわち、星辰の中に神聖化を見出している神聖な利己主義（sacro egoismo）の形而上学を、純粋に精神的なものへと転釈（umdeuten）し、そして、この形而上学を、当時ドイツで広範に普及していた人類レヴェルのドイツ的国民（deutsche Menschheitsnation）という理念と、あるいは、有限なもの及び国民的なものの、超偉大なもの及び無限のものへの上昇という理念と、つまり、ノヴァーリスが「ロマン主義化（Ramatisieren）」と名づけていたものと同一視する、という誘惑に。しかしながら、きわめて霊的な解釈（spirituelle Deutung）は、ヘーゲルを基本的に誤解することになろうし、とりわけ、かれの体系の一元論的な基本思想と矛盾するであろう。たしかに、ヘーゲルの権力国家哲学は、ロマン主義的なそれに似かよった時代思潮から成長してきた。それはやはりまた、まさしく国家を天の高みに結びつけ、国家に宇宙との関係を賦与せよ、とのノヴァーリスの要求の文言に対応している。

（2）しかしながらその傾向はとことん此岸的で、現実的政治に向けられたものである。一国民の精神的かつ物理的な諸業績、つまり「諸活動」一般は、それによって国民がみずからに世界精神の絶対的に最高の法権利を戦い取り、幸福と名声を達成するところのものである。ヘーゲルはたしかに思惟と意思の活動（Denken und Wollen）を切り離し難く結びつけられたものと見なしていたが、それと同じく、かれはたしかに世界精神の立場を一国民の世界権力の立場と統一されたものと見なした。ヘーゲルは、実質的な権力を強調して、次のように考えている。「その（一国民）の諸活動であるところのもの、これこそ諸民族なのである。どんなイギリス人でも次のように言うであろう。われわれは大洋を航海し、世界交易を占有し、東インドとその富を独占する者たちであり、議会と陪審裁判等々を有する者たちである」と。[49] 人類レヴェルのドイツ的国民（deutsche Menschheitsnation）を代表するような人、フンボルト、シラー、フィヒテ、あるいはノヴァーリスのような人であれば、イギリス国民は、たとえばミルトン、シェイクスピアにおいて、さらにせいぜいニュートンにおいて、代表されていると見たであろうし、世界の実質的な略奪物の分け前に与かることを忌避したであろう。これに対して、ヘーゲルにとっては、国民的権力が最高の目標であり、そして、ひとがヘーゲルの中に「古い普遍主義的な傾向」が再び貫徹されていることを見るならば、ひとはかれの世界精神をまったく誤解しているのである。[50] 世界精神は、ヘーゲルにおいては、国民主義的世界権力の習俗規範（人倫）的正当化のための表現以外ではなく、そして、諸民族を結合する普遍主義などは、ヘーゲルにおいてまた、些かの痕跡も見出せないのである。

【国民的権力国家思想に基づく世界権力普遍主義、植民地帝国主義】

これに対して、ヘーゲルには、世界権力普遍主義（Weltmachtuniversalismus）の現実的な基礎を予感させるようなものが備わっていた。こうした予感は、当時のドイツでは大抵、現実政治的なものと呼ばれていたのである。植民地帝国主義（Kolonialimperialismus）でさえ、すでに英国民についてのかれの判断から認識されうるように、かれにとってまったく無縁というわけではない。すでに「体系断片」において、「統治（政府）は民族を、もうひとつの民族を産み出す、つまり、植民地化である」と、ヘーゲルは雑駁な文章構成で言及していた。[51] 暴力的な国家創設のための英雄権力の法権利を根拠づけることと関連して、かれは後に次のように詳説した。「文明化された諸国民は、国家のそれらの実体的な諸契機において遅れている諸国民を、（牧畜民は狩猟民を、農耕民が両者を、というように）不平等な法権利の意識に伴って、野蛮人として、そして、かれらの自立性を形式的なものとして見なし、かつ扱うこと、こうしたことは同じ規定から起こるのである[52]」と。「みずからにおいて努力するあらゆる偉大な諸国民が海に押し寄せる[53]」という観察から出発して、ヘーゲルは植民地化に立ち入って取り組み、その二つの種類を区別している。ひとつは、とりわけドイツにおいて見られる「散発的」植民地化である。ここでは、植民者たちは「アメリカ、ロシアに向けて」移住し、「自分たちの祖国との関連を欠いたままで、だから、祖国に何の利益も与えない。第二の、そして第一のそれとはまったく異なる植民地化は、体系的なものである。これは国家によって動機づけられる」。ヘーゲルが、植民地の解放は「宗主国にとって最大のメリット」であることが論証されたであろうという、アメリカの解放戦争［独立戦争］後に現われた見解に同意しているとすれば、それは［ヘーゲルが］イギリスの植民地政策の注意深い観察者［であったこと］をひそかに示している。[54] イギリスでさえいまだなお半世紀間自覚的な植民地帝国主義からは程遠かった時代において、ヘーゲルのこうした諸見解は、おそらく、当時のひとりのドイツ人に要求されえた、植民地政策に対する最大限の理解を示している。

第三部　ヘーゲル的権力国家思想の伝統

【国民的権力国家思想：国民的な習俗規範・法権利としての権力：国民の感覚（意味）かつ目的としての権力】

かくしてヘーゲルは、あらゆる本質的部分の構築を仕上げて、近代的国民的権力国家論を最初に告知したのである。同時代にあった諸傾向を総括しながら、ヘーゲルはそれらに一歩先んじている。権力としての国家という思想は、本源的には、［フランス］革命のアナーキーに対する直接的な敵愾心から醸成されたのであり、そして、この精神において、君主制的原理を保守することで保証されるように思われた国家権力の権威を保持することに、不安げにこころを砕いたのである。しかし、ヘーゲルの国家思想は同時にまた国民全体の膨脹的な権力意思の表現でもあり、そしてこの形姿において、それが主権的な国家人格性の無条件に絶対的な要求であるかぎりで、かれは近代的帝国主義の父となる。ヘーゲルによって、権力ははじめて国民的習俗規範（人倫）性として、かつ最高の国民的な法権利として呈示されたのである。権力はもはや、［近代］自然法［論］におけるように、それを産出する民族から切り離されていない。民族を暴力で押さえつけることではなく、国民そのものが権力である。権力は、国民に生まれつき備わり、「作為されあるいは抽象化された」倫理によってはじめて定立される必要のない、国民の最高の感覚（意味）（Sinn）かつ目的である。精神と権力とはもはや互いに矛盾せず、権力は精神であり、精神は権力である。

このような性質をもつヘーゲルの権力国家思想がドイツの政治的思惟に対してどのような影響を及ぼしたのか、この問題にとって、ヘーゲル的思惟の独創性を確定することは決定的に重要である。

【ヘーゲルの国民的権力国家思想形成へのシェリングの影響】

ヘーゲルは、テュービンゲンにおけるかれの青年期の友人であるシェリング［Schelling］によって決定的影響を受けていたし、かれの哲学は一種のシェリングの継承であると主張されたことは稀ではない。この点では、今日でもまた事情は変わらない。事実、権力国家思想をドイツにおいて植えつけてきた一連の政治思想家たちにおいて、まさにシェリングの影響が主張される。われわれは、それゆえに、シェリングとヘーゲルの関係についての論争を強いられているわけである。

【(1)テュービンゲン時代のヘーゲルとシェリング、(2)フィヒテ的自然法論（機械論的国家観、コスモポリタニズム）の立場に与し、ヘーゲル的権力国家思想にはむしろ否定的であったテュービンゲン期のシェリング、(3)イェーナ期以降のシェリングの国家観はむしろヘーゲルの有機体論的それに影響を受けているが、権力国家的それには一貫して否定的】

（1）ローゼンクランツ［Rosenkranz, Johann Karl, 1805-1879］[1]の報告によれば、ヘーゲルは一七九〇年にテュービンゲンでシェリングと友誼を取り結んだ。「政治的共感」がかれらを近づけた。もっぱら哲学と美学に関心を寄せていた一五歳のシェリングが、かの時代にはすでにきわめて思慮深くなっていた二〇歳のヘーゲルにまさしく政治的に影響を与えた、などということは想定し難いことであろう。このような想定は、シェリング青年期の政治的労作総体を仔細に検討すれば、無条件に反論されるであろう。［というのも］それらの［シェリングの］労作は、かれがイェーナでヘーゲルと再会するまで、一貫してフィヒテ的な自然法［論］の立場に立っていて、個人の「自己権力（Selbstmacht）」を殆んどフィヒテよりもさらに鋭意に強調し、国家を一貫して峻拒しているからである。ようやく最近になって、シェリングのこの政治的思惟（政治思想）（das politische Denken）は、ある公刊書[2]によって確証されている。それ［そうしたシェリングの政治的思惟］は、ヘーゲルの宗教論稿の時代に成立したものであり、これ［このヘーゲルの政治的思惟］との比較を、とりわけ興味深いものにしている。

（2）シェリングがここでみずからに定立している目標は、次のことを示すことである。すなわち、「国家の理念というものは存在しない。なぜならば、国家は機械論的なものであるからである。機械の理念が存在しないように、国家のそれも存在しないのである。したがって、われわれはまた国家を超えていかなければならないのだ！——というのは、あらゆる国家は自由な人間たちを機械論的な歯車として扱わざるをえないからである。国家はこんなものであるべきではなく、したがって、なくならなければならないのである」。「国家、憲法、政府、立法というみすぼらしい人間の製作物の全体を——身ぐるみ剥ぎ取り」、いつも「永遠の平和」にだけ与しようとするシェリングにとっては、同じ年に予告されるヘーゲルの有機体的権力国家イデオロギーは、この機械論的な政治家たちに対する論争のように思われている。一八〇〇年にはまだ、シェリングも、国家の機械論的・コスモポリタン的、かつ平和主義的な自然法思想を、大きく異なる仕方で主張してはいない。「超越論的観念論の体系」においてはなお、国家は、正面切って、「機械」として、人間の手によって構築され整備されたものとして特徴づけられ、そして以下のように主張される。「一つの個別的な——たしかに理念によってであるにしても——完全な、〔領邦〕国家体制（Staatsverfassung）の確実な存立も、個別的な〔領邦〕国家を超える組織なしには、すなわち、互いにそれらの憲政秩序（国制）を保障し合うすべての〔領邦〕国家の連盟（Föderation）なしには、考えられない。しかしながら、この一般的相互的な保障は、再び以下のような条件が充たされる以前には、不可能である。すなわち第一に、真の法権利体制（憲法）（Rechtsverfassung）の基本原則が一般的に主張されており、その結果、個々の〔領邦〕諸国家が、すべての諸〔領邦〕国家から成る憲政秩序（憲法）（Verfassung）を保持するという一つの関心だけを有することになる以前には。そして第二に、これらの諸〔領邦〕国家が、以前に諸個人が個々の〔領邦〕国家を形成したことによって果たしたのと同じく、再び一つの共同の法律（制定律）に服し、その結果、個々の諸〔領邦〕国家がいまや再び諸〔領邦〕国家から成る一つの国家に帰属し、そして、諸民族相互の紛争に対しては、あらゆる個別的な反抗的［領邦］国家個体に対して自余のすべての［領邦］諸国家の権力を意のままにする一つの一般的な諸民族会議（Völkerareopag）が、すべての文化的に洗練された諸国民の構成メンバーから結成されて、現存するようになる以前には」。(3)

（3）一八〇〇年前後にはなお、シェリングほど、あらゆる「有機体論的」あるいはそれどころか権力国家的な見解から程遠いところにいた者はいなかったのである。そして事実、あらゆる新しい研究は、ヘーゲルが少なくとも政治的には完全にシェリングから独立して、自己の思想を展開したことを、明らかにしている。逆に、シェリングは、イェーナにおけるヘーゲルとの新たな人格的交流によってようやく、より積極的な国家観を獲得したのである。かれは有機体についてのヘーゲルの教説に結びついたからである。(4) しかしながら基本的には、シェリングはそのときもまた、なお依然として、明確な国家の定義に対して用心深く、(5) 決して国家を習俗規範（人倫）的に積極的なものと価値づけることなく、権力政治をいつも拒んだ詩的なロマン主義者に留まった。いずれにしても、シェリングが自然法的な国家体制のヘーゲルによる克服に決定的な不快感をもったことに、疑う余地はない。だから、われわれはかれを、ここでウェイトがおかれているポイントにおいて、つまり、権力イデオロギーにおいて、自分の師に従わない最初の政治的な弟子として特徴づけることができる。

【ヘーゲル死後におけるヘーゲル権力国家思想に対する左右からの反発：その左右へのヘーゲル政治思想の否定し難い影響力】

（1）シェリングとヘーゲルのこうした関係を確定することには、国家論の歴史にとってはきわめて大きな意義がある。というのは、一連の政治的思想家たちはかれらの国家観においてシェリングから影響を受けていると特徴づけられているとするならば、われわれは、なにはともあれそこに間接的なヘーゲルの影響を臆測しうるが、しかし、権力国家思想が問題になるところでは、シェリングをその源泉としては排除しうるからである。

（2）にもかかわらず、多くの政治家たちがこの点においてもまた、ヘーゲルではなくシェリングを引き合いに出していること、これには時代史的な原因があったのである。ヘーゲルの死の直後、その教説はベルリンの特定の保守的サークルにおいて、きわめていかがわしいものと見なされた。キリスト教的・ゲルマン主義的な王位継承者のとりまきグループや週刊誌に拠った諸党派は、ヘーゲルの体系の中に過剰な理性を見出し、そして、人倫に悖るだの、無神論的だの、それどころかジャコバン的だの、といったかれに対する非難は、ヘーゲル左派がますます野卑かつ革命的に振舞った以上により声高かつより一般的な形で、投げかけられた。他面では、シュタール［Stahl］のような権威がこれらの非難に、原則的で法哲学的な形式を与えていた。

（3）ベルリンでシェリングは、ヘーゲルの後継者となったが、いまやかれの最後の神智学的（theosophisch）時期に達して、ヘーゲルが残した「龍の歯（不和の種）（Drachensaat）」に対して戦いを挑んだ。こうした情況の下で、あらゆるキリスト教的・保守的な人たち、あるいはその他にかの諸サークルにおいて名声を狙った人たちが、ヘーゲル的な過去をシェリングのために否定したことは、驚くに当たらないことであった。

（4）しかしながら、シュタールでさえも、ヘーゲルの哲学がかれを、どれほどそれがかれに反感を起こさせたとしても、やはりいつも、「意図的な研究においてではないにせよ、やはり恣意的ではない仕事において、再びそれに立ち戻ること」を強いた、ということを認めざるをえなかったのではないか？[6] そして、実際、「クロイツ新聞の展望欄、教会大会の演説、ハレ人民新聞の記事から、唯物論者たちのパンフレットに至るまで、いたるところでわれわれはヘーゲルの思想（思惟範疇）（Gedanken）を見出す」[7]。実際、ヘーゲルがとりわけドイツ民族の政治的思惟（政治思想）（das politische Denken）に及ぼした、他の思想家の誰ひとりとして与えなかったような包括的な影響力の秘密は、すべての対立を己の中で統一するかれの用心深い政治（論）が、あらゆる方向に結びつきえた、ひとつの哲学的体系の上に立っていた、ということにあるのである。

【ヘーゲルと歴史法学派における民族精神：保守的政治論へのヘーゲルのさまざまな影響：保守主義及び歴史主義における反革命的・非合理的な民族精神：反自然法・反啓蒙思想、有機体的国家観、憲政秩序（国制）論、国民的権力論、君主制論などに見られる、シェリングを介してのヘーゲルからの影響】

かくして、ヘーゲルの権力国家思想が保守主義陣営にも、同じく自由主義陣営にも広い入口を見出していることもまた説明しうる。ヘーゲルは保守的政治論の諸見解のもっとも近くに立っていた。ここでは、意識的に作用するヘーゲル的な民族精神と、匿名的にはたらいている歴史法学派の民族精神――党派政治の途上で掻き消されざるをえなかったほど絶妙な民族精神――との間に差異があった。両方の民族精神は同じく反革命的であり、結局はまた、殆んど同じく非合理的であった。原子論的（atomistisch）・平準化的（nivellierend）な自然法［論］や啓蒙思想に対する闘争、たとえば、ひとつの憲政秩序（Konstitution）は、はじめて製作される必要はなく、あらゆる国家は従来このようなものを有しているという命題、有機体論的国家観一般と同じく、恒常的な「有機的」淘汰（ständische “organische” Wahlen）、長子相続権者（Majoratsherrn）、まさに［実質的］不平等にその本質がある特定の権利の［形式的］平等、官憲的意味の浸透（Durchdringung mit obrichkeitlichen Sinne）［上からの啓蒙・合理化、行政府の優位］にその本質がある自由、神の恩寵、そしてその他の君主制的原理に対応する君主の地位――プロイセン的・保守的な政治のこれらすべての基本的教説は、最終的にはまた国民的思想と同じく、ヘーゲルが創造したものであった。そして事実、殆んど変えられることなく、「［プロイセン保守派政治家］ゲルラハ［Gerlach, Ernst Ludwing von, 1795-1877］の［思想的］全兵器廠に登場してくるお歴々はヘーゲルの仕事の中に再び見出されうる」[8]。それゆえに、「チヴォリ綱領（Tivoliprogramm）［一八九二年のドイツ保守党綱領］」において、「民族や国家におけるキリスト教的人生観」

が、いずれにしても、その哲学的父としてのシェリングへと戻っていくとしても、「神」によって命じられた国家、自己管理［積極的行政］（Selbstverwaltung）［といった政治思想的契機］は、「普遍的選挙権の上ではなく、民族の自然的集団や有機的な分肢化（organische Gliederug）の上に基礎づけられて」、それらの最初の模範――それらはシュタールによってはじめてそれらの特殊な色合いを獲得するにしても――を、ヘーゲルにおいて有しているのである。とにかく、「国民はその権力において自己を英雄として確証すべし」（シュタール）という保守的要求、「国民の権力的地位」を内容とする上で挙げた「チヴォリ綱領」の第六項は、疑いなくヘーゲル以外の誰のところにも戻っていかないのである。

【自由主義理論における国民的権力イデオロギーの形成へのヘーゲルの影響】

いずれにしても、ヘーゲル的権力国家思想は、より包括的な理論的詳説を、保守的陣営の中に、さしあたり見出さなかった。［とはいえ］ここでは、ひとは権力政治を遂行するのに、たしかにヘーゲルによって影響されないわけにいかなかった。これに対して、とりわけむしろ自由主義を標榜する著述家たちこそ、ヘーゲルの政治的痕跡を辿って国民的権力イデオロギーをさらに形成したのである。

【ヘーゲル的な国民的権力国家・共同体国家とは無縁な個人主義的・機械論的・自然法【論】的・二元論的な国家権力論：ハラー（Haller）】

ヘーゲルの頭脳によって照らし出されなかった名のあるドイツの権力国家理論家は一人もいないということをわれわれが個々に証明しようとする前に、国家権力を個人主義的かつ物理的・機械論的に捉えるすべての権力理論は非ヘーゲル的起源を有している、ということがなお強調されなければならない。とりわけハラー［Haller, Karl

Ludwig von, 1768-1822]）もまたこれに属する。(9) たしかに、かれは次のように主張した。すなわち、「より強い者が支配し、支配しなければならず、そしていつも支配するであろうということ、これが神の永遠で無限の秩序である」と。しかしながら、かれの国家像は、とことん二元論的かつ自然法［論］的・個人主義的なものに留まり、それゆえに、かれの「より強い者」は個人と個人の所有財産でしかない。共同体としてのひとつの国家を、ハラーはそもそも知らないのである。［ハラーによれば］ひとが「一国家と呼ぶのを常とする」ところのものは、もっとも富裕でもっとも強力な土地占有者としての家父長的主人である君主の「大きな家族」（magna familia）にすぎない。国民的な権力理想はハラーには無縁であるから、かれは正面切って「善きところ、そこが祖国である」（ubi bene ibi patria）という命題を信奉している。ハラーが描いたのは、近代的な国民的帝国主義の未来像ではなく、かれらの身分制議会と争ったり、妥協したりする旧いドイツ的領邦君主たちの忠実な模像（Konterfei）である。それゆえに、近代的な権力国家思想の源泉としては、ハラーは問題にならないのである。

第一章　ヘーゲルの権力国家思想とかれの同時代人たち

【課題の限定】

以下、ヘーゲルによってはじめて定式化された国民的帝国主義の伝統が、個々の思想家に照らして提示されるとすれば、あらかじめいくつかの留保を付しておかなければならない。第一に、確定されなければならないのは、権力国家的諸理念を表明し、しかもおそらくヘーゲル哲学との関連を有する思想家たち、これらすべての完全な一覧表を与えることが本論の課題ではないことである。ヘーゲルの権力国家思想の継承にとって特別な政治的かつ精神史的な意義を有すると思われた文献だけが、顧慮されたのである。［第二に］叙述ができるだけ、決定的な点において疑いなくヘーゲルからの影響を証明しうる思想家たちに限られているとすれば、だからといって、当該者が、権力としての国家についてのかれの直観から、そしてこれに対応する政治的な綱領に影響を与えた、とりわけ実践的政治から、由来する他の多くの影響力をも経験しなかった、などとわたしは言うつもりは決してない。最後に、ひとはドイツの権力国家思想を「ヘーゲル」という理念からのみ導き出せる、ともわたしは決して考えていない。ここで一度は強調されるべきことは、こうした精神的方向は国際的な時代潮流に由来し、ヘーゲルはドイツにおいて、いずれにしてももっとも傑出しもっとも影響力のあった代表的人物にすぎなかったということである。この場からである。

でヘーゲルにも、また同じく他のここで取上げられた思想家たちにも、それぞれを一面的に図式化した形で扱っていることに改めて許しを請うておきたい。こうした扱いは紙幅がかぎられていることによって強いられているのであるが、それぞれ独自な人格性の豊穣さから、必ずしもいつも決定的ではない一側面だけを際立てうるにすぎないからである。

【国民的な権力国家政治への課題の限定ゆえに、ここではニーチェ（Nietsche）、マルクス（Marx）、ラサール（Lassale）などは取上げられない】

曖昧な臆測に陥るべきでないとすれば、われわれはヘーゲルの影響を想定することが許されるのは、かれの哲学への立ち入った取り組みがなされたり、あるいは当該の著者がヘーゲル哲学を援用したりしているところだけである。たしかに、ヘーゲルの痕跡を他のかなり疑わしい事例においても辿ってみることは魅力的でもあろうし、たとえばニーチェ［Nietzsche, Friedrich, 1844-1900］の個人主義的な権力イデオロギーに至るまでの、ひとつの関連を構成することは、考えられないことではないであろう。(1) しかしわれわれにとっては権力国家政治だけが問題であり、そしてここでもまた、この権力政治を積極的に国民的なものとして価値づけている諸見解が問題である。この理由からして、例えばマルクス［Marx, Karl, 1818-1883］もまた、われわれの考察から締め出されている。あらゆる国民的権力国家理念の対極にあるこの人［マルクス］は社会的階級闘争を把握する鋭い眼を、しかしとりわけかれの「階級倫理」(2)を、ヘーゲル的な精神の修練に些かも負っていないわけではないであろうが。同じ理由からして、ラサール［Lassalle, Ferdinand, 1825-1864］にも、ここではより詳しく立ち入ることができない。この社会主義者は、あらゆる思想家のうち、かれの政治的方向性からして、ヘーゲルの歴史哲学と国家観や法権利観にもっとも近づいているのであるが。(3) ラサールにおいてもまた、国家の全能は、「自由への人類の発展を成就する」機能を有し、そして「諸個人の一体性は一つの習俗規範（人倫）的全体の中に」あるとされている。[4] この意味で、ヘーゲル的国家理念は「ラサールの生涯において、かれの強力な倫理的思想のひとつであり続けた」ということは正しい。[5] しかしながら決定的な点で、つまり国家目的において、ラサールの国家観はヘーゲルのそれとは反対のものを意味し、自然法的個人主義に立ち戻っている。すなわちヘーゲルの国家は自己目的であり、決して個人に奉仕したりしないが、これに対してラサールはまさに、国家が「個人を万人の統一によって」促進するという点に、国家の目的を見ている。[6]

【左右のヘーゲル学派：現存するもの（活動現実的なるもの）＝理拠のあるもの：国家権力についての認識の差異：ここでは右派が取上げられる】

ヘーゲル右派は、存在するものすべては理性的なものである、という命題の実証主義的な内容に結びつき、そして師匠「ヘーゲル」に同調して、自己自身を展開する世界精神はその最高点に到達していると見て、それゆえに現存するものの静寂主義的保持ときわめて慎重な変更とを、かれらの政治的課題としてみずからに定立した。これに対して、ヘーゲル左派は、現在達成された世界精神の段階においてもまた、世界精神の革命的な弁証法のひとつの移りゆく契機を見たにすぎなかった。前者はヘーゲルの国家観の大部分を受け取り、これに対して、後者は弁証法的永久革命の外面的形式に固執する。これは現存するあらゆる諸権力を、ようやく後の「即かつ対自的に理性的なもの」において「揚棄（aufheben）する」ことになろう。それゆえに、ヘーゲル右派はきわめてしばしばかれの権力国家思想に近づき、左派はあくまで権力に敵対的であり、われわれの考察からは外れることになる。

【ミュラー】

【シェリング、ゲンツ（Genz）を介した、ミュラーへのヘーゲルの影響】

きわめて傑出したロマン主義的著述家、アーダム・ミュラー［Müller, Adam Heinrich von, 1779-1829］がドイツにおける国民的権力国家思想の形成のために当然受け取るべき大きな意義は、マイネッケ［Meinecke］によって指摘された。(7) しかしながらミュラーもまた、ヘーゲルのこの思想（思惟）の優位性に対して異議を唱えることができないだけでなく、逆にその［かれ自身の思想の］多くをわれわれの哲学者［ヘーゲル］に負っているように思われる。ヘーゲルがかれの国家哲学の基本ラインをすでにかれのイェーナ時代の草稿において認めていたこと、同じく、シェリングの国家観はヘーゲルの国家観に由来すること、これらのことを、われわれは上で示した。ひとがすでに一八〇三年にミュラーが、「シェリングが第一人者であり、あり続ける」と述べているのを耳にするならば、ひとはシェリングを介してなされたミュラーへの間接的なヘーゲルの影響を、証明されたものと考えることが許されるであろう。(8) しかしまた、ヘーゲル自身にまで［直接］辿られるはっきり認識しうる糸がある。弱冠一八歳になるかならないかで、ミュラーは一五歳年長のゲンツ［Genz］と親交を結んだ。ゲンツはいつも、ミュラーを「教育」したことを、そしてミュラーにおいてかれの最善の作品を世の中に残したことを、誇りとしていた。この関係をミュラーも承認している。われわれは、ミュラーがヘーゲルの著作を知ったことを、その後年については確実に臆測しうるが、これに対してゲンツについては、すでに一八〇一年―〇二年の間に［かれが］ヘーゲルに関する知識［を得ていたこと］が、疑いなく論証されうる。(9) したがって、すでに当時ヘーゲルは、［ミュラーの年長の］友人［ゲンツ］の口を通じて、ミュラーに影響を与えていたであろう［ことは推測に難くない］。

【（1）ヘーゲルとミュラーにおける理念と概念の論理的区別：論理の弁証法的動態（可能態）：一元論的世界観：実在論的観念論：ロマン主義とバークの影響、（2）権力国家的国民性思想：個人に対する超人格主義的人格としての国家の優位】

（1）このことを推論させるのは、とりわけ理念（Idee）と概念（Begriff）とのかれの論理的区別における、ミュラーのヘーゲルとの見解の際立った一致である。この区別は、ミュラーにおいてすでに一八〇四年にかれの『対立についての教説（*Lehre vom Gegensatz*）』において見出される。一八〇九年に公刊されたかれの『国家論綱要（*Elementen der Staatslehre*）』において、ミュラーはこの区別を以下のように定義している。「われわれがこのような高尚な対象（国家）から捉えた思想が拡大され、それが、思想が成長し動くように、動きかつ成長するならば、そのとき、われわれはこの思想を、国家、生命といった事柄の概念ではなく、理念と名づける」と。このミュラー的かつヘーゲル的な論理（Logik）の弁証法的な動態（可能態）（Dynamik）は、[10] かれらに共通の一元論的な世界観と緊密に関連している。ミュラーもまた絶対的な観念論者（Idealist）であり、世界を「完全かつ完璧なもの」として捉え、そして世界の内部ですべてを「観念的なもの（idealisch）」として、しかし「完全に観念的なもの」として、認識しようとする。「さて、他のきわめて控えめではあるが、但し他の立場に立った人たちが、わたしが［観念論的（idealistisch）というよりも］完全に実在論的（realistisch）であると認めるならば」、ミュラーはまさにこの非難において、かれの世界観の正しさを証明するための試金石を見極めようとしているのである。[11] この［いわば］実在論的観念論（der realistische Idealismus）においてのみならず、「人格」（Person）、「有機体（Organismus）」、「全体性（Totalität）」としての国家という捉え方（Auffassung）において、ミュラーはヘーゲルと一致している。たしかに、初期のロマン主義者もまた国家に似かよった名前をつけた。したがって、ミュラーが国家を「あらゆる小さな個人を包括する大きな個人」[12] として、「人間に係わる事柄の全体性」[13] として言及しているとすれば、ここには、ノヴァーリス［Novalis］やフリードリヒ・シュレーゲル［Friedrich Schlegel］の示唆もありうることになろう。さらにいえば、バーク［Burke］がアーダム・ミュラーに与えた影響も、周知のことである。ミュラーの政治的見解には歴史が浸透しているのであるが、この点については、このイギリス人［バークの影響］に、本質的に帰されるであろう。

（2）しかし、ミュラー国家観の前代未聞の新しさ、権力国家的「国民性」（machtstaatliche "Nationalität"）という概念は、ヘーゲルの直接的影響の下に成立したように思える。[14] 一般的には殆んど独創性がないと特徴づけられているこの著述家［ミュラー］は、[15] ロマン主義やシェリングからは、この［国民的権力国家］思想を受け取ることはできなかった。これに対して、ミュラーはまったくヘーゲルの意味における国民性についての自分の教説から、かの時代にとってはまったく新しい前代未聞であるひとつの結論を引き出している。ミュラーはあらゆる私権や要求に対する国家の優位、実際、結局のところ、国家の全能、国家における個人の消滅を説いているのである。こうした見解に、ミュラーはバーク［Burke］においては出会うことができなかった。というのは――バークについての最新の研究が考えているように――このイギリス人［バーク］はやはりあくまでも、「国家は市民（ブルジョア）のために定在する、という考えに深く貫かれ」続けているからである。[16] したがって、われわれが、国家は「無限に動かされ、生きている、エネルギッシュな一つの偉大な全体のための、一国民の内外の生活活動の総体の緊密な結合」であり、[17]「人間は国家の外部では考えられない」[18] と、ミュラー［自身］が述べているのを耳にするならば、そしてまた、マイネッケが、ミュラーにおいては、すでに「超個人主義的な個体性が（その）個人に対して勝利を博して」おり、かれの国民概念は、フィヒテと対立して「徹頭徹尾、政治的」であり、そして、国家、民族、個人の緊密な結合と浸透を意味していた、と指摘しているとすれば、[19] わたしには、この超人格主義（Transpersonalismus）の勝利は、本質的にヘーゲルの武器の助けを借りて勝ち取られているように思える。この超人格主義は、ヘーゲルの一八〇三年の「自然法論文」において、すでにあらゆる哲学的かつ歴史的な論証が完遂されているからである。

【（1）ミュラーの権力国家論や戦争論はヘーゲルのそれらほど首尾一貫していない、（2）ミュラーにおけるシラー・フンボルト的あるいは人文主義的・キリスト教的な西欧連邦主義・世界市民主義】

（1）そして、「死せる平和[20]」そして「真実の戦争」、「あらゆる善の中の善であるべき[21]」「諸力の闘争」――これらについてのミュラーの見解は、ドイツではヘーゲルにおいて以外聞かれなかった見解ではなかろうか？　しかし、結局のところミュラーは、かれの権力国家論において、決してかれの模範であるヘーゲルほど首尾一貫してはいない。たしかにミュラーもまた、戦争は「ますます深いところにある、諸国家関係の総体の必然的な構成の中に、一定の理由」を有し、そして、「生きた成長に向う衝動」が戦争の原因でありうる、ということを強調している[22]。ヘーゲルとともにミュラーもまた「永遠の平和に関するすべての諸概念の愚かさ」について語っている。「それらの『概念』ために、ひとはこれらすべての諸国家の上に王位を打ち立て、それらを普遍的な君主あるいは永続的な諸民族会議によって代表させようとしたのである[23]」。「しかしながら」どれほどミュラーがここでヘーゲル的な権力国家理念に近づいているとしても、どれほどかれが国家をみずからのうちに閉じられた人格性と見なしているとしても、国家はかれにとって決して自己閉鎖的で己の権力利益だけを考慮する人格ではない。それゆえに、トライチュケ［Treitschke］が[24]、人格性としての国家は己の目的を己自身の中に追求しなければならないという真実は、アーダム・ミュラーとロマン主義的な法学派によってはじめて提示されたと主張しているとすれば、それは正しくない。

（2）ミュラーにとっては、ヘーゲルにとってとは異なり、「個体的諸国家の自己保存よりもさらに高次なものであるひとつの法則、個体的諸国家の間の相互的な保障のためのひとつの同盟（Bund）が存在」しなければならない[25]。ドイツ的な人類的国民（Menschheitsnation）というかれの思想は、とことんシラー・フンボルト的な人文主義的理想（Humanitätsideal）である。「誓っていつかはやってくるであろうヨーロッパ諸民族の連邦主義（der Föderalismus europäischer Völker）は、ドイツ的色彩をもまた、帯びているであろう」。というのは、偉大なものはすべてドイツ的なものであるからである[26]。ミュラーは国家有機体（Staatsorganismus）の権力衝動を無条件で肯定することからは、まったくかけ離れていた。「生きた国家あるいは有機的な国家は、総量の拡大ではなく、全体性

（Totalität）を追求する国家である。単なる拡大を追求する国家においては、本来的な生命原理はいまだ来たっていないか、あるいはすでに死滅しつくしてしまっている」[27]。ミュラーが最終的に願っているのは、「宗教の法則（掟）が諸国家の交通（交流）（Staatenverkehr）を規則づけ[28]、精神性が「脱線する大国のすべてを理念の権力（権能）（Macht der Idee）によって正しい軌道に連れ戻し、最後に、一定の習俗規範（人倫）的な平等性（Gleichheit）とキリスト教的な相互性（Gegenseitigkeit）とを、あらゆる市民的な諸関係において正しく打ち立てることである[29]。

【ミュラーの国家理念における過去志向性、権力国家論としての不徹底性】

それゆえに、ミュラーが「国民的権力国家の認識の中にフィヒテよりもより深く分け入る」ことに成功していることが正しいとしても[30]、絶えず国家理念の「父祖から継承した形式」に熱狂する[31]、本質的に後ろ向きのかれの国家理念は、ヘーゲル的権力国家の未来志向的理想に対して、時代的優位性も、哲学的深まりあるいは政治的な首尾一貫性も有さない。アーダム・ミュラーはむしろ、かれが国民的権力国家の理念に近づいているところではどこでも、本質的にヘーゲルに依存しているであろう。

【ルーデン】

【カント、フィヒテ、シェリング、とりわけヘーゲルから影響された、歴史家ルーデン（Heinrich Luden）の歴史観・国家観】

（1）ドイツ的権力国家思想の諸々の痕跡を辿ってみると、きわめて興味深いことに、ドイツの最初期の権力国家理論家たちに属している、今日では殆んど忘れられている歴史家、ハインリヒ・ルーデン［Heinrich Luden, 1778-1847］の回顧された生涯の中に、ただちにヘーゲルの名前が浮かび上がってくる。ルーデンはゲーテとのある対話で次のように語っている。すなわち、かれがゲッチンゲン大学で講義をした年（一七九九年）、かれが「熱狂的歓喜をもって」没頭した、最新の哲学の研究へとかれを誘ったのはイェーナからやってきた友人たちであろう、と。「わたしはカントとフィヒテの著作を、そしてまたシェリングとヘーゲルから出発したすべてを、研究し、シュレーゲル兄弟については、［かれらが］書いたものすべてを読みました[32]」と。したがって、ルーデンが歴史観や国家観を選択するに際して、一人ないし何人かの名を挙げた人たちがその方向を示唆している、とわれわれは臆測しなければならない。事実、哲学者たちのすべてが、歴史を決して「構成」しようとしなかったこの歴史家［ルーデン］に影響力を及ぼしたのである。

（２）かれの著作『国家の知恵あるいは政治の手引き』（一八一一年）は今日なお読むに値するが、ここできわめてはっきり明らかにされているルーデンの政治的世界観は、かれの時代のあらゆる哲学的方向性の痕跡を示している。「理念からして」「自由な統一（freie Einigung）」によって成立することになる、「法権利の諸関係」としての国家（Staat als "Rechtsverhältnisse"）というかれの見解は、カント的である[33]。もっとも若い［時期の］フィヒテは、国家は「すべての成員たちが自由に生き抜くこと」に奉仕し、そしてそれゆえに「すべての市民たちの自由な同意と合意」に基づいていなければならない、という見解の源泉でありえよう[34]。国家を「静止しているものとして一瞬においてのみならず、「動的な生命において」捉えようとするかれの努力は、疑いなくアーダム・ミュラーにまで遡る[35]。ロマン主義からの他の諸々の影響も、枚挙の遑がないほどである。ところで、ひとはルーデンにおけるシェリングの排他的影響を証明しようと試みてきた[36]。ルーデンは、シェリングにおいてかれの歴史哲学の一元論的基礎や、同じくその個々の部分を見出したであろう。人類とは、「その本質である理性によって」「あらゆる個別的人間たちの総計」としてではなく、ひとつの「有機的全体」（ein "organisches Ganzes"）として考察されるであろう「ひとつの真実の一体性（wahrhafte Einheit）」である、といった表象がそうである[37]。「より高次の秩序を有する諸個体」[38]としての諸国家は、シェリングに由来しているであろう。しかし、われわれはさらに次のようなことを耳にする。これらの諸個体は必然的に相互に敵対的関係にあり、「確定された法権利の安全と変更」は「より高次の秩序を有する一国家によって維持される」のは不可能であり、あらゆる国家はいずれも（その安全と変更を）［それぞれ］自分自身の力においてのみ見出すであろう。だからまた、諸国家の相互に敵対的な本性は決してやみえないのである」[39]。とすれば、このような見解は、むしろシェリングに対して異論を唱えているように見える。

（3）論争のこうした［シェリングとは対立する］方向は、ルーデンが次のように考えているとすれば、疑いえないものとなる。たしかに、［シェリングにおけるような］「諸々の自由な本質存在の自由な有機体」としての国家の定義は、かれの定義よりもより簡便ではある。しかし、「この定義からは、もちろん多くのことが敷衍されなければならない。つまり、［その定義には］ひとが含意しようとするものすべてを収容するために、しかるべき余地が残されている」[40]。さらにいえば、人間は「他者たちと闘争に陥り」、その際、必然的に自己を自己自身と分裂させ」なければならないが、このことによって、いかにしてルーデンは弁証法的に家族から国家に達しているのか、「人間のさまざまな努力の（どのような）拮抗」が最終的に国家において「調停」されるのか――これらのことを見るならば[41]、こうしたことはヘーゲルへの依存性をはっきり示している。ルーデンが一八〇六年にイェーナに招聘され、そこでヘーゲルと出合ったとき、ヘーゲルは自分の政治的諸見解を哲学雑誌の諸論文において認めていたのみならず、すでに『精神現象学』において公表もしていた。これに対して、フィヒテとシェリングはイェーナをすでに立ち去っていた。

（4）ところで、われわれがルーデンの歴史観や国家観の中できわめて多くのヘーゲル的なものにぶつかるとするならば、これらはイェーナにおける［ヘーゲルとの］個人的な思想交換によってもルーデンへと移行していた可能性があるであろう。いずれにしても、「人類（Menschheit）は、さまざまな諸個体」の中にバラバラに分裂し、これらによって文化が「固有の形姿」を獲得するのであるが、こうした人類という思想は、はっきりヘーゲル「からの影響」を示唆している。「文化は国家においてのみ可能であり、したがって、文化の固有性はさまざまな諸国家においてのみ可能であるから、必然的にさまざまな諸国家が、前後左右に存在しなければならない。しかも、民族の固有性の数だけ存在しなければならない[42]」。したがって、国家は「一体性かつ全体性（Einheit und Ganzheit）」であり——文化は、生（生活活動）の意味（Sinn des Lebens）であるのと同じく、国家の意味（Sinn des Staates）である[43]」。諸国家は相互にまったく異なるものであり、それらに共通なのは、一つのことだけである。すなわち、それらは、「外異の諸国家からの完全な独立（Unabhängigkeit）を希求することである。なぜならば、独立が失われるとともに、国家の定在もまた失われるであろうからである[44]」。しかし、独立の喪失は「一民族にとって最大の不幸である。なぜならば、独立はあらゆる幸福の土台であるからである[45]」。それゆえにルーデンは、「名誉溢れる没落を屈辱的な平穏よりも貶価する（の後に置く）こと[46]」を奇異な（sonderbar）ことと見なしている。国民的権力の絶対的主権（absolute Souveränität）の意義は、ここではヘーゲルにおいてと同じく、高く掲げられている。ここでもまた、国家は、「それが人間的諸力を一つの力に統一することによって、あらゆる人間的諸力の発展の条件」である。だから、「人間が国家においてかれの自由の一部を放棄しなければならない」ことは誤りであり、むしろ、「国家の外にはまったく何の自由も存在しないであろう」。このような諸見解を、ルーデンは当時、ヘーゲル以外の誰からも聞くことはできなかった[47]。

【国民的権力と君主制原理の結合：統治者と被治者の一体性としての国家：政治と道徳のヘーゲル的な分離と結合：権力論・国家論・君主制論、マキアヴェッリ・モティーフ】

（1）ルーデンが国家について、国家は「君主にも、臣民たちにもなく、市民たちにあるいは統治者（政府）と臣民たちの一体性にある」と述べるとき、これはまた、国民的権力と君主制的原理とを固有に結合させた、典型的にヘーゲル的な国家理念である。市民たちは「頭と肢体のように相互に完全な一体性の中になければならない」。そして、市民たちがひとつの共通の権力を形成するかぎりで、「ひとがすべての市民たちの力と意思とを統治者（政府）において現実に統一されていると考えるかぎりにおいて、そのかぎりでかれらが国家である」。だからルーデンは、決して「唯一の人格は統治者（政府）を形成」しえず[48]、そして国家を体現できない、と無条件に考えているにもかかわらず、この見解は、国民的主権のこのもっとも名誉ある代表者（Vertreter）においてもまた、ヘーゲルにおけるそれと同様に、きわめてよく君主制的原理と折り合いがつくのである。実際、ルーデンはまさに次のように考えている。「民主制と君主制は、種類によってではなく程度によって区別されているのであり、両者は共和制的である」[49]と。

（2）それゆえに、かれが君主に与えている法権利の制定（設立）権（Rechtsstellung）はまた、ヘーゲルのそれと何ら区別できない。君主は、分離されないものでありあらねばならない執行府と立法府を統一し、かれによって国家の「一体性」は代表（vertreten）される[50]。かれ［君主］はまさに「国家の魂かつ一体性」[51]であり、そして、かれは国家とひとつであるがゆえに、国家の名誉と一致するかれの名誉が、何らかの形で毀損されるとき、戦争を必要なものと見なさなければならない[52]。まったくヘーゲルの意味で、ルーデンは政治を道徳から分離しようとする。学問的な政治学は、「国家の本質」からのみ、そして政治史からのみ、創造されうるとされる。倫理学は一つの補助的な学問にすぎず、そしてこのようなものとしてもまた、理論よりもむしろ政治的実践を促進するものであり、かつこの実践に必要なものである。政治は道徳の上だけに構築されるわけではないし、「政治の格律は、道徳の指示に照らして測られるわけでもない」。それゆえに、ルーデンは「政治は唯一の国家の道徳である」[53]という命題を強調し、そして、マキアヴェッリの『君主論』について、この「不当に名高いというよりもむしろ悪名高い著作」

は「真剣に考えられたものであり、卓越し見事なものである」[54]と述べている。

【ルーデンの国際法論（1）国家間の法権利（Recht）は条約を通じてのみ成立する：一般的国際法（allgemeines Völkerrecht）は存在しえない：賢慮の格律ないし人間性の表出としての国際法、（2）国際関係における唯一の規範としての国家固有の利害関心：事情変更の條款（clausula rebus sic stantibus）】

（1）これと対応してかれはまた、二国家間関係も唯一個別的国家の権力及び利害関心の上にのみ基礎づけられていると見ている。自然的な国際法については、かれはヘーゲルと同じく、殆んど重視していない。「法権利は諸国家間においては諸条約（Verträge）によってのみ成立するにすぎない」[55]。ひとつの「一般的国際法（allgemeine Völkerrecht）は――存在しえない。――いわゆる実定的なヨーロッパの国際法は、賢慮の特定の諸格律ないし人間性の諸表出（Äußerungen der Menschlichkeit）以外のものではなかった。それらに導いたのは、宗教や習俗規範（人倫）性、そして人間的事柄の転変に関する思想である。ここでは政治以外のいかなるものも裁可（Sanktion）を与えなかったし、政治が現実的にあるいは見かけ上指令したところでは、いわゆる国際法の毀損は決して忌避されなかった」[56]。

（2）そして、二国家間の条約法（Vertragsrecht）について、ルーデンは同じく、ヘーゲルがかれの「ドイツ憲政秩序（国制）論」の時代にすでに考えた以外のことは考えていない。ルーデンもまた条約法については次のように考えている。すなわち、それは「揺れ動いている（schwankend）」もので、そして結局、「国家はその法権利の確実性のための保障をその固有の力において追求する、ということしか残らない」と[57]。このような保障は、「その国家に力において優越する何らかの外異の隣国が存立しているかぎり、原則的には現前していない」。それゆえに、君主の努力は、「かれの国家を権力において優るものにする」ことに向かわなければならない[58]。専門知識による鋭意な根拠づけをもって、かれは国際法的な協定（Vereinbarungen）における「事情変更の条項」［条約締結時の諸条件が同じであるかぎりでのみ条約遵守義務がある、すなわち、その変更についての判断権あるいは拒否権（veto）をそれぞれの当事者に留保するという約款］(clausula rebus sic stantibus)のきわめて包括的な許容に与している。かれによれば、「われわれにおいて定められ、見当違いでなく、絶えず承認された（ひとつの）原則は、すなわち、条約（契約）というものは、それがわれわれの利益（利害関心）に適っている間だけ承認される」ということである。[59] 諸民族の独立性——これゆえにひとは「締結された諸条約が毀損されないこと」を支持するのであるが——は、「あらゆる国家が生き生きと互いに［それを］対抗させ合うこと」(Entgegenstellung aller Staaten) によってはるかによりよく確保されるとされる。[60]「総じて自国の利益（利害関心）(das eigene Interesse)［国益］が唯一の規範であり、この規範に従って君主は他の諸国家に対抗するのである」[61]。

【ルーデンの歴史認識、（1）文化発展の条件としての権力闘争、（2）手段ではなく目的である歴史的諸力の敵対関係（Antagonismus）：権力・戦争の習俗規範（人倫）的・文化的な価値づけ】

（1）これらすべての見解は、ルーデンにはまたかの時代にはいずれにしてもまったく新しい種類の没価値的な歴史考察からともに生じえたのであるが、とりわけ国家観そのものが問題になるところでは、より少ない程度においてのみ、ヘーゲルの影響を示しているにすぎないかもしれない。しかしこのような影響は、はっきりヘーゲル的色彩を帯びたこれらの歴史的認識が習俗規範（人倫）的な世界観となることによって、紛うことなく現われているであろう。というのは、ルーデンにおいてもまた一元論的なものと考えられた権力闘争は、あらゆる文化発展の条件として現われているからである。歴史的諸力の敵対関係（Antagonismus）は、カントにおけるように一つのきわめて一般的な法権利秩序を達成するための手段ではなく、ヘーゲルにおけるように自己目的であって、この敵対関係は、ルーデンが述べているように、「生（生活活動）の展開」一般に奉仕している。[62] 世界の意味として、その敵対関係はまた文化の広い概念を告げ、そして文化はここでもまた個体的かつとりわけ超人格的な権力の展開によって達成される。

（2）ヘーゲルにおけるのと同じく、ルーデンにおいては発展のための発展（発展そのもの）が問題であり、このことによってまた、ルーデンは戦争にヘーゲルがそうしているのと同じ習俗規範（人倫）的機能を付与している、ということが概念把握される。ルーデンに従えば、戦争は「平和のために遂行される（のではなく）、戦争と平和によって、まったく同じ事が、すなわち人間の諸力の形成と発展のために必要な自由、したがって文化が追求されるのである」。[63] 永遠の平和なるものは、「生きること、享受すること、眠ることが同じことであるとき」にのみ、願うに値する目標であるにすぎないであろう。[64] ひとは、ヘーゲルがすでに「自然法論文」において、戦争を海を腐敗から守る「風の運動」として標識づけていたことを、想起する。まさしく権力として国家を見ている点における、そして、権力を習俗規範（人倫）的かつ文化的に価値づけている点における、これらすべてのルーデンとヘーゲルとの広範にわたる見解の一致はきわめて目立つものであるから、そしてルーデンが、かれは自身が著述を始めた以前にヘーゲルを研究したとわれわれに個人的に証言しているだけに、それだけひとつの偶然は想定されえないのである。

【ランケ】

【ヘーゲルと歴史家ランケの関係：歴史的思弁よりも現実尊重の態度】

（1）ところで、歴史記述の学問及び技術においてははるかに偉大な人物、レオポルト・ランケ［Leopold Ranke, 1795-1886］もまた、ヘーゲルの権力国家思想の影響を免れなかった。ここで、ランケは観念論哲学に依存しているか、そしてそれはどの程度か、というきわめて頻繁に論議される問題が、もう一度究明されるとするならば、直ちに強調されなければならないのは、①ランケの世界像の精妙な編み物（feine Verflechtungen）をヘーゲルにおける歴史の思弁（Geschichtsspeklation）というスペインの長靴（拷問具）（Spanische Stiefel）のなかに押し込むこと、あるいはまた、②ランケの歴史叙述は何らかの形で決定的にヘーゲルの「諸理念（Ideen）」や「諸原理（Prinzipien）」によって影響されていることを示している、とのみ主張すること——こうしたことをわたしが思いついたわけではない、ということである。

（2）ランケは生粋の歴史家としてかれの時代における思想内実の総体をみずからの中に受け入れ、フンボルトからも、フィヒテ、ノヴァーリス、とりわけシェリングからも、こころを動かされないままであっただけでなく、かれはまたさらに、しばしばサヴィニーや封建的・プロイセン的な反動の思想サークルの近くにいるが、とりわけかれのすさまじい現実重視の態度（Wirklichkeitsrespekt）が、かれをヘーゲルの［思弁的］諸構成（Konstruktionen）から護ったのである。

（3）それゆえに、ランケは世界観においていかなる体系も有さなかったとしても、ランケにはかれの哲学が「かれの熟慮（追思惟）（Nachdenken）から——折衷的といえるとしても——自家薬籠中のものとして」生じた、ということを認めるとしても[65]、それでもやはり、「熟慮（追思惟）」のために、またひとつの印象深い哲学が刺激を与えていることは、否定されえないであろう、そして、ランケ自身がわれわれにヘーゲルの大きな印象を証言しているとすれば、ランケがその作用について次のように述べている哲学を、ひとがかの影響として数えることは許されるであろう。すなわち、かれは「享受された定在（das genossene Dasein）［生を享受した諸個体］のもっとも高貴な諸契機が一緒に記憶（想起）（Erinnerung）のなかに入り込み、そしてその生きた内容を構成する」と述べているのである[66]。

【ヘーゲルとランケ、（1）哲学と歴史：特殊態からの一般態の帰納：歴史に内在する理性、（2）世界発展の原理としての民族諸個体の精神的・物理的な権力と闘争、（3）特殊的な諸国民を総括し、それらの文化世界を形成・保持・拡大する普遍的生（生活活動）の原理、（4）歴史の内容と形式のフィードバック：国民的権力諸国家間の闘争】

（1）いずれにしても、ランケはヘーゲルと対立して、人間認識の二つの道を鋭く区別しようとしている。「ひとつは哲学の道（der Weg der Philosophie）であり、もうひとつは歴史の道（der Weg der Geschichte）である」。「アプリオリな思惟範疇（思想）」を「定在せざるをえないもの（was da sein müsse）」へと推論する未熟な哲学――ここではフィヒテが考えられている――を、かれは一貫して退けている。しかし、にもかかわらずランケの意見によればまた、「歴史［過去の出来事の記述］（Historie）全体を諸事実の途轍もない集積としてのみ見なす」歴史家たちは誤っているのである。ランケはむしろ次のように考えている。「歴史学はそれ自身において完成するならば、個体（個別的なもの）（das Einzelne）の研究及び考察から、諸々の運動のその一般的観察を経て、それらの客観的に現前する関連の認識にまで高められる、という使命と資格を与えられている」[67]と。ヘーゲルもまた、歴史に「内在する」理性（die der Geschichte "immanente" Vernunft）を、別の形で認識しようとはしていなかった。［もっとも］ヘーゲルは、ランケと対立して他面では、すでにひとつの歴史の学問そのもの（eine Geschichtswissenschaft）をその完成された形で占有していると考えてはいたが。

（2）しかしランケもまた、かれの客観的な歴史連関を、個々の諸民族の諸個体（諸個人）相互の関係から、取り出そうとしていないであろうか？「ところで、いくつかの民族は、地上の他の諸民族に対して権力（Macht）を備えていた。それらはとりわけそれら以外の民族に影響を及ぼした。だから、世界が善かれ悪しかれ経験した変化（転変）（Umwandlungen）は、とりわけこれらの民族に起因しているであろう」。だから権力はランケにおいてもまた世界発展の傑出した諸原理の中のひとつであり、しかもここでもまた権力は一元論的に理解されている。というのは、「歴史的な諸権力の闘争の中に血腥い諸力の作用のみを見ることは、とんでもない間違いであろう」からである。むしろ、権力そのものにおいて現われているのは、「一つの精神的本質存在、かれ固有の生命をもつ――この生命はいずれにしても「一言」では特徴づけることができないが――ひとりの本源的な天才である。世界に現われる精神は、そのように概念に適うような本性を有していないのである」。ここでは、わたしにはランケはヘーゲルに対する意識的に大きな同意と特定の距離とを強調したように思える。かれもまた世界の発展が個々の諸民族の諸個体（諸個人）の精神的・物理的な権力によって条件づけられていると見ている。そして、われわれはさらに、ヘーゲルの世界精神もまた、ランケがそれに認めようとしている以上に固有の生命を有していないこと、基本的にはヘーゲルにとってもまた、世界精神は実践的には国民的な権力希求という目標の客観的表現にすぎず、ランケ的な権力をもつ天才以上に大きな超越性を決して有していないこと――これらのことを考察する。

（3）かくしてわれわれは、ランケ的な歴史考察の世界観的背景をヘーゲルからまったくかけ離れているとは見ないであろう[68]。それゆえに、ランケがしばしばヘーゲルに対して論争を挑んでいるとしても[69]、それでもやはり、ランケはすぐに、「ヘーゲルにおける抽象化と経験とは、フィヒテにおけるのとは本質的に異なる本性を有していた」ことを認めたのである[70]。こうした認識をランケに媒介したのは、おそらくヘーゲルの弟子のガンス［Gans, Edward. 1797-1839］によって公刊された師匠の歴史哲学であろう。そしてわれわれは事実、四〇代のランケがその意見に表現を与えているのを耳にする。「ニーブール［Niebuhr, Barthold Georg. 1776-1831］［古代史家］がとった道を通じて、そしてヘーゲルの念頭に浮かんでいた傾向だけが、普遍史的目的（der universalhistorische Zweck）の成就に至りえている」と[71]。それゆえに、ランケが「個々の諸民族の歴史と並びかつその上で」一般的歴史（allgemeine Geschichte）に「それらの固有の原理」を返還要求（vindizieren）しようとしているとすれば、それは意識的にヘーゲルを起点として志向された努力である。「人類の共同体的な（共通の）生（生活活動）の原理こそ、諸国民を——やはりこれらに解消されることなく——総括し、支配する。ひとはこの原理を文化世界の形成、保持、拡大として特徴づけることができよう。もっとも、その文化というのは、ひとが通常理解しているように、学問や芸術に制限された地平を与えるであろうものではないが。文化世界は、宗教と国家を、同時に、すなわちあらゆる諸力の——理想に向けられた——自由な発展を、包括している」。

（4）わたしは、ランケがここでそれに与えた以上により慎重でより繊細な、ヘーゲルの世界精神の記述を、知らないであろう。①いかにランケの「原理」がヘーゲルの世界精神に近づいているか、そして②いかに内容的なもの（Inhaltliches）以上に形式的なもの（Formelles）がランケをヘーゲルから分離していないか——これらのことは、ランケがさらに次のように述べている言葉において示される。「しかし、それは切り離された努力ではなく、歴史の諸事実を構成する政治や戦争、あらゆる出来事と切り離し難く結びつけられている。世界史的契機は、一般的に妥当する諸形式においてではなく、それが諸国民の特殊な生（生活活動）をともにもたらすのに応じて、さまざまな形姿において、しかも決して平和的かつ妨げられない発展においてではなく、絶えざる紛争と闘争において登場する。というのは、戦うこと（streiten）は人間の本性だからである」。「それゆえに、世界史は、ヘーゲルにとって実際そうであるのと同じく、人類の最高善をめぐる絶えざる格闘の歴史（Geschichte unablässigen Ringens um die höchsten Güter der Menschheit）から成る。普遍史的運動は、あらゆる疾風怒濤の下でそれ固有の力によって強引に前進する生命躍如たるものである(72)」。

【（1）民族的権力によって実現される世界精神（ヘーゲル）と文化世界（ランケ）、世界史における権力と闘争の契機、（2）習俗規範（人倫）的自由の進歩（国民的権力国家の発展）としての国民的権力国家間の権力闘争：

君主制原理：対他的自立性を主張する男気を有する君主】

（1）だから、ヘーゲルの世界精神（Weltgeist）とランケの「原理（Prinzip）」及び「文化世界（Kulturwelt）」とは、両方とも民族的権力（völkische Macht）によって実現される。ヘーゲルの標識づけはより大きな無内容性（Inhaltlosigkeit）というメリットを有している。ランケのより厳密な規定は、歴史的現実によっていつも確証されうるわけではない。それゆえにかれは、「しばしば疑わしい文化の要求」は歴史の唯一の内容ではない、ということを認めることを強いられている。[73] しかしながら、世界史的な権力契機は、ランケにおいて――そしてこの点においてかれにとって唯一の模範はヘーゲルであった――それはまさに決定的な発展要素であるということによって、あらゆる「客体（客観）性」にもかかわらず、ひとつの規範的威厳を獲得している。「というのは、（そのようにランケは第一に考えるのであるが）、諸国家や諸民族の相互的な利害関心において完遂される諸闘争において、一般的なものの姿形をこれに準じて変換し、一般的なものに再びもうひとつの別の性格を賦与する、ますます高次なものになる潜在力が頭をもたげてくる、ということの中に、ひとは人類史一般の理想的核を見ることができるであろうからである[74]」。

（2）しかしながら、ランケの誉ある人格神、かれの歴史の神は、国家的かつ国民的な権力闘争を習俗規範（人倫）的な自由の進歩として体現するヘーゲル的神に見まごうほど似ているように見える。ランケが次のように考えているとすれば、それ以上のことがいえよう。すなわち、「世界の諸々の偉大な闘争において問題になるのは、それらの総体が国家、権力、国民の本質を成す諸力の優越性である。人間たちに認められた自由は、狭い空間に制限されてはいない。それは世界と未来を包括している。神的なものは暗鬱な運命性といったものではなく、それは道徳的世界の諸対象や諸権力（権能）において現われる[75]」。かくしてランケもまた、妨げられることのない国民的な権力国家の発展の中に人類の発展を見ている。そしてかれにとっても、このような道を辿って国民的権力が習俗規範（人倫）的な命令にならざるをえなかったという以外のことは、まったく可能ではない。しかしかれは、権力によるこの人類の発展は君主制原理の保持の下でのみ可能であるという点で（も）、ヘーゲルと意見を一致させている。「人類のさらなる発展は、内的な力を有し、そしてあらゆる情況の下でかれらの地位を主張し、かれらの内的生命であるかれらの自立性（Selbständigkeit）を優勢な敵対者たちに対して防禦する、男気（Mannesmut）を有している君主たちを頂点に有する諸国家が存在する、ということに基づいている」[76]。

【（1）ランケにおける国家、権力、意思、自立性（独立性）、生（生活活動）、道徳的活力（moralische Energie）といった概念、（2）権力＝法権利理論（Macht=Recht-Theorie）：闘争（戦争）を通じて独立を獲得することで民族（国民）は国家国民となる】

（1）かくして、こうした歴史観から必然的にヘーゲルにおけるのと同じ権力国家理念が帰結する。国家とは、ランケにおいて、われわれがすでに上で聞いたように、諸力の総体である。「国家と権力の間にはおそらく即自的には何の区別もない」とかれは考えている。「というのは、国家の理念は自立性（Selbständigkeit）の思想に由来し、この自立性は対応する権力なしには主張されえないからである」[77]。ランケの国家観についてのより厳密なことを、われわれはかれの著作『政治的対話（*Politisches Gespräch*）』（一八三六年）から聴き取る。この著作は「おそらく、おおよそ理論と個人的告白を提供している」[78]。ここでもランケは、「主張されるべきこと」は国家が「最高の掟（法則）」であるということである、ということから出発している[79]。国家のこうした権力目的から、その対内的な組織化も規定されるべきである。というのは、「独立性という尺度が国家に世界におけるその地位を与えるからである。この尺度は同時に、あらゆる対内的諸関係をこの目的に照らして整備する必要性を、国家に課している」。この目標は、「すべての成員の自由な意思による完全な一致」によって達成される。ここでもまた、①政治的権力意思、

②「われわれを伴い、われわれの中の」祖国の生（生活活動）、しかし、とりわけ③国家を「普遍的意義へと高める」はずである「道徳的活力（moralische Energie）」という、ランケにおいてはきわめて意義深い概念——これらはヘーゲルの習俗規範（人倫）性（Sittlichkeit）概念と大いに近似している。[80]——このことを認識するのは困難ではない。

（2）ランケはまた、ヘーゲルの権力＝法権利理論（Machtrechttheorie）［Macht=Recht という理論］に同意することにかれが一貫して傾いていることを示している。ひとは「血腥い戦争という手仕事を道徳的活力の抗争として」考察しなければならないのかという問いに対して、フリードリヒ・ランケは答えている。ひとは実際、「真の道徳的活力が勝利を主張することを証明しえないような重要性の乏しい戦争の名を挙げることはできない[81]」と。ランケにとってもまた、国家はあらゆる絶対的な法権利的あるいは習俗規範（人倫）的な価値づけの上に立っており、むしろ、あらゆる生（生活活動）のように、「みずからの中にその理想」を帯びている。[82]ランケにとっては、ヘーゲルにとってと同じく、フリードリヒの対話の相手、カールが『政治的対話』において行っている反論、すなわち、この国家理念においては「国民性（Nationalität）と国家（Staat）」とが合致している、という反論が正鵠を射ている。プロイセン・ドイツ的な時代状況といわゆる保守的な国民国家思想は、ヘーゲルも与えたであろう同じ両義的答えを強要している。諸国民（Nation）はたしかに国家（Staat）である傾向を有しているであろうが、しかし国家そのものは「その本性に従って国民よりもはるかに狭く閉じられている」。国民が国家になるのは、「勝利」によって、すなわち「そこで独立が戦いとられ占有される瞬間」によってである。[83]だから普遍主義的・ロマン主義的な国民感情は、ヘーゲルにおいてそうであるように、意識的な国民的権力意思に転化した。ランケは、通常は歴史法学派とともに「この秘められた何ものか[84]」としての国民に、感情と本能の隠された暗闇から作用する民族精神に熱狂しているが、一八三二年のドイツ統一に関する「熱狂的期待」については、ヘーゲルが一八二一年に［ハラー（Haller）やブルシェンシャフト（Burschenschaft）運動に関して］「心情の粥（Brei des Herzens）」について考えていたこと以外の形では、考えていない。ランケはここでは次のように考えているのである。感情（Gefühle）は、たしかに「酵母」としてはまことに善きものであるが、しかしそれだけでは、「促進的作用よりもむしろ、感覚を麻痺させ損なう作用を表す傾向にある[85]」と。

【(1) 神的規範としての国家理念、(2) 有機体的生（生活活動）としての国家】

(1) 個々の国民的諸国家は、ここでもまた、それらの特殊な意思と性格、「それらに固有の諸傾向」と、万物がそれに依存している一つの「最上位の理念」を有している。「諸国家はそれらの起源を神から導き出しているとしても、そうなのである。というのは、理念は神的な起源を有しているからである[86]」。いかにしてここで国家の理念がひとつの神的な規範に近づき、そしていかにしてすべては、この「国家のこうした理念があらゆる国家を把捉（ergleichen）すること、あらゆる国家はその精神的な生（生活活動）から何かを己の内に感じること」、これらのことに帰着するのか――こうしたことを、われわれは同じくヘーゲル的な習俗規範（人倫）性［という概念］においてもまた観察しえた。しかしながら、ランケの国家イメージもまた霊的（spirituell）ではあるが、そうであるのは決してヘーゲル的なそれ以上でも以下でもない。国家というものは「精神的土台や精神的内容なしには」存立しなかった、ということを、ランケはいつも強調しているばかりではない[87]。ヘーゲルにおけるように、［ランケにおいてもまた］国家の本質は、総じて「全体を活性化し支配する理念（die das Ganze belebende beherrschende Idee）、精神の支配的な趨勢（der vorwaltende Zug des Geistes）」によって条件づけられているのである[88]。

(2) そして、かれは諸国家を「精神的な本質性、人間精神の独創的創造物」と呼んでいる。――「これは神の諸思想（思惟範疇）といってもよい[89]」。自明のことながら、これらの一体性は「諸個人の安全性のためのアンシュタルト（Anstalt）」ではなく、「それら自身が諸個体」である。あらゆる国家は、己固有の生（生活活動）を有するひとつの「有機体」であり、そして、ここでは有機体の概念はロマン主義的な植物的かつ非合理的なものの中にずらされて現われるとしても、それでもやはり、ランケもまた国家のこの有機体的生（生活活動）（das organische Leben des Staates）を、ヘーゲル以上により感覚的に理解したわけではない。一国家がよってもって生きるところのものは、ここでは、「人間たちにおけるように、生（生活活動）が精神と身体に含まれていること、とはいえやはり、「他のすべてはより卓越した部分としての精神に依存していること——こうしたこと以外ではないのである」[90]。

【(1) 対内的政治に対する対外的権力の強調：対内政治に対する対外政治の優位、(2) 構成諸成員を自由意志の一体性において統括することとしての対内政治：自由と権力の統一としての一般的福祉：信条（Gesinnung）としての祖国愛（Patriotismus）】

(1) すでにヘーゲルの青年期の論考においてわれわれが確認できたことであるが、ヘーゲルの超人格主義的国家観から引き出された実践的にもっとも意義深い論理的結論は、対内的政治に対する対外的権力の——かれの時代では前代未聞の強さの——強調であった。ランケにとってもまた、理想的な政治的見解は、「対内的統治の諸対立を少なくとも意識的に度外視し、そして政治を再び権力の領域及びそれが属する対外的諸関係の領域へと連れ戻す」それであった[91]。しかし、対内的政治のもっとも高貴な努力もまた、「すべての部分を自由な意思による一体性において統括すること」へと向けられていなければならない。この点に、「前進する権力の秘密」があるとされる。対内的政治を対外的政治の下に秩序づけることは、ランケの基本的な政治的見解のひとつである。

(2) こうした権力政治から社会政策の問題は解決できるとランケは信じている。というのは、「あらゆる国家権力（Staatsgewalt）は今日福祉を意思するもの（wohlwollend）でなければならず、いずれにしても、その権力（Macht）は一般的福祉（allgemeine Wohlfahrt）に基づいている」[92]。ここから、われわれはまたランケにおいて自由と権力の統一化（Vereinigung von Freiheit und Macht）に至ることになる。すなわち、「強制の義務（Zwangspflicht）は自己活動（Selbsttätigkeit）に、命令（Gebot）は自由に高められる」。そして、ヘーゲルはこのような祖国愛（Patriotismus）を信条（Gesinnung）として意思しているが、この信条は「日常的な状態及び生活関係において、共同体を実体的な土台及び目的として知る習慣を有していて」、ここから、そのときまた「非日常的な努力をしようとする意気（Aufgelegtheit）が根拠づけられる」[93]。まったく同様にランケによってもまた、祖国愛は「通常時において」要求されるが、それは「それが非常時において欠けることがないように」するためである。「特定の意味において祖国愛は活動（Tätigkeit）一般の原理でなければならない」[94]。だから、それはここでも明確にヘーゲル的習俗規範（人倫）性に移行するのである。

【（1）ランケ的君主制論：普遍史的考察、（2）諸国民の権力闘争を通じての世界精神の自己実現】

（1）しかし、「共同体」への参加のこうした種類は、ランケに従えばまた、断じて政治的な共同決定権（ein politisches Mitbestimmungsrecht）であるべきではない。かれもまたここではヘーゲルのように些か両義的（doppeldeutig）になっている。たしかに、「共同評議や共同決定」は、「促進されすべきもの」でありうるであろうが、しかしいつもそうだというわけではないし、そしてとりわけ「われわれの君主制の精神には、それらが抵抗するところもの」があるとされる[95]。「正当な男子が正当な地位に着く」ということを何らかの形で成立させるこうした君主制の精神は、ここでもまた、次のような政治的見解の表現である。すなわち一体的な国民的権力は、立憲主義的あるいは民主制的な国家諸機構によってそこなわれかねないであろうが、君主の人格においてもっとも安全に集中化される。なぜならば、ここでは「一般的利益（利害関心）が人格的に固定化され、君主の自己意識において必然的にかれの事柄として呈示されるからである」[96]。ランケの君主は、ヘーゲルのそれと比較すると些かより絶対主義的で、容易にハラー的なそれに移行しうるものである。しかしながら、「契約のあらゆる形式」よりも内面的団結によってはるかによく作り出される国家全体の「隠された調和」［といったランケ思想］は、たとえば民族の政治的確証を、①そこでは「生（生活活動）の励起の自発性（Spontaneität der Lebensregungen）」[97]以上に望ましいものはないような、そういう「より深い圏域」（tiefere Kreise）において行うように指示していること、あるいは②統治（政府）を「そのことだけを理解している」人たちに委ねること、といった少なからず生粋のヘーゲル的な思想を示唆している。

（2）ランケにおいてもまた、国際法的関係は、とりわけ次のことによって規定される。すなわち、国家は「個体」であって、「一般的なものの一部門」ではないということによって。というのは、「形式的なものは［抽象的に］一般的なものであり、実在的なものは特殊的なもの、生きたものであるが、後者こそが「個体的国家の固有の精神的な定在、その原理」を構成するからである。[98]この個体的な差異性（individuelle Verschiedenheit）からして、「あらゆる民族は己の政治[99]」を有さなければならないし、そして、「あらゆる国家は己の軌道を進行し[100]」なければならない、ということが帰結する。人類（Menschheit）という理念は、ランケにとってもまた、個々の諸国民（Nationen）においてのみ形姿を有するのである。「人類という理念を、その表現を、神はさまざまな諸民族において与えたのである[101]」。そして、ここでもまた、［ランケの］普遍史的考察は、個々の横並びの諸国民はまさしく相互の権力闘争において世界精神を実現するということをもって、その結論を得ている。それゆえに、正当にもマイネッケは次のように問うている。「ランケは国民の本質を、世界精神としての神にも妥当しうるであろう言葉で意図的に書き換えていないであろうか?[102]」と。かくして、完全にヘーゲルにおけるように、［ランケにおいても］対外的諸関係は「便宜の王国ではなく、本質的な権力の王国」を形成する、という歴史認識が、結局のところ、最高の習俗規範（人倫）的命令ためにに、それどころか神の命令のために、かれの国民概念と結びつくことになるのである。

【超人格的一体的諸国民の闘争的相互関係としての歴史連関】

したがって、現実の叙述について繊細な感覚をもつこの巨匠［ランケ］が、「客観的に現前する」歴史連関に抽象的な表現を与えることに慎重でありすぎるとしても、人は次のことを見逃すことはできないであろう。すなわち、①かれはこの歴史連関を、ヘーゲルと同様に超人格的な一体的諸国民の闘争的相互作用のなかに見たということを、そして②かれもまた、この一元論的な権力闘争によって世界の転換が善かれ悪しかれ前進していく――その際、より大きな権力を備えた諸民族がより善きものへのより高次の潜在力と転換とを誘発する――と見ている、ということを。

【国家と歴史の関連：ヘーゲル、ランケに由来する現代的政治概念】

しかしランケは、この世界観及びとりわけこれに対応する国家理念が、シェリングにおいても、フンボルト、フィヒテ、あるいはロマン主義者たちにおいてもあらかじめ形成されている、と見ることはできなかった。唯一ヘーゲルだけが、国家と歴史をこうした関連において見ていた。そしてランケはやはり一度は正面切ってヘーゲルに拠り処を求めているのであるが、このヘーゲルがかれのベルリン大学の同僚［ランケ］に影響を与えていなかったとするならば、特別な偶然が想定されなければならないであろう。それゆえに、いまや政治は、ひとつの「歴史的土台をもたざるをえず、そして、強力でかつ己自身において著しい発展を遂げた諸国家に基礎を置か」ざるをえないのであるが、[103] ランケのこうした政治概念とともに現代的政治概念一般が確定された、[104] ということが承認されるならば、ランケの政治的模範としてのヘーゲルのそれを忘却するわけにはいかない。

【レオ】

【レオのキリスト教的世界観：ヘーゲルからの影響とヘーゲル学派的合理主義への批判】

ところで、ハインリヒ・レオ［Heinrich Leo, 1799-1878. ドイツの歴史家、プロイセンの政治家］[105]のキリスト教的世界観もまた、かれの師匠であるヘーゲルの権力国家イデオロギーに対してまったく拒否的に振舞うことはできない。当初ルーデンの弟子であったレオは、一八二二年にベルリンで、ヘーゲルとかれの教説にきわめて密接に触れることになった。他の諸々の叙述に対して、レオがなお一八三一年にこの哲学者［ヘーゲル］を自分の「もっとも大切な教師」と呼んでいる、ということは強調されなければならない。[106]かれの後期のパンフレット、『ヘーゲル信奉者たち（*Hegelingen*）』（一八三九年）において、レオは「ヘーゲル色を帯びた合理主義」[107]に対して論争を挑んでいるが、ここでは敵意はとりわけこの［ヘーゲル］学派［の人たち］に対して向けられ、この師匠［ヘーゲル自身］に対してはそれほどでもないのである。

【(1) レオの国家観：神の顕現、民族精神の流出、有機体としての国家、(2) キリスト教的二元論と衝突するヘーゲル的権力＝法権利（力＝正義）理論（Macht=Recht-Theorie）、(3) 自由と権力の関係についてのヘーゲル的教説の受容、(4) 神義論としての歴史叙述：世界史の不条理を冷徹に凝視する眼、(5) ヘーゲル的戦争論、(6) キリスト教的（カトリック的）世界観とは異質なマキアヴェッリ・ヘーゲル的な戦争観】

(1) ヘーゲル国家論の影響は、純粋にロマン主義的な由来をもつ多彩な思想［からのそれ］と並んで、レオの国家観において明確に見極めうる。国家は、レオに従えば「その成員たち」以前に「ひとつの生得的な民族精神」の流出かつ呈示（Ausfluß und Darstellung）、「神的起源を有する芸術作品」であり、「人間たちが考案した（でっちあげた）もの（Erfindung）ではなく、神の一顕現」であり、「自由の具体的な理性的形姿」である。[108]国家は「生きた全体」

を形成し、ひとつの「有機体」である。[109]

（2）ところで、たしかにレオのカトリック的世界観に、かれの師匠［ヘーゲル］の権力＝法権利の理論（Macht-Rechttheorie）は衝突する。法権利（Recht）は、レオによれば、「物理的に優越する権力（Übermacht）」と同一ではない。――ヘーゲルもまたこんなことは決して主張しなかったが。いずれにしても、「単なる暴力（Gewalt）からはまた決して法権利（Recht）は生じない」とすれば、――ここでまた、やはりレオはすでに慎重に付け加えている――「せいぜい［生じるのは］形式的な法権利（formelles Recht）」である、と。ヘーゲルの権力一元論は、キリスト教的二元論と無条件に衝突する。そしてレオは、この困難な権力＝法権利（Macht-Recht）の主題を切り抜けるために、旧約（alter *contrat*）にかれの逃げ道を求めている。[110]

（3）しかしながらなにはともあれ、レオはまた「政治的生（生活活動）の諸境位（Elemente）」の下に「勝利の優越した権力（Übermacht des Sieges）」を置いて、そして次のように付言している。「いずれの国家も、自分たちは国家そのものを自由の具体的な理性的形姿（konkrete vernünftige Gestalt der Freiheit）と見なし、したがって、自分たちは従属してはいても自由でさえあるといった仕方で、国家の諸要求には従うのではなく、むしろ現実的な強制にのみ、あるいは確信をもって現実的なものとして前提されうる強制にのみ従う、そういう一定の数の諸個人を含んでいるが、そのかぎりにおいていずれの国家も勝利に基づいているのである」[111]と。ここではいかに多くをレオが権力と自由の関係について、ヘーゲルの教説から学んでいたか、このことがきわめて明確になる。

（4）しかしまたレオは、ヘーゲルの自給自足的（autarkisch）に自己を閉鎖し、国民として自己のうちに安らう国家の一体性を継承した。［レオによれば］「あらゆる民族の本性は偏狭なものであり、そしてあらゆる人間たちの間には一定の理解の可能性があるにもかかわらず、諸々の民族の固有性は、それらの境界づけられた閉鎖性と偏狭性において、互いに激しく対立している」[112]。こうした認識から、レオが歴史叙述の課題としようとしているのは、「①

われわれの時代の感傷的な感情と対立させて、まさしく人間たちの自然的差異に注目するために、そしてその差異の重要性のために心眼を研ぎ澄ますことであり、そして②不幸や犠牲もまた、これらが神の世界秩序に必要なところでは戦慄することなく考察しうる、そういう健やかな男らしい感情を、——それにとっては歴史における諸民族、諸身分、両性の差異が身震いするような恐怖や一種の忌まわしいことであるような、そういう病的な感情と対立させて、ひとつかつ永遠の人類に照らして［育成することである］」[113]。「柔弱な」感情に身を委ねる人間たちにとってのみ、「諸民族が理解し和解し合うことは結局のところ不可能であるという思想は、何か不安を呼び起こすものなのである。かれらはこのようなすべての差異を廃棄しようとして、魂の友愛に溺れてしまうのである」[114]。

（5）ここに、ひとはカトリック的なキリスト教にもかかわらず、ヘーゲルの精神を嗅ぎつけるのであるが、しかし、一八五三年からの戦争に関するレオの次のような言葉の中には、なおさらそれ［ヘーゲルの精神］を嗅ぎつけている。すなわち、「神がわれわれを——このカトリック教徒はここで呼びかけている——ヨーロッパの諸民族の腐敗から救済し、われわれに新鮮で喜ばしい戦争を贈られますように。こうした戦争は、ヨーロッパを荒れ狂って通過し、人びとを選別し、腺病質な賤民を、いまや空間をあまりにも狭くして、正常な人間生活をよどんだ空気の中で送ることをできなくしているものを、蹂躙するからである」[115]。

（6）そして、かれの権力イデオロギー全体と同様にかれのキリスト教的世界観からはまるごと転がり落ちる、マキアヴェッリについてのレオの判断もまた、かれの師匠であるヘーゲルに連れ戻されていることにならないであろうか？　レオはこのフィレンツェ人［マキアヴェッリ］の友人宛ての書簡を出版し、これにすばらしい序文を付し、そこで次のように述べている。すなわち『君主論』には、「国家の本性論の学問的な一章を一般的に書き換えるものとして提示されうるために、何らかの学問的形式として、何ら欠けるところがない」[116]と。こうしたかれの序文や意見は、レオが帰属していた政治的陣営の諸々の意見からはあまりにも逸脱しているので、ひとはここでもまた、ある外異の影響がかれの意見を規定している、と臆測しないわけにはいかないであろう。

【カーライル】

【カーライルとイングランド近代帝国主義思想：中期以降に現われるヘーゲル思想の影響】

これらドイツの歴史家たちの後で、イングランドの近代的な帝国主義的潮流の精神的な諸端緒とのヘーゲルの関係を簡単に指摘することを許されたい。ひとは「帝国主義的運動の父」としてトーマス・カーライル［Thomas Charlyle, 1795-1881］(117)を特徴づけたが、この思想家においてもヘーゲルの権力国家理念の決定的影響を観察することは、きわめて興味深い。カーライルの精神的発展においては、二つの位相が明確に区別されうる。ひとつの位相は大体一八三一年ぐらいまで達している。この時期に、かれは社会的諸問題に個人主義的な立場から取り組んでいる。ケムパー［Kemper, Else］の指摘によれば、「固有の諸目的や諸欲求を伴う生きた国家有機体の概念は、かれの発展のこの位相においては、まったく疎遠なものである」(118)。帝国主義的諸思想はいまだなおかれには同様に疎遠である。かれが取り組んでいるカントやフィヒテは、生涯のこの時期の諸作品の中に明確な痕跡を残していた。ようやくカーライルが歴史的な諸研究に係わるとき、そして、かれが「カントやフィヒテに対して丁重に別れを告げて」から後に、かれの創作活動は帝国主義的な特徴を帯び、国家はいまや相対的個体及び有機体として現われる。

【カーライルにおける権力=法権利（力=正義）(Macht=Recht)という原則に基づく帝国主義：民族的権力一元論：ピューリタニズムとドイツ観念論・ヘーゲル】

カーライルの帝国主義は、あらゆる観念論的権力論と同じく、権力＝法権利（力＝正義）という原則に基づいている。権力を精神化するこの見解は、一般的に承認されるように、一面ではかれの青年期のピューリタン的な諸影響に、また一面では観念論的ドイツ哲学への取り組みに遡り、そして必然的前提として、民族的権力において物理的力と倫理的力とは統一されていると見る権力一元論の見解を有している。ここから、権力を道徳的に価値づけることが帰結するのである。カーライルにおいてもまた、「人間の歴史の北極星（Polarstern）」にされる[119]この権力の道徳的価値づけは、その世界観的模範を、疑いなくヘーゲル以外のいかなる人においても有さなかった。権力はカーライルにおいてもまた、一民族のあらゆる倫理的かつ社会的な可能性を展開させ、より強い民族はこのことをより弱い民族よりもより善く果たす。そして、主人たる民族の権力はそれにともない「神の崇高な意思」となる。現実政治的にこのことが意味するのは、支配する国民の権力は、被支配者たちの精神的で「確乎とした」利益を、まさしく支配という事実によって最善の形で促進する、ということである。権力のこうした神格化や黒人奴隷制の擁護と並んで、カーライルにおいてもまた、あらゆる時期はその世界史的民族を有し、そして、この民族は同時に世界を支配する民族である、というイメージが見出される。

【カーライルにおける集団主義的権力イデオロギー：権力を習俗規範（人倫）性と結びつける英雄：有機体的国家人格性：議会に対する政府の優位：大衆蔑視：戦争賛美】

カーライルのこのような歴史哲学的な見解において、すでに他の側面からヘーゲルの影響が強調されていた。ブリー［Brie, Friedrich, 1880-1948］はすでにそれらがヘーゲルの権力＝法権利（力＝正義）の理論（Macht=Recht-Theorie）と一致していることを確定し、次のように指摘した。「倫理的な観念論」はその帝国主義を、「イングランドのみならず、人類全体」に係わる一つの案件としている[120]、と。ヘーゲルとまったく同様にカーライルもまた、一国民――ここではイングランド国民――の権力追求を、世界精神の仕事に実体化している。そしてひとは、カーライルの「英雄や英雄崇拝」のために、現実に、かれから遠く分け隔てられたハラーにまで戻る必要があるだろうか[121]？　ハラーの個人主義的な権力イデオロギーは、カーライルの集団主義的なそれとは殆んど関係ないのであるから。かれの英雄はむしろヘーゲルの「英雄たち」にそれだけ多く近づいていないだろうか？　両者においては、こうした英雄たちは、権力をいつも同時に習俗規範（人倫）性と統一し、まさにそれゆえに、フィヒテには立ち戻れない。[122]しかしわれわれが、いかにしてカーライルがヘーゲルとともに個別的な英雄の崇拝をいつも英雄諸民族全体にまで拡張し、最高の審廷から認証された支配権を両方に認めているか、これを見るならば、われわれの哲学者［ヘーゲル］との親近性は、さらにより明確に認識しうるものとなる。われわれが、もともとわれわれの主題には属さないカーライルにおいて、さらに手短に次のことを、すなわち①かれの国家観もまた、大いにヘーゲルのそれに近づいていること、②かれはかれの有機的国家人格性において絶えず執行権の強化を迫り、議会支配を論難し、あらゆる大衆の意思を軽蔑していること、最後に、③かれもまた戦争を賛美していること――これらのことを指摘するならば、われわれはイングランド帝国主義の父［カーライル］と観念論的哲学の完成者［ヘーゲル］との間に、一定の親近性の関係を論証したと信じる。

第二章　ヘーゲルの権力国家論と法学者たち

【歴史法学派とヘーゲル権力国家思想】

一般的に承認されているように、ヘーゲルは、他のドイツの思想家たちとは異なり、一般的には法学に、特殊的にはドイツの公法学（Publistik）に、影響を与えた。これまでいずこにおいても、［ヘーゲル哲学と法学との］両方がまとめて叙述されたことはなかったが。われわれの特殊な問題のためには、さしあたり次のことが確認されるならば、それで充分である。すなわち、一九世紀の公法学者たち（Publizisten）は、個人主義的な［近代］自然法［論］と対立して、一つの分割されない国家権力は国家の法学的考察の出発点としても選び取られなければならないという認識に達していたが、このことはまさしくとりわけヘーゲルの影響によっていたのである。こうした［国家権力の］イメージは、民族精神の思想の帰結として、明確に表明されることがないとしても、一九世紀のドイツ法学（deutsche Jurisprudenz）のかのもっとも強力な趨勢である歴史法学派（historische Rechtshule）の基礎にもあった。とはいえヘーゲルの権力国家思想は、この［歴史法］学派の創設者たちには、多くの親近性にもかかわらず、小さな影響しか与えなかった。しかしながら、ヘーゲルの歴史哲学及び政治学と歴史法学者たちのそれらとの間の見解の一致はきわめて大きく、かれらの対立はきわめて微妙であるので、後者［歴史法学者］の特定の基本思想は、後期の公法学者たちのヘーゲルに基づく権力国家論の中に受け入れられたのである。まさにそれゆえに、歴史法学派に取り組むことは義務となるわけである。

【フーゴー】

【（1）ヘーゲルと歴史法学派とに通底する法実証主義、（2）ヘーゲルにおける国家的共同体にまで有機的に組織化された国民としての民族、（3）ヘーゲルと歴史法学派とにおいて異なる権力（Macht）と法権利（Recht）・習俗規範性（Sittlichkeit）の関係の捉え方：歴史法学派における慣習的法権利の権力制限機能】

（1）法実証主義（Positivismus）は、現存する国民的な法権利秩序（Rechtsordnung）の諸々の権力命令（Machtgeboten）を超えて、没時間的な法権利理念（Rechtsidee）をいかなる形式においても承認せず、あらゆる権力国家イデオロギーのもっとも重要な構成要件の一つを形成するが、この法実証主義はヘーゲルと歴史法学派とに通底した思想である。すでにその先駆者グスタフ・フーゴー［Gustav Hugo, 1764-1844］について、ランズベルク［Landsberg］は次のように指摘している。「フーゴーには、少なくとも法権利の領域に関しては、ヘーゲルを先取りするためにまだたった一言、すなわち実定的法権利（実定法）（positives Recht）であるところのすべては理性的であるという、たった一言だけが欠けている[1]」と。私法的な法実証主義（der privatrechtliche Positivismus）は、それゆえに歴史法学派ともヘーゲルとも結びついていたが、歴史［法］学派がこのような哲学的基礎付けを一貫して欠いていただけに、ヘーゲルの哲学的根拠づけによってそれだけより実効的（wirksam）に支えられたのである。

（2）歴史［法］学派は、あらゆる法権利が暗黙のうちに作用している（stillwirkend）非合理的な民族精神から成立することについてのロマン主義的な不明確さに満足してしまった。もちろん、法権利（Recht）、憲政秩序（国制・憲法）（Verfassung）、習俗規範（人倫）（Sitte）、宗教は、あらゆる他の文化表現と同じく、個体的民族の一全体が発する特殊な光芒（Ausstrahlungen）であり、互いに分かち難い関係にあるという思想、こうした民族精神の思想は、ヘーゲルにとっては幼いころから馴染みのものではある。[2] しかし、ヘーゲルはすでに、［歴史法学派とは異なり］かれのロマン主義的な色彩を帯びた青年期において、「民族」（Volk）の下に国家的共同体にまで有機的に組織化された国民(die zur staatlichen Gemeinschaft organisierte Nation)を理解していた。こうした国民はその政治的生（生活活動）を理性的に、つまり自由に、同じく必然的に、つまり所与の歴史的国民的諸前提の下に秩序づけている。

（3）それゆえに、ヘーゲルと歴史［法］学派とは、しばしば互いにきわめて近く触れ合ってはいるのであるが、まさにこれらの見解が文字通り一致するところで、権力と法権利の関係（Verhältnis von Macht und Recht）についての一貫した、原則的に異なる見解が示されるのである。たとえば、「憲政秩序（国制）と基本法（Verfassung und Grundgesetze）」は、分かち難く民族精神と関連していたのであり、それゆえに、「法令集の作成（Machen eines Gesetzbuchs）」がそうでないのと同じく、「作成（作為）（machen）」されることはないとヘーゲルが考えているとすれば、ヘーゲルはそれによって、サヴィニー［Saviny］よりも比較を絶してはるかに歴史的に、次のことを謂わんとしているにすぎないのである。すなわち、それぞれの時代とそれらにおける最大の権力は、みずからに、たしかにまたみずからの成文化され合理的に定立された法権利を創造する（生じせしめる）(schaffen)、ということを。[3] これに対して歴史［法］学派はいつも、継承されてきた、恣意的ではなく成立し、さらになお生き続けている法権利や習俗規範（人倫）性についての信憑（確信）(Rechts- und Sittlichkeitsüberzeugungen)［慣習的法権利］を、いつも強調するのであるが、この信憑（確信）［慣習的法法権利］を、権力に対して絶えず制限として定立するのである。

【サヴィニー】
【生成発展する国民の歴史から成立する法権利：シェリングを介したサヴィニーへのヘーゲルの影響】

かくして、この［歴史法］学派の頭目、サヴィニー［Saviny, Friedrich Carl von, 1779-1861］が綱領的に告知しているところによれば、①個人はいつも「より高次な一全体の分肢（Glied）」であり、「必然的に同時に、一家族、一民族、一国家の分肢として考えられなければならない」。②あらゆる時代は、「同時に必然的かつ自由であり」、「絶えず生成しみずからを発展させる全体としての一民族のより高次な本性から[4]」産出されている。とりわけ、③「法権利の素材は、国民のもっとも内奥の本質とその歴史から」現出してきたのである。[5]ここではたしかに、サヴィニーのこうした諸見解のきわめて高貴な源泉は、親しい交友関係を通じてとりわけかれにも馴染みのものとなっていた一般的なロマン主義的・国民的な時代の雰囲気であったし、同じく哲学はその際、かなり下位に秩序づけられた役割を演じていたと見なしてよかろう。[6]とはいえ、歴史的な必然性と自由、国民的国家の個体性といった特定の基本思想及びさらにその他の思想だけが、サヴィニーとヘーゲルとの間のひとつの「内面的共通性」を形成しているのでは決してないし、そしてこれらの基本思想は、上で示したように、後者［ヘーゲル］によって「シェリングの苗床から借用されていた[7]」わけでも決してないのである。そうではなく、ヘーゲルに固有の思想は、途中サヴィニーへのその影響が一般的に想定されるシェリング[8]を介して、歴史学派とその指導者にその影響を与えていたのである。[9]

【歴史法学派においては国家や政治（権力）にはそれほど大きなウエイトが置かれていないが、その有機体的国民（民族）概念には、ロマン主義やバークのみならず、ヘーゲルが影響を与えている：両義的人民（民族）（Volksbegriff）の意義転換】

歴史法学派は非合理的な民族精神のドグマに制限されていることを示唆しておいたが、このことによっておそらく、国家と政治とはこの学派においては一貫して下位に秩序づけられた役割を演じている、ということを説明しうるであろう。[10]「歴史［法］学派の国家論[11]」については、一定の誇張をもってのみ、そしてすぐれたテクスト解釈（Konjektur）によってのみ、語ることができるにすぎない。しかし、この学派の「基本思想」は、①この学派によって企図された「国民概念（Nationalbegriff）を深めること」において、②「原子論的な人民概念（Volksbegriff）を、諸世代において生き続けている一体性としての民族（Volk）という理念と置き換えることにおいて、③諸個人を通じて行為する民族精神のイメージにおいて、④こうした一元論的超人格主義から帰結する人民主権（Volkssouveänität）を峻拒することにおいて、呈示されるとするならば[12]、ロマン主義の影響以外では、とりわけバークの刻印以外では、ヘーゲルが［歴史法学派の］間接的あるいは直接的な源泉として、退けられてしまうわけにはいかないであろう。

【(1) 歴史法学派は、民族精神思想と法実証主義を一致させるが、ヘーゲル的権力国家理念を欠いている、(2) 歴史法学派における人間の自然本性規定と個人倫理的原理】

(1) 歴史法学派が論理や哲学に精通していたならば——それはそうではなかったが——歴史法学派は、この民族精神の思想と一致するその法実証主義を、論理整合的に、ヘーゲルの権力国家理念へと導かざるをえなかったであろう。というのは、国民的共同体は、あらゆる法権利の究極の実質的かつ理念的な源泉である以上、必然的に、この共同体の有機的組織に、つまり国家に、絶対的に最高の法権利を、つまり対内的かつ対外的な国民的・帝国的全能（die innere und äußere national-imperiale Omnipotenz）を、認めざるをえないからである。歴史法学者たちは、民族（Volk）から国家（Staat）への歩みを辿らなかった。かれらは、同一哲学（Identitätsphilosophie）そのものを総じて継承しなかったように、民族精神と国家権力をまったく同一視することはなかったのである。かれらはかれらの民族精神の法実証主義（Volksgeistspositivismus）が権力国家的諸要求を行なうことを拒否したのである。かれらの諸々の政治的イメージは、その土台においてきわめて不明瞭にロマン主義的であるように、その頂点においてもそうである。

（2）かくしてサヴィニーによれば、「すべての法権利の一般的課題は――キリスト教的な生命観（christliche Lebensansicht）において提示されているような、人間的自然本性の人倫的使命（規定）（sittliche Bestimmung）にあっさりと還元」されうる。[13] このひとつの個人倫理的な原理（ein individual-ethisches Prinzip）の想定は、［サヴィニー当人の］申し立てによれば、［それだけで］［完全に］充分なものであるはずであるから、「この原理に、さらに第二のまったく異なる原理を公的な福祉の名の下に定立することは、すなわち、この人倫的［個人倫理的］原理の外に、それとは独立した国家経済的な原理を受け入れることは、何ら必要なことではない。というのは、この原理は、それが自然に対するわれわれの支配を拡張することを目指すことによって、それによって人間の自然本性の人倫的諸目的が達成されうるところの手段を増大させたり高貴なものにしたりしようとしうるにすぎないからである。しかし、ひとつの新しい目標はその［個人倫理的原理の］中に含まれていない」[14]。法権利の本質について、これ以上素朴かつ非政治的に、しかしまた、これ以上あらゆる権力イデオロギーから眼をそむけて、語られたことはおそらく稀であろう。

【プフタ】

【Macht と Recht の関係に関するプフタの両義的態度（1）プフタもサヴィニーと同じく、基本的には自然法的法治国家思想の立場にたって、権力に対する法権利の先在性を前提にしているが、法権利の起源に関して国民的意思の自然的関係を認めている。（2）国際関係（国際法）における国家人格性の相互承認との不法越権における自己救済】

（1）サヴィニーと同じくプフタ［Puchta, Georg Friedrich, 1798-1846］もまた、法権利（Recht）と国家権力

（Staatsmacht）を同置（同一視）しようとしていない。両者はかれにとって「神から与えられたもの」である。しかし、法権利は「国家によってはじめて（成立するのでは）なく、国家はむしろ、その主要な課題を支えうるひとつの法権利的意識（ein rechtliches Bewußtsein）、ひとつの法権利（ein Recht）をすでに前提にしている」。［ところが］［近代］自然法［論］的な法治国家（Rechtsstaat）思想へのこうした接近においてプフタは、法権利の起源は「国家の外に（あり）、しかも、神の命令によるその超自然的関係においてのみならず、国民的な意思によるその自然的関係において（ある）[16]」と主張するにまで至っている。

（2）歴史法学派がヘーゲルの権力国家（Machtstaat）思想を殆んど意に反してどの程度受け入れているのか、しかし歴史法学派は他面でそれをどの程度退けているのか、これをひとは歴史法学派が対外的国家について意見を述べている――これはきわめて稀なことであるが――ところで、もっとも明確に認識する。プフタはかつて国際法（Völkerrecht）について、次のように述べている。国際法の内容は、「これによって、個々の諸国家の人格性が承認され、その実効性が相互的な法権利において保障される、（ということにある）。一国家が、他の一国家に対して、ある相対的ないし絶対的な不法越権（Unrecht）に対して国際法が規定していることを現実に履行することは、ここではいずれにしてもさしあたり自己救済（Selbsthilfe）であり、したがって毀損された国家の固有の権力に委ねられており、そのかぎりでやっかいなことである。しかしながら、より弱い国家の権力はこのことに関して、一面で法権利の感情（Gefühl des Rechts）によって、一面ではそれらの利害関心（Interesse）によって駆り立てられる他の諸国家の権力（Macht）によって補完される、ということが期待される[17]」。したがって、ここでは一つの超国民的で前国家的な法権利の感情があらゆる法権利の源泉として想定され、そして、ひとつの自然法的な「絶対的不法越権」について語られ、しかし、それでもやはり、国家の人格性の自己救済権が承認されているのである。

【レクシウス】

【歴史法学派の原理と立場の矛盾：国家主権を認めない歴史法学派】

レクシウス〔Rexius〕が、歴史法学派の見解に従って、国家は民族の一体性の有機的組織化として「その法権利の根拠をそれ固有の現存（Existenz）の中に」有している、と考えているとすれば[18]、かれはこのことをおそらく、この学派の法実証主義的な基本思想から推論しているのである。しかし、この学派そのものは標示された結論を引き出さなかった。このことはすでに、とりわけ歴史法学者たちは国家そのものに主権は当然与えられるべきであるという見解をとっていない、というレクシウスによってなされた観察から現われている[19]。したがって、ヘーゲルは国家権力を絶対的で不動の自己目的として定義し、法権利をこのための手段として概念把握しているが、これに対して、この学派は歴史的に成立した宗教的・倫理的かつ社会的な諸権力に——部分的には、必ずしもいつも必然的な推論結果に結びつけられなかった言葉をもってでしかないとしても——優位性を認めたのである。それゆえに、ここ〔歴史法学派〕からは、ドイツの権力論は独創的な養分を獲得しなかったのである[20]。

【ゲルバー、ラーバント】

【公法学者ゲルバー、ラーバントによるヘーゲル国家権力理念の形式化：主権、国家暴力、閉じられた一体性、国家の権力契機】

ところで、とりわけ私法にみずからを制限している歴史法学派からのみならず、ドイツの公法学者たちからもまた、ヘーゲルの権力論は部分的に見過ごされた。たしかにヘーゲルは、ドイツの国家論において、かれの「全体から」の国家の概念把握をもって模範となった。ところがヘーゲルの死後、ゲルバー〔Gerber, Karl Friedrich Wilhelm von, 1823-1891〕やラーバント〔Laband, Paul, 1883-1918〕によって展開された国家論によって、国家権力についてのヘーゲルの生きた理念は、抽象的かつ形式的な主権概念という黄身を吹き出した卵（das ausgeblasene Ei）に変質させられてしまった。それゆえにヘーゲルの影響力は、まさにこの方向においては、国家についてのそれほどは抽象的ではない法学者たちの考察においてそうであったであろう以上に、中身のないものであったのである。しかしながら、こうした形式的な国家論においてもまた、①あらゆる探究の頂点に立てられるのが、「唯一法学者だけが関心をもつにすぎない国家権力（Staatsgewalt）という概念[21]」であること、そして②国家はいつもひとつの閉じられた一体性（eine geschlossene Einheit）として捉えられること——これらのことは現代のあらゆる公法学者たちが協賛するヘーゲルの最大の功績に属している。これに対して、より歴史的・社会学的に方向づけられた国家考察にとって、まったく別の——しかもヘーゲル的な——意味で確定されているのは、「国家論もまた、人が通常国家の権力契機と呼ぶもの」から出発しなければならない、ということである[22]。

【イェリネク】

【権力論としての国家論：創造するものではなく、保護し防衛するものとしての法権利：法権利（Recht）の限界としての「国家が現存するという事実（Faktum der staatlichen Existenz）」】

今日のドイツの国家論がいつももっぱら国家の外面の形式的・法学的な認識に向けて固定されなかったところでは、その国家論は、間接的にせよ直接的にせよ、意識的にせよ無意識的にせよ、ヘーゲルの権力論に結びついているのであり、カント、フィヒテあるいはいずれかのドイツ哲学者には結びついてはいない。多くの人たちに代わって、ここではもっとも代表的な現代の公法学者ゲオルク・イェリネク〔Georg Jellinek, 1851-1911〕の名前を挙げよう。かれの徹底的な哲学的な教養をつくりだしているのは、おそらく、かれによってしばしば引き合いに出されているヘーゲルとの間接的な諸関係である。いずれにしても、イェリネクにヘーゲル的な権力崇拝を求めても無駄である。

しかし、イェリネクにもまた、次のようには思われているのである。すなわち、「人間的な諸事物の相互作用において、諸々のより高次な文化目的が国家の権力防衛（Macht-Schutz）と法権利の目的とのための手段の役割を引き受けることによって、われわれには当然と思われる［文化と政治、Recht と Macht の］関係が、さしあたり逆転する」と。[23] けれどもこの法権利をかれは、「究極的根拠においては、創造する（される）もの（schöpferisch）ではなく、保持しかつ防衛する（される）もの（bewahrend und abwehrend）」として認識している。[24] それゆえに、「イェリネクによれば」国家の「第一及び第二の」目的は、「固有の現存と固有の名望を保持し促進すること」[25]であり、そして「国家の現存という事実において、あらゆる法権利はその乗り越えられない限界を有しているのである」[26]。

【超個人的国家人格性、有機体的国家像：契約論的国家権力正当化論の排除】

この［イェリネクの］国家論においてはまた、①国家を超人格的なひとつの権力の全体として捉えることと、②権力の合法性の一理念的尺度としての、ヘーゲルを除きなおまったく揺るがされない国家契約（Staatsvertrag）のドグマを排除することとが、結びつけられていた。そして国家契約の理念に代わっていまや、しかも大抵はヘーゲルの影響の下に直接的に登場するのは、超個人的な国家人格性（die überindividuekke Staatsperönlichkeit）の思想（思惟範疇）であり、多くの人たちにおいてはまた、有機体としての国家像（das Bild vom Staat als Organismus）である。注目すべきことに、ヘーゲルはわたしの見るかぎり、こうした国家観の創設者としては殆んど知られないままであった。[27]

【近代自然法論における個人主義と二元論：契約国家論的個人主義に代わる有機体論的・国家人格性論集団主義：君主主権・人民主権に代わる国家主権】

フィヒテも含めて［近代］自然法［論］の総体にとって、ひとつの実在的な有機体的人格性としての国家についてのイメージは、疎遠なものである。このことの創造的論証を、われわれは周知のようにギールケの諸労作に負っている。フリードリヒ大王の国家観がかの国家観の形成に大いに貢献したとしても、この国家第一の下僕の理論もまた、とことん［近代］自然法［論］の個人主義的な軌道に留まり、そして、思惟においても行為においても支配者主権の教説をきわめてはっきり主張した君主は、おそらく稀にしか存在しなかった。(28) 老ピュッターやJ・Chr.・マーイェル［Majer］は、国家主権への多くの些細な共感にもかかわらず、［近代］自然法［論］的な二元論を乗り越えなかった。(29)

【アルブレヒト】

【（1）公法学的人格性理論：共同体（Gemeinwesen）、（2）アンシュタルト（Anstalt）としての国家概念：超人格的国家人格性（transpersonale Staatspersönlichkeit）：アルブレヒトが呈示した概念はいずれもすでにヘーゲルが呈示している】

（1）法学者のアルブレヒト［Alblecht, Wilhelm Eduard, 1800-1876］は、今日文句なく現代の公法学的な人格性理論（publizistische Persönlichkeitstheorie）の創始者と見なされる。(30) 突然校正済みの詩句を思いつく詩人たちのような仕方で、アルブレヒトは一八三七年にマオレンブレッヒャー［Maurenbrecher］の国法論（Staatsrecht）の論評に際して、このあらゆる国法理論のうちでもっとも基本的でもっとも射程距離の長い理論を、「まったく新たに、そしてもともとあらゆる――まわりの文献から引き出された――論拠なしに(31)」突然提起したらしい。アルブレヒトはかの論評において次のように詳述した。すなわち、「われわれが今日考えている国家なるものとは、万人のであれ、あるいは多数者のであれ、あるいはまた個々人の、つまり例えば支配者のであれ、かれらのもっぱら直接的に個人的な目的や利害のため計算されている、人々のひとつの結合体（Verbindung）ではなく、ひとつの共同体（Gemeinwesen）、すなわちひとつのアンシュタルト（Anstalt）［制定律を備えた非任意団体］である。このアンシュタルトは、決して支配者及び臣下たちの個人的な利害関心の単なる総計ではなく、個々人たちを超えて存立し、さしあたりはひとつのより高次で一般的な利害関心の総体を形成する諸目的に捧げられているが、これらの諸目的から、ようやくはじめて間接的に、かれらに栄養、助成、方向が与えられる」と。アルブレヒトは結局のところ、「必然的にこの領域で支配し、行為し法権利を有する、そうした人格性を、国家そのものに帰し、そこからこの国家を法人格（juristische Person）として考えることに導かれる」[32]。

（2）一見して、ここで見きわめなければならないのは、この「われわれが今日考えている」という言い方は、すでにアルブレヒトよりずっと以前に、しかもわれわれが付言しなければならないように、ヘーゲルによって達成されていた状態を前提にしている、ということである。「法学的（juristisch）」[33]というまったく余計な形容語句を度外視するならば、ここにはまた、われわれにお馴染みのヘーゲル的な超人格的な国家人格性（transpersonale Staatspersönlichkeit）以外のものは現前していない。その際指摘されなければならないのは、ひとがアルブレヒトのひとつの特殊性としてそこに価値を置くように見える[34]「共同体（Gemeinwesen）」という国家の標識づけすらも、ヘーゲルにはすでに『精神現象学（*Phänomenologie des Geistes*）』[35]において馴染みのものであり、そしてヘーゲルによって『法権利の哲学（*Philosophie des Rechts*）』において、そしてとりわけしばしば「歴史哲学（Geschichtsphilosophie）」において用いられている、ということである。したがってアルブレヒトはかれの論評において、国家人格性についてのヘーゲル哲学によって形成された理論を受け取ったという以外のことをしなかったのである。アルブレヒトに、ゲルバーは正面切って結びついているが[36]、かれの功績は、人格性概念をあらゆる法権利の領域のために統一的なものとして指摘し、国家人格性の理論を法学的に支配的なものとしたことである[37]。

【国家人格性・主権的意思・君主制原理―原理的難問：ヘーゲル的国家人格性論における絶対的支配者としての君主】

ところで、ヘーゲルにおける君主の地位から、国家の現代的な人格性論と対立するものを導き出そうとするならば、まさにこの点において、現代人たちはかれらの系統樹を直接的にヘーゲルまで遡らせることになる、ということが示されることになろう。ヘーゲルにとってと同じく今日の教説にとってもまた、国家人格性は意思にある。「国家の第一の本質的メルクマールは、人格性としての固有性である。こうした人格性を国家が占有するのは、国家が統一的意思を有するからである」[38]。しかし、ヘーゲルはすでに次のように指摘していた。主権的意思としての国家の抽象的なイメージは、たしかに容易である。［ヘーゲルによれば］「より困難なのは、このわれ意思す（Ich will）が人格として捉えられることである」。ヘーゲルの意思のドグマ（Willensdogma）についての教説から生じ、そして、かれが権力分立（Gewaltenteilung）や立憲主義（Konstitutionalismus）にもかかわらず、君主制的原理の適用によって絶対的支配者において見出している、こうした困難の解決は、かれの人格性の教説を現代的な教説から区別しているのみならず、前者を後者ときわめて緊密に結びつけてもいるのである。

【ベルナーツィク】

【立憲君主制論に潜む形容矛盾（contradictio in adjekto）：団体権における意思のドグマ（Willensdogma）の不条理な帰結：「意思する人を欠く意思活動」（Wollen ohne Wollenden）：君主（支配者）の機関人格性、機関的地位、機関的意思とその実存的主体としての意思のディレンマ】

いかにして僅かな例外を伴いあらゆる公法学者たちが法権利意思（Rechtswille）及び国家意思（Staatswille）についてのヘーゲルの理論に従ったか、そしていかにかれらは決定的な問題を――君主の機関的地位及び固有の法権利を——例外なくすべて拒否したか、これらのことをベルナーツィク〔Bernatzik, Edmund, 1854-1919〕はシャープなセンスで示した。ヘーゲルや大部分のドイツの国家理論家たちによって主張されているような君主制的立憲主義（立憲君主制）（der monarchische Konstitutionalismus）の中に潜んでいる形容矛盾（contradictio in adjecto）を完全に評価するために、ひとは、すべてのこうした「団体権における意思のドグマ（Willensdogma im Verbandsrecht）の不条理な諸帰結」[39]を、心に留めておかなければならない。ヘーゲルにおけるのと同じくここにおいてもまた、一方では国家人格性の機関であるとされ、そして、〔他方では〕にもかかわらず、再び、どこからも導き出されないかれら固有の支配権（eigenes, nirgendher abgeleitetes Recht auf die Herrschaft）を有しているとされる、そういう支配者〔君主〕たち（Herrscher）が見出される。「にもかかわらず、ひとがかれら〔そうした支配者たち〕をそれらの主体であらしめる、すべての法権利は、国家の法権利であるとされる」[40]。しかしながら、ひとがヘーゲルのかの「困難なこと」（jenes Schwere）に、すなわち、「誰がかの国家のかの意思を捉えるべきなのか（wer jenen Willen des Staates fassen soll）」という問題に逢着するならば、ひとは君主制原理を承認しようとしない人たちにおいて、「その機関の意思とは特殊的に異なる国家の意思」（プロイス）を、あるいはベルナーツィクが適切に指摘しているように、ひとつの神秘的な「意思する人なしに意思すること（意思する人を欠く意思活動）（Wollen ohne Wollenden）」を、見出すことになる。ギールケの機関人格性（Organpersönlichkeit）にしても、しかしまたイェリネクの機関的地位（Organstellung）にしても、このディレンマから満足させる抜け道を提供していない。

【原理的矛盾を孕む立憲君主制原理↑国民的権力集中への願望】

それゆえに、圧倒的に多数の公法学者たちがヘーゲルの解決の虜になっていても、驚くに当たらない。しかしながら、①ヘーゲルの意思ドグマ（Willensdogma）〔国家の権力意思を体現する立憲君主〕は君主の地位を別様に根拠づけること［例えば神授権に基づく絶対君主］にとって形式的な妨げを意味するにすぎないこと、そして②［絶対、立憲］君主制原理に留まることの基礎にあるのは、国民的な権力集中（nationale Machtkonzentration）――ひとは神の恩寵なしに民族にこの能力があるとは思わないのであるが――への願望であること、これらのこと［①、②］は、法学的諸概念を、ひとつのアプリオリに与えられたもの（ein a priori Gegebenes）としてではなく、現前する諸々の権力利害を後から構成したもの（die nachträgliche Konstruktion vorhandener Machtinteressen）として、あるいはしばしばまた、望まれた権力状態の先取り（Antizipation gewünschter Machtzustände）として、このいずれかとして概念把握する人にとっては明らかであろう。

【（1）立憲君主制原理及び権力国家思想（市民社会・法治国家・福祉国家に対する権力国家の優位）への公法学者の願望（信憑）を成立させたドイツ近現代の内外の政治状況、（2）国家人格性、国家主権は、君主であれ誰であれ、実存的（自然的）人格が担わざるをえない】

（1）立憲君主制的原理についてのヘーゲル的教説にも同じくその現代的な教説にも歴史的な根拠づけを与える政治的見解を、ひとは次のような言葉で総括しうる。すなわち、「プロイセンは顕著な意味において軍国主義的国家である。そして、この国家はこの国家によって基礎づけられたドイツ帝国と同じく、一般的な政治状況によって、見通しうる将来にわたってそうした国家であることを強いられている」[41]。ここでもまた、権力としての国家はいつもなお、あらゆる制限なしに支配者において体現されており、そして、「立憲主義的憲政秩序（国制、憲法）（die konstitutionelle Verfassung）は、本来、市民（ブルジョア）社会としてのその固有性における人民にのみ係わっているにすぎない」。君主制国家を市民（ブルジョア）社会と対立させ、前者を後者の上位に秩序づけることは、まったく疑いなく、ヘーゲルに由来することであるが、その根拠づけは、「われわれにあっては、福祉目的（Wohlfahrtszweck）

はしばしば権力目的（Machtzweck）の背後に退かなければならなかった」という点にあるとされる。[42]そして、この対内的かつ対外的な権力目的は、持続的に絶対的支配者によってのみ実現される、という見解をひとは有するがゆえに、ひとはプロイセン・ドイツ的な形式の君主制的立憲主義（立憲君主制）を「立憲主義のひとつの不完全な発展段階としてではなく、まさに絶対主義の継続的形成に基づく、立憲主義的諸制度を君主制的幹に接木することによって成立した、ひとつの固有種の憲政秩序形式（Verfassungsform）として」、考察するのである。[43]まさしくヘーゲルによってはじめて定式化され、かつ哲学的に根拠づけられた意味において、それ［君主制的立憲主義］は、われわれにとって神の恩寵（Gottesgnadentum）が「今日もまた、そこにおいてフリードリヒ大王が君主制原理を理解した精神と、また同じく、神聖同盟の時代、啓蒙思想、革命、ボナパルティズムに対立した正統性の時代、こうした時代とともに慣例化した精神と、折り合いがつくものとして、妥当して」ほしい、という一連の多くの公法学者たちの願望である。[44]

（2）だから、ひとは現代の国家論とヘーゲルとのこうした一致の中に、同じく、反革命的かつ拡張的・国民的な権力一体性への願望を、瞥見しなければならない。「それによって対内的な紛争が大概予防されるがゆえに」のみならず、それによってまた対外的な権力の確証（Machtbestätigung nach außen）が総括されかつ高められるがゆえに、国家の一体性はまた最高の一機関の一体性において呈示されるべきであるという政治的要求は、「しばしば、法権利として一つの機関に国家権力全体（ganze Staatsgewalt）が集中されていなければならない」という誤った命題にひとを導いたのである。[45]たしかに国家は理想的人格性として主権の保有者であるべきとしても、しかし、この主権が［国家人格（機関）から］支配者の自然的人格に「移る」ならば、それは君主の地位についてのヘーゲル以来継承された見解に他ならない。[46]同じことは国家主権へのひとつの固有の法権利を占有するとされる君主［（世襲）君主権］についてもいえる。[47]とりわけこうした［主権を担う（世襲）君主権という］法権利がまさしく国家権力の一体性ゆえに要求される場合がそうである。[48] しかし、国家権力のお馴染みの広く拡張された「担い手」［例えば、宰相、大統領、国家主席、等々の最高国家権力者］もまた、ヘーゲル的支配者の末裔である。この担い手にもまた、あらゆるかれの権限が「［かれの地位に］固有の法権利」として帰属し、そして、かれは「その人格において国家権力の総体を統一する」のである。[49]

【閉じられた一体性としての国家：対外的政治：諸国家間関係】

ヘーゲルの古典的意義は、現代の権力イデオロギー一般の意義と同じく、対内的政治の領域におけるよりもむしろ対外的政治の領域にある。それゆえに、ヘーゲルは国家間関係についての見解に実に画期的な影響を及ぼしている。ひとつの閉じられた一体性としての国家というかれの見解は、ドイツ国際法学をまったく新たに方向づけることになった。ヘーゲルによる国際法学の転換は、支配的な教説によっても広く承認されることになる。[50]

【国際法（Völkerrecht）の主体としての権力国家：法権利（Recht）の関係ではなく権力（Macht）の関係としての国際政治：個別的国家の権力（Macht）と利害関心（Interesse）としての真実の法権利（Recht）】

唯一国家だけがその一体性において国際法（Völkerrecht）の主体になりうる、というヘーゲルの基本的テーゼが普遍主義を志向する国際法理論家に影響を与えたとするならば、かれが諸国家間関係を法権利の関係ではなく、権力の関係として現実政治的に確定していることは、しかしさらに、むしろ、かれがこの国際的な権力闘争を理念化していることは、しばしばひとつの国際法の可能性を否定することに、そして、その国際法を願望することを退けることに導かれた。絶対的に最高の権力としての国家は自国のあるいは他国の法権利による一つの結合（拘束力（Bindung））を許さないから、国家間関係は、相互承認の単なる外交的な形式性として特徴づけられたか、あるいは、賢慮ないし道徳の規則として特徴づけられたか、このいずれかであった。これにともない、真実の法権利は個別的国家の権力及び利害関心となり、この国家に国際法の承認が後から必然的に確証するものとして付け加わるのである。

【クリューバー、ガーゲルン】

【一八世紀的近代自然法論の普遍主義的国際法論】

国際法についてのヘーゲルの見解は、ドイツ的な学問の世界に実り豊かな運動と新しい生命をもたらした。この科目における重要な学者でヘーゲルから直接的かあるいは少なくとも間接的な刺激を受けていない者はいない。クリューバー［Klüber, Johann Ludwing, 1762-1837］の時代以来、この学科の発展は停止している。クリューバー自身は、国際法をいまだなおまったく［近代］自然法［論］的な一八世紀の精神において扱い、ヨーロッパ的人間共同体を一つの「習俗規範（人倫）的統一体」と見なしていた。(51) この普遍主義的な傾向において、その後キリスト教的な立場からかれに従ったのは、ガーゲルン［Gagern, Heinrich von, 1799-1880. ドイツの自由主義政治家、第一回フランクフルト国民議会議長］である。しかし、その間、ヘーゲルの権力国家観は学派をなし、一連の著述家［公法学者］たちがこの学派に結びついていた。拙論のこの後の展開においてヘーゲルのいくつかの学派における国際法の発展に立ち戻るために、いく人かの僅かなヘーゲルの後継者たちを、われわれはここで考察しておきたい。

【ピュッター】

【ピュッターの国際法論】

ヘーゲルの影響の下にドイツ的国際法の中に「新鮮な見解の力強い息吹(52)」を吹き込む最初の人は、カール・テオドール・ピュッター［Pütter, Karl Theodor, 1803-1873］である。かれは一八二五年―二七年にベルリンで法学（Rechtswissenschaft）を専攻し、ここのヘーゲル学派サークルの中で、とりわけ歴史、文献学、哲学を学んでいる。

【（1）国際法における理論と実践の矛盾：諸国家意思を限定している理性（Vernunft）及び法権利（Recht）：多様な特殊的諸国家理性の一致としての一般的理性（国際法）、（2）それぞれの習俗規範に基づく国法や私法の国際法への適用、（3）それぞれ固有の権力と法権利を有する自己充足的本質存在としての国家、（4）諸国家の習俗規範的理念の相互承認、（5）戦争が諸民族に判決を下す。「世界史は世界法廷である（Die Weltgeschichte ist das Weltgericht）」。「一元論的権力神学（monistische Machttheologie）：正義の戦争ではなく戦争の正義】

（1）ピュッターの出発点は、どの学問分野においても「国際法におけるほど、実践が理論に対して決定的に矛盾してはいない」ということである[53]。たしかに国際法は法廷の強制を欠いているが、しかし、国家意思は一般的な理性や法権利の法則に従って限定されるから、法権利の必要を欠いているわけではないとされる。けれども、これらの諸々の一般的な理性法則は、決して自然法を形成しない。そうではなく、それらの理性法則は、「互いに一致する（諸国家にのみ）、そして諸国家が一致するかぎりで」共通であるにすぎない。その際、はっきり強調されるのは、「諸民族の理性形成と、これに従ってまた国家や法権利の形でのその確証とはきわめて多様であるということである。それゆえにピュッターは、かれの師匠ヘーゲルと共に、ひとつの国家のあらゆる要求やその国家の戦争を「それらが諸国家の法権利に適っているならば、正当なもの（gerecht）として尊重すること」に躊躇しない。

（2）このようにして、「ピュッターによれば」国際法は「国家の概念や法権利」ともはや矛盾するのではなく、それらとまったく同調して、すなわち、「完全な自由において自己自身を、つまりその意思を、その理性的思惟によって限定する」ように思われる。このような見解に伴ってあきらかに国際法のあらゆる可能性は消えてしまうという異論に対して、ピュッターは次のような反論で対抗できると信じている。キリスト教的諸国家は、即自的に国際法において、「一貫して現実的に、そして、国際法を認識しようとするよりもむしろ創造しようとしてきた多くの学者たちが考えるよりもはるかに完全に」一致する、と。しかし、誰かが国家のこうした絶対的に自由な自己限定のために最後の決着をつけるのはより善い法権利（Recht）よりもより大きな権力（Macht）である、と主張しようとするならば、ピュッターはかれに「あらゆるその規範や形式において現代的諸国家の自足的な習俗規範（人倫）的本質によって規定されかつ根拠づけられる国法及び私法」を国際法へ適用することを指示する。

（3）個別的な脆弱な人間にとっては国家においてのみ「習俗規範（人倫）的理念」は達成されうるがゆえに、かれは国家の中に組み入れられざるをえない。これに対して国家は、「他者、外異なるもの（das Andere, Fremde）を必要としない、自己自身において充足される、自足的本質存在（das in sich selbst befriedigte, selbstgenugsame Wesen）である」。国家は「法権利（Recht）を知っているし――国家はこれを意思し――これを果たすことが許される」。なぜならば、国家の権力（Macht）はその理性（Vernunft）、習俗規範（人倫）性（Sittlichkeit）、憲政秩序（Verfassung）に基づき、国家権力（Staatsgewalt）は「法権利の形姿（Gestalt des Rechtes）であり、従って、暴力（Gewalt）と強制力（Zwang）の法権利（Recht）を有しているからである」。こうした国家観から国際法にとって論理的に帰結することは、ヘーゲルにおけるのと同じことである。

（4）国家は「あらゆる事物を前にして自己自身を――意思し（なければならず）、したがって、自由の、すなわちあらゆる関係及び関係態度（振る舞い）における自己限定の法権利――これは国際法においては主権（Souveränität）という名前で特徴づけられるのが常である――を自己のために要求し（なければならない）。国家は、このみずからの絶対的に主権的な権力を貫徹するに際して、他の諸国家や諸民族自身に不法越権（Unrecht）を為しえない。「その国家意思はそれらの意思、福祉、法権利に抵触することになったとしても、その国家意思がそれら［他の諸国家や諸民族］に内在する習俗規範（人倫）的な理念だけを、したがって、それら自身だけを諸国家や主権的諸民族として承認しかつ扱うかぎり、そうなのである。――主権的諸民族としての諸国家の相互的な認識（Erkennen）と承認（Anerkennen）に、実践的国際法全体と、とりわけ平時国際法とは、基づいているのである」。

（5）しかし、こうした承認は戦時においてもまたさらに存続し、そして戦時において、「一方が、そして両方（の民族）のどちらかが不法越権（Unrecht）であるか、という問いはありえない。両者はあらゆるときに正当なもの（gerecht）として尊重されるべき、法権利と憲政秩序に適うもの（recht- und verfassungsmäßig）として捉えられた、国家意思を、あらゆる権力と暴力（Macht und Gewalt）を伴い、法権利に適う形で（rechtlich）遂行する、法権利（Recht）を有している」。戦争（Krieg）がそのとき決定するのは、「どちらの国家がこの個別ケースにおいて正当な権利を有するのか（recht haben）、というよりむしろ、どちらが正義に適っているのか（recht sein）、誰のどの法権利（Recht）が真実かつ正当で神に嘉せられた法権利（das wahre und rechte und gottwohlgefällige Recht）なのかである。というのは、戦争そのものは、全能の正義であり、諸民族に精神を、精神と共に精神において権力と暴力を、地上に王国と栄光を、与えるからである。戦争自身が諸民族に判決を下す。「世界史は世界法廷である（die Weltgeschichte ist das Weltgericht !）」。まさしく古典的な仕方で、ヘーゲルのこれらの諸命題が一元論的な権力神学（Machttheologie）とピュッターのヘーゲルへの依存を表現している。

【オッペンハイム】

【（1）国民的権力国家の個体性と世界市民主義の普遍性の二律背反、（2）国家の自己保存義務・自己限定能力：国家権力の優位：ubi vis ibi jus、（3）諸国家間のそれぞれの権力、法権利、自己保存をめぐる衝突、（4）対外

関係における国家の自立性（Selbständigkeit）と平等の権利付与（gleiche Berechtigung）：諸国家の相互承認としての国際法：支配の事実（Tatsache der Herschaft）：永遠の平和（der ewige Frieden）に対する競争の永遠の戦争（der ewige Krieg der Konkurrenz）】

（1）ハインリヒ・ベルンハルト・オッペンハイム［Oppenheim, Heinrich Berhard, 1819-1880］は、一八四五年に出版された『国際法の体系』において、少なからず密接にかれの師匠ヘーゲルの権力国家哲学に結びついている。オッペンハイムもまた緒論において、諸々の民族の個体性が互いに無条件に尊重し合うようになることを願い、そして、かれの祖国の同胞たちに「文化と世界市民的諸傾向との同盟」[54]を勧説しているが、そうだとすると、これらの言葉は、この錯綜した体系における他の多くの言葉がそうであるように、かれ自身がそれに基づいてヘーゲルと共に国際法を構築している諸原理と矛盾している。［けれども］オッペンハイムにとってもまた、国民的諸国家は「諸個体」であり、かれは「抽象的コスモポリタニズム」には激しく反発している。[55]

（2）オッペンハイムもまた、国家の「自己保存義務（Selbsterhaltungspflicht）」、その無条件的主権を、「第一のかつ最高の法権利とその第一の義務」として規定している。「諸国家はみずからについての法務官（Prätor）を認識しない。そうでなければ、それらは国際法の無条件的主体ではないことになろう。そして、固有の力によって自己保存の義務を充足できない国家は、現存の歴史的法権利を有さないのである」[56]。この「永遠の習俗規範（人倫）的人格性」[57]の現存は、もっぱらその権力（Macht）に、すなわち「完全な諸国民だけが占有するもっとも固有な自己保存と自己限定の完全な力（Volkraft）」[58]に基づいている。権力の勝利の中に、オッペンハイムはまた、「世界法廷としての世界史」という言葉に訴えながら、「精神の戒律（命令）（Gebote des Geistes）」[59]を見出し、そして、いつも「力のあるところに正義あり」（ubi vis ibi jus）[60]という命題が戻ってきている。

（3）ヘーゲルを凌駕して、かれは、さまざまな諸国民が存在するかぎり、また「内容と性格において」さまざまな国家が存在するに違いない、という見解をとっている。しかしまさにそのかぎりでまた、その「国境を越える国家の法権利」も存在する。「こうした諸々の法権利の衝突と葛藤が存在すれば、国家は自己自身に法権利を与えなければならない。そして、歴史の精神にもっとも多く対応する種類の法権利の保護は、もっとも完全な勝利、もっとも輝かしい決断を約束し、大衆全体にその精神的生活のための物質的生活の犠牲を要求し、まさしく大衆全体によって完遂されうる、そうした種類のそれである」[61]。国家にとっては、「すべてのその力は、その自己保存の手段にすぎない。

（4）国家は、対内的に完全に時代に適した法権利を実現することによって、存立しかつ開花する。これに対して、国家には、対外的には、その完全な品位（Würde）を、すなわちその自立性（Selbstädigkeit）と他の諸国家との平等の権限（権利付与）（gleiche Berechtigung）とを主張するために、あらゆる手段が許されている」[62]。そして、ここにおいてもまた、われわれは国際法の主要な内容として、諸国家の相互承認（gegenseitige Anerkennung）を見出す。しかし、この相互承認についてオッペンハイムはまた、それは「可能なかぎり空虚なもの、かつ義務づけを伴わないものとして捉えうる、ということを認めている。それは支配の事実（die Tatsache der Herrschaft）に係わるにすぎず、そして、他の国家は自国に人格性（Persönlichkeit）として対峙している、ということをまったく簡明に説明している」[63]。戦争に関してオッペンハイムは、たしかに正義（gerecht）の闘争と不正（ungerecht）の闘争の区別をしようとしてはいるが、しかし永遠の平和（der ewige Frieden）に対しては次のような論争を挑んでいる。すなわち、「われわれの対内的国家生活が競争の永遠の戦争（der ewige Krieg der Konkurrenz）に基づくかぎり、商業政策のあらゆる運動が数千のプロレタリアに対して餓死による生命を代償にしているかぎり」、ひとは永遠の平和について語ることは許されない[64]、と。

【ヘフター】

【絶対的国家主権概念や国家における権力＝法権利（力＝正義）（Macht=Recht）、というヘーゲル・テーゼを、そっくりは受け入れなかった国際法学者ヘフター】

これに対して、国家権力はその法権利であるという、オッペンハイムによってきわめて雑駁に主張されたヘーゲルのテーゼは、ヘーゲルのさまざまな影響に従った、当時もっとも重要な国際法学者A・W・ヘフター［Heffter, August Wilhelm, 1796-1880］によっては受け継がれなかった。国際法は、ヘフターの見解に従えば、その必然性についてひとつの諸国家サークルが同意している確信に基づいている。そして、かれがヘーゲルと共に、「ディケー（正義）（Dike）」として法権利（Recht）を確証し、「ネメーシス（嫉妬）（Nemesis）」として不法越権（Unrecht）を罰する」歴史において、最終的な法廷を見ているとしても、かれはやはり、もっぱら国家の固有の意思と利害関心だけを法則と見なし、権力を手段としてそれを貫徹しようとする、そういう諸見解を退けている。「こうした見解のために存在するのは、およそ国際的な法権利ではなく、諸々の権力関係だけである[65]」。たしかにヘフターにとってもまた、一つの普遍的国家（ein Universalstaat）は存在しない。そして、「そのような国家が存在するならば、すべての国家はそれに対して戦うにことにならざるをえないであろう[66]」。戦争は「精神的な運動を生み出し、平時には眠るかまどろむかして、なんの収穫もないままである、そういう諸々の力を輝かせる[67]」というかれの見解は、疑いもなくヘーゲルに由来している。にもかかわらずかれは、国家の絶対的な主権という概念を退けて[68]、戦争を、きわめて外面的な正当防衛としてのみ、そしてその際もまた、ひとが危険をみずから招来したのではない場合にのみ、そして外国からの損害の将来の賠償と引き換えにして、許容しようとしているにすぎないのである[69]。

【国際法学における Realismus, Positivismus → Rechtwissenschaft ohne Recht】

総じて、はじめてヘーゲルは、国際法に関するドイツの学問を、実践的な政治において使用しうるひとつの教説にしたのであるが、こうした教説が取り組んでいるのは、もはやもっぱら国家の無限の目標ではなく、――とはいえしばしばあまりにもそのようではあるのだが、それでもやはり――きわめて身近な目標である。かくして、公法に関するドイツの学問は、われわれの哲学者に、とりわけ、「存在するところのもの」の認識（die Erkenntnis dessen, "was ist"）へのその接近を負っている。ヘーゲルによって根拠づけられ、一九世紀の自然科学的思惟によって強化されたその［法］実証主義を、その学問［公法学、国際法学］は、最終的には、その学問がしばしば「法権利なしの法学」（Rechtswissenschaft ohne Recht）[70]以外のものであろうとはまったくしない、という地点にまでもたらした。ヘーゲル以来、ドイツの公法学者たちの一部は、シラーがマリア・ステュアート（Friedrich Schiller, *Maria Stuart* I, 7）をして次のように表明せしめている警告を、超越していると自惚れていたのである。

> 思い違いをなさいますな。大蔵卿どの。そなたの眼には［イングランドの］国益［だけ］が正義と映っているのではございませぬか。

> Misstraut Euch, edler Lord, daß nicht der Nutzen
> Des Staats Euch als Gerechtigkeit erscheine.

［シラー自身のテクストの文脈から見れば、ここでシラーがマリア・ステュアートをしてエリザベスI世の忠臣・大蔵卿バーリ［Burleigh］に対して語らしめようとしている主旨は、それぞれNationとしてのイングランドとスコットランド間の

長年の闘争と国益をめぐる確執との克服こそが正義というものでございましょうに、というカトリック的な（あるいはシラー的な）意味で普遍主義的な主張である。」

第三章　ヘーゲルからビスマルクに至る権力国家思想の伝統

【(1) ヘーゲル権力国家思想→歴史学・公法学・国際法学→政治的歴史家（実践的政治）→ビスマルク、(2) ヘーゲル主義的な政治的歴史家たちの特徴：自由主義と保守主義の媒介：超人格主義的人格的個体・有機体としての国民的権力国家：君主制】

（1）われわれはヘーゲルの権力国家思想がビスマルクの時代精神に至るまでにとった道程を辿ってきたが、「狭い講壇のいわば」ツンフト的な国家学の枠を超えるようなことには基本的には触れてこなかった。一九世紀の形式主義的な学問［国家学、法学、公法学］は、すでに述べたように、ヘーゲルの実体的権力概念の構築物とは対立している。ヘーゲルの権力国家理念を伝えているだけでなく、実践的政治(praktische Politik)へと置き換えてもいるのは、なにはさておき歴史家たちなのである。歴史学派（historische Schule）は「政治的な」学派と呼び習わされているが、まさにこの歴史学派がいかに決定的にビスマルクの仕事に精神的にも実践的にも関与しているか、このことは周知のことである。なお「客観的な」と呼びうる上で扱われた歴史著述家たちが、すでにかれらの国家観においてヘーゲルから決定的に影響されていたとすれば、かれらに従っている政治的な歴史家たち（politische Historiker）を、かれらの国家観に関するかぎり、いくらか誇張して、総じてヘーゲル主義者たち（Hegelianer）[1]と特徴づけることができよう。

（２）こうした政治的な歴史家たちをそれぞれ個別的に考察することは、われわれの課題ではありえない。われわれが扱うことになるのは、一面で直接的にヘーゲルの弟子であり、したがってかれらの権力国家に関する思惟活動（Machtstaatsdenken）において、ヘーゲル自身に依存していると特徴づけうる人たち、そして、われわれを、思いもかけずビスマルクとかれの政治にまで導いていくと言えるであろう人たち、こうした人たちだけである。これらの政治的な歴史家たちがヘーゲルと共有しているのは、民主制を無条件的に退けながらも、しかし市民たちの国家への「生きた関与」をヘーゲルのごとく強調して、極端な自由主義と極端な保守主義との間を媒介する役割である。このような表現は、その際、かれらがとるあらゆる種類の穏健な（中間的な）党派的態度に関してかなり広く当て嵌まるであろう。かれらはすべて、①国家を超人格主義的国民的な個体かつ有機体（ein transpersonalistisches, nationals Individuum und Organismus）として捉えること、同じく②権力としての国家の本質を強調すること、これらのことをヘーゲルから継受している。しかしまた、③かれらの公然たるプロイセン的信条、同じく、④（後には大抵脱ぎ捨てられた）自由主義にもかかわらず、絶えず忠実に守られた君主制的立場、これらはヘーゲルの政治的学派をやはり垣間見せてもいる。最後に、⑤かれらはすべてまた、ヘーゲルのごとく［机上の］学問を些か軽蔑し、政治的影響力を願っている。こうした願望から、［ローゼンクランツ、レンツのような］ハイデルベルクの教授は、「大学で哲学を講義するのは厄介な危うい仕事である」と記したわけである。(2) 圧倒的多数の政治的な歴史家たちは、しばしばまた決定的な形で実践的政治に介入し、そして、それどころか、かれらの多くは、自分の学問を疎かにし、あるいは、その学問に持続的に不実となった。

【ダールマン】

かれらの中でヘーゲルの影響をどちらかといえば殆ど受けなかったのは、こうした歴史的志向の創始者、ダールマン［Dahlmann, Friedrich, 1785-1860. 歴史家、自由主義政治家、ゲッティンゲン七教授の一人、フランクフルト国民議会議員］であろう。にもかかわらず、この人物の思想発展の軌跡にもまた、シェリング・ヘーゲルの根源にあるものとの些か注目すべき関連が見られる。というのも、ダールマンは自分の自伝的スケッチの中でわれわれに「すでにギムナジウムのときに、シュレーゲルやシェリングの世界が自分の頭を去来していた」と記しているからである。(3)

【ドロイゼン】

【ベルリン大学でヘーゲル哲学の影響を受けたドロイゼン】

ところで、同様にダールマンの友人にしてもっとも近い政治的な戦友であるヨーハン・グスタフ・ドロイゼン［Johann Gustav Droysen, 1808-1884. 歴史家］は、かれの国家観をかれの師匠ヘーゲルにきわめて広範に負っている。(4) ドロイゼンは一八二六年に聴講生としてベルリン大学にやってきて、まもなく青年ヘーゲル主義者たちのきわめて緊密なサークルに受け入れられた。ドロイゼンは、ホトー［Hotho］、ヴェルダー［Werder］その他を伴って読書会（ein literarischerVerein）を創設し、毎学期ヘーゲルの歴史哲学を聴講し、ガンス［Gans］やホトーといったヘーゲル主義者たちのところでは、国法、歴史、美学を、聴講している。ドロイゼンがいかに忠実にヘーゲルの諸講義をフォローしているかは、かれのノートに基づいて、ヘーゲルの死後、師匠の作品が出版されたことからも明らかになる。(5) したがって、ヘーゲル哲学がドロイゼンの思想に直接的に影響を与えた可能性は十二分にあったわけである。

【ギリシア的精神とプロイセン・ドイツ：権力国家思想と普遍史的文化理念】

ヘーゲル自身やかの時代における他の無数の政治的思想家たちと同じく、ドロイゼンもまたヘレニズム（ギリシア精神）を介して国民的政治に至った。すでにかれの処女作『アレクサンドロス（*Alexander*）』（一八三三年）において、ドロイゼンには明確に、一方のアレクサンドロスの軍事的権力及び特殊ギリシア人的精神（das partikularistische Hellenentum）と、他方のこれに対応するプロイセン・ドイツ的な諸関係とのパラレルなもの（類似性）とが、思い浮かんでいた。だからドロイゼンは、確実にヘーゲルから影響を受けて、権力国家の優位に決然と党派的加担をしているのである。ここにはまた、「アレクサンドロスの名前と結びつけられる偉大な普遍史的な文化理念（universalhistorische Kulturidee）が強く現われている。ここにはヘーゲルの精神の息吹が感じ取れる」。歴史の英雄たちの中に世界を動かす偉大な諸理念が体現されるというヘーゲルの思想は、「ここではひとつの古典的な例において表現されている」（ヒンツェ［Hintze.］）。

【世界史の方向・目標・計画：歴史的生成過程とその成果において啓示される理性】

次の『解放戦争（*Freiheitskriege*）に関する講義』（一八四六年）において、ヘーゲルの思想は遥かに明瞭となる。師匠ヘーゲルと同じくドロイゼンもまた次のように信じている。すなわち、歴史学は世界事象の中に、すなわち「かの荒涼たる波浪の中に、一つの方向、一つの目標、一つの計画」を見出し、われわれに神の道を概念把握し驚異すること（Gottes Wege begreifen und bewundern）を教える」[6]と。そして、他のところでドロイゼンが詳述しているように、かれもまた歴史的諸画期の把握の中に、結局のところ「神の認識（Gotteserkenntnis）」を見ているのである[7]。どれほどドロイゼンが一般的に法権利（Recht）や国家（Staat）についてのヘーゲルの見解に負っているかは、次のようなかれの見解から明らかになる。すなわち、真実の理性の法権利（Vernunftsrecht）は、あらゆる瞬間に国家や法権利を新たに始め、ユートピア的抽象から導き出しえると思い込んでいる陳腐なラディカリズムとは何ら共有するものがないのであり、そうではなく、生成したところのもの（das Gewordene）そのものにおいて、そして、生成してきた道程において、前に向って進んでいく眼差しには、かの生成（Werden）の永遠の理性が啓示されるのである」(8)。

【権力論：国家（政治）の本質としての権力と支配】

ところで、われわれにとって次の問題は、権力としての国家についてのドロイゼンの理論は直接的にヘーゲルに由来するものである、ということが証明されることである。最近われわれには、ヒュプナー［Hübner, Rudolf］を通じて、この問題にとって些か重要な、政治に関するドロイゼンの講義についての知見が提供された(9)。いかなる精神においてそれらの講義が行なわれたかは、一八五一年に認められたドロイゼンの一書簡がわれわれに示している。その書簡においてドロイゼンはアーレント［Arendt, Wilhelm］に、かれは「国家と諸国家についての精密な学問、権力論（Machtlehre）」すなわち「内外の権力の諸関係、諸条件、諸潮流についての学問」(10)を行なう準備をしている、と報告している。ところでドロイゼンは、「その制約されずに規定された表現に照らしてみるなら、先行する型に嵌った表現様式（Fassung）を無視している」(11)独特の形式を、その権力理論に与えた、とヒュプナーは考えているが、そうだとしても、このことは決してかれの表現様式の全範囲について認めるわけにはいかない。しかし内容的にはドロイゼンの権力理論は、疑いもなくヘーゲルによってすでに「ドイツ憲政秩序（国制）論」において告知されていたそれ以外の何ものでもなく、ドロイゼンによって幾分自由主義的なものに移されてはいるが、まさにそれゆえに、ヘーゲルのそれほど制約されていないものではない。両者にあっては、国家は「諸個人から成るものではなく、諸個人の意思を通じて成立しない」(12)。そして、ヘーゲルが国家の概念にとって、権力という唯一の例外を除いて、すべては偶然的かつ恣意的なものとして標識づけているように、同じ意味のことがドロイゼンにおいても言われている。「国家の本質的側面は権力——対内的かつ対外的な権力——であることである。というのは、国家の最高の目的は、その対内的かつ対外的な自己保存であるからである」[12a]。国家は、「いかなる形式においてであれ、いかなる掌中にあるにせよ、それが権力を有するがゆえに、支配（herrschen）し、そして権力を有するために、支配者（Herr）である。これがあらゆる政治の総括である」[13]。

【国民（民族）による国家権力の習俗規範化：万人の生きた参加：国家市民的自由（古イングランド的自由）：王権と民族（国民）的国家市民】

かれの自由主義的な世界観と対応して、ドロイゼンは国民（Nation）、民族（人民）（Volk）、そして民族（人民）による国家権力の習俗規範（人倫）化（Versittlichung）に、絶えずより大きな強調点を置いている。「国家は、その人倫的な内容を、それが民族（人民）に由来したということによって見出したのである」[14]。「国家は民族に由来し、民族（人民）は国家に由来する。両者はきわめて本質的に相互的に関係している」[15]。にもかかわらず、ドロイゼンはまさしくすでにヘーゲルによって敷かれていた軌道の上で、国家の正当化を「万人の生きた参加（lebendige Teilname aller）」によって完遂している。ドロイゼンは自由の現実政治的な概念を、実践的にはヘーゲルよりもより深刻に受けとめた。かれもまたその概念を革命に対して鋭く境界づけているが、しかし「古イングランド的」自由の形姿において一つの政治的内容を与え、現代国家の課題を次の点に見ている。すなわち、「市民（ブルジョア）的自由（die bürgerliche Freiheit）を国家市民的な自由（die staatsbürgerliche Freiheit）の中に導き入れ、国家が要求する万人の生きた参加」を小さな、しかももっとも小さなサークルの中へと導く軌道を敷き[16]、それを、それが古イングランドを救ったような形式において、革命を創出する国家的エネルギーに結びつけること、より正確にいえば、王位の完全な権力（Machtsvollkommenheit des Thrones）を民族の国家市民性（Staatsbürgerlichkeit des Volkes）によって補完せしめること」という点に。[17]

【国家権力への下からの参加：習俗規範的権力概念：Macht と Gewalt の区別：対内的国家権力の理念的全能】

下からの権力衝動（Machttrieb von unten）と国家権力（Staatsgewalt）へのその参加とを強調することによって、ドロイゼンの権力概念（Machtbegriff）は、ヘーゲルにおけるのと同じ「習俗規範（人倫）的（sittlich）」な意味を獲得する。この概念をドロイゼンはしばしば暴力（Gewalt）と対立させている。ヘーゲルがまさにナポレオンと係わりながら、「外面的な優越する権力（Übermacht）は持続的には何事も果たせない」[18]と言ったように、ドロイゼンもまたナポレオン帝国を、ロシアのアレクサンダーのそれと同じく、「きわめて突出した意味における権力」[19]と呼んでいる。ドロイゼンにとっても「国家は、権力であること（Macht zu sein）の権限及び義務を有しているとしても」、かれはやはり、「国家の形式が粗野であればあるほど、それだけ国家の中にあるのは権力(Macht)でなく暴力(Gewalt)であり、それだけ国家は自由（Freiheit）においてより貧弱である」[20]と考えている。しかしながら、権力は「それがあらゆる習俗規範（人倫）的な諸領域において十二分の労働、健康、自由を養分としているとき、最高のものである」。国家は、習俗規範（人倫）的諸領域の他のそれぞれ［家族、市民社会］がそうであるように、他のすべてのそれらに関係しているのみならず、それらすべてを包括している」[21]。まさしくヘーゲルと同じように、ドロイゼンは内的（対内的）国家権力（innere Staatsgewalt）の、物質的ではなく理念的な全能（Allmacht）だけを意思しているのである。かれは絶えず「国家理念の専制（Despotismus der Staatsidee）」に対して反対している。この専制は国家の名において、民族、社会、市民（ブルジョア）層のすべての生きた諸力を、公的かつ私的な諸関係を、きわめて苛酷な秩序において反抗を許さず、あらゆる瞬間に単独で処理するからである」[22]。

【自律性・個体性・多様性を包括する一体性としての国家：国民的権力意思の表現としての有機体的国家：集積体（Aggregat）、機械装置（Mechanismus）と有機的組織体（Organismus）の対比】

ところで、ドロイゼンがヘーゲルの権力国家論に依存していることは、かれが近代的な国家思想の歴史的成立を叙述しているところ以上に、より明確になるところはどこにもない。かれはそこで、いかに「国家の理念」が「多くの私的な法権利、自由、協定の総体」から、「高権（主権・品位）（Majestät）、一般的なもの、本質的なもの、理性的なものから成るひとつの権力の完成態（Machtvollkommenheit）」[23]へと発展したか、これを示している。発展の次の歩みは、こうした国家理念がひとつの「純粋に政治的かつ国民的なそれとして捉えられた」ことにあった[24]。けれども、フランスにおいてもイングランドにおいても、国家は「その習俗規範（人倫）的な意義にまで突き進まなかった」[25]。ようやくプロイセンにおいて、国家は「すべてを貫徹し、すべてを包括し、すべてに責任をもつ権力（Gewalt）」として現われる[26]。しかし、このフリードリヒ大王の「軍国主義的な行政管理」国家（der "militärisch administrative" Staat）は、いまだおよそ「生きた一体的な有機的組織体」には程遠かった。この国家はやはりひとつの機械論的な人為的作品（ein mechanische Kunstwerk）にすぎないのである[27]。国家が最下層に至るまで、つまり「大衆の不活発で没歴史的な深層」に至るまで浸透した後に、ようやくいまや「正しい国家の理念が覚醒され、国家もまた神の秩序であることが周知のこととなる」[28]。ようやくフリードリヒ・ヴィルヘルム三世のプロイセンにおいて、シュタイン［Stein, Friedrich Karl von, 1757-1831］によって、「全体の一体性（Einheitlichkeit）において、諸部分の自律的運動を保護し、そしてそれに伴い全体の力を、その構成部分の気の抜けた（不毛の）一体性（öde Einerleiheit）においてではなく、その動的かつ個体的な多様性において基礎づけること」に成功した、とされている[29]。かくしてドロイゼンにとってもまた、「有機体的」国家（der "organische" Staat）は、「集積体（Aggregat）」や機械論（Mechanismus）に対立して、国民的な権力意思（der nationale Machtwille）の表現である。国家は、「それがさまざまな構成部分のひとつの集積体に留まるかぎり、その諸手段の中にある力の完全な総体を達成する」こともないし、その成員たちに国家の中にあるすべての利点を保証することもないのである。[30]

【法権利（Recht）に対する権力（Macht）の優位、契約国家（法治国家）（Rechtsstaat）に対する権力国家（Machtstaat）の優位】

かくして、ドロイゼンの国家観はあらゆる関係においてヘーゲルに依存しているのが分かる。ドロイゼンは、あらゆる政治を、現前する権力を現実的に評価することの上に基礎づけている。かれは、その諸要求をまったく抽象的に提起するどんな理論も退けている。けだし、それらの理論は、いかにそれらが諸現実に近いのか、あるいは遠いのか、それらを実現する手段はなにか、こうしたことに心を砕くことがないからである」[31]。ドロイゼンの教説によれば、①国家権力（Staatsmacht）は法権利（Recht）に先立っており、②国家の本質は法権利（Recht）ではなく、まさに権力（Macht）であり、③契約そのものが国家を拘束するのは、事柄が国家の利害関心を引くか、あるいは、国家の脆弱さが国家にそれを強いるか、いずれかの場合に限られる[32]。というのは、「物体世界において重力の法則がそうであるように、政治世界においては権力の法則（das Gesetz der Macht）が妥当する」[33]からである。これらすべての教説を、ドロイゼンはすでに疑いなくかれの師匠ヘーゲルから、言葉と書物において、聴き取っていたのである。

【（1）ヘーゲル的な権力神格化を退けているドロイゼン、（2）ヘーゲルにおける権力＝法権利（力＝正義）理論と戦争論への疑義、（3）国際法の歴史的実現可能性】

（1）ところが、ドロイゼンは、ヘーゲルと「自分との」の大きな違いとして、次のことを正面切って説明している。すなわち、かれによって講義された諸見解は、「わたしが推奨する教説や格律ではなく、総じて（in toto）政治において現われてくる諸事実である」[34]と。それゆえに、ヘーゲルの形而上学的な権力の神格化（metaphysische Machtapotheose）については、かれは多くを知ろうとしていない。ヘーゲルをして権力と習俗規範（人倫）性を宥和せしめている悟達（悟りきった態度、老練さ）（Fertigkeit）を、われわれの歴史家［ドロイゼン］は決して成就しているわけではない。果たせるかな、次のような問いかけは、［ドロイゼンが］きわめて疑い迷っているようなニュアンスを感じさせる。すなわち、「しかし、国家の課題は権力であるべきなのか？　諸民族の生活内容は、暴力を行使すること（Gewalt zu üben）、あるいはそれを蒙ること（Gewalt zu keiden）であろうか？　そして、国家に属していること（des Staats zu sein）が人々の習俗規範（人倫）的生活に欠かせないのであれば、一方［暴力行使］はかれらから習俗規範（人倫）化を喪失せしめ、他方［暴力被害］はかれらを憤激させるに違いない」。「人間がそこで生きるべき［人間をして人間として生かせしめる］最高の習俗規範（人倫）的な秩序が、正義、自由、平和という課題以外の課題を、それら以外の規範を、それら以外の基礎を、習俗規範（人倫）的なそれら以外のそれらを、意思しえたということ」[35]、こんなことは、ありえないことである。

（２）ドロイゼンの世界観とヘーゲルのそれとの差異から明らかになるところであるが、ドロイゼンはヘーゲルの権力＝法権利（力＝正義）という理論（Macht=Recht-Theorie）にあっさり同調しようとはしていないし、むしろ、「権力と法権利の関係（Verhältnis von Macht und Recht）には何ら確固たる保障は存在しないであろうということの中に、何か無慈悲なもの（慰めを欠くもの）（etwas Trostloses）を見出すこと」に傾いている。[36]広範囲にわたる見解の一致にもかかわらず、ドロイゼンはまた戦争の絶対的な習俗（人倫）性について決して確信を抱いていない。たしかに、かれはヘーゲルと共に、諸国家を「個体性（Individualitäten）」として、確乎として境界づけられた人格性（festumgrenzte Persönlichkeiten）として捉えているが、[37]しかし、それらの排他性はヘーゲルの度合いにまで至っていない。

（3）たしかに、ドロイゼンもまた現在の国際法をあまり重視してはいない。「これら［国際法］の基本的形成、これらの条約や協定された原則は、それらが権力に役立ち、権力によって要求されるかぎりで、妥当性を求めかつ見出している」［にすぎないからである］[38]。しかしながら、ドロイゼンは以下のことも疑ってはいないのである。すなわち、諸国家の関係は、「［ローマ市民の］所有権は外国人に対して永久なり（長期間の占有を以ってするも、外国人はローマ市民の所有物の所有権を取得するを得ず）（adversus hostem aeterna auctoritas esto）」［Lex XII Tablarum］から、契約や平和的交渉、国際法にまで前進する。連邦国家、諸国家連邦、諸国家体系、世界諸国家体系――これらはこうした運動のますます広がりつつある波紋である[39]。そして、「かつて諸々の野生化された小さな自律性［自律的諸集団］の無主の時代（herrenlose Zeit）［支配者と所有権制度を欠く時代］において、国家権力の形成がひとつの目的を定立し、そして国内に秩序と安寧、法律体系を国内に創成したように、最終的には国家の自律性の総体が、万人の平和、自由、法権利が保障されているひとつの憲政秩序（Verfassung）として集成されなければならない[40]」。

【（1）①習俗規範的共同性の有機的総体として国家、②国家の本質としての権力、③権利（Recht）と義務（Pflicht）を権力（Macht）として有する国家、（2）プロイセンにとっての権力問題としてのドイツ問題：祖国の権力的地位と自由主義的理念】

（1）権力としての国家はドロイゼンにとってひとつの歴史的認識であった。それ［権力としての国家］はかれには実践的政治において国民的要求となった。［もっとも］それはかれにとって決して最高の習俗規範（人倫）的規範ではなかった。しかし、ドロイゼンの見解によれば、［第一に］国家（Staat）は「あらゆる習俗規範（人倫）的共同性の有機的総体（der Gesamtorganismus aller sittlichen Gemeinsamkeiten）であり、それらの目的である」という要求を掲げる。［第二に］「国家及び諸国家の生活において、かくして、権力（Macht）は本質的なものであるが、それは家族の領域において愛が、教会の領域において信仰がそうであるのと同様である」。［第三に］唯一国家だけが法権利（Recht）と義務（Pflicht）を権力（Macht）として有している――ドロイゼンのこれらの見解はすべてヘーゲルの権力思想に属している。それらはドロイゼンの歴史的・政治的な学問の基礎であるだけでなく、かれの実践的・政治的な活動の基礎でもある。それゆえに、こうした［ドロイゼンの］活動は、結局のところ、ビスマルクの賛同をも少なからず享受したのである。[41]

（2）ドロイゼンはすでに、かれが国民議会の憲法制定委員会に属したフランクフルトにおいて、権力問題にいつも強調点を置き、そして立憲主義者たちの教条主義に一貫して与せず、それどころか一度は、自由主義を信奉するかれの友人たちを、折に触れて軍制改革の顧問に招聘していた。フリードリヒ・ヴィルヘルム四世が王位を拒んだ後にもまた、かれは「プロイセンと列強システム」というパンフレットの中で次のように述べた。「われわれはみな反動的にならなければならない！　ドイツ問題は権力問題であり、しかもプロイセンにとっての権力問題である。ウェストファリア条約がドイツに課し、ヴィーン会議がドイツをかくのごとく断罪した、そうした無力を除去すること、それが課題であり、そしてその解決は同時に君主制的原理を確保することである」。かくして、ドロイゼンはまた、結局、さらに一八六六年にベルリンのビスマルクを立憲主義化しつつある帝国議会の議員として推薦し、自身も「はじめに祖国の権力的地位を、次に自由主義的諸理念を！」という綱領の実現を期して立候補した。われわれは、ヘーゲルの権力国家思想がビスマルク及び帝国創設へと直接的に架橋されているのを、ここではじめて見るのである。

【ドゥンカー】

【ドロイゼンとドゥンカーの関係】

われわれをビスマルクにさらにより近づけているのは、ヘーゲルに鍛えられたもうひとりの政治的歴史家、マックス・ドゥンカー［Max Duncker, Maximilian Wolfgang, 1811-1886］である。[42] ドロイゼンとのかれの関係を、かれの伝記作者、同時にもっとも正確なヘーゲル学者のひとり（ハイム［Haym, Rudolf, 1821-1901］）は、次のように叙述している。「同じ職業、同じ仕事、同じ信条、同じ理想的源泉から発した同じ普遍史的教養が両者を結びつけた。――かれらの見解は微妙なニュアンスに至るまで異ならない」と。

【ヘーゲル主義者ドゥンカー】

ヘーゲルやかれの弟子たちが出入りするかれの父親の家で、すでにドゥンカーはかの哲学的な雰囲気に触れている。この哲学者［ヘーゲル］自身とかれの学派の講師たちはこの若い学生［ドゥンカー］の教師たちであるが、ヘーゲルが言っていることはチンプンカンプンでこの学生の頭を大いに悩ませている。「途切れることのない細心のノートにおいて、かれはこの師匠［ヘーゲル］の講義をフォローし、一八三四年、「頭のてっぺんから足の先までヘーゲリアン」として学位を取得している。かれは、かれの諸々の学問的諸労作においてもまた、とりわけ『文芸新聞（*Literarische Zeitung*）』における歴史的論評において、自分をこうしたヘーゲル主義者として示している。ハイムは、ドゥンカーの『プロイセンの歴史』について、次のように指摘している。「やはりいつも、これらの言葉の中に、ドゥンカーがかれの青年期に近づいていた哲学の精神の何かを、嗅ぎつけうるように思われる」[43]と。

【ドゥンカーによるヘーゲル権力国家論の政治的実践化】

（1）かれの教授資格論文後、幾年か経てから、この若い講師［ドゥンカー］はハレ（Halle）で実践的政治の中に飛び込んでいる。ここでかれは、他の誰もがなさなかったように、ヘーゲルの権力国家論を実践の中に移し入れることを試みたのである。かれは「国内における健全な発展とプロイセンが対外的に達成すべき権力的地位との間の相互作用を認識していた」にもかかわらず、「やはり第一にかれのこころを占めていたのは後者であり、やはりかれは、ここからもっとも確実に対内的諸関係のより自由な形姿賦与もまた達成されうる、と信じていた――かれが前面に押し出していたのは、まさしく国家間の大きな諸関係と権力の諸問題とであった」（ハイム［Haym］）。レースラー［Rößler］はかつてドゥンカーの政治的諸計画について、次のように述べている。「それら［の諸計画］は、ひとりのチェス競技者の多血質（Sanguismus）によって構想されている。このチェス競技者は一定の指し手が可能にする利得しか眼に入らず、それ以上に、かれが他面から招きよせるあらゆる困難を忘れている」。

（2）ハレの人たちからパウル教会［フランクフルト国民議会］に派遣されて、ドゥンカーはすでにここで、「ドイツの問題は自由の問題ではなく、権力の問題である」という見解を主張している（トライチュケ［Treitschke］）。かれの政策は、この立場で、ベルリンとフランクフルトとの間を媒介し、民主制的諸理念に対して君主制的原理を鋭意擁護している。「この闘争で王位を捨てるのはろくでなし（Hundsfott）だ！」というのが、かの時代におけるかれの言葉のひとつである。一八四九年三月、プロイセン皇太子は、かれにエルベ公爵諸領の案件についての建白書を要求している。ドゥンカーの答申は、帝国はいまやベルリンから基礎づけられなければならない、とまで述べていた。征服は道徳的・政治的かつ軍事的なものでなければならない。諸統治機関は諸事実が完成する前に設立されなければならないであろう。中央ドイツもまた、軍団の持続的進駐によって恐怖と驚愕において獲得されなければならない。いまや問題は、プロイセンは現実にひとつの権力であるということを国民に感じさせることである。「ひとはそこでいたるところに諸大隊を見て、軍鼓の轟きを聞かなければならない。防禦と闘争の隊列は途切れてはならない」。こうした政策をもってのみ、ひとはフランスをも畏怖せしめうるであろう。

（3）ベルリンの『憲政新聞（*Konstitutionelle Zeitung*）』で、かれは国民的統一（nationale Einigung）という同じ

目的のために、そして同じ手段のために、戦っている。「オルミュッツの屈辱（Olmützer Demütigung）」（オルミュッツ協約）に導かれたマントイフェル［Manteuffel, Otto von, 1805-82］の政策は、フリードリヒ・ヴィルヘルム四世の手をつかねた中立政策と同様、激しく攻撃される。暫時、ドゥンカーは講壇に戻るが、やはりいつも実践的政治がかれのきわめて憧憬に満ちた願望であることに変わりはない。なぜならば、かれが述べるように、「歴史を作ることは、あらゆる時代において、正当にも、歴史を書くことよりも、より高次の努力と見なされたからである」。かれの要求は、一八五九年、かれがプロイセン政府広報室主任及び首相顧問官室主席に任命されることによって充たされる。この地位においても、かれはプロイセンをナポレオン［三世］に対する戦争に赴かせるべく全力を傾けている。プロイセンはこの道を辿ってドイツの覇権に達しうると考えてのことである。その固有の国民的一体性を求めるドイツ民族は、イタリアの統一努力をいきなり裏切ることは許されないというレースラー［Rößler］の反論を、かれ［ドゥンカー］は「誰もが己自身にもっとも身近な者である」という言葉で退けている。かれはシュライニッツ［Schleinitz］の失墜を画策する。というのも、かれはその外交政策が充分に強力なものでないと考えるからである。

（4）一八六一年、かれは王位継承者（Kronprinz）［ヴィルヘルム一世］の顧問官に任命されることによって、もっとも重要な影響力を獲得する。顧問官として、かれは軍制改革問題やこれによって呼び起こされた予算紛争において無条件に王位の側に与し、そして一八六一年一一月には自由主義的期待に対抗して、さしあたり自由主義的独裁を、一八六二年にはすでに軍事的独裁を提案し、最後に保守的かつ軍事的独裁に同意することを宣言している。まさしくかれは、はじめは拒絶していたにもかかわらず、すでに一八六二年三月、国内紛争の解決のために、そして、とりわけ、かれによって対応する対外的外交政策が期待されうるがゆえに、王位継承者にビスマルクの招聘を推奨している。「強者はいつも民衆から支持され、そして結局いつもそうであろう」とかれは当時考えていた。かれはその後、自分の課題を、原則的な利益政策や権力政策に乗り気でない皇太子にビスマルクの施策を、とりわけシュレスヴィヒ・ホルシュタイン問題において近づけることの中に見ている。王位継承者はかれと親しいアウグステンブルク公の謂う「権利問題（Rechtspunkt）」を切り抜けることができないが、これに対して、ドゥンカーはすでに一八六五年に、最終的にこの問題におけるビスマルクの政策に与する決断をしていた。

（5）ドゥンカーは、このユンカー［ビスマルク］の中の国家指導者的資質（das Staatsmännische）を、トライチュケによれば、数多くのかつてのフランクフルトの同僚たちよりもより早い時期に、見極めていた。敵対者たちにおいては、かれ［ドゥンカー］は、たしかにいまや、代議士のフレーゼ［Freese］のパンフレットが示しているように、「ビスマルクの政策の通風孔（Einbläser und Ausbläser）」と、つまり「ビスマルクの枢密顧問官（Geheimrat）」と見なされる。というのも、かれが狙っているのは「ビスマルクの参事官補（Unterstaatsrat）」の地位までわがものにすることであるからである。落ち着き払ってかれは答えている。「わたしはこころからこの現実のプロイセンを懸念している。一六四〇年以来、プロイセンの歴史の総体は、ドイツ国民の、つまり現存するドイツの救済を意味しているからだ。――苛酷な労苦と真剣な義務履行において基礎づけられたこの国家体制（Staatswesen）のために、わたしは成果と権力を要求するのである」。

（6）シュレスヴィヒ・ホルシュタイン問題がオーストリアとの危機に発展する時点で、かれは再び無条件に武器による決断を助言している。かれは一八六六年二月に次のように告白している。すなわち、プロイセンがその時戦うことなくその意思を貫徹しえていたとしても、そんなことはかれには殆ど納得できなかったであろう、と。やがて、まさにドゥンカーのビスマルク的立場のゆえに、かれと王位継承者との間に亀裂が生じることになり、ドゥンカーは辞職を乞い、それは受け入れられた。この生涯最後の時期におけるかれの活動について、われわれの関心をなお引くのは、とりわけかれによって果たされた、立憲主義化（konstituieren）しつつある帝国議会（Reichstag）

における次のような党派（議員団）（Fraktion）の創設だけである。この党派は、殆ど民主制から区別されない政党としての国民自由党から締め出されるが、ドゥンカーが述べているように、「特殊プロイセン的・国民的な自由主義（spezifisch preußisch-nationale Liberalismus）」を代表している。そしてかれは、独仏戦争（普仏戦争）においてもなおまた、最高の掟（法則）としての固有の国家福祉（Staatswohl）というヘーゲル的な格律を表現している。フランス人たちはあらゆる情況の下で復讐欲を感じるであろうが、しかし、かれらがきわめて徹底的に処罰され、このようにして復讐の不可能であることを確信するようなときは、そうしたことは殆どないという理由づけによって、かれはすでに一八七〇年八月にメッスとアルザスの併合と巨額の戦争賠償とに賛意を表しているからである。

【哲学と政治的実践：ヘーゲル、ドゥンカー、ビスマルクの連関】

かくして、われわれにはドゥンカーは、とことんかれの師匠［ヘーゲル］の意味で実践的政治を大いに遂行し、これによってドイツの歴史にしばしば決定的な仕方で影響を与えた、ヘーゲルの最初の弟子として示される。実際、ビスマルクは前以てヘーゲルとかれの子弟が明言したことを果たした、とひとは誇張することなく主張しうるのである。

【レースラー】

【ヘーゲル的ビスマルク的精神を自己の精神的人格性と統一したレースラー】

ヘーゲルとビスマルクとの内的かつ外的な関連がドゥンカーにおいてよりもはるかにより明確に示されているのは、第二の、きわめて影響力の大きい、ドイツの政治家である。この政治家は同時に学問に、より厳密にいえば直接ヘーゲル哲学に由来する。この哲学の諸々の糸をビスマルク的政治に結びつけている人物たちの中で、コンスタンティン・レースラー［Rößler, Constantin, 1820-1896. 歴史家、公法学者、右派ヘーゲル主義者］ほど、ヘーゲル的かつビスマルク的な精神を己の中の精神的人格性と統一した者はいない(44)。

【(1) 左右のヘーゲル主義たちの間で国民的権力国家思想を展開した公法学者・政治家レースラー、(2) ヘーゲル的・ビスマルク的精神】

（1）一八四八年に教授資格を取得した若き講師［レースラー］は、ただちに政治的な公法学に献身し、それから何年かを経て、哲学的・政治的な講壇に復帰し、最終的には一八六〇年に実践的政治に献身している。かれのあらゆる研究の基礎は、ヘーゲルの哲学であったし、あり続けた。レンツ［Lenz, Max, 1850-1932］の指摘によれば、「ヘーゲル哲学に、レースラーは政治家かつ公法学者としても忠実であり続けた。それどころか、この偉大な哲学者の諸理念を現実の中に移し入れることこそまさしく、もともとドイツ国家のためにかれが自分のあらゆる労作の中に置き入れている意味である」。すでにギムナジウムで、レースラーは、ランケの師でもあったヴィーク［Wieck］によってヘーゲル哲学の呪縛の中に引き入れられている。ハレで学籍登録をしたとき、かれは自分がヘーゲル諸派の闘争の只中にいることを見出した。一方の側には、哲学の正教授、保守的で正統派（ヘーゲル右派）のエアトマン［Erdmann, Johann Eduard, 1805-1892］が、他方の側には、ルーゲ［Ruge, Arnold, 1802-1880］と『ハレ年報』に集う他の青年ヘーゲル学派（ヘーゲル左派）がいた。両者の間に、そして両者と対立して、レースラーはヘーゲル的権力国家の国民的思想をさらに展開したが、この思想をエアトマンは拒否していたし、そして青年ヘーゲル主義者たちにおいてもまたこの思想への理解は現前していなかった。

（2）そしてヘーゲルの弟子レースラーは、「現実にビスマルクの預言者であった。かれは他の誰よりも、より早期により明確に、国民的希望の星がある位置を標識づけた。それどころかかれは、その星がかれの戦友たちには反動的な霧や雲の背後に隠されていたときに、その星そのものを見つけ、その軌道を計算した」（レンツ）。すでにレースラーの『未来の政治家への公開状』の中には、生粋のビスマルク的精神の諸命題が見られる。ここでは次のように述べられている。「戦略的立場が世界の運命を決定するには、それら［の戦略的立場］がきわめて強力な諸国民によって占められていることが必要である。このような地歩が偶然によってひとつの強力な国民の掌中に帰するというのでも、充分ではない。強力な（権力を有する）一民族（ein mächtiges Volk）が、自余の世界の意思に反して、そして自余の世界の統一された諸々の努力にもかかわらず、これらの重要な地歩を奪取し、そしてそれらを主張するとき、こうした民族だけが［世界の運命を］決定するのである」。ところで、ビスマルク的精神とまさしく同じく、生粋のヘーゲル的精神が、ここでレースラーから、語られているのではないであろうか？

【政治的実践家としてのビスマルクに一貫して与するレースラー】

半年後、『プロイセンとイタリア問題』という有名なパンフレットが出版されている。ビスマルクはこの著者と目されたが、この文書はたしかに自分が発したものではないが、しかしまったくかれの見解に対応していると説明した由である。事実、ここでのレースラーの諸見解は、同じ時期のビスマルクの書簡［の内容］とぴったり一致している。あたかもレースラーはビスマルクが書いているところを「肩越しに見た」かのようである。かれはこの問題において、少なからず強調されてはいるにしても、かなり慎重な権力政策を、ドゥンカーに反対して主張しているが、後の憲法紛争（Verfassungskonflikt）においては、まったくドゥンカーに与している。かれはすでに一八六二年七月に敢えてビスマルクを外相として提案した。ビスマルクは「プロイセンの名誉に対する正しい感情」を有し、「そしてこの国家政策を国家の自立的力の上に置こうとしている」というのがレースラーの提案理由であった。ビスマルクの［活躍の］最初の預言者は、まもなくヘーゲル哲学で陶治された他の政治家たちが従った、ひとりのヘーゲリアン［レースラー］であったということは、偶然であったであろうか？　そして、まさにこの反動的ユンカー［ビスマルク］に対する憎悪がその頂点に達するとき、レースラーはあるパンフレットにおいて次のように国民に呼びかけている。「フォン・ビスマルク氏が、かれがその頂点に立つ政府に、ドイツ問題において一気にことを進捗させる大胆な活動への衝撃を与えうるとするならば、旬日を経ずして、かれがなお昨今語り、行い、許容したことは、忘れられていることであろう。そのとき反動は終焉を告げるが、しかし反抗もまた終焉を告げる。はじめは抵抗されても、ドイツの諸地域を貫いて、その演説によって絶望感を抱かされている一国民の叫びが、雪崩を打って波及していくであろう。絶望する一人の暴君のすっかり変調をきたした叫びは不安気に問うていた。一頭の馬！一頭の馬のための王国！――ドイツ国民は歓呼して叫ぶであろう。一人の男のための一つの独裁！と」。

【ビスマルクの広報官としてのレースラー】

ビスマルクが権力を掌握してから、レースラーはまた、まもなくきわめて個人的にビスマルクの政策と結びつけられる。一八六五年の復活祭に、かれはビスマルクからハンブルクでの政治的講演に招請され、一八七七年一月には、ビスマルクによって政府の公文書室主管に招聘される。宰相の失墜後、グスターフ・フライターク［Gustav Freytag, 1816-1895］は次のように書いている。レースラーはビスマルクの失墜によって「かれの政治的活動の根拠を失った。かれは教条的に熱狂して、きわめて早い時期に、われわれ他の者たちがいまだユンカー、ビスマルクと対立していたとき、ビスマルクに感激し、かれの当直官吏（Journal）としてビスマルクと苦楽をともにした。――いまやわたしが恐れたのは、破綻がかれにいまにも迫っているなら、かれもまた、必ずしも的確に定義しえなかったが、しかし、例えば広報官（Minister der Presse）のそれと呼びうる自分の地位から、追われることになることである」(45)。レースラーは広報官の地位にあって、一般的に新聞雑誌をフォローし、王や閣僚のために新聞のレクチャーを行なうかたわら、とりわけ公論に、宰相の政策の意を戴して、影響を与えなければならなかった。われわれにとってきわめて注目に値するのは、自分自身の政治的思想だけが世間に知れわたりえたことを普段なら嫉妬深く監視していたビスマルクが、ヘーゲリアンのレースラーの仕事を検閲する義務を感じていなかったことである。レンツは述べている。実際、君主［ビスマルク］がレースラーにフリーハンドを許したことに、ひとは驚かざるをえない、と。――これは、われわれにとっては、さらに示されることになるように、いかにヘーゲルの権力論から生じたレースラーの政治的諸見解がビスマルク的実践の政治的諸見解と重なっているか、このことのきわめて興味深い証拠である。

【ヘーゲルとビスマルクを架橋するレースラーの著書『国家学の体系』】

ところで、レースラーのこうした政治的態度は、事実上一直線にかの［ヘーゲル］哲学に由来するのであって、例えばビスマルクの影響の下にはじめて成立したのではなく、ビスマルクの政策を精神的にすでに先取りしていた。このことはまさしくレースラーにおいて決定的に証明されうる。一八五七年に出版されたかれの『国家学の体系（*System der Staatslehre*）』は、そのことの疑いえない証拠を提示している。この著作はヘーゲルとビスマルクをもっとも直接的に架橋するものであろう。同じくそれはまたヘーゲル国家哲学の最善のコメンタールを呈示している。だから、ここでより立ち入ってそれを評価することにしよう。

【ヘーゲル国家哲学からレースラーが受けた圧倒的影響】

レースラーはこの著作において、かれがまったくヘーゲルに依存していることを何ら隠し立てしていない。この序論においてかれは、「おそらく飽きるほど繰り返されたヘーゲルの引用について、その都度新たにされた驚嘆の表現で」とりわけ弁解しなければならないと考えている。「そしてやはり、わたしは内面的にそうすることをさらに繰り返し行なう動機を有していたであろう」とかれは続けて述べている。「ひとつの時代の知的労作が、現在のさまざまな形姿をとった努力が、ヘーゲルによってそうされたように強力に、ひとりの人物の精神によって圧倒的に支配された」ことはなかったからである。[46]「家族、社会、国家に関するヘーゲルの詳述の中には、永遠の価値を有さないであろうようなものは殆どない[47]」という考えに、レースラーはしっかりと貫かれているのである。

【(1)国家形成において実現される習俗規範的精神尺度、(2)習俗規範性(Sittlichkeit)の発展に従って国家権力(Staatsmacht)が法権利(Recht)を規定し、定立するが、後者は前者を外的に制限しない、(3)国家の死活的条件としての国家市民の習俗規範的利害関心：法、芸術、宗教、学問に対する習俗規範性、国民国家的権力の先在性(優位)：法治国家(Rechtsstaat)に対する権力国家(Machtstaat)の優位：法権利(Recht)←権力(Macht)←習俗規範性(Sittlichkeit)←世界精神(Weltgeist)】

(1)かくして、その根拠がヘーゲルの国家哲学にまで遡らなかったようなレースラーの政治的見解もまた微塵も存在しない。ヘーゲルと同じく、かれは諸事実に対して、「歴史において、個体的な国家形成において、実現される永遠の、つまり習俗規範(人倫)的な精神の尺度」を置こうとしている。[48]というのも、かれにとってもまた、国家は「端的に人間共同体、すなわち、程度からしても範囲からしても、きわめて完璧な共同体、総じて人間たちがみずからに定立しうるあらゆる目的の共同体(Gemeinschaft)」であるからである。[49]かれもまた、国家を一般的意思と見ているが、「この一般的意思は、理念、権力としての習俗規範(人倫)的精神、そして諸個体の利害関心を介しての調和を、対象としている[50]」。

(2)国家と社会の本質的な相違は、次の点にある。すなわち、「①国家は、みずからを国家権力と同等のものにしかねないであろうあらゆる権力を、みずからのうちで解消する」という点に、そして、②国家自身は必要なケースには万物に対する無条件の権力を要求する」という点に。[51] かれもまた、「物質的有用性の合目的性の国家（Zweckmässigkeitsstaat der materiellen Utilität）」[52] に対して、そして法治国家（Rechtsstaat）に対して反対を表明する。というのは、「法権利の原理は形姿を賦与するものではない（Rechtsprinzip sei nicht gestaltend）」からである。[53] あらゆる法権利はレースラーにとって、ヘーゲルにとってと同じく、歴史的に可変的なものである。「しかしそれゆえにこそ、一権力（Macht）が存在しなければならないのであり、この権力にとっては法権利（Recht）の経験的に時間的な内容は何ら制限ではなく、この権力（Macht）こそ法権利（Recht）を習俗規範（人倫）的諸関係の発展に従って新たに規定（bestimmen）し、かつ定立（setzen）するのである。こうした権力には、総じていかなる外的な諸制限も存在しえない。この権力はそれ固有の召命（Beruf）だけを制限として有するのである」。というのは、国家は「あらゆる法権利の源泉かつ担い手」であるから、その本性からして、国家は法権利を定立するが、しかし、法権利は国家にとっていかなる外的制限も形成しない、ということが帰結するからである。[54]

（3）きわめて鋭意にレースラーはかれの立場を、そしてこれと共にヘーゲルの立場を、歴史学派へと展開している。この学派は、「国家に、自然的な法権利（自然法）の代わりに、歴史的な法権利（歴史法）」を対置する。「この手続きは同じく誤りである。われわれが見たように、法権利がそこに由来する国家には、そもそもいかなる法権利も対置されえないからである」[55]。それゆえに、師匠ヘーゲルにとっても、同じく弟子のレースラーにとっても、「最広義で市民たちの習俗規範（人倫）的な利害関心が国家の生命条件であるということ以外に、国家権力の使用を軽減する（憚らせる）もの」[56] は存在しない。その際自明のことながら、ここでもまた国家は、「習俗規範（人倫）性の実現」を呈示し、[57] そして無条件に宗教、芸術、学問よりも高いところにあるのである。[58]

【(1) 抽象的法権利の主体としての諸個人の前提としての国家倫理・習俗規範性、(2) 相互的創造関係 (gegenseitige Schöpfungsverhältnis) にある習俗規範性 (Sittelichkeit) と権力 (Macht)：習俗規範的世界の陶冶衝動 (Bildungstrieb) としての権力、習俗規範的必然性としての国家の全能性、(3) 諸国家の多数性 (Vielheit) と個体性 (Individualität) の対立から帰結する習俗規範性に基づく権力、(4) 権力目的としての習俗規範性と福祉：個人的営為 (学問、芸術) に対する国家の優位、(5) 国家 (Staat) の具体的表現としての国民 (Nation)：権力国民 (Machtnation)：有機的・国民的権力意思、(6) 多民族国家における支配的国民、(7) 法権利の脱国民化 (Entnationalisierung)、(8) 国家内部の民族の多数性においても、諸国家間の多数性においても、等しく妥当する権力=法権利理論 (Macht=Recht-Theorie)】

(1) 習俗規範 (人倫) 性 (Sittlichkeit) というヘーゲルの概念やこの概念と政治との関係は、変えられることなく、[レースラーによって] 受け入れられている。「国家はあらゆる習俗規範 (人倫) 的有機体を包括するから、国家学は客観的倫理の全体を含むか、あるいは、倫理 (Ethik) が道徳 (Moral) と区別されているかぎりで、倫理一般を含んでいる。道徳あるいは主観的習俗規範 (人倫) 性は神学に属している」[59]。この国家倫理 (Staatsethik) から、ここでもまた、個人主義的な法治国家思想が習俗規範 (人倫) 的ならざるものとして退けられる。「ひとつの外面的 [抽象的] な法権利秩序によって諸々の衝突から保護されており、それぞれにひとつの遊離化された目的を有している、そういう諸個人 [原子論的個人] からは、国家も民族も、習俗規範 (人倫) 的な生活も成立しない。国家の理念が内在していない者は、自由でも習俗規範 (人倫) 的でもないのである」[60]。というのは、レースラーにとってもまた、個人は「真実の全体性 (Totalität) ではない」からである[61]。

(2) この習俗規範 (人倫) 性 (Sittlichkeit) は、ここでもまた「習俗規範 (人倫)、エートス (Ethos)、――自覚的一体性としての習俗規範 (人倫) の全体性[62]」を意味しており、そして、権力とは、ヘーゲルにおけるのと同じく、相互的創造関係にある。「国家の習俗規範（人倫）化（Versittlichung des Staats）ということが、権力が自己目的から習俗規範（人倫）的理念の手段になること、この点にあるとすれば、権力とはやはりあくまで、それだけ取り出すならば、支配者たちにおいてのみならず諸民族において、習俗規範（人倫）的な世界の最強の形成（陶冶）衝動（Bildungstrieb）なのである」[63]。ここから帰結するのは、「国家の全能性（Omnipotenz）を習俗規範（人倫）的な必然性として承認すること」[64]であり、そして、国民的な権力衝動をひとつ最高の精神の命令として承認することである。

（3）「われわれがここで遭遇するのは、その意義をわれわれが後にとりわけ評価しなければならないひとつの契機」すなわち諸国家の多数性（Vielheit）、あるいは、われわれがまたそう言いうるように、諸国家の個体性（Individualität）である。諸国家の多数性がなければ、諸国家の対立がなければ、国家は真実の権力として打ち立てられることはまったくないであろう。しかし、それゆえに、国家は国家の最強の敵なのである。自己自身を保持するために、国家はみずからを最高の権力として産出し、すなわちその概念を達成しなければならず、そして、その権力が強力であるために、その権力は習俗規範（人倫）的な生活を展開しなければならない。というのも習俗規範（人倫）性だけが持続的かつ真実の強さを与えるからである」[65]。

（4）われわれが見るところ、レースラーもまた、権力目的は必然的に習俗規範（人倫）性（Sittlichkeit）と福祉（Wohlfahrt）に導かれる、と考えている。かくして、国民的権力は、個別的な国民の最高の習俗規範（人倫）的命令となるだけでなく、人類の全体の懸案となるのである。「人類にあって、あるいは一民族にあって、国家の奪取ほど大きな収奪は存在しないのである。一民族を政治から、すなわちひとつの習俗規範（人倫）的な世界を固有に創造することから、個々の習俗規範（人倫）的な諸機能、学問、芸術、等々へと向かわせることは、ある外国人に言わせれば、嘲笑すべき偽善であり、民族同胞に言わせれば、祖国へのきわめて屈辱的な裏切りである」[66]。

（5）［ここで］ひとは、ヘーゲルやランケに対して言われうるのと同じことを、レースラーに対して、反論として投げつけることができよう。このことをレースラー自身が感じている。「われわれはここでおそらく、国民を国家として受け取ってしまっている、と思われかねないであろう。しかし、国民はまさに国家の具体的表現である」[67]。ひとは、権力国民（Machtnation）というヘーゲルによって刻印された概念を、再認識する。この権力国民は、「個々人の意識において多数の非有機的な社会目的が歴史的・国民的な目的によって支配されていること」[68]、まさに単なる「非有機的」文化共属性の感情が「有機的」・国民的な権力意思に転化すること、こうしたことによって成立する。

（6）ひとがこのヘーゲル・ランケ・レースラー的国家観を、国民的に混合された諸国家に、あるいは諸々の国民性からなる諸国家［他民族国家］に適用しようとするときに生ずる困難を、レースラーは、ここでもまた、一つの権力＝法権利（Machtrecht）を主張することによって、克服している。なるほど、一「部族の自然本性（Stammesnatur）」が国家の根を形成しているに違いないであろう。とはいえ、さまざまな国民（性）が一国家において寄り合って共に居住することもありえよう。「しかし、全体の精神的、政治的、習俗規範（人倫）的な性格は、ひとつの支配的な国民（性）にのみ属しうる」。ところで、何が一つの国民に、国家内の他の国民を支配する正当性を与えるのであろうか？　レースラーは次のように答えている。「どんなに繰り返し言われても充分ではありえないことであるが、一つの政治的国民に法権利（Recht）を与えるのは力（Kraft）のみである」と。

（7）それゆえに、ひとつの混合された国家において支配する国民は、それ（法権利）が貫徹されうるものであるとすれば、そして、自己保持がそれを要求するならば、「法権利を力ずくで脱国民化（entnationalisieren）しなければならない」。「諸々の強力な国民性が広まることによって、多種多様な麗しき民族ニュアンスが失われかねないであろう」という「感傷的な危惧」によって惑わされるべきではなかろう。――没落に値するもの以外は失われることはないからである」[69]。

（8）同じ「権力＝法権利という理論（Macht=Recht-Theorie）」が、外面的な「国家」諸関係においても再び戻ってくる。権力（Macht）は、法権利（Recht）であるのみならず、自由（Freiheit）でもある。ヘーゲルに与し、カントに反対して、自由はレースラーによって「無力で非生産的な独立性ではなく権力、偉大な諸力の行使と展開と呼ばれている」[70]。

【君主制原理（1）君主（支配者）の理念的起源、（2）権力の自己保持という利害関心のみを有する君主：国家と社会の未分化状態の残基、（3）世襲君主人格における特殊利害（意思）と一般利害（意思）の融解】

（1）君主制原理は、この［ヘーゲルとレースラーの］国家観に欠くべからざる付属物に属する。「国家の活動の担い手」として見なされうるのは、「一方で自然本性的な上位者（Obrigkeit）［統治者］であり、しかし他方で国家の諸成員［被治者］の総体」である。[71]「神の恩寵に由来する上位者」の理念的起源を、レースラーは次の点に見ている。すなわち、支配者たちは「一般的効用（利得）（Nutzen）の奉仕者ではなく、統治行為（Regieren）という奉仕のために他の奉仕を受け取っている」のでもなく、かれらは「かれら自身ゆえに、かれらの理念ゆえに、この理念が意思した神性（Gottheit）ゆえに、そこに存在するのである」、という点に。「こうした思想はまた、あらゆる文化形式の下においてもまた、その法権利を保持している。国家、習俗規範（人倫）的王国はひとつの神的制度であり、そして支配者たちは、その民族ゆえにではなく、すなわちかれらの経験的現存における諸個人のためにではなく、全体において表現される理念ゆえに、存在するのである[72]」。

（2）それゆえに、レースラーは「近代的王制（Königtum）の、近代的意味における君主制原理の、そのような意義を有する理念」を、次の点に見出している。すなわち、「王制とは、いわば国家と社会との混合（Vermischung）の唯一の残基（名残）（Rest）」である、しかも、ヘーゲルにおけるように「必然的で放棄しえない」残基である、という点に。[73] この残基の本質は、「万物を解消する権力を掌中にしている」君主は、「権力の自己保持という利害関心（Interesse）以外の」利害関心を有さない、という点にある。しかし、万物を解消する権力は、それがすべての他の利害関心をそれらの真実性において保護し発展させるときにのみ保持される」。

（3）このことによって、君主制的な支配者体制（das monarchische Herrschertum）は国家の概念に「矛盾しない」ことが示されている。ところでそれ［君主制的な支配者体制］は、ヘーゲルにおいてそうであるのと同様に、国家の概念にとって必要（必然）である。このことをレースラーは次のように証明している。けだし、この君主制的支配者体制を通じて「のみ、人格と家族の利害関心と一般的利害関心とは、世襲的支配体制において融解されている」のであり、「習俗規範（人倫）的理念は一個人及びその家族の人格的な利害関心である」からである、と。[74]

【レースラーのヘーゲル的世界観：（1）権力衝動、支配と隷従の関係、闘争による個体性の発展としての世界史、（2）物心・内外一元論に基づく権力と有機体：「神聖な利己主義（sakro egoismo）」＝世界精神：自己現実化活動から成立する論理（logisches Weltgeistgeschäft）、（4）習俗規範的裁定者（Richter）あるいは審廷（Instanz）としての諸民族（国民）間の覇権闘争（戦争）】

（1）レースラーのこうした政治論から発している世界観と歴史観は、まさしくヘーゲル的なものである。レースラーによれば、「世界を包括するもの（weltumspannend）になろうとする衝動」を通じて、しかもこの権力衝動（Machtrieb）を通じてのみ、「諸々の新しい力強い個体性（Individualitäten）は、はじめは反抗に、次に発展に向けて鼓舞される。諸々の個体性に絶えざる刺激を生み出すこうした［権力］衝動は、歴史に生命を与える息吹である。この［権力］衝動がなければ、人類はきわめて矮小な停滞の中で生きることになるであろう」。[75]「いかにして支配と隷従（Herrschaft und Knechtschaft）の関係は、諸民族が陰鬱な自然生活（das dumpfe Naturleben）から脱出する過程における最初の契機となるのか」、このことをヘーゲルは、かれの「いつもの優れた洞察力」ではじめて認識した[76]。「暴力をもって、闘争をもって、人間は始まり[77]」、そして、「理念性（Idealität）の最初の形式は、すなわち人間が人間に現われる際に最初に印象づけられる畏怖（imponierende erste Eindruck）は、強さすなわち権力である[78]」。

（２）ここでもまたこの権力賛美は、ひとつの心的・物的な一元論（psycho-physischer Monismus）の上に基礎づけられている。「外面的領域と内面的それとの完全な分離は、間違った抽象化に」基づいている[79]。だから、「精神が一体的な権力を貫徹する」ことによって、「ようやく真に有機的なもの（das wahrhaft Organische）が成立する[80]」。それゆえに、「神聖な利己主義（sacro egoismo）」は、世界精神を論証する仕事（logisches Weltgeistgeschäft）にならなければならない。「人類の理念こそが、暗い本能や欲求として、野蛮な諸民族を闘争、従属、敵の殲滅へと、すなわち、対立の揚棄（Aufheben）へと、駆り立てる。同じ衝動は、世界を征服する諸民族に途轍もないエネルギーを与える。征服衝動は、恣意的な情念ではなく、精神的本性に由来する。一民族がいまだ権力諸領域を己の外に有しているかぎり、その民族には己の定在（現存在）（Dasein）は、偶然的で正当化されないものと思われている。定在は一般的で包括的なものであってはじめて正当化されていることになるからである[81]」。

（３）ここで述べられているのは、生粋のヘーゲル的な普遍主義（Universalismus）であるが、精神的世界は、それが、つまり分離可能なものが物質的なものによって憑依されるとき、ようやくこの普遍主義に固有のものとして存在するのであり、そしてこの普遍主義にとって、帝国主義は世界精神（Weltgeist）を意味している。あるいは、レースラーが表現しているように、「欲求、情念、関係、理念の内在的な論理が絶対的理念の諸形姿を産出するかぎりで」、世界精神は「絶対的精神」である[82]。それゆえに、国民的な権力本能は、いつも最高の精神の命令である。「だから、民族の自然本性に歴史的実存（現存態）への要求を獲得する精神的生（生活活動）の下で、理論的な文化といったものだけでなく、とりわけ実践的な力が理解されうるのである。あらゆる民族の自然本性は、その権力の範囲を、その力が及ぶかぎり、すなわち実際に持続的に及ぶかぎり拡大する法権利を、それどころか――こう言わなければならないが――義務を有している。実際また生きようとする他民族の人々を大事にすること、それどころか、かれらにおいてあらゆる卓越した諸属性――これらを大事にしないことはそれらのために遺憾であろう――を現在及び将来のために発見すること、こうした感傷性ついては、この際、問題になりえない。――しかし、強力な諸国民は、世界を分割する使命と義務を有するのである」[83]。

（4）「ここで力が諸民族の価値の尺度とされる」ことを不快に思うべきではない。なるほど諸個人の間では、力は誤った価値基準であろう。しかし、「物質的力と精神的力のいずれかだけによってではなく、両者の正しい尺度によって己を維持する」諸民族の間では、そうではない[84]。すなわち、人類は「力の諸エレメント（境位）の膨脹によってのみ促進」されるがゆえに[85]、戦争は「何よりも必要なこと、偉大で善き活動なのである」。啓蒙思想やその兄弟姉妹、「感傷的な博愛や育ちそこないのヒューマニズム」なら、戦争（Krieg）を排除しようとするであろう。そして、われわれは「こうした卑劣漢が今日和平会議などであちこち徘徊しているのを見る」。しかし、戦争を「市民審判（Zivilprozesse）」によって代替するのはできない相談である。「支配のためには、ひとつの権原（Titel）と力があるのみであり、この権原のためには、ひとつの証明、戦争があるのみである。戦争の宿命は、諸民族の諸過程（審判）（Prozesse）が決定する諸判決（Sprüche）であり、そしてこれらの諸判決は、それらがあらゆる審廷（Instanzen）を通過している以上、いつも正当なのである」。カントの平和論文は、「信じ難い陳腐な俗念を積み上げたもの」以外ではない。これらのガラクタに対して、ヘーゲルの精神的な偉大さは「圧倒的なもの」に思われるほどである[86]。かくして、かれの師匠［ヘーゲル］と共にレースラーもまた、戦争を習俗規範（人倫）的な裁定者（sittlicher Richter）として評価し、そして戦争を「最高のスタイルで文明を励起する契機（das erregende Moment）」として認識するのである[87]。

【（1）国家内部の差異ある諸個人は権力によって一体化されるが、国際社会には差異ある諸国家（民族）を一体化する権力は原理的に存在しない、（2）原理も目的も欠いている国際法は賢慮や感情などに基づいているにすぎない、（3）それぞれの国家の現実的な権力関係の平等を前提にしたかぎりでの条約（信頼・信用）】

（1）それゆえに、国際法（Völkerrecht）の必要性や望ましさについての確信は、ここ［レースラー］においてもまた、かの者たち［啓蒙思想家たち］よりも大きなものではありえない。とりわけ［レースラーにおける］法権利の概念(Rechtsbegriff)は、ヘーゲルにおけるように、国家(Staat)を超ええないからである。「国家の意思(Staatswille)は、絶対的な実質的権力(die absolute materielle Macht)を含んでいる。それは、現実的には(real)諸力の最大の集中化を、そして、理想的には（ideal）それによって包括された外面的世界の全体についての法権利（Recht）を、含んでいる[88]」。しかし実質的には（materiell）、国際法によるいかなる拘束も許さないこの［国家の意思の］全能性（Omnipotenz）は、理念的にも（ideell）根拠づけられる。「諸民族の差異［諸民族間に差異がある、ということの本質］は、それらが、さまざまな諸力を持ちながらも――［民族内で］統一された諸個人の差異性（Unterschied）と一体性（Einheit）［の本質］はこの点にあるのであるが――ひとつの同じ目的を果たす、という点にはない。そうではなく、諸民族にあっては、［それぞれの］自然本性の総体（Gesamtnatur）は、［つまり、それぞれの］目的は、［それぞれ］ひとつの異なる目的である[89]」。

（2）だから、国際法は、客観的基礎も、その上にそれが構築される原理も、それにそれが関係づけられうるであろう目的も、有さないのである。したがって、ひとが国際法と呼んでいるものは、「一面では、それぞれの民族が次第にその魂の中に生み出し形成する人間性のさまざまな励起（喚起）（Regungen der Humanität）」以外のものには基づかず、他面では、諸々の賢慮を顧慮すること（Klugheitsrücksichten）に、すなわちいかなる民族の個体性（Volksindividualität）も、最強のそれでさえ、他のあらゆる民族の諸個人に対する絶対的に否定的（消極的）な振る舞い（関係態度）（Verhalten）を貫徹しえないという感情に、基づいているのである。しかし、さらにいえば、絶対的な国際法は決して成立しえないのである」[90]。国際法は、とりわけ、「個別的民族の権力諸領域はいつも開かれた闘争によってのみ規則づけられるにすぎない」ということを超え出ることはできない。

（3）しかし、同じことはまた、実定的な国際法上の条約法（völkerrechtliche Vertragsrecht）についても妥当する。というのは、「信頼と信用の関係」が存立するのは、諸国家間には、「権力諸関係の諸根拠が同じ（平等）であり続けるかぎりでのみであるからである。――国際法は、諸民族のそれらの相互関係において不断に変化する力以外を表現していないのである」。私法においては個々人の権力諸領域の変化は合意（Übereinkunft）によって現われるが、これに対して、そうした変化は国際法においては「断ち切られる」[91]。かくして、ここでもまた、権力あるいはそれによって覆われた国家の利害関心だけが「法権利」である、というヘーゲルのテーゼは、証明されるのである。

【観念論哲学からドイツ的権力国家国民への道案内人としてのヘーゲル】

さて、われわれはレースラーがさしあたり、ビスマルクの政策の諸原則とまったく同意見であることを見てきたが、いまやこの等式にヘーゲルもまた完全に解消されるということが示される。レースラー自身は一貫して、かれの師匠［ヘーゲル］を観念論哲学からドイツ的権力国家国民（deutsche Machtstaatsnation）へのこうした道案内人として認識していた。このことを、レースラー自身が自分の言葉で証明している。「ドイツ国民がみずからの国家をきわめて純粋な観念論の生きた寺院として築き挙げるときにのみ、ヘーゲルにとっては価値ある記念碑が存在することになる」[92]。しかしながらレースラー自身は、ビスマルクの活動をヘーゲル的精神の諸手段をもって擁護し、同時代の人々に理解させることをかれの課題にした政治的立場においてもまた、古典的な形でこの道程の古典的な仲介者として現われる。まさしくこのヘーゲリアン［レースラー］が最初に権力へのこの導き手［ビスマルク］を認識したことは、殆ど偶然ではなかった。このことを、結局、レースラーがまったくヘーゲルの精神に負っていた著作からのひとつの文章は、さらに証言しているであろう。それは、われわれにビスマルクの［政策理念に関する］一筋の道程を、内政においても予言している言葉である。レースラーがここですでに一八五七年に考えていたところによれば、「自由主義の弱点は、諸民族の情熱（受苦）的な感奮に対して、積極的な目標によって感激を喚起し、かつ満足を賦与する、そういう原理が欠如していることにおいて示されていた。積極的なものを個人に制限することで、自由主義は、偉大な積極的な帰結を本能的に看取しているひとつの一般的な運動が提示する諸要求に、後れをとっているのである(93)」。

【ビスマルク】

【(1) 青年ビスマルクがスピノザとヘーゲルの一元論、権力論から受けた影響、(2) 時代の現実的なるものの中に理性的なるものを見極める態度、(3) 内政・外交の両面におけるさまざまなヘーゲル的見解・精神の影響】

(1) そこで、わたしは最後にこうした文脈においてこの大家［レースラー］の後ろ盾をえて、ビスマルク［Bismarck, Otto von, 1815-1898］自身について語るが、わたしが実践的政治を信条とするこの人物［ビスマルク］をヘーゲリアンに仕立て上げようとしている、などという危惧を抱かないでいただきたい。たしかにビスマルクはヘーゲルの体系をそれほど自家薬籠中のものにしていたわけではない。とはいえ、ビスマルクがわれわれにかれの有名なパンフレットそのものにおいて次のように伝えているとすれば、それを過小評価するわけにもいかない。すなわち、それによれば、ビスマルクは青年期に、かれの研究がかれを「人生の深刻さや永遠性に近づけていたとき、――古代哲学、理解されなかったヘーゲルの諸著作、そしてとりわけスピノザの見たところ数学的な明晰性」に助けられて、これらの中に「人間の悟性には捉えられないもの」について安んじさせるものを求めた(94)。ビスマルクは、あらゆる偉大なドイツの哲学者たちのなかから、コスモポリタン的な自然法学者にも、カントやフィヒテにも、そしてまたキリスト教ゲルマン的なサークルにその間きわめて密接に結びつけられていたシェリングにも、決して手を伸ばさず、唯一ヘーゲルだけを、すなわちかれの一元論（Monismus）においてのみならずかれの権力論（Machtlehre）においてもまたスピノザ［Spinoza］にもっとも近づいているこのドイツ人だけを、自家薬籠中のものにしたのである。[95]このことは、ひとがビスマルクのヘーゲル読解とかれの政治との間の因果連関を構成する――これは無意味なことであろうが――ときでも、並外れて特徴的で、かつ意義深いことである。ヘーゲルにおけるあらゆる歴史の思弁（Geschichtsspeklation）がビスマルクによって「理解されない」ままであったとしても、この哲学者の権力国家論（Machtstaatslehre）においてはたしかにそうではなかったのであり、この権力国家論の中に、ビスマルクはたしかにかれ自身の思想の最高の確証を見出したのである。

（2）なるほどわれわれの哲学者［ヘーゲル］の形式は、ビスマルクの現実的かつ可塑的なもの（das Reale und das Plastische）に焦点をあわせた、本能からして政治的な自然本性に、根本的に反するもの、そして［かれには］「理解されないもの」であるに違いなかった。しかしまた、形式以上のものはそうではなかったし、政治的内容は決してそうではなかった。「かれの時代が欲するものを言明し、その時代に語り、成就する者は、その時代の偉人である」。なにしろ、このようにヘーゲルは考えているのである。ビスマルクが直観的に捉え、かつ実行した政治的な傾向や直観を、時代の中に置き、それらを言明し、「理性的なもの」として証明したこと、このことはヘーゲルがビスマルクの仕事に関与した部分であった。ヘーゲルの理論はビスマルクの実践であったのである。したがって、ビスマルクへのヘーゲルの直接的な影響が主張されるべきでないとしても、ヘーゲルの諸思想はビスマルクの時代にはすでに大いに広められていたし、ドイツ的精神はまさにヘーゲルを通じてビスマルクの活動のために準備されていたのである。かくして一面では、この政治家［ビスマルク］もまた、この［ヘーゲルからの］精神的影響力（Fluidum）

によって己の表象内容を豊かなものにしていたし、他面では、こうした準備がはじめて［ビスマルクの］活動を可能にしたのである。

（3）だから、ひとが「一般的国家論の基本的諸特徴をビスマルク公爵の政治的な講演や著作に従って」、ローゼン［Rosin, Heinrich］がそれらを総括したように点検してみるならば、(96) ドイツにおいてはじめてヘーゲルによってそれらの特殊な形式の中にもたらされた政治的な諸概念や諸見解が、ここでどれほど多く［かれの身に］ふりかかっているか、このことにひとは驚かされることになる。ビスマルクがそれらをゲルラッハ［Gerlach］のサークルを介して獲得しているのか否か、あるいはかれはヘーゲル自身においてそれらに出会っていたのか否か、こんなことはここではどうでもよいことである。(97) いずれにしても、ビスマルクもまた国家の中に、「生きた団体（lebendige Körperschaft）」を呈示する「共同体（Gemeinwesen）」を、すなわち「人格性（Persönlichkeit）」を見ており、そして、とりわけしばしば国家は、ひとつの「有機体（Organismus）」と呼ばれている。①完全な一体性としての国家というこうした表象、②国家内部における自由というかれの概念、③民族の利害関心と政府（Regierung）のそれとの間に内的な対立は存在しないであろうという見解、④国家におけるあらゆる法権利の占有者としての君主という見解、⑤君主制原理のための議会主義に対する君主の闘争、⑥あらゆる無条件的集権化にもかかわらず必要な自己管理化［自律的執行府］（Selbstverwaltung）についての確信、⑦内政に関するこれらすべての諸見解、しかし、さらにまた⑧外交的諸関係や国際法に関するビスマルクの周知の見解、⑨国際法上の諸条約についてのかれの評価、これらすべてはかれの実践的活動と共に、ビスマルクの人格性のみならず、これらが著しく合致しているドイツにおけるヘーゲルの精神的影響をもまた、前提にしているのである。

【ラッソン】

【ラッソンにおけるヘーゲル的権力国家思想】

これらの活動的人物たちの後で、ビスマルク時代から、かれにとっては国家が学問的認識の対象であった、もうひとりの純粋な理論家に言及しておきたい。アドルフ・ラッソン［Lasson, Adolf, 1832-1917］は、多くの公法学者たちから任意に選ばれたひとではなく、ヘーゲル以来もっとも重要な法哲学の体系家として認められたひとである。ラッソンはわれわれに、いかにヘーゲルの権力国家思想がこの時代の純粋な学問においてもまた生き続けたか、これを示すことになろう。(98)

【ラッソンの権力国家理念とビスマルクのプロイセン・ドイツ的権力政治の共通項としてのヘーゲル】

アドルフ・ラッソンは、すでにベルリン大学の若き学生として、しかももっぱらヘーゲリアンたちによって、一般的尺度ではその哲学をもって、特殊的尺度ではヘーゲルの哲学をもって、知られていた。かれの師匠筋にあたるのは、ガーブラー［Gabler, Georg Andreas, 1786-1853］、ホトー［Hotho, Heinrich Gustav, 1802-1873］、ヴェルダー［Werder］、メルカー［Maerker］であった。これらの師匠たちと共に、アドルフ・ラッソンもまた生涯にわたってヘーゲルを信奉することを公言した。このことについては、とりわけかれの『法哲学体系（*Systen der Rechtsphilosophie*）』（一八八二年）が証言を与えている。われわれの関心をとりわけ引くのは、ラッソンにおける権力国家理念である。そして、この点に関してもまた、これに係わる二つの著作が、まさしくビスマルクのプロイセン・ドイツ的権力政治の最高潮を意味する、かれ（ビスマルク）の国家術策（Staatskunst）の二つの成果に随伴する現象として登場していること、このことはおそらく偶然に生起したわけではない。一八六八年に、ラッソンは論文「文化理想と戦争」を公刊した。この論文の諸見解は、一八六六年のオーストリアとの武力抗争によって刺激され、かつ本質的に規定されている。普仏戦争と帝国創設との年［一八七一年］には、はじめに名を挙げた書物の補遺と増補が、「国際法の原理と未来」に関するかれの論文の形で公刊された。

【（1）ヘーゲル哲学の課題としての活動現実的なものに内在する理性的なものを概念把握（begreifen）すること、（2）マキアヴェッリ主義と超ジャコバン的急進主義・普遍主義、勢力均衡論と普遍国家論——後者の選択肢の峻拒、（3）いわば非道徳的道徳的人格としての国家人格（虚構ではなく実在する国家法人）、（4）国家人格と個人人格の差異】

（1）この後者の労作の中に、われわれはまさにアドルフ・ラッソンにおける［ヘーゲル的な］一連の権力国家思想を見出す。だから、われわれは再び著者自身によって、ドイツの国家論の総体は、ラッソン自身［のそれ］も同じくまたそうであるが、一貫してヘーゲルの基礎の上に築かれている、ということを確証せしめうるわけである。ラッソンによれば、「われわれが、それらをもって国家学において作業している、一般に普及している諸概念は、それらの創始者としてのヘーゲルにまで遡るのであるが、このことを忘却しうるのは、無知ないし無理解［な人たち］だけである」[99]。ラッソンもまた、ヘーゲルと哲学的基礎を共有している。かれもまた、学問の課題を、「あらゆる真卒なるものにおける現実的なものは理性的なものである」[101]という真正のヘーゲル主義者の確乎とした確信において、「現前するものを概念把握（begreifen）すること」[100]の中にのみ見ているのである。

（2）この現実政治的な哲学をもってラッソンは、国家論において二つの方向、①「マキアヴェッリ主義的」教義と②「ウルトラモンターニュ的［ジャコバン急進派・急進的共和主義］」教義を区別している。その際ラッソンは、マキアヴェッリの認識もまた「国家における無制限な法の支配（uneingeschränkte Herrschaft des Rechts）」[103]という思想の——歴史的に説明しうる——欠陥によって条件づけられている、と見ているにもかかわらず、かれが決然とこのフィレンツェ人［マキアヴェッリ］の国家観に与している、[102]ということに疑う余地を残していない。国家観の両方向の間には、「①均衡システム［勢力均衡システム］(das System des Gleichgewichts-［der Machtstaaten］)か、あるいは、②普遍国家(der Universalstaat)か[104]」という以外の選択肢は存在しないであろう。しかし後者［普遍国家］は人類にとって、「万人が平等に堕落している共通の退廃(Fäulnis)と腐敗(Verweseung)［の状態］」であろう。[105]このような普遍国家は、「最悪の専制と諸民族の極めつきの暴力的な隷従」を意味するであろう。[106]なぜならば、まさしく、「内面的に多様な民族精神が可能であるのは、各々の民族精神が己に相応しい己の国家を占有すべきであり、かつ占有しなければならない、そのかぎりにおいてである」からである。というのも、「国家は本質的に、民族のあらゆる聖なるもの、その精神的自然本性の総体、これを守護するための手段であるからである[107]」。

(3) ラッソンの国家観全体が帰着するところは、かれ自身が大いに強調しているように、国家は一人格(Person)であり、これはなにか「イメージ的な表現、ひとつの暗喩」ではなく、「きわめて厳密な語義」において理解されなければならない、ということである。かれは公法や私法の人格性(法人)論における虚構理論(Fiktionstheorie)に立ち入って反駁しようとして、「道徳的人格(die moralische Person)［国家法人］は、自然的人格［自然人］(die physische Person)がそうであるのと同じ意味で、実在的に現存する(reell existiert)」と考えている。[108]さらに、各々の道徳的人格［国家法人］は非道徳的(unmoralisch)である、すなわち、「外部世界とのその関係においてはまったく利己的(eigennützig)である」という見解は、ラッソンの基本テーゼに属している。[109]

(4) したがって、［ラッソンによれば］国家への要求は「一習俗規範(人倫)的人格性［道徳的主体としての一個人］への要求ではない」ということ、このことをひとは明確に自覚しておかなければならないとされる。「というのは、国家はなるほど人格ではあるが、しかしやはり［いわば、非道徳的な］道徳的人格［法人］にすぎないからである[110]」。この道徳的な国家人格［国家法人］は、すなわち、「ひとが国家と呼ぶところの意思は、その内面的制限を、その目的の被限定性（明確さ）（Bestimmtheit seines Zweckes）において有しているにすぎない。しかしこの意思は、この目的に奉仕しうるものすべてを超えて、自然の全領域に拡張する」[111]。だから、ひとがかりになにか「国家の自己追求に適切でないであろう」ものを要求するならば、「ひとはむしろ国家にひとつの非習俗規範（人倫）性（Unsittlichkeit）を、すなわちひとつの背信的なこと（Treulosigkeit）を、国家に信託された諸利害関心への裏切りを、要求しているのである。——したがって、国家は、総じて国家以外のいかなる意思にも服しえないように、法権利秩序（Rechtsordnung）に決して服しえないのである」[112]。

【ヘーゲル的君主制原理の踏襲（1）主権者の意思として現象する国家意思：①国家と民族のそれぞれの意思の弁別、②国家権力そのものとその諸機能との弁別、（2）議会とその成員たちの選挙との限定的意義づけ】

（1）この対内的国家像は、かなり厳密にヘーゲル的モデルに従って標識づけられている。とりわけ君主制原理において、ラッソンはかれの師匠［ヘーゲル］に忠実に従っている。国家（Staat）は「民族（人民）（Volk）」ではなく、「民族（人民）意思は国家意思ではない」とされる。［ラッソンによれば］国家意思はむしろ、「主権者の意思として、すなわち所与の瞬間に憲政秩序に従って（verfassungsmäßig）国家を代表（vertreten）する者の意思として、現象するのである。[113]」ここでもまた「国家権力の保有者（Inhaber der Staatsgewalt）」は、あらゆる権力（Macht）とあらゆる法権利（Recht）をかれの人格（Person）において統一する。ラッソンもまた、「それぞれの国家的機能は、かれ［国家権力の保有者］から持続的な諸機関に移譲されていても、かれの権力(Gewalt)から導き出される」と考えている。「代議士たちの任命」、「司法当局」、「代議士たち自身の立法や行政の活動」がそうである。[114]こうした関係においてもまた、ヘーゲル［の思想］はなお一八七一年に、きわめてよく保存されていたのである。

（2）「民族（人民）代表議会（Volksvertretung）」について、「当局（Obrigkeit）自身に、それが立法や政府の諸業務の統監に際して使用するすべての評議員（Räte）を、任命させることは好ましくないから」、その「民族（人民）代表議会」は選挙によってのみ設立される。このようにラッソンが述べるとき、殆どヘーゲル自身が述べているように聞こえる程である。それゆえに、国家権力の保有者は、「多かれ少なかれ民族（人民）を包括する一部」に、かれの国家権力の一部である評議員たちを「任命」する権利を、与えるとされるのである。自明のことながら、これらの評議員たちは「最高権力に何ら関与しない」。これらの諸機関が「民族（人民）の意思（Volkswille）の排他的表現と見なされるようなことがあり、そして、そこで、国家を支配する――あるいは支配に参与する――権限を導き出そうとするようなことがあれば」、それは重大な誤謬であるとされる。「むしろ、民族（人民）の意思というようなものは現存しないのである。そうした民族（人民）の意思はまた、それが現存するとしても、国家の持続的意思に対しては顧慮に値しないであろう[115]」。

【（1）諸国家（民族）の競合情況の習俗規範的意義、（2）意識された明察から成立する自己目的的・超人格的権力国家の純粋に利己的な権力追求】

（1）絶対的に最高の権力としての形姿をとったこうした国家は、ラッソンにおいてもまた、世界秩序が習俗規範（人倫）的に要求するものである。ラッソンによれば、「支配をめぐる闘争」は「諸民族の習俗規範（人倫）的生活のための諸条件の一つであり、他の民族が価値や力において劣るということが証明されてはじめて、それぞれの民族は自然本性からして己自身を享受することになる」。そして、「祖国の諸聖域」を確保するのは、まさしく「諸民族の憎悪（Haß）」である[116]。「それぞれの国家は、自然本性［地理的条件］からして、それぞれの他国家に隣接している。そして、そのことの意味は充分明らかである。それぞれの国家は、それが単に定在することによって、それぞれ他の国家を、次のことに向けて、駆り立て、そして鼓舞する。――すなわち、己を他に対して主張し、あらゆる手立てを尽くしてより完全なものとなり、そして己の市民たちをより善きものにする、最大限の努力に向けて」[117]。

（2）それゆえに権力国家は社会的理想のみならず教育的理想でもある。しかしながら、権力国家自身は「拘束も馴致もされない自己追求の意思」でなければならない。そして、権力国家の利害関心がそれに帰属する者たちのそれらであることは、「部分的」にのみそうであるにすぎない。権力国家は、己だけのために、「その存立のために有用なものを、それがこれを見つけるところで獲得することを命ずる、それ固有の利害関心」を有しているからである[118]。しかし、超人格的な権力国家のこうした純粋に利己主義的な権力追求は、ヘーゲルにおいてそうであるように、一つの明確に意識されたそれであるべきである。というのは、国家においては、「すべてが意思から、洞察と明確な認識から、成立し、意識されない衝動や不明確な慣習からはいかなるものも成立しない」からである[119]。

【（1）世界史的正義を実現するのは諸権力国家間の戦争である、（2）諸国家の権力に応じた妥協・譲歩という意味での国際法、（3）闘争状態（ホッブズ的自然状態）(Zustand der Gewalt) としての国際関係、（4）賢慮 (Klugheit) の諸規則としての国際法：権利問題 (Rechtsfrage) は権力問題 (Machtsfrage) に帰着する】

（1）権力とは、ラッソンにおいても、「習俗規範（人倫）的かつ知的な卓越性（Tüchtigkeit）」の表現に他ならない[120]。それゆえに、永遠の平和を求める努力は、「非習俗規範（人倫）的（unsittlich）な」努力である[121]。戦争こそが最高の習俗規範（人倫）的な要求を実現する。戦争は「法典（Rechtsbuch）に従ってではなく、正義（Gerechtigkeit）に従って諸国家に判決を下す、唯一の裁定者（法務官）（Prätor）である。――その判決の尺度は、唯一正しい尺度である。というのは、その決定は権力（Macht）に基づいているからである。――より権力に満ちた国家はより善き国家であり、その民族はより善き民族であり、その文化はより価値のある文化である。――これが世界史の永遠の正義である」[122]。

（2）いずれにしても、「ラッソンによれば」「不必要な戦争」もまた存在するとされる。これを防ぐために現前するのはひとつの手立てだけである。すなわち、諸国家は「それらの権力を発展させるために、あらゆる可能なことを果たさなければならないが[123]」、次に、「真正なる正義愛をもって、敵に対してその権力に相応しいだけ譲歩しなければならないし、己のためには、その権力の関係からしてひとが要求するのを許される以上に多く要求をしてはならない[124]」ということがそれである。［ところが］この著作がもともと捧げられている国際法は、自明のことながら、このヘーゲル主義者［ラッソン］にあっては、まさしく蹉跌せざるをえない。その「無制限な主権[125]」を伴って制御されずに純粋に自己追求する国家は、必然的に、「諸国家間において、あらゆる法的かつ習俗規範（人倫）的な結合を、不可能に」せざるをえない「からである[126]」。

（3）ところで、諸国家のこのような結合は、「自由と人間の尊厳」とも矛盾するであろう。そして、「諸国家の上にある、そして諸国家間にある、ひとつの法権利秩序についての夢は粗雑でばかげた夢であり、臆病と誤った感傷からが生じるのである」［からである］。諸国家は存立し、そして最高の習俗規範（人倫）的秩序からすれば、「自然状態」においては、つまり暴力の状態（Zustand der Gewalt）においては、互いに対立せざるをえず、そして、「それらに裁定を下すであろう裁定者（Prätor）を己の上に有さない[127]」。というのは、ひとつには、国家は国際法（Völkerrecht）を貫徹するためのより高次の物理的権力（権能）を有さないからであり、しかし次にまた、国家の外にはいかなる「法権利」も存在しないからである。これに対して国家における法権利は、「それがなお不正義（ungerecht）であっても、いつも法権利であり続けるのである[128]」。

（4）したがって、あらゆる国際法は法権利の秩序にきわめて近い類似の様式を有してはいるが[129]、しかし、諸国家間の純粋な権力関係の結果において、決して技術的な意味での法権利にはなりえない、そして、実際には「賢慮の諸規則（Klugheitsregeln）」から成るにすぎない、そういう諸規定の体系[130]」である。それゆえにまた、ラッソンの見解によれば、どの国家も、「その国家がその利害関心においてそれが命じられていると見なすやいなや、どの条約からもあっさり撤退し」かねないのである。——「したがって、ひとつの条約は、それが両国家のいずれかの利害関心に矛盾しないかぎりで妥当するにすぎないし、そして、こうしたことは一方の国家に負担を課する条約においては決してありえないことであり、充分な権力がその条約の背後にあるかぎりでのみありえるにすぎないのである」[131]。したがって、すべては結局のところ、「諸国家間のどの法権利問題（Rechtsfrage）も権力問題（Machtfrage）となり、そして最大の暴力を有する者が法権利を保持するということに帰着するのである」[132]。

以上のようにして、学問［ドゥンカー、レースラー、ラッソンなどの公法学、法哲学］や［ビスマルクの］実践的政治は、ヘーゲルの権力国家思想が死滅しないことに貢献したわけである。

第四章　現代におけるヘーゲルの権力国家思想

【(1) 一九世紀後半以降のドイツ哲学、国家学、法哲学におけるヘーゲル主義の更新、(2) 現実の権力政治とその世界観的後ろ盾】

(1) ドイツ帝国の発展はまた、大がかりな権力政策のためのドイツ的思惟活動を実践的に理解することを、覚醒させていた。そして、今日われわれはヘーゲル生誕一五〇年を言祝ごうとしているが、この哲学者の「観念論的」で教条的・思弁的な権力国家理念は、現在の政治的思惟活動においてその影響力を失ってしまった、と軽々に推測されることもあろう。ところがこれまでのところ指摘しうるのはむしろ逆のことである。一九世紀中葉には、次のような主張を耳にすることが稀ではなかった。すなわち、ヘーゲル哲学は「実際、あらゆる例外なしに、きわめて奇怪な形象である。こうした形象を、われわれのこれまでの［ドイツ］文化の進展は、本来的な［ドイツ的］思弁(Spekulation)の基盤の上では示さざるをえない」(1)。――このような主張を、今日ではヘーゲルの公然たる反対者でさえ敢えて軽々しく提示しないであろう。「世界観への渇望から」、ヘーゲルにおける実践的な完結性や手堅い客観性を希求した「ヘーゲル主義の更新(1a)」が軌道に乗せられたのは、哲学においてだけではない。法哲学においてもまた――国家学においてはヘーゲルは決して死滅しなかった――類似したヘーゲル主義の更新は、しかも見たところ哲学におけるのと同様の理由から、確認される。

（2）「われわれの時代が社会生活の諸問題にきわめて生き生きと取り組んでいるにもかかわらず、現代の本来的な［ドイツ的］思弁は、まさしく法哲学や社会哲学の領域において、ドイツ観念論の諸々の偉大な体系形成からの僅かな自律性を、そしていつもそれらへの強い依存性を示しているにすぎない」。――こうしたことをごく一般的に観察するならば、こうした［法哲学においてもヘーゲル主義の更新が確認されるという］事情は、さほど驚くには当たらない。[1b] しかしながら、権力国家について思弁が凝らされるときのみならず、ごく現実的な権力政治が世界観的な後ろ盾（箔、引き立て役）（Folie）を必要とするときはいつもまた、その権力政治はこれをしばしば無意識的に、今日もなおヘーゲルから仕入れているのである。このような依存性は、自明のことながら、大抵広範にわたって次々に人づてに媒介され、そして無数の他の影響によって組み合わされたものであるから、ヘーゲルとの結びつきはしばしば主張されることもないし、ましてや証明されることもないのである。

【ドイツの多様な学問諸領域におけるヘーゲルの影響】

にもかかわらず今日においてもまた、理論的な学問の中でも、同じく実践的に政治的な著作の中でも、それらの夥しい論点において、ヘーゲルの権力国家思想は尚そっくり変わらずに再帰しているし、そして、ヘーゲルとの直接的な結びつきが明確に証示されうる。かくしてプロテスタント神学の一部が政治と道徳を分離しようとしているような独特の様式は、いまも尚その哲学的基礎づけをヘーゲルから仕入れている。しかし、ヒューマニズム的な教育の理想を権力国家的なそれと代替させようとし、そして国家を「集団的な権力発展の形式における習俗規範（人倫）性」として定義している、もっとも重要な今日の教育学者たちの一人［シュプランガー、Spranger, Eduard, 1882-1963］の理念もまた、ヘーゲル的に思惟されかつ基礎づけられている。[2] 一連の傑出したドイツの学者たちによって主張されるような、権力国家に対応する自由概念は、少なからず真正のヘーゲル的起源を示している。(3) これらのここで名指されている若干の政治的な諸見解――これらは容易に際限なく補完されうるであろうが――において、ドイツの学者たちの思惟活動とヘーゲルとの関連が現前している。このことを、ひとは疑いも驚きもなく見出すであろう。同じことは、今日の諸々の戦争哲学がそれらの世界観的基礎を相変らずヘーゲルから仕入れている、ということについても言える。

【プロイセン・ドイツ的軍事政策（クラウゼヴィッツ、モルトケ）へのヘーゲルの影響】

これに対して、われわれの哲学者［ヘーゲル］がプロイセン・ドイツ的な軍事政策に与えている直接的かつ永続的な影響力が確定されるならば、多くの人はまさしくヘーゲル的なものを嗅ぎ分けていることを主張するであろう。とはいえ、この関連を証明することは困難ではない。一八四〇年に、すでにヴィリゼン将軍［General Willisen］は、戦争科学についての何巻にもわたる著作をヘーゲル哲学に基づいて著した。(4) その上さらに数年前にひとりの中尉は、ヘーゲルがクラウゼヴィッツ［Clausewitz, Carl Philipp von, 1780-1831. プロイセン王国軍人、軍政学者］と、かれを介してモルトケ［Moltke, Helmuth Karl Bernhard von, 1800-1891. 大モルトケ、プロイセン軍隊参謀総長］やかれの薫陶を受けた士官世代とにきわめて強い影響を与えたことを証明した。(5) クラウゼヴィッツがヘーゲルから受け取ったとされるのは、世界観的基礎だけではない。戦争観一般もまた、それどころか戦術的かつ戦略的な諸見解さえ、さらにこの［ヘーゲルからの］影響を露出させていた。ヘーゲルなしには、クラウゼヴィッツは「決してかれの教説のかくも統一的な立場やかくもすぐれた構築物に至らなかったであろう。両者［戦争観と戦術的・戦力的見解］は、クラウゼヴィッツの名声を今日に至るまで高からしめていることに、本質的に貢献したのである(6)」。いかに生き生きとヘーゲルが事実上プロイセンの将官団の意識においてなお一九世紀の中葉にも生きていたか、これについてさらに、些細な、しかしきわめて特徴的な証拠が挙げられよう。シュレスヴィヒ・ホルシュタインの戦争舞台に報道記者として送られたティロルの詩人、アントン・ピヒラー［Anton Pichler］は、一八五〇年八月二四日、故郷に向けて次のように書いている。「一部では、オーストリアには有能な将官が欠けている、と信じられている。ところがどっこい！　われわれの将官たちは、もちろんヘーゲルを研究したこともなければ、ポツダムのパレードに赴くこともないが、しかし、いずれにしても戦場でこれらのご立派な連中たちと優劣を競うことができるのである」と。(6a)

【ベルンハルディ父子：文化エレメントとしての戦争】

（1）これまで述べてきたことからすれば、ここでヘーゲルと、『ドイツと次の戦争』というお馴染みの書物の著者、騎兵将軍ベルンハルディ［Kavalleriegeneral Bernhardi, Friedrich Adolf Julius, 1849-1930］との結びつきが主張されても、もはやさほど奇異な感じはしないであろう。ベルンハルディによるヘーゲルの引用が論旨を支えるためだけに行なわれているに違いないとすれば、このような主張の根拠はまた、たしかにまったく脆弱なものであろう。(7) その種の引用はあまりにいい加減になされてはいる。しかしながら、ヘーゲルからフリードリヒ・フォン・ベルンハルディまでの権力国家思想の伝統は、まったく別の方法で推論されうる。その伝統とはいわば家族の伝統である。われわれの著者［フリードリヒ・フォン・ベルンハルディ］の父親、テオドール・フォン・ベルンハルディ［Theodor von Bernhardi］は、マックス・ドゥンカーのきわめて親密な友人サークルに属していた。この博学の人物が一八六一年にヘーゲル研究に熱中したのは、おそらくはまたドゥンカーの刺激（問題提起）によってであろう。ヘーゲルの歴史哲学について、かれ［（父）ベルンハルディ］は一〇月一三日にかれの日記帳に「さまざまな意味で刺激と促しを受ける一冊」と認めている。(8) いかに真剣に［この日記の］書き手が自分の読解を行なっていたか、これは以下の詳細かつ広範囲にわたるヘーゲル批判から明らかである。このきわめて浩瀚な自分の父親の日記帳を、フリードリヒ・フォン・ベルンハルディは九巻にまとめて出版し、序論ととりわけ注目に値する結語とをそれに付した。いかにかれがここで[8a]自分の父親の政治的見解を総括して叙述しているか、このことが、われわれにすでに、この将軍の国の内外で多く読まれた著作に与えたヘーゲルとドゥンカーの影響について語る権利を、与えている。

（2）テオドール・フォン・ベルンハルディは、かれの息子の叙述に従えば、「ドイツの軍事的権力を能うかぎり慎重かつ実効的に形成すること」を、いつも断固として主張した。かれがこのような政策や国家のこのような防衛能力を要求したのは、決して「単に防禦的な意味においてだけではない。そうではなく、かれはドイツの政治権力はその文化的意義に対応していないという確信をもって生きたのであり、それゆえに、ドイツの影響圏やドイツの意義がヨーロッパにおいてのみならず、世界の舞台にまで広がるのに適しているであろう、そういう活動力のある政策（tatkräftige Politik）を要求したのである」。この意味でかれの父はまた、「われわれの祖国の内的な発展のために、きわめて張り詰めた統一、政治的行為の一体性を与えていた、君主制的権力の強力な形成、防衛能力のあるプロイセン主義の無条件の優位を、要求したのである」。この立場からかれはとりわけまた、諸々の世界平和への努力の反対者であった。これらについて、かれは穏やかな嘲笑や辛辣な皮肉なしに言及することができなかった。そして、あらゆる宥和政策そのものについてもそうであった。戦争は、かれには人間の自然本性や人間の諸関係において根拠づけられた必然性と思われただけではない。かれは諸民族の正当化された生活利害のために企てられた闘争を、きわめて本質的な文化境位［文化を成立させる適合域］（Kulturelement）のひとつとして、習俗規範（人倫）的かつ精神的な力の一つの新鮮な泉として、考察したのである。

【（1）ベルンハルディに見られるヘーゲル的権力国家論的諸契機、（2）国際法に対する民族固有の法権利観の優位：国家についての習俗規範的判断は国家の本性や目的から創造されなければならない、（3）文化要因とし

ての戦争】

（1）したがって、われわれがここで扱っているフリードリヒ・フォン・ベルンハルディがヘーゲルに関する知識を有していたか否かはともかく、すでに父親がこの哲学者〔ヘーゲル〕の思想をかれ〔息子〕に親炙させたこと、このことを想定することは、おそらく許されるであろう。いずれにしても、まさにヘーゲルの国家観及び歴史観こそ、この将軍の上掲の著作にメタ政治的な基礎をも与えているのである。諸国家は「民族の人格態（Volkspersönlichkeit）」、「有機体（Organismen）」であり、しかも、「人類総体の枠において[9]」、法権利の理念（Rechtsidee）は権力（Macht）と合致する。「力（Kraft）は最高の法権利（Recht）であり、そして、法権利の闘争（Rechtstreit）は、力の秤（Kraftmesser）である戦争によって決定される[10]」。これに対して、法権利の意識は、「首尾一貫しては限定しえない、そして人格的に条件づけられた、そういう概念[11]」にすぎない。

（2）こうした理由から、より包括的な国際法（Völkerrecht）もまたありえない。しかし、このような国際法が成文化されることになったとしても、「やはり、己自身を尊重するいかなる民族も、己固有の法権利観を、そのように定立された法権利（so gesetztes Recht）〔成文化された国際法〕のために犠牲にしえない[12]」。キリスト教的道徳は、「その本質からして、決して政治的道徳ではありえない[13]」。しかし、国家的生活は、あらゆる道徳からあくまでも自由でなければならない。「国家についての習俗規範（人倫）的判断は、個人の本性や目的からではなく、国家の本性や目的から創造されなければならない。国家の本質は権力（Macht）である[14]」。それゆえに、国家行為の習俗規範（人倫）性（Sittlichkeit der Staatshandlungen）のための唯一正当化される尺度を提供するのは、「権力を促進する国家の能力（Fähigkeit des Staates zur Machtförderung）」である[15]。

（3）結局のところ、特殊ヘーゲル的なるもの（Spezifischer Hegel）は、「精神的かつ習俗規範（人倫）的な諸力」に存するところの「人間や諸民族の究極目的」と、国民的な権力の展開によって実現される「人類進歩の総体」である。

これらの諸々の橋梁を渡ってベルンハルディは、究極的にはここでもまた「習俗規範（人倫）的要求」である、「文化の欠くべからざる要因」としての戦争に至る。(16) それゆえに、これらの「文化や権力を促進するもっとも偉大なるもの(17)」を締め出そうとする努力は、「民族の健全さにとって危険(18)」である。むしろ、ヘーゲルにおいてそうであるように、この「人類にとっての薬（Arznei）」［戦争(19)］が人類のために政府によって処方されることが稀であってはならないのである。そして、しばしば「戦争を招来することは、政治家（Staatsmann）の政治的かつ習俗規範（人倫）的な義務である(20)」。

【シュタインメッツ、ゴムペルツの戦争哲学】

シュタインメッツ［Steinmetz, Karl Friedrich von, 1796-1877］のそれや、特殊な尺度でいえば、ゴムペルツ［Gomperz］のそれのように、大部分の現代の戦争哲学は、すべてすでにヘーゲルにおいて見出されうる、類似した思惟行程において動いている。

【カウフマン】

【カウフマン「国際法の本質と事情変更の原則（clausula rebus sic stantibus）」】

ひとつの同じ哲学的基礎づけは、しかも疑いもなく直接的にヘーゲルから受け取られた形で、法学者エーリヒ・カウフマン［Erich Kaufmann, 1880-1972］の法権利観や国家観を標識づけている。ヘーゲルとのカウフマンの関連は、カウフマンの学問的諸労作が絶えずこの［ヘーゲル］哲学と接触していることにおいて表現されている。上で度々引用された『君主制原理の国家論についての諸研究（*Studien zur Staatslehre des monarchischen Prinzips*）』、同じく上掲の講演「一九世紀の国家論における有機体の概念について」にはじまり、「国際法の本質と事情変更の原則（事態存続の條款）（clausula rebus sic stantibus）」についてのより包括的な労作に至る労作がそれである。ここではとりわけ後者を取上げるつもりである。そこにおいて主張される政治的見解のモデルとしてかなり度々取り挙げられるのは、ランケとビスマルク、しかしとりわけまたヘーゲル自身である。[21]

【（1）主題としての法権利と国家：超個人的全体、有機体としての国家、権力の拡張としての世界精神の実現、（2）主権的・普遍的な法権利秩序としての国家、文化発展総体の原動力としての国家権力、（3）権力一元論：権力と文化（習俗規範）の間の弁証法的予定調和、（4）個体（個人）概念と有機的組織体概念：権力と文化（生の形姿化）とをめぐって闘争する諸人格】

（1）エーリヒ・カウフマンは、法権利生活（Rechtsleben）や国家生活（Staatsleben）についてのかれの考察において、ヘーゲルとともに「国家という超個人的全体」から出発する。この国家が権力を拡張することは、再び世界精神が実現することである。「国家の自己主張は、人類の文化財への参加を、世界史への参加を、目的とする自己主張である」。国家は、「一民族が世界史の中に編み込まれ、そこにおいてその固有性を主張するために、みずからに与える有機体（有機的組織化）である。

（2）そして、より高次の地上における目的は考えられないから、国家の法権利秩序（Rechtsordnung des Staates）は、他の諸々の法権利秩序［家族、市民社会、他］を包囲し、それらをそれらの相対的な諸領域に指定し、これらの諸領域の中で保持かつ保護する、主権的かつ普遍的（souverän und universal）な法権利秩序として、絶対的な意味での法権利秩序になる能力を有する」[22]。国家のこの絶対的な権力は、文化発展の総体の原動力である。というのは、「その自己主張のために、国家はその中に現前し、かつまどろんでいるすべての諸力を集め、かつ覚醒し、それらをその国家の現存が要求する総合計画に従って秩序づけるからである。国家の本質は権力の展開であり、自己を歴史の中で主張しかつ貫徹する意思である」。

（3）権力一元論（Machtmonismus）の諸帰結は、いつも同じである。すなわち権力は物理（自然）的かつ道徳的なエネルギーの総体を賦活し展開することによって」のみ成立するのである。権力思想からいえば、国家は福祉国家（Wohlfahrtsstaat）に、そしてひとつの習俗規範（人倫）的な制度（ein sittliches Institut）になる」。すなわち国家は「必然的に客観的で習俗規範（人倫）的な秩序」になる。というのは、「権力の追求と習俗規範（人倫）的力の希求との間には、固有の弁証法的な、いわば予定調和」があるからである。(23)

（4）カウフマンは、拙論にとっても［疑問を］究明する仕方で個体（個人）概念（Begriff des Individuum）を分析し、この概念を――ヘーゲルとともに――かれの詳説の基礎に置き、そして自然法的かつアウグスティヌス的な個体（個人）概念からくっきり境界づけている。(24) かれは人間をもっぱら「発展」及び「歴史的共同体」という現代的な諸概念から概念把握しようとしているのである。(25) こうした個体（個人）に対応する「生活感情」や「国家感情」は――これらは国家を「有機体」として概念把握するために必要な諸前提であるが――絶えず「権力及び生活形成（生への形姿付与）（Macht und Lebensgestaltung）をめぐって闘争する諸人格」に「己を他者たちに対立させて、己自身を貫徹する」闘争心を与えたであろう。(26) 自分の有機体概念のために直接的にヘーゲルにまで遡及する、わたしが知るかぎりこの唯一の公法学者［カウフマン］は、有機体的国家観を予め支配している権力思想を、充分な理解力で感じ取ったのである。

【（1）カント主義（シュタムラー）的な形式的法権利概念批判、（2）具体的共同体の目的（国民的国家権力）を前提にしている法権利：配分的価値（Verteilungswert）としての法権利の正当化基準（Richtigkeit）（Jedem das Seine）は、この具体的全体性・一般性にかかっている、（3）文化生活総体を包括する秩序化を可能にする国家権力：対外的権力の拡張能力と対内的権力の秩序化能力の対応、（4）対外的権力目的も対内的法権利原理も欠いている世界国家（世界政府）】

（1）このような諸前提からエーリヒ・カウフマンは、形式的法権利概念の下にひとつの実践的に価値づけうる尺度を置くことに取り組んでいる。ヘーゲルがカントに対して反駁していることを、カウフマンはカント主義者シュタムラー［Stammler, Rudolf, 1856-1938］に対して向けている。「共同体から自由であろうとする人間という形姿をとったシュタムラーの社会的な理想に対して、カウフマンからは「抽象的な形式主義[27]」という非難が投げかけられる。カウフマンによれば、「法権利概念を固定しても、共同体の諸目的を何らかの形で具体化することは避けて通れない[28]」。

（2）しかし、具体的な共同体の目的（der konkrete Gemeinschaftszweck）とはカウフマンにとって、ヘーゲルにとってと同じく、端的に国民的権力（nationale Macht）である。この証明は、ここでは法権利概念の客観的かつ主観的な前提として国家の個体的な全体性（individuelle Totalität des Staates）が示されること、このことによって試みられる。法権利とはひとつの配分価値（Verteilungswert）であり、そしてその「正しさ（Richtigkeit）」は必然的に「超個人的な全体の固有性（Eigenart des überindividuellen Ganzen）[29]」にかかっている、とされる。この全体からしてようやくはじめて、「各人に、この全体においてこの［全体の］法則性に従って各人に相応しいもの」［Jedem das Seine（Verteilung）: suum quique（distribure）. Cicero, De Officiis, 1, 15: De Legibus, 1, 19］が規定されうるからである。

（3）「だとすれば、超個人的全体（überindividuelle Ganze）が存在するだけの多くの法権利秩序（Rechtsordnungen）が存在しなければならない[30]」。しかし、あらゆる可能な超人格的一体性（transpersonale Einheiten）からして、国家は「絶対的な意味における法権利である。なぜならば、国家はまさしく、それにとっては人間の文化生活総体を包括する秩序化が問題であり、その原理はそれによって包括された諸力を人間的文化生活の一つの総合計画の中に組み入れることであり、したがってその目的は各人に要求されうる、そういう共同体（Gemeinschaft）であるからである」[31]。「共同体から自由になろうとする人間たち」ではなく、「勝利を博する戦争が、社会的理想」である[32]。「対外的自己主張という観点における権力の展開という思想だけが、国内においてどこに特殊な保護と下支えの必要性があり、そしてどこに断ち切られるべき異常肥大（Hypertrophie）があるか、これらについて決定しうる、万人に要求しうる目的なのである[33]。

（4）だから、法権利（Recht）は権力目的（Machtzweck）に従って規定されるべきであり、そして、ひとつの世界国家（ein Weltstaat）には「権力展開への欲求」が欠けているであろうから、その世界国家には対外的な権力目的とともに、対内的法権利原理もまた欠けていることを、カウフマンは危惧しているのである。世界国家に欠けているのは「本質的契機、つまり必然的な生活原理、その秩序を組み立てうる（制度化しうる）観点、その成員たちを硬直化から守り、諸々の習俗規範（人倫）的なエネルギーを賦活し覚醒することを要求する、そういう契機である」[34]。カウフマンは、「安全性（Sekurität）」の絶え間ない実現について、それが生命（生活）から「あらゆる魅力とあらゆるロマンティーク」を奪いかねないであろうことを、危惧しているのであるが、そこにもまたロマン主義的ヘーゲルの痕跡（特徴）（der romantische Hegeleinschlag）が欠けてはいない[35]。

【（1）国際法（国際関係）における正義（具体的配分）の実定的な基準・裁定者・執行者の欠如：為しうる者だけがまた為すことを許される（nur der, der kann, darf kann）、（2）一般的国際法の不在、相互的調整権：「強いられた意思も意思（coatus voluit, attamen voluit）」に基づく承認としての国際法、（4）国家の自己保存権に基づく「事情変更原則（rebus sic stantibus）」とその約款制度（Klauselinstitut）】

（1）かくしてカウフマンは必然的に次のような見解に、すなわち、諸国家間には「裁定者（Richter）と執行者（Vollstrecker）」だけでなく、「とりわけまた、そこから諸要求の正義が判定されうる実定的観点［基準］（der positive Gesichtspunkt）」が欠けているという見解に辿りついている。「国際法的な諸国家共同体はひとつの実定（積極）的な目的を欠いているのである」。そして、「具体的な配分観点の欠如」は、強制的な執行の欠如よりも国際法の可能性に対して、はるかに深刻な異議を申し立てている。したがって、諸国家の諸関係を規則づけるための唯一の客観的原理は、あくまでも個別的国家の権力であり、そして国際法は、それが「調整の法権利（Koordinationsrecht）（調整権）ないし個体の法権利（Individualrecht）（個体権）」として認められる場合にのみ、認められうるにすぎないであろう。しかしその場合には、「為しうる者だけがまた為すことを許される（nur der, der kann, darf auch）」という命題の正義」を承認しうることになろう。

（2）したがって、「ここ［個別的国家］では権力と法権利とは一致するに違いない」というカウフマンの意見に従えば、「究極的には、あらゆる法権利とあらゆる文化が不可能ではないはずである」。そして、ここでもまた、決定するのは勝利を博す戦争だけであり、「諸国家の戦争は法権利を有している」のである。[36] この国際法的な調整権という基本カテゴリーは、「もっぱら承認であって同時に服属ではない、そういう承認に、そして「強制されて意思したとしても、やはり意思したのである（Coactus voluit, attamen voluit）［coata voluntas, sed voluntas; coata voluntas, voluntas est］」をみずからの規範とする、そういう承認に基づいている。[37] かくして、一般的な国際法というものはそもそも存在しないのであり、存在するのは国民的な国際法だけであり、そしてまた実定的な条約法においては、「やはりいつも国家はあくまで己自身にもっとも親しいものであり、結局やはりいつも、国家の意思、国家の利害関心があくまで尺度を与えるものである」。[38]

（3）以上のごとく、カウフマンは——ここでは諸協定（Stipulationen）の上に存立している諸国家についてのへーゲルの見解に訴えて——詳述している。したがって、諸国家のあらゆる契約（条約）（Staatenverträge）はひとつの内在的限界を有している。「それらが［条約を］締結することになり、また締結しようとするのは、締結された時期に存した権力と利害情況が、契約（条約）の本質的諸規定が契約（条約）を締結する当該諸国家の自己保存権と一致しなくなるようには、変えられないかぎりにおいてである」(39)。このアプリオリな「国家の基本的な自己保存権」だけが唯一、実践と一致する国際法の客観的原理であり、この原理は国家人格性の諸目的の外側にはなく、「その客観的な価値をそれ自身のうちに担っている」(40)。カウフマンは、約款制度（Klauselinstitut）のために、きわめて重要でわたしの見るところ、国際法的実践にとってもまた大抵は使用しうる、有望な諸々の推論を行なっているが、これらの推論についてここでは、ここでは当然のことながら立ち入ることはできない。われわれの課題は、いかにしてこのもっとも現代的な公法学者たちにおいてもまた、直接的にヘーゲルに由来する権力国家思想が生き生きと影響を及ぼしているか、これを示すことだけであったからである。

【プレンゲ】

【（1）一九一四年のドイツで実現された国家理念とヘーゲル国家哲学、（2）抽象的な個人主義・普遍主義に対抗する祖国・有機組織体としての国民国家、（3）権力の有機的組織化としての社会主義（Sozialismus als Machtorganisation）、（4）キエレンの権力国家理論】

（1）精神的に平常ならざる戦争期の文献におけるヘーゲルの国家思想の復活に立ち入ることを、われわれは意図的に避けている。しかし、国家学者ヨハネス・プレンゲ［Plenge, Johannes, 1874-1963］の諸労作は、この精神的な時期に算入しなくてもよいであろう。かれの主著『マルクスとヘーゲル（*Marx und Hegel*）』（一九一一年）がわれわれに保証しているところによれば、プレンゲがかれの著作『一七八九年と一九一四年』においてヘーゲルからごく最近に至るまでを辿って論証している道程は、その場限りで（ad hoc に）構成されたものではない。プレンゲは多年にわたりきわめて活発にヘーゲルに感情移入してきたが、最後にかれは、われわれの哲学者［ヘーゲル］が「一九一四年の諸理念の多くを先取りし、内面の深奥において根拠づけている偉大な先駆者[41]」であったということを確認したのである。プレンゲが一九一四年のドイツにおいて実現されていると見ている国家理想は、プレンゲが「ドイツ的思想の最大かつ最深の体系[42]」と呼んでいるヘーゲルの国家哲学の構造を、紛れもなく帯びている。

（2）「カントのあまりに狭隘な個人意識（Einzelbewußtsein）[43]」に反対して、そして「まったく自己自身の上に定立された個人として自由、平等、友愛[44]」を要求する個人主義者たちに対して、プレンゲは「個々の自我（Ich）は部分的自我（Teil-Ich）にすぎない[45]」と、飽くことなく主張している。自我は国家においてのみ、国家によってのみ生きているのであり、それゆえに最高の規範にならなければならない。「強力な国民国家においては、あらゆる犠牲を引き受ける覚悟のある祖国感情という同じ力がすべての部分を貫き、そして、そこにおいては、すべての個々の成員は、自由な合意（freier Zusammenschluß）において創造されたかれらの有機的組織体を通じて国民的諸案件を完遂するに際して協働（mitwirken）する[46]」。

（3）こうした政治的理想を、プレンゲはヘーゲルと社会主義の綜合（Synthese）と見なしている。――これは決して正当なことではない。権力の有機的組織化（Machtorganisation）としてのかの社会主義は、すでにヘーゲル自身の中に見出されるからである。プレンゲが「すべての諸個人をひとつの国家において分肢化しかつ包括することとして、そして経済をひとつの最高の一体性という感情において自由かつ強力に統括する生活の全体[47]」として認識している、そういう一九一四年の理念、こうしたヘーゲル的な国家理念は、社会主義による補完を必要としないであろう。というのは、ひとつの体験された意識状態としての「ドイツ的有機的組織体」という思想が命令するのは、「汝を全体の分肢として認識せよ！　全体において生きよ！であり、ひとつの有機的組織体は精神的な分肢化の全体」[48]であり、こうした思想はヘーゲル的な有機体理念を適切に書き換えているもの以外ではないからである。最後にプレンゲは一九一四年に、この年には「民族精神と世界精神とが完全な調和において合致した」、と考えていた。このことになお言及したのは、実際、ヘーゲルもまた、かれの時代にプロイセンは世界精神を実現する、という見解をとっていたからである。

（4）プレンゲとの関連で、最後に手短にかれの近くにいるスェーデン人、R・キエレン［Kjellén, Rudolf, 1864-1922. 独語発音。政治学者、スェーデン保守政治家］について、なお僅かながら指摘しておこう。ドイツにおいて注目されたかれの権力国家理論は、キエレンが多くの著作において、とりわけかれの『生活形式としての国家（*Staat als Lebensform*, Leibzig, 1917）』においてそれを呈示したように、大いにヘーゲルに係わっている。[49]

【習俗規範的課題として国民的権力国家論：ドイツ的精神の政治化】

かくして現代の権力国家をドイツ民族にはじめて最高のかつ習俗規範（人倫）的な課題として定立した教説は、ごく最近においても、きわめて生き生きとした影響力を保っているのである。権力としての国家という教義上の帰結は、ヘーゲルによって以上に強く誇張されたことはなかった。しかしながら、ドイツ的精神の政治化［権力国家による文化国民と権力国民の揚棄］に、かれの権力国家論は、あらゆる他の――どのように変容されたものであれ――政治的イデオロギーよりも、遥かに多く寄与したのである。これまできわめて不十分なドイツの政治化は、ヘーゲルのために将来にも永続する影響力を確保している。

[原注]

●注における略号

W. W.	= *Gesammelte Werke.*
W. W. Akad. Ausg.	= *Gesammelte Werke*, Ausgabe der Berliner Akademie d. Wissenschaften.
H. Z.	= *Historische Zeitschrift.*
All. D. Biogr.	= *Allgemeine Deutsche Biographie.*
Z. f. P.	= *Zeitschrift für Politik.*
G. Ph.	= Hegels *Geschichtsphilosophie.*
R. Ph.	= Hegels *Rechtsphilosophie.*
R. Ph. Zus.	= Hegels *R. Ph.* Mit Zusätzen seines Schülers Gans.
Enz.	= Hegels *Enzyklopädie.*
N. R.	= Hegels *Aufsatz über die wissenschaftlichen Behandlungsarten des Naturrechts.*
V. D.	= Hegels „*Verfassung Deutschlands*“.

ヘーゲルの著作は、ここで提示されているかぎりでは、哲学図書版（Phil. Bibliothek 版）（*Verfassung Deutschlands, Württemberg. Landstände, Behandlungsarten des Naturrechts* in Bd. VII, bzw. Bd. 144 dieser Bibliothek）に、「歴史哲学（Philosophie der Geschichte）」は、レクラム版（Reclamausgabe）に、その他の著作は、全集版（*Gesammelte Werke*）に従って、引用されている。きわめて豊富な文献は、クローチェ（Croce）の『ヘーゲル哲学における生けるものと死せるもの（*Lebendiges und Totes in Hegels Philosophie*, S. 193ff.））』に見られる。

序文

（1）この本の印刷中にローゼンツヴァイク（Rosenzweig）の著作、『ヘーゲルと国家Ⅰ（*Hegel und der Staat I*）』が公刊されたが、これを参照することはできなかった。

第一部

（1）以下については、Lask, *Rechtsphilosophie*（in: *Phil. im Beginne des 20. Jahrh.*, 2. Aufl.）; Radbruch, *Grundzüge der Rechtsphilosophie.* を参照。

（2）以下については、ディルタイ（Dilthey）の歴史哲学的諸論稿、Gierke, *Johannes Althusius*[3], Meinecke, *Weltbürgertum und Nationalstaat*[4] と並んで、とりわけ特筆される著作、Metzger, Gesellschaft, *Recht und Staat in der Ethik des deutschen Idealismus*, さらに E. Cassirer, *Freiheit und Form* を参照。わたしは以下に挙げられた諸著作の一部については、他の著作を介して知っているにすぎないから、ここではより厳密な引用は断念する。

（3）以下については、さらに次のものを参照。Lamprecht, *Deutsche Geschichte*; Fuester, *Geschichte der neueren Historiographie*; v. Below, *Deutsche Geschichtschreibung von den Befreiungskriegen bis zu unseren Tagen.*

（4）Treitschke, *Deutsche Gesch. I*, S. 19.

（5）Ebd. S. 22.

（6）*W. W.* Akad. Ausg. VIII, S. 21.

（7）Ebd. S. 27.

（8）Ebd. S. 371.

（9）Ebd. S. 297.

（10）Ebd. S. 382f.

（11）Ebd. S. 365.

（12）*W. W.* VI, S. 350.

（13）Ebd. V, S. 263.

（14）Ebd. VIII, S. 380.

（15）Ebd. VI, S. 350.

（16）Cassirer, a.a.O. S. 511.

（17）*Ideen zu einem Versuch usw. W. W.* Akad. Ausg. I, 107, 113, 129.

（18）Bei Meinecke a.a.O. S. 56.

（19）Ideen a.a.O. I, S. 236

（20）Bei Meinecke S. 43.

（21）*Denkschrift über die deutsche Verfassung*, W. W. XI, S. 95ff.

（22）„*Deutsche Größe*". Hrg. von Suphan 1902; in der Cottaschen *Säkularausg. der W. W.* 2, 386.

（23）*Ideen zur Phil. d. Gesch. d. Menschheit*, 9, IV.

（24）*Briefe zur Beförderung der Humanität*. 4, 42.

（25）*Ideen usw*. W. W. III, 23

（26）*Briefe zur Beförderng der Humanität* 4, 42 a. E.

（27）*W. W.* VI, S. 3ff.

（28）Ebd. S. 39ff.

（29）a.a.O. S. 81.

（30）a.a.O. S. 94.

（31）a.a.O. S. 95.

（32）a.a.O. S. 81.

（33）a.a.O. S. 172ff.

（34）a.a.O. S. 306, 102ff.

（35）すでにバーク（Burke）の思想はRehbergとBrandesを通じてドイツにおいて知られていた。Vgl. E. Braune, *Burke in Deutschland*.

（36）Vgl. darüber Rexius, *Studien zur Staatslehre der histor. Schule*, *H. Z.* 1911, S. 515ff. この著作はおそらくまた、レーベルク（Rehberg）とブランデス（Brandes）にバークの影響を与えている。Über diese K. Lessing, *Rehberg und die franz. Revolution*.

（37）Bei Meinecke a.a.O. S. 96f.

（38）*W. W.* VII, S. 147.

（39）Ebd. S. 149.

（40）Bei Metzger a.a.O. S. 184, A. 1.

（41）*W. W.* VII, S. 574.
（42）a.a.O. S. 576.
（43）a.a.O. S. 574.
（44）*Hist.-pol. Aufs.* I, S. 136.
（45）*W. W.* IV, 415, 423, VII, 573.
（46）Ebd. VII, S. 572f.
（47）Bei Metzger a.a.O. S. 197ff.
（48）Metzger a.a.O. S. 229.
（49）Ebd. S. 228.
（50）Bei Meinecke a.a.O. S. 89.
（51）Bei Metzger a.a.O. S. 230.
（52）Bei Meinecke a.a.O. S. 71.
（53）Bei Metzger a.a.O. S. 230.
（54）Ebd. S. 224ff.
（55）Bei Meinecke a.a.O. S. 92.
（56）Lamprecht, *Deutsche Gesch.* IX, S. 49.
（57）Meinecke a.a.O. S. 92.

第二部

[第一章]

（1）ディルタイ（Dilthey）の精細な『青年ヘーゲル（*Jugendgeschichte Hegels*）』には、政治家（政論家）ヘーゲルはまったく現われない。上掲のメッツガー（Metzger）の著作は、青年期の発展において中断し、戦死によってこのすぐれた学者の著作は未完に終わった。いずれにしても青年ヘーゲルの完全な評価は、政治的諸問題に取り組んでいる、明らかにかなりの数にのぼる青年期ヘーゲルの未公刊草稿の、ノール（Nohl）によって予告されている出版が果たされるときにはじめて可能になるであろう。Vgl. ferner

Thomsen, *Aus Hegels Frühzeit, Kantstudien* XII, S. 407ff.; デンマーク語で認められたこの著者の著作『ヘーゲル、一八〇七年までのかれの哲学の発展（*Hegel, die Entwicklung seiner Philosophie bis 1807*）』は未見である。

（2）Rosenkranz, *Hegels Leben* S. 451f.

（3）Ebd. S. 433ff.

（4）*Jugendgeschichte* S. 36.

（5）ここでのヘーゲルの模範は、ヘルダー（Herder）の著作、*Haben wir noch jetzt das Publikum und Vaterland der Alten?*（1765）であろう。

（6）Nohl, *Hegels Jugendschriften* S. 154, 157, 176, 207, 210［邦訳、『ヘーゲル初期神学論集』、ヘルマン・ノール篇、久野昭・水野建雄訳、以文社］.

（7）Nohl, *Jungendschriften* S. 219ff.

（8）ここではヘルダーの影響と並んで、ギボン（Gibbon）のそれが明らかに示されている。Vgl. Rozenkranz a.a.O. S. 60.

（9）*J*. 215.

（10）*J*. 49.

（11）*J*. 39.

（12）Rosenkranz S. 59.

（13）*J*. 163.

（14）*J*. 41. 青年ヘーゲルにおいて注目すべきは、以下のキリスト教についてのニーチェの命題である。「官能も権利を主張する。イエスと戯れの愛を交わし、かれを抱擁していると信じている無数の僧侶や尼僧は例証である」（*J*. 366）。

（15）*J*. 378.

（16）*J*. 295.

（17）*J*. 323.

（18）*J*. 27.

（19）*J*. 21. Vgl. Kantorowitz, *Volksgeist und histor. Rechtsschule, H. Z.* 1912, S. 300

（20）a.a.O. S. 60.

(21) モンテスキュー（Montesquieus）の影響についての最新のものは、Trescher, *Schmollers Jhrb.* 42, S. 267 u.f.

(22) a.a.O. 60.

(23) すでに公刊されたこの時期のヘーゲルの二つの政治的草稿についていえば、ひとつは J. J. Cart によって作成された「ヴァートラント（Waatland）とベルン市とのかつての国法上の関係についての文書——これは一七九八年に出版されたが、最近、ようやくファルケンハイン（Falkenhain）によって発見された（*Jhrb.* 8, S. 193）——であり、もうひとつは一七九八年の「ヴルテムベルクの最新の内政事情」に関するきわめて断片的にすぎないパンフレット（これは当時公刊されなかった。現在、Lasson VII, S. 150 に見られる）である。いずれの文書も、われわれの主題にとってはあまり関心を引くものではないので、ここでは取上げない。

［第二章］

(1) Jetzt bei Lasson Bd. VII, S. 3ff.

(2) Bei Lasson a.a.O. S. 138ff.

(3) 一七九七年におけるヘーゲルのこうした世界観をかれの友人シェリングのそれと比較してみることは、興味深くかつわれわれにとって重要である。出発点が同じで目標がまったく異なることは、シェリングの以下の言葉において明白となる。「近代全体の性格は観念論的なものであり、支配的な精神は内面へと復帰することである」。というのは、「広い世界にもはや、人びとを共通の直観として統一するようなものは何も存在せず、新たに宗教へ向う究極の教養において永遠に統一するのは、完全な客観的全体性における絶対的観念（理念）性の直観しかありえない」（*W. W.* 1, II, 73, Weiß I, 168）。

(4) *Hist.-Pol. Aufs.* II, S. 77.

(5) Ebd. S. 80.

(6) Ebd. S. 92.

(7) Lasson a.a.O. S. 3.

(8) Ebd. S. 7.

(9) Ebd. S. 6.

(10) Lasson VII, S. 10.

(11) Ebd. S. 11.

(12) Ebd. S. 13.
(13) Ebd. S. 14.
(14) Ebd. S. 15.
(15) a.a.O. S. 98.
(16) Lasson VII, S. 16.
(17) Ebd. S. 66.
(18) Ebd. S. 18.
(19) Ebd. S. 13.
(20) Ebd. S. 19.
(21) Treitschke a.a.O. S. 152.
(22) Das Folg. Lasson VII, S. 21ff.
(23) a.a.O. S. 24.
(24) a.a.O. S. 25.
(25) a.a.O. S. 26.
(26) a.a.O. S. 40.
(27) Treitschke a.a.O. S. 97.
(28) Bei Lasson a.a.O. S. 32.
(29) a.a.O. S. 41.
(30) a.a.O. S. 47.
(31) a.a.O. S. 50.
(32) a.a.O. S. 59.
(33) Lasson a.a.O. S. 60.
(34) a.a.O. S. 88.
(35) a.a.O. S. 7f.

(36) テンニエース(Tönnies)の『ゲゼルシャフトとゲマインシャフト(*Gemeinschaft und Gesellschaft*[3])』S. 28, 207 もまた、本源的な歴史的ゲマインシャフトを「協調、習俗、宗教」によって結合されたものとして浮き彫りにしている。
(37) Lasson a.a.O. S. 84.
(38) Lasson a.a.O. S. 27.
(39) a.a.O. S. 28.
(40) a.a.O. S. 10.
(41) a.a.O. S. 106.
(42) a.a.O. S. 106.
(43) Lasson VII, S. 70. この点にわたしは、ヘーゲルにおける国家契約思想の唯一の残響を見ている。かの時代になお支配的である教説にしたがえば、国家は君主と民衆との間で締結された両面的契約——諸法律がその内容を呈示している——としてイメージされた。
(44) a.a.O. S. 93.
(45) a.a.O. S. 71.
(46) Lasson VII S. 98.
(47) a.a.O. S. 63.
(48) a.a.O. S. 57.
(49) a.a.O. S. 63.
(50) a.a.O. S. 62.
(51) Lasson a.a.O. S. 97.
(52) a.a.O. S. 98.
(53) a.a.O. S. 98.
(54) a.a.O. S. 98.
(55) *W. W.* Akad. Ausg. VIII, S. 372.
(56) a.a.O. S. 203.

(57) a.a.O. S. 198. ヘーゲルもまた、一方の法権利の政治(Politik des Rechts)と市民層、そして他方の利害政治と貴族制とを同一視している。かくして、ヘーゲルによれば「貴族は国事を比較的豁達に取り扱い、これに関してある程度の自由を持し、いたずらに規則に拘泥せず環境・事情・必要に応じてむしろおのれ自身の判断に信頼する」のである。[ヘーゲル『政治論文集』上、金子武蔵訳、一四〇頁](a.a.O. S. 95)。
(58) a.a.O. S. 100.
(59) a.a.O. S. 208.
(60) a.a.O. S. 206.
(61) a.a.O. S. 101.
(62) a.a.O. S. 89.
(63) a.a.O. S. 101.
(64) a.a.O. S. 107.
(65) a.a.O. S. 110.
(66) a.a.O. S. 123.
(67) a.a.O. S. 31.
(68) a.a.O. S. 120.
(69) a.a.O. S. 128.
(70) a.a.O. S. 127.
(71) a.a.O. S. 128.
(72) こうした文脈においてはじめて、ヘーゲルの時代にドイツ民族において自明なこととして要求されている、世界史の段階的行程についての思想が浮上している。なるほど、「代議制のシステムは諸々のゲルマンの森には存在しなかった(これはモンテスキューのひとつの思想である。*d. Verf.*)。しかしそれはそれらから現われたのである。世界形成の関連は人類を、オリエント的専制と共和制の支配とを経て、世界を超えて、後者の退化から、両者の間のこうした中間のものへと導き入れた。そしてドイツ人たちは、この世界精神のこうした第三のものを生み出した民族である」(S. 93)。世界精神の弁証法における最後の最高の段階は、したがって、すでにここでは君主制である。

（73） a.a.O. S. 129.

（74） a.a.O. S. 107.

（75） a.a.O. S. 106.

（76） a.a.O. S. 132.

（77） a.a.O. S. 133.

（78） Pütter, *Elementa juris publici Germanici*（3. A.）§§34, 35. Zum Folgenden Brie, *Der Bundesstaat und Gierke*; [Gierke,] *Althusius*, S. 246ff.

（79） Bei Brie a.a.O. S. 55.

（80） a.a.O. S. 135f.

（81） a.a.O. S. 83.

（82） *Politik* I, S. 90.

（83）『統一国家と連邦国家（*Einheitsstaat und Bundesstaat*）』においてトライチュケは『天才マキアヴェッリ（*Genius Machiavellis*）』（S. 222）を引用し、この virtù の概念を想起している（S. 227）。これに対して、ヘーゲルのトライチュケへの決定的な影響は何ら現われていない。トライチュケはヘーゲルを度々断罪し、それどころか引用した労作においては『ドイツ憲政秩序論』について語っているにもかかわらず（S. 179）、かれがローゼンクランツによる月並みな抜粋以上のことを識らなかったことは確かである。そうでなければかれは、この著作にはヘーゲルの鋭敏な感覚が「絶望的に病んだ者の異様な明察のように」現われているが、情念の如何なる息吹もかれの賢明な言葉を通じて吹きつけていない」などと主張することは不可能であったであろう（*Deutsche Gesch.* I, S. 194）。トライチュケの——きわめて多くの他の判断と同様の——この判断は文献の中で流布したが、今日でもなお一連の著者たちにおいて見られる。著作の精神を捉えている内容を示しているのは、バッヒェム（Bachem）国家事典 II, S. 1179 におけるシュミット・ボイカー（Schmid-Baeuker）である。

（84） トムゼン（Thomsen）は、*Kantstudien* XII, S. 409 で、多くの他の人たちの間で、マキアヴェッリもまた、ヘーゲルに影響を与えた者に数えている。

（85） *Gesch. u. Lit. d. Staatsw.* III, S. 521ff.

（86） *W. W. Suphan* I, S. 24.

(87) Ebd. XVII, S. 322f.
(88) Fester, *Machiavell* S. 145.
(89) Lasson a.a.O. S. 111ff.
(90) Fester a.a.O. S. 200.
(91) Mayer, *M.s Geschichtsauffassung und sein Begriff der virtù* S. 98. マキアヴェッリはヘルダーにこの意味で影響を与えた、とマイヤーはかつてまったく明瞭に述べている。「異教の英雄たち、教皇制の聖者たち、回教の苦行僧たちは比較しうる。しかし、前者は英雄となり、後者は僧となった。マキアヴェッリは述べている。キリスト教は魂を抑圧した、と」(*W. W.* XXXII, S. 195)。
(92) Jellinek, *Allg. Staatsl.*^{3} S. 193; Rosin, *Bismarck und Spinoza* (in d. Festschrift f. Gierke); Menzel, *Spinoza in der deutschen Staatslehre der Gegenwart, Schmollers Jahrb.* 31, S. 473f.
(93) Menzel, a.a.O. S. 474.
(94) Deutsche Gesch. II, S. 15.

[第三章]

(1) Kuno Fischer, *H.s Leben und Werke* I, S. 76.
(2) Treitschke, *Deutsche Gesch. I*, S. 17.
(3) Ebd. S. 131.
(3 a) *Verf. Deutschl.* S. 72.
(4) Rozenkranz, *Leben* S. 29.
(5) *G. Ph.* S. 55.
(6) 以下の引用は、*G. Ph.* S. 57-65 から。
(7) Windelband, *Präludien I*, S. 260.
(8) Daube, *Neue Reisenovellen I*, S. 373f.
(9) Bei Rosenkranz, *Leben* S. 162.

（10）Lenz, *Gesch d. Univ. Berlin II*, S. 311, 291f.
（11）Wundt, *Logik II*[2], S. 377.
（12）*R. Ph.* Einl.
（13）*G. Ph.* S. 42.
（14）*R. Ph.* §443.
（15）*G. Ph.* S. 89.
（16）この見解の自然法的出発点に関しては、S. 42 A. 43を参照。
（17）*R. Ph.* §183.
（17ａ）*R. Ph.* §182.
（18）*R. Ph.* §261.
（19）Vgl. Jellinek, *Staatslehre*[3], S. 85. とはいえ、すでにSchlözers, *Allg. Staatsr.*（1793）以前に、国家と社会とは鋭く区別されていた。すでに一七九五年に、ハーゲン区の市民代表団がフリードリヒ・フォン・シュタインなどを、かれはここで国家にはその必要を充たし社会には可能なかぎりの市民的享受を許す税制を制度化したと賞賛していることは、シュレーツァーの影響に帰すわけにはいかないであろう（Lehmann, *Frh. von Stein I*, S. 133f.；Pertz I, 149）。
（20）Hintze, *Preuß, Jhrb.* 1911, S. 387ff. における見解を参照。Lorenz von Steinは、国家を社会の上位に、王の社会的地位を諸政党の上位に秩序づけることについてのかれの教説に関してヘーゲルを引き合いに出している。Vgl. Jellinek a.a.O. S. 98.
（21）*J.* S. 70.
（22）*R. Ph.* §260.
（23）Meinecke a.a.O. S. 8, 34.

Ａ　対内的権力国家

（ａ）民族（国民）

（１）*Hegel und seine Zeit*, bes. S. 344ff.; *Köstlin, Hegel in phil. pol. u. nat. Beziehung* におけるNationに関する引用の関連づけは、とりたてて言及するほどのものではない。Rozenkranz の *Hegel als deutscher Nationalphilosoph* には大きな誤解がある。そこ

では、ヘーゲルの「古典的スタイル」（S. 38）における国民的なものが追求され、そして、かれの世界観がレッシング、カント、ゲーテなどのそれを受け継いで発展させたものとして捉えられる（S. 278）。

（2）*Brief an Voß*, W. W. XVII, S. 473.

（3）Vorrede zur *R. Ph.* S. 8. この最後の引用は、フリースがヴァルトヴル城で行った演説からとられている。

（4）Joachimsen, *Vom deutschen Volk zum deutschen Staat*, S. 95.

（5）*Württ. Landst.* bei Lasson VII, S. 159.

（6）*Über die wissensch. Behandlungsarten des Naturrechts* usw.（*N. R.*）bei Lasson VII, S. 371.

（7）*System der Sittlichkeit* bei Lasson VII, S. 468. ヘーゲルの国家観にとってきわめて重要なこの論文の（認められた）正確な時期は、これまで解明されていない。ラッソン（Einl. XXXII）によれば、それは『ドイツ憲政秩序論』とおよそ同じ時期であろう。厳密な研究がなされるなら、それはおそらくより早い時期とされるであろう。それについてはロマン主義的な色彩が強いように思われるからである。

（8）a.a.O. S. 468.

（9）a.a.O. S. 410.

（10）*R. Ph.* §349.

（11）Enz. §549.

（12）L. v. Gerlach 2, 324 bei Meinecke a.a.O. S. 312.

（13）*R. Ph.* §322.

（14）Neumann, *Volk und Nation*, S. 74.

（15）*G. Ph.* S. 119.

（16）*G. Ph.* S. 114; vgl. schon *N. R.* S. 411. 周知のように、Lexis, Brie, Moeller, Dittmann, Loening, Landsberg, Kantorowitz の独特な民族精神の文献がある。後者は、重要な自分の研究を付して、民族精神について報告している。H. Z. 1912, S. 295ff.

（17）*G. Ph.* S. 125.

（18）*G. Ph.* S. 93.

（19）*Enz.* in W. W. Bd. VII, §394. In der Lassonschen Ausgabe verändert.

(20) *Qu. est ce qu'une nation?*
(21) Kirchhoff, *Was ist national?* S. 33.
(22) Kirchhof, *Zur Verständigung über d. Begriffe Nation und Nationalität*, S. 55.
(23) Kirchhoff, *Was ist National?* S. 7.
(24) Auch Metzger a.a.O. S. 313, A. 1 Volk が一貫して Staat で置き換えられていることは注目を引く。

(b) 政治的習俗規範（人倫）態

(1) Rosenkranz, *Leben* S. 78.
(2) *Systemfragment* S. 469.
(3) Ebd. S. 468.
(4) Ebd. S. 469.
(5) Ebd. S. 470.
(6) *Systemfrgm.* S. 470. この戦士倫理は、きわめてしばしばかなり卑小なブルジョア的生活スタイルに対置される。すなわち、「商売の汚辱」に、「戦士的勇気」の貴族的能力が対置される（*Verf. Deutschl.*, S. 95）。この貴族主義と、ヘーゲルが「実直」、「商人身分」、「物的所有の正義」と呼んでいるもの——後者の身分［ブルジョア］は「徳」も［勇気］も持ち合わせない（*Systemfrgm.*, S. 477）——への軽蔑は、ヘーゲル的国家体系の構築物において、構成的な意義をもっている。戦士的貴族制の、「絶対的身分」の、エレメント（境位：本領を発揮する場）は、真実の権力国家、つまり戦士的権力国家である。ブルジョアジーのエレメントは、「ブルジョア社会」、「必要国家と悟性国家」である（ebd. S. 475）。
(7) Vgl. Mayer, *Machiavells Gesch.-Auffassung u. s. Begriff der virtù* S. 12.
(8) *Systemfragment* S. 473.
(9) *N. R.* S. 392.
(10) *N. R.* S. 396, R. Ph. §153.
(11) *N. R.* S. 396.
(12) *N. R.* S. 393.

(12a) ヘーゲルの権力倫理をまったく誤解したからこそ、Kuno Fischer クラスの学者が上記の箇所について以下のようなコメントを付けるようなことがありえたのである。「こうしたヘーゲルの逆説（?）は、おそらく、義務は自分自身の定在（身体）を擲って祖国に献身することを命じるが、しかし死後にはもはや祖国はなく、敵もなく防衛もないのであるというように理解されうる」(Fischer, *Hegels Leben und Werke* I, S. 276)。

(13) *Gesch. der Ethik II*, S. 106.

(14) *R. Ph.* §33.

(15) *R. Ph.* §157.

(16) *R. Ph.* §257.

(17) *R. Ph.* Zus. §272.

(18) *R. Ph.* Zus. §258.

(19)『精神現象学』、美学、宗教哲学においては、ヘーゲルは国家そのものを考察していない。Rössler の *System der Staatslehre* S. 257ff. におけるヘーゲルのこれらの見解についての叙述を参照。

(20) A. Schmidt, *Machiavell u. d. allg. Staatslehre*, S. 22.

(21) *R. Ph.* §270., ähnlich Enz. §552.

(22) *G. Ph.* S. 54.

(23) *R. Ph.* §270.

(24) *G. Ph.* S. 89.

(25) *G. Ph.* S. 92, vgl. Enz. §552.

(26) Vgl. Rotenbücher, *Trennung von Staat und Kirche*, S. 79.

(27) *Politik I*, S. 101.

(28) A. Schmidt a.a.O. S. 45.

(29) *N. R.* 393.

(30) *R. Ph.* §134.

(31) *R. Ph.* Zus. §136.

（32）*R. Ph.* §135.
（33）*R. Ph.* §137.
（34）*G. Ph.* S. 93.
（35）*R. Ph.* §4ff.
（36）*R. Ph.* Zus. §144.
（37）Treitschke, *Politik I*, 108.
（38）*G. Ph.* S. 119.
（39）*Politik I*, S. 105.

（c）政治的な法権利概念

（1）*Differenz des Fichteschen und Schellingschen* Systems 1801, W. W. I, S. 242ff.
（2）Gierke, *Staats- und Korp.-Lehre der Neuzeit*, S. 448, Althusius S. 46f.
（3）*N. R.* S. 405.
（4）*N. R.* S. 406.
（5）*N. R.* S. 398.
（6）*R. Ph.* §30, 33.
（7）*G. Ph.* S. 115.
（8）*N. R.* S. 398.
（9）ヘーゲルにおける自然法（権）については、Bergbohm, Jurispr. U. Rechtsphil. S. 179.
（10）*R. Ph.* §36.
（11）*Enz.* §486.
（12）*R. Ph.* §278.
（13）*N. R.* S. 405.
（14）*Württ. Landst.* S. 197.

（15）*R. Ph.* §75 u. Zus.
（16）*G. Ph.* S. 77.
（17）*R. Ph.* §§93, 350.
（18）*R. Ph.* §§170, 203. しかしヘーゲルはまた、歴史的な自然状態の表象を、それが仮説にすぎないとしても非難している。というのは、このような表象は、「その際、こっそり現存態が押し込まれている」理論の「霧のかかった形象の一つに」あくまでも留まるからである（*G. Ph.* S. 77f.）。
（19）*R. Ph.* §155.
（20）*Enz.* §486.
（21）*R. Ph.* Zus. §213.
（22）*R. Ph.* Zus. §141. ヘーゲルは、この箇所のはじめの文章で、いつもはきわめて客観的なものの過去の内面的な闘争について述べている。「抽象的な善［法権利］は完全に無力なものに揮発するが、この無力なものの中にわたしはあらゆる内容を持ちこむことができる。そして精神の主観性［道徳性］は、それには客観的な意義づけが欠如しているから、それ（その抽象的な善）におとらず無内容なものとなる。それゆえに客観性への憧憬が生じかねない。この憧憬において人間は、ひたすら空無性と否定性の苦悩から逃れようと、むしろ奴隷や完全な依存性へと身を落とすからである」。ここからは、時代精神の信仰告白（Konfession）が聴き取れる。この時代精神は、一面では個人主義から主観主義を超えてカトリック教会の客観性へと、他面では国家的共同体の絶対的権力についての教説へと、逃れ出たのである。
（23）*Enz.* §484.

（d）政治的な有機的組織体

（1）Zum Fol. Eucken, *Geistige Strömungen* S. 119ff.; Poetzsch, *Studien zur frühromantischen Politik und Geschichtsauffassung*, S. 96ff.; Kaufmann, *Über den Begriff des Organismus usw.*; Metzger a.a.O. S. 193ff.
（2）Bei Poetzsch a.a.O. S. 49.
（3）Am 14. Sep. 1800（bei K. Fischer a.a.O. I, S. 48）.
（4）*Kritik der Urteilskraft*, insbes. §§59, 65.

（5）「先頃、或る大民族に全面的改造が施されて一個の国家が成立した。このような場合に我々は、多数の行政地域その他の施設に対してはもとより、国家としての全体的施設に対してさえ、有機的体制という語をしばしば用いるが、これは極めて適切な用語法である。言うまでもなくかかる全体においては、これに属する個々の成員は、いずれも単なる手段ではなくて同時に目的でもあり、また各成員は一致協力して全体を可能ならしめると同時に、全体の理念によってそれぞれの地位と機能とが規定されることになるからである」（§65. Anf.）［篠田英雄訳］。「それだから君主制国家は、それが国内法に従って統治されているならば、生命を有する身体として表象されるし、またそれが単独の絶対的意志によって支配されているならば、単なる機械（手挽き臼のような）として表象される、しかしこのいずれの場合にも象徴的に表象されるにすぎない」（§59）［同］。ご覧のように、カントは象徴的な有機体の表象を、まさしく個人主義的な法治国家理念を直観化し、民主制的諸制度を政治的に要求するために用いている。

（6）国家は諸個人における「客観的かつ一般的な性格」のみならず、主観的かつ特殊的な性格を尊重すべきである」が、しかし、「主観的人間性をもまた、それが客観的なそれにまで醇化されている度合いに応じてのみ、尊重しうる」であろう（*Ästhet. Erz. d. Mensch. Brief* 4）。一七九八年に、フィヒテもまた、「自然の産物」としての国家を一本の樹木に似たものと見なし、しかも、後の有機体論者たちとまさしく同じ理由で、国家を法治国家や契約に関する教説のために用いていた（*Grundl. des Naturr.* Medicus W. W. II. S. 207ff.）。

（7）国家学が想定するようには、決してシェリングによってではない（so Jellinek. *Staatsl.* (3), S. 232, A. 2）。シェリングは、すべての初期ロマン主義者たちと同じく、世界全体の中に、あらゆる実在的なものと思想的なものの中に「有機的なもの」を見ていた。しかし、シェリングは、有機的国家学をようやくヘーゲルから受け取り、それから、「ヘーゲル的な観方を自分の名前で絶対的観念論の新しい『有機的な』文化哲学や社会哲学として告知」したのである（Metzger, *Staat usw.* S. 244f. 248）; s. unten S. 132f.（第三部以下参照）。

（8）*Kritik der Urteilskraft* §59.

（9）*Verf. Deutschl.* S. 28.

（10）こうした言い回しは、近代的有機体論の父としてのヘーゲルにはじめて依拠していた、E. Kaufmann a.a.O. S. 5においては、表現されていない。

（11）*V. D.* S. 30.

（12）*V. D.* S. 31.

（13）a.a.O. S. 468.

（14）a.a.O. S. 466.

（15）I, 1 u. I, 2.

（16）*G. Ph.* S. 79.

（17）*G. Ph.* S. 79.

（18）*Enz.* §539.

（19）*R. Ph.* §153.

（20）イェリネクもまたそう述べている。Staatsl.^{3} S. 294.［ヘーゲルの］「歴史哲学（*G. Ph.*）」S. 87から引用された同じ箇所は、ギリシアのとにかくまったくロマン主義的な像であるが、しかしこの像をイェリネクの判断は、いまだけっして正当化していない。

（21）*R. Ph.* Zus. §279.

（22）*R. Ph.* Zus. §260.

（23）*R. Ph.* Zus. §262.

（24）*Systemfragment* S. 468.

（25）*Systemfragment* S. 500.

（26）Ebd. S. 466.

（27）Ebd. S. 481.

（28）Enz. §539.

（29）きわめて特徴的な仕方で、ヘーゲルは *Wttbg. Landst.* S. unten S. 191f. において、「有機的な」憲政秩序（憲法）の思想を「原子論的な」、すなわち個人の選挙によって形成された代表制に対比して、一貫して展開している。

（30）Rehm, *Staatsl.* S. 261.

（31）ヘーゲルには自然的な有機体の本質的な固有性は、被刺激性や感覚性としておなじみであったこと、これについては、*Propädeutik III*, §121ff. K. Fischer a.a.O. II, S. 556ff. 参照。

（32）*Prop. III*, §123.

（33）*R. Ph.* Zus. §276. So schon im *N. R.* S. 404.「［身体］全体に服しているそれぞれ生ける内臓が固有の動物に形成され、あるいは肝臓がみずから支配的器官に形成され、その指令のために［身体］組織全体を強いるのと同じく、［国家全体の］一部分がそれ自身を組織化し、全体の支配を免れ、こうした個別化を通じてその部分が、こうした能力のためにのみ組織されることを、否定的に刺激し、あるいはそれどころか強いるならば、国家には病気と死の始まりが現前している」。ここには、後の有機体論者たちの過激な意見がすでにかなりの程度で先取りされている。さらに、*R. Ph. Zus.* §269を参照。「国家は有機体である」。そこでは、「〈一般的なもの〉は永続的に必然的な仕方で産出され、そして、それがその産出において前提にされていることによって、維持されている。――すべての部分が同一性に移行しないならば、一部分だけが自立的なものとして定立されるにすぎないのであれば、すべてが崩壊せざるをえないということが有機体の本性である」。

（34）*R. Ph.* §259.

（35）*Prop. II.* §53.

（36）*G. Ph.* S. 57.

（37）*R. Ph.* Zus. §301.

（38）*R. Ph.* §301.

（39）*R. Ph.* §302.

（40）*R. Ph.* Zus. §302.

（41）*Enz.* §544.

（42）*Enz.* §540.

（43）*Enz.* §541. したがってヘーゲルは、かれが*R. Ph.* §211においてきわめて激しく攻撃しているサヴィニーから、見たところやはり、それほど隔てられていないのである。かれらの対立については、第三部、第二章以下を参照。

（44）*Enz.* §541.

（45）*R. Ph.* §272.

（46）*R. Ph.* §316.

（47）*R. Ph.* §319.

（48）*R. Ph.* §228.

（49）*R. Ph.* §305.

（50）*Würzttbg. Landst.* S. 135f.

（51）*R. Ph.* §308.

（52）*Württbg.* S. 175.

（53）*R. Ph.* §290.

（54）これは、イングランドの帝国主義的綱領の基礎にある思想である。以下のディズレーリ（Disraelis）の水晶宮演説（*Kristallpalastrede*）を参照。「わたしは自己管理に些かも異を唱えることはないでありましょう。いかにしてわれわれの遠く離れた植民地はその案件を、自己管理による以外の仕方で秩序づけることができたのか、これをわたしは理解できません。しかし、自己管理が保証されたとき、自己管理は帝国を確乎たるものにする偉大なる政策の一部として然るべきものとなっていたでありましょう」（Nach Salomon, *Der brit. Imperialismus*, S. 185.）。

（e）国家の人格性

（1）Gierke, *Althusius* S. 125ff, 133; Kistiakowski, *Gesellschaft und Einzelwesen* S. 9.

（1ａ）Gierke a.a.O. S. 197, Kistiakowski a.a.O. S. 13ff.

（2）Kistiakowski a.a.O. S. 16, A. 2, S. 170, A. 1 gegen Gierke a.a.O. S. 203f.

（3）フリードリヒ大王における国家人格性についての見解も同様である。Gierke a.a.O. S. 117, A. 108, S. 197, A. 203.

（4）Gierke a.a.O. S. 118ff. 200ff.

（5）カントが国家人格性の思想に接近していることを、イェリネクは指摘している。*Staatsl.* S. 159, A. 1 hin.

（6）すでにノヴァーリスは一七九八年に国家を、「神秘的（mytisches）」、「政治的個人（politisches Individuum）」、「寓意的人間（allegorischer Mensch）」、「マクロ人間（Makroanthropos）」と名づけている。そのことによってすでに、有機体論全体は、「国家身体（Staatskörper）―国家魂（Staatsseele）―国家精神（Staatsgeist）―内部諸器官―血―記憶―国家思惟（Gedanke des Staates）」と結びつけられている。従来の「機械」が「生きた自律的存在」に変化するためには、「公的信条」、「国家全体への一般的な参加、すべての国家成員たちの濃密な触れ合いと調和」が必要である。Vgl. Metzger, a.a.O. S. 228f.

（7）Poetzsch a.a.O. S. 52, 60.

（8）Ebd. S. 71.

（9）*N. R.* S. 410.
（10）*N. R.* S. 415.
（11）Ebd. S. 408.
（12）*R. Ph.* §272.
（13）こうした見解の正当化は、部分的には、今日の理論によってもまた承認される。So R. Schmidt, *Staatsl.* I, S. 235. イェリネクが前掲 S. 475 において、この対内主権を、それ（国家）に組み入れられている諸人格性と比較して、「最高の権力（暴力）と規定しているならば、この指標はすでにヘーゲルの国家人格態の概念の中にある。
（14）*R. Ph.* §278.
（15）国家生活におけるこのような封建制の残滓を払拭することに、「ヴュルテンベルク地方議会」に関するヘーゲルの論説は、とりわけ貢献していた。その論説は、一八一六年のヴュルテンベルクの新憲法――その基礎は立憲君主制原理であった――を、古い等族（議会）の権力要求に対して擁護していた。そこ（S. 195）では次のように述べられている。「地方議会の自立性によって、その地方議会が、一部では対内諸案件の側面からして、一部ではとりわけ他の諸国家との政治的関係の側面からして、国家の進行を困難にし、それどころか阻害することを可能にしていること、これは国家との関係において最悪の状態」である、と。
（16）*R. Ph.* §278.
（17）*R. Ph.* §276.
（18）Ebd.
（19）*Enz.* §541.
（20）*R. Ph.* §279.
（21）*R. Ph.* §258.
（22）*G. Ph.* S. 90.
（23）フプリヒ（Hubrich, *Das mon. Prinzip in Preußen, Z. f. P. I*, S. 193ff.）は、とりわけ一般ラント法（allg. Landr.）§1, II, 13 を引き合いに出し、支配的教説に応じて、この原理の国民的成立を、自然法的教義から証明しようとしている。これに対して、E. Kaufmann, *Studien zur Staatslehre des monarch. Prinzips* S. 46ff. は'*franz. Charte* を源泉として主張している。かれに対立して、Hintze, *Das mon. Prinzip und die konst. Verf*, Preuß. *Jahrb*. Bd. 144, S. 381ff. は、いかにしてこの原理が対内的にプロイセンの

国家の発展において基礎づけられていたか、これを示した。ヘーゲルは、この点において、どこにも言及されていないだけではない。とにかく、カウフマンは、君主制原理の古典的な代表者E. I. Stahlが、立憲主義的権力分立論の代表者ヘーゲルと基本的に哲学的かつ政治的に対立していることを、証明しようとする試みを告知したにすぎない。わたしの見るところ、こんなことは不可能な企図である。

（24）Hubrich a.a.O. S. 206f. そこに付されている注における注目すべき典拠を見よ。

（25）すでにBluntschli-Brater, *Deutsches Staatswörterbuch* V（1860）におけるプラントゥル（Prantl）は、君主制についてのヘーゲルの見解はプロイセン復古に対する奴隷根性から成立した、というハイム（Haym）の非難を、ヘーゲルの初期論集*Jugendschriften*を引証して、反駁した。

（26）*R. Ph.* §279.

（27）Stahl b. Kaufmann a.a.O. S. 65.

（28）Ebd. S. 78f.

（29）*Systemfrag.* S. 487f.

（30）Bei Kaufmann a.a.O. S. 96.

（31）*R. Ph.* §281.

（32）Bei Hunrich a.a.O. S. 202f.

（33）a.a.O. S. 387.

（34）*R. Ph.* §279.

（35）*R. Ph.* §279 Zus.

（36）Ebd.

（37）*R. Ph.* §278.

（38）*R. Ph.* §279.

（39）*R. Ph.* §273.

（40）*R. Ph.* §279 Zus.

（41）*R. Ph.* §280 Zus.

（42）*Enz.* §544.

（43）*Enz.* §542.

（44）*R. Ph.* §279.

（45）*Enz.* §544.

B 対外的権力国家

（1）「世界史は自由の意識における進歩である」（*G. Ph.* S. 53）。

（2）*G. Ph.* S. 70.

（3）*G. Ph.* S. 57.

（4）*G. Ph.* S. 61.

（5）*G. Ph.* S. 67.

（6）*G. Ph.* S. 66.

（7）*R. Ph.* §344.

（8）*G. Ph.* S. 56.

（9）*G. Ph.* S. 74.

（10）Mehlis, *Lehrbuch der Gesch.-Phil.*, S. 475.

（11）*G. Ph.* S. 74.

（12）*R. Ph.* §343. マキアヴェッリもまた、四人の世界君主という中世的図式がかれの歴史観の基礎にあると見ていた。この図式においては、国家諸民族の興亡は徳（virtù）の遍歴であり（vgl. Mayer a.a.O. S. 80）、そしてかれは、「人類の徳」を国家形成の力として特徴づけたことによって、この教説に道徳的・政治的な意義づけを与えた最初のひとであった。Vgl. Fester a.a.O. S. 147.

（13）*G. Ph.* S. 93.

（14）*R. Ph.* §324.

（15）*Systemfrgm.* S. 470. バルト（Barth, *Die Geschichtsphilosophie Hegels und der Hegelianer*）は、総じてこのように〈経験的に相反するもの（das empirisch Konträre）〉を〈論理的に矛盾するもの（ein logisch Kontradiktorisches）〉として呈示することの中

に、ヘーゲルの弁証法の秘密を見ている（S. 6f.）。

（16）*Systemfragment* S. 471.

（17）*R. Ph.* §324.

（18）*N. R.* S. 372.

（19）*R. Ph.* §324.

（20）*N. R.* S. 362, *R. Ph.* §324.

（21）*Phänomenologie des Geistes* S. 294.

（22）Bismarck, *Ged. U. Erinn.*, Volsausg. II, S. 114.

（23）*R. Ph.* §324 Zus. フィッシャー（K. Fischer a.a.O. II, S. 737）は、これらの言葉に「適切に述べられている」そして「体験されている」を付し、さらにヘーゲルは「光るサーベルにはおなじみであり、かれの僅かな持ち物を略奪によってまったく失ったが、しかしにもかかわらず征服者から逃げなかった」という見解をとっているから、ヘーゲルの振舞いを、かれが唯一個人的に戦争を経験したことから確定していることは、まことに当を得ている。そのことはローゼンクランツ（*Leben*, S. 228）によって以下のように描かれている。イエーナの戦闘の後、ヘーゲルの家では、「あらゆるものが兵士たちによって引っ掻きまわされていた。紙やペンナイフはなくなっていた。かれは一本の手紙を書くために、友人の間を駆けずりまわらなければならなかった。そして或る友人のところでは、戦争を悪魔（Gottseibeiuns）と呼び、戦争をこんなひどいものと考えた人は誰もいまいと言った」。

（24）*R. Ph.* §334.

（25）*R. Ph.* §335.

（26）*R. Ph.* §326.

（27）*R. Ph.* §337.

（28）Novalis, *Christenheit o. Europa*, W. W. Heilborn II, S. 401, 414, 420.

（29）上記のことについては、Kaltenborn, *Kritik des V. R.*; Bulmerincq, *Systematik des V. R.*; Hortzendorff, *Handb. d. V. R. I*; E. Kaufmann, *Wesen des V. R. u. el. r. s. st.*

（30）*R. Ph.* §333.

（31）*N. R.* S. 406.

(32) *R. Ph.* §333.
(33) Vgl. Jellinek, *Die rechtl. Natur d. Staatsverträge* S. 10ff.
(34) *R. Ph.* §330ff.
(35) *R. Ph.* §339.
(36) *Systemfrgm.* S. 491.
(37) *Enz.* §545.
(38) *R. Ph.* §336.
(39) *R. Ph.* §330 Zus.
(40) *R. Ph.* §337.
(41) Fricker, *Das Problem des V. R. in Z. f. d. ges. Staatsw.* 28, S. 104. ここには、ヘーゲルの国際法についてのきわめて詳細な、しかし必ずしも成功していない批判が載っている。
(42) S. oben S. 48.
(43) Jellinek a.a.O. S. 2ff.
(44) *R. Ph.* §331.
(45) *R. Ph.* §338.
(46) Schumpeter in *Arch. f. Soz.-Wiss. u. Pol.* 46, S. 1ff.
(47) *R. Ph.* §345.
(48) *R. Ph.* §347.
(49) *G. Ph.* S. 119.
(50) So Meinecke a.a.O. S. 283. シュミート・ボイムカー（Schmid-Bäumker）は、*Bachems Staatslexikon*^{4} II, S. 1198 において、ヘーゲル的汎神論とその統一された権力＝法権利の基本原則（Macht=Rechtgrundsatz）の関連を正しく理解している。
(51) *Systemfragm.* S. 502.
(52) *R. Ph.* §351.
(53) *R. Ph.* §247.

(54) *R. Ph.* §248 Zus.

第三部

(1) *Hegels Leben* S. 41.

(2) Rosenzweig, *Das ält. Systemprogramm des deutschen Idealismus, Ber. d. Heidelb. Ak. Ph.-Hist.* Kl. 1917.

(3) *W. W.* III, S. 586ff. Ausg. Weiss II, 260.

(4) 以下のテクストもそのように論じている。Mehlis, *Schellings Geschichtsphilosophie*, i. d. J. 1804 S. 87f.; Metzer, *Die Epochen der Schellingschen Phil., ferner Gesellsch., Recht und Staat usw.* S. 244ff. シェリング倫理学へのヘーゲルの影響については a.a.O. S 239. A 1を、さらにRosenzweig, a.a.O. S. 43を参照。レンツ(Lenz)の *Geschichte der Univ. Berl. II*, S. 189もまたヘーゲル(思想)の独立した発展を想定している。ヘーゲルが一元論的世界観にシェリングから影響されずに達しえていることについては、ディルタイ(Dilthey)の *Jugendleben* S. 13, 61を参照。したがって、イェリネク(Jellinek)の *Staatsl.*^{3} S. 232, A. 2は正確ではない。

(5) ブルンチュリ(Bluntschli)の *Geschichte der Staatswissensch* S. 599参照。「国家についての省察は、かれにとって神についての省察よりもより危険であると思われた」。さらにCassirer, *Freiheit u. Form* S. 551参照。

(6) Stahl, *Phil. d. Rechts* I, S. XIII. シュタールの見解が極めてヘーゲルのそれに近づいていることを、メッツガー(Metzger)もまた指摘している。a.a.O. S. 42, A 1. シュタールの歴史観や国家観についていえば、かれがヘーゲルのそれに強く依存していることを、ランズベルクは強調している。*Gesch. d. d. Rechtsw.* 3, II, S. 371f. u. Notenband S. 173. さらに上記S. 112ff. 及び下記S. 191, A. 72を参照。

(7) Rößler, *System der Staatslehre* S. XIV.

(8) Rößler a.a.O. S. 244.

(9) このことについて、他にMainecke a.a.O. S. 223ff.; Metzger, *Gesellsch. usw.* S. 271ff.; Dock, *Revolution und Restauration über die Souveränität* S. 115ff.

[第I章]

(1) かくして、ベルンハイム(Bernheim(*Lehrb. d. hist. Meth.* S. 679))の想定によれば、ブルクハルト『ルネサンスの文化(*Kultur*

der Renaissance)』は周知のごとくニーチェに大いに示唆を与えているが、まさにこのブルクハルトに対してヘーゲルは決定的な影響を与えているのである。

(2) Plenge, Marx oder Kant, Z. f. d. ges. Staatsw. 1910 S. 232; マルクスの国家観については、Masaryk, Grundlagen des Marxismus S. 390ff.

(3) 法権利(Recht)はいかにして成立するか、この問いに関して、ラサール(Lassalle)は国民的ヘーゲル主義者(nationaler Hegelianer)である。「法権利の唯一の源泉は、民族総体に共通する意識、すなわち一般的精神である。ヘーゲル以降この命題は理論的に確定されているから、これは何ら新たな意識を必要としない」。このように『獲得された法権利の体系(*System der erworbenen Rechte*)』I, S. 192f. において述べられている。

(4) Lassalle, *Reden und Schriften*, hrsg. von Bernstein II, S. 46.

(5) Oncken, *Lassalle* S. 265.

(6) *Reden u. Schriften II*, S. 47. それゆえに、国民的な意味における権力国家イデオロギーがラサールにおいて問題になりえないとしても、かれはやはり重要な一点においてヘーゲルの権力国家イデオロギーに決定的に影響されている。ヘーゲルが諸国家の国民的権力衝動を世界精神(Weltgeist)の立場へと実体化(hypostasieren)したように、ラサールは労働運動の政治的な権力野望(Machtaspirationen)を、歴史の究極目的へと、すなわち「万人の」自由へと実体化した。この点については、著者の„*Arbeiterprogramm*“(Reclam)の緒論 S. 10f. を見よ。

(7) Meinecke a.a.O. S. 128ff.

(8) ゲンツ＝ミュラー(Gentz-Müller)の往復書簡。S. 8 以下の人たちもシェリングの影響を強調している。Meinecke a.a.O. S. 133; Metzger a.a.O. S. 267; Stahl, *Philosophie d. Rechts I*, S. 40 をも参照。「この体系の最初の(!)段階からの若干のシェリングの諸概念を、かれはいたるところで扱っている」。上記のものについては、さらにヴィッチヒェン(Wittichen)、ゲンツとの往復書簡、II, S. 347 u. A. 2.

(9) Wittichen a.a.O. II, S. 83.

(10) この一致は、Metzger a.a.O. S. 260 の注目を引いている。

(11) Gentz v. J への書簡、一八〇八年、往復書簡、S. 126.

(12) *El.* I, S. 256.

(13) *El.* I, S. 66.
(14) 一七九八年まずはじめにノヴァーリスにおいて、一八〇〇年すでにヘーゲルにおいて現われる新しい概念。Meinecke S. 151 参照。
(15) Meinecke a.a.O. S. 133.
(16) Braune, *E. Burke in Deutschl.* S. 220.
(17) *El.* I, S. 51.
(18) *El.* I, S. 40.
(19) Meinecke a.a.O. S. 152f.
(20) *El.* I, S. 243.
(21) *El.* I, S. 246.
(22) *El.* I, S. 287.
(23) *El.* I, 112.
(24) *Pol. I*, S. 68.
(25) *El.* III, S. 226.
(26) *König Friedrich* S. 58.
(27) *El.* I, S 293.
(28) *El.* I, S. 297.
(29) *El.* II, S. 106.
(30) Meinecke a.a.O. S. 128.
(31) *El.* III, S. 234.
(32) Luden, *Rückblick in mein Leben* S. 228.
(33) *Handb. d. Staatsw.* o. d. Pol. S. 6, 12.
(34) a.a.O. S. 19, 20.
(35) Ebd. S. 11.
(36) Herrmann, *Die Geschichtsauffass. H. Ludens*, S. 34 und passim.

(37) a.a.O. S. 1, 2.
(38) S. 16.
(39) S. 16.
(40) S. 11.
(41) S. 5.
(42) S. 15.
(43) S. 129.
(44) S. 22.
(45) S. 63.
(46) S. 176.
(47) S. 14.
(48) S. 19f.
(49) S. 23.
(50) S. 20.
(51) S. 54.
(52) S. 169.
(53) S. 42.
(54) S. 28.
(55) S. 49.
(56) S. 51f.
(57) S. 52.
(58) S. 57.
(59) S. 62.
(60) S. 61.

（61）S. 190.
（62）Vgl. Herrmann a.a.O. S. 62.
（63）S. 192.
（64）S. 64.
（65）Lorenz, *Gesch.-Wissenschaft II*, S. 54; vgl. ferner Goldfrirdrich, *Histor. Ideenlehre* S. 399ff.; Lamprecht, *Konrads Jahrb.* 1897; Fester, *D. Ztschr. f. Gesch.-Wissensch.* 1891; Nalbandian, *L. Ranke*; Meinecke a.aO. S. 287ff.; Szczenpanski, *Rankes Anschaungen usw.* in *Z. f. Pol.* 7, S. 489ff.
（66）*W. W.* 24, S. 3. 他の人たちはヘーゲルの影響力を大抵無視しているが、ベルンハイム（Bernheim）はヘーゲルの広範にわたる影響を想定している。a.aO. S. 647 u. A. 4. マイネッケ（Meinecke）, a.aO. S. 151 はアーダム・ミュラー（Adam Müller）のランケ（Ranke）への影響力を指摘している。われわれが考察している諸見解は、とりわけドウヴ（Dove）によって遺稿から公刊された普遍史的諸構想から明らかになる。これらの諸構想は部分的に集成され、序言として『近代史の諸画期（*Epochen der neueren Geschichte*）』の前に置かれているが、それはともかく、ランケ世界史の個々の巻に別々に前もって付されている。これと並んでとりわけ考察されているのは、*Hist.-pol. Zeitschr.*（*W. W.* 49/50 und 24）におけるランケの諸論稿である。Vgl. ferner Dietherr, *Ranke als Politiker*.
（67）*Weltg.* IX^{2}, S. IX f.
（68）やはりヘーゲルもまた、「純粋な概念展開の道程においてあらゆる経験を軽視して、アプリオリなひとつの歴史を経験的な歴史に対置する」そういう要求を決して掲げていなかった」(Fester a.a.O. S. 242)。
（69）*W. W.* 53/54, S. 174, 185, Weltg. IX^{2}, S. VII. ヘーゲルへのランケの人格的関係については、Gesch. d. Univ. Berl. II, S. 284.
（70）Fester a.a.O. S. 242.
（71）*Weltgesch.* IX^{2}, S. XIII.
（72）*Weltg.* VIII, S. IV.
（73）*W. W.* 49/50, S. 76.
（74）*Weltg.* III^{1}, S. VI.
（75）*W. W.* 51/52, S. 572.

(76) *W. W.* 30, S. 233.
(77) *W. W.* 27/28, S. 4.
(78) Meinecke a.a.O. S. 298.
(79) *W. W.* 49/50, S. 314ff., 328.
(80) Ebd. S. 327.
(81) Ebd.
(82) Ebd.
(83) *W. W.* 49/50, S. 326.
(84) Ebd.
(85) *W. W.* 49/50, S. 134f.
(86) *W. W.* 49/50, S. 328f.
(87) *Weltg.* IX^2, S. XI.
(88) *W. W.* 49/50, S. 321.
(89) Ebd. S. 328f.
(90) *W. W.* 24, S. 287.
(91) *W. W.* 49/50, S. 332ff.
(92) Ebd. S. 334.
(93) *R. Ph.* §268.
(94) *W. W.* 49/50, S. 334.
(95) Ebd.
(96) *W. W.* 49/50, S. 338.
(97) Ebd. S. 336.
(98) Ebd. S. 323.
(99) Ebd. S. 72.

（100）Ebd. S. 329.

（101）Ebd. S. 72.

（102）Meinecke a.a.O. S. 292.

（103）*W. W.* 49/50, S. 325.

（104）Stengel, *Wörterb. d. St. u. V. R.*^{2} 3, S. 91 においてR・シュミットはそのように記している。

（105）これについては、Krägelin, Lampr. Beitr. 7 及び Wegele in A. D. B. 18, S. 288 参照。Below, *Geschichtsschreibung seit d. Befreiungskriegen* S. 21ff. は、レオ（Heinrich Leo）へのヘーゲルの影響を強調している。S. 47.

（106）K. Fischer, *H.s Leben u. Werke*, 2. Aufl., Anh. S. 1222.

（107）Hegelingen S. 55. Leos *Lehrb. der Univ.-Gesch.* 6, S. 767ff. を参照。レオはここでヘーゲルの国家論に徹頭徹尾同意しているが、政治的には殆ど決定的な意味を持たない最上位の諸観点においてのみヘーゲルとは異なる見解を示しているにすぎない。「あらゆる国法は神の中にその最終的基礎を見出す」（S. 783）。

（108）„*Naturlehre des Staates*“（1833）S. 1ff. 最後の引用文（S. 138）は、とりわけヘーゲル的である。極めて特徴的な形で、レオはヘーゲリンゲン（Hegelingen）におけるヘーゲル及びヘーゲル主義の神概念を説明している。そこでレオは、左派のヘーゲルの弟子たちからは失われている神の定在に対する敬意を、ヘーゲルに認めている。

（109）*Naturlehre* S. 4, 6, 150 usw.

（110）Ebd. S. 137. とはいえかれは国家契約を退けている。Vgl. Univ.-Gesch. I, S. 10.

（111）*Naturl.* S. 7f.

（112）*Lehrb. d. Univ.-Gesch. I*, S. 5.

（113）*Lehrb. der Univ.-Gesch. I*, S. 9.

（114）Ebd. S. 7.

（115）まずはじめに、Volksbl. f. Stadt u. Land 1853, Nr. 61. 民族（民衆）の力の習俗規範的土台については、Below S. 25 におけるさらなる引用をも参照。

（116）*Naturl.* S. 36.

（117）Schulze-Gaevernitz, *Brit. Imperialismus usw.* S. 78; Kemper, Carlyle als Imperialist in Z. f. Pol. XI, S. 115 は、いずれにしても

カーライルを、「些か過度に先鋭化された定式において」もっぱら近代英国帝国主義の前史に組み入れようとしている。

(118) Kemper a.a.O. S. 121.

(119) Schulze-Gaevernitz, Carlyle S. 90.

(120) Brie, *Imperialistische Strömungen usw.*, Anglia 40, H. 77, S. 81. Kemper a.a.O. S. 140 もまた、ヘーゲルへの依存の可能性を認めようとしているが、しかし、フィヒテにおいても「近似した思想」が見られると考えている。しかしわたしの見るところ、決してそうではない。

(121) Kemper a.a.O. S. 148 und die daselbst A. 6 Genannten. ケムパー自身は、カーライルとハラーとの間のさらなる差異に対して注意を促している。

(122) Kemper a.a.O. S. 149.

[第II章]

(1) Landzberg a.a.O. III^2, S. 24, dazu A. 49. 相互の影響関係は問題になりえない。フーゴーに対するヘーゲルの攻撃 *R. Ph.* §3 及び *Gött. Gel.* Anz. 1821 I, S. 601ff. におけるフーゴーの自己批評を参照。

(2) 上記の *Tagebucheintragung aus dem Jahre 1785* S. 31. さらに上の S. 73ff. を参照。

(3) 上の S. 100 を見よ。

(4) *Zeitschr. f. gesch. Rechtwissensch. I*, 1 S. 3ff.

(5) a.a.O. S. 6.

(6) とりわけ Metzger a.a.O. S. 281.

(7) Landsberg a.a.O. S. 345.

(8) Landsberg a.a.O. S. 188, 214ff.; Loening, *Int. Wochenschr. 4*, 1910, Sp. 79; Kantorowicz, *Was ist uns Saviny?* S. 7, ferner *H. Z.* Bd. 108, S. 302, 314.

(9) プフタ（Puchta）へのヘーゲルの直接的影響を、そして、このプフタを介してのヘーゲルのサヴィニー（Saviny）への影響を、ブリエ（Brie）は想定している。*Arch. f. Rechts- und Wirtsch.-Phil. II*, H. I.

(10) 国家へのサヴィニーの関係については、Kontorowicz, *Was ist uns Saviny?* S. 38.

（11）Rexius, *Stud. z. Staatsl. d. hist. Schule*, H. Z. Bd. 107, S. 496f.

（12）Rexius a.a.O. S. 498, 502.

（13）Saviny, *Syst. d. heut. Röm. Rechts I*, S. 53.

（14）a.a.O. S. 54.

（15）Puchta, *Kursus der Institutionen I*, S. 28.

（16）Pucht a.a.O. S. 29. ähnlich „*Vorlesungen über das heutige röm. Recht*“ I, S. 21 und „Gewohnheitsrecht“ I, S. 23.

（17）*Institutionen* S. 74.

（18）Rexius a.a.O. S. 498.

（19）Rexius a.a.O. S. 502.

（20）歴史法学派（historische Rechtsschule）に対するヘーゲルの立場については、以下のS. 89もまた参照。

（21）Jellinek, *Staatsverträge* S. 9.

（22）R. Schmidt, *Staatslehre I*, S. 164, II, S. 829.

（23）*Staatsl.*^{3} S. 259.

（24）Ebd. S. 257.

（25）Ebd. S. 256.

（26）Ebd. S. 358.

（27）E. Kaufmann, *Über den Begriff d. Organismus* usw. だけが、近代的有機体理論の父としてのヘーゲルに注意を促していた。文献はこれについて無知であったように思える。

（28）それ故に、Rehm, Gesch. S. 257 は正しくない。Gierke, *Althusius* S. 117 を、そして、Jellinek, *Staatslehre* S. 674, A. 2 で提示されている、『反マキアヴェッリ論（*Antimachiavell*）』からの引用を参照。

（29）Bernatzik, *Kritische Studien über den Begriff der juristischen Person usw.*, *Arch. f. öff. Recht* V, S. 246f. は、両者を国家法人思想の先駆者として挙げている。

（30）Vgl. Jellinek S. 159, 473; *Anschütz in Holtzendorf-Kohler*, S. 11; Bernatzik a.a.O.

（31）Landsberg, *Gesch. d. Rechtsw. III*^{2}, S. 326f.

（32）*Gött, Gel.* Anz. 1837 III, S. 1491f.

（33）Bernatzik a.a.O. S. 193:「したがって、juristisch という厄介な形容詞は、概念にとってはまったく非本質的なものである。それは、主体は人間ではないということについての、教義史的に説明されたものであるとしても、不器用な指摘を含んでいるにすぎない」。

（34）Jellinek, *Staats.* S. 159.

（35）*z. B. S. 294, R. Ph.* §268.

（36）Landzberg a.a.O. S. 327.

（37）一九世紀の国家学における、ヘーゲル以降の極めて意義深い有機体という概念のさらなる発展については、Kaufmann, *Über den Begriff des Organismus usw.* 及び van Krieken, *Über die sogen. organische Staatsherie* S. 70f. を参照。

（38）Jellinek, *Gesetz und Verordnung* S. 192.

（39）Bernatzik a.a.O. S. 204ff.

（40）Bernatzuk a.a.O. S. 217ff. Jellinek, *Staatsl.* S. 699 の定義、「君主制とは、ひとつの物理（生理）的意思によって統制された国家である」は、同様に、単純な法権利を支配者の側からの機関の位置（Organstellung）に向けて表象すること、あるいは物理（生理）的意思、このいずれかを許容するが、しかし両方を一緒には許容しない。

（41）Hintze, *Das mon.-konst. Prinzip*, Preuß. *Jhrb.* 1911. S. 399.

（42）Ebd. S. 388.

（43）Hintze, a.a.O. S. 387.

（44）a.a.O. S. 412.

（45）Jellinek, *Staatsl.* S. 550.

（46）*Rönne-Zorn, St. R. 1906*, S. 88.

（47）Triepel, *Interregnum* S. 74.

（48）Laband, St. R. I^5, S. 94ff. この見解からラーバントにとって帰結しているように思えるのは、ヘーゲルにとって君主制は発展した理性の国制（Verfassung）であるように、ここでの君主制は「国家秩序の堅固さを確保するための構成体（Einrichtung）である」ということである。Vgl. hierzu Bernatzki a.a.O. S. 202f.

（49）Meyer-Anschütz, *St. R.* 7 A. S. 270ff. ferner S. 17, 19, A. 6a. 担い手（Träger）というのは、「われわれの諸国制（憲法）の諸

規定を法的に表現しているが、これらの諸規定に従えば、君主は国家権力（Staatsgewalt）のあらゆる法権利を自らのうちで統一している」。それゆえに、プロイセン憲法（国制）にとっては権力分立という原理は退けられる。さらなる文献については、同著 S. 272, A. 9.

（50）Landsberg, a.a.O. S. 648.

（51）Klüber, *V. R.* §35.

（52）Landsberg a.a.O. S., 648, vgl. ferner *Allg. D. Biogr.* 26, S. 777.

（53）以下の引用は、Pütters, „*Beiträgen z. Völkerrechtsgesch. u. Wissensch.*“（1843）, S. 8-20.

（54）S. VIII, IX.

（55）S. 2, 3.

（56）S. 7.

（57）S. 98.

（58）S. 101.

（59）S. 6, Anm.

（60）S. 6, 102.

（61）S. 183.

（62）S. 187.

（63）S. 203.

（64）S. 271.

（65）Heffter, Europ. *Völkerrechr d. Gegenwart*（1844）S. 3

（66）S. 42.

（67）S. 7.

（68）S. 45.

（69）S. 68.

（70）ネルソン（Nelson）の同名の労作はこの自己制限を見過ごし、一面ではヴィントミューレン（Windmühlen）に対して、しかし他面ではまさしく、いずれにしても形式的な悟性（Verstand）にとっては達成しえないより深い理性（Vernunft）から発するヘーゲルの権力国家認識に対して、闘争を挑んでいる。

[第三章]

（1）Below a.a.O. S. 47もまた、この時代の政治的歴史家たちの「大部分がヘーゲルの影響を経験している」ことを強調している。

（2）Rosenkranz, *Leben* S. 318; Lenz, *Gesch. d. Univ. Berl.* II, S. 15.

（3）Springer, *Dahlmann* I, S. 450.

（4）Hintze in *Allg. Deutsch. Biogr.* 48, S. 82.; Duncker in „*Abhandl. aus d. neueren Gesch.*" S. 350; G. Droysen, J. G. Droysen I, 1910. トロイゼンのヘーゲルとの関係については、とりわけS. 49f.を、かれがヘーゲルの歴史構成を退けていることについては、S. 169ff., 212ff. を参照。

（5）K. Fischer a.a.O. I, S. 210.

（6）*Freiheitskriege* S. 5. キリスト教についてのかれの見解、ebd., S. 6, 7もまた参照。

（7）*Historik*, S. 37, vgl. S. 11:「唯物論的世界観と観念論的それとの誤った二者択一は、歴史的世界観において宥和される」。

（8）*Freih.kriege* S. 17.

（9）*Z. f. Pol.* X, S. 325f.

（10）Ebd. S. 341.

（11）*Z. f. Pol.* X, S. 346.

（12）*Historik* S. 33.

（12a）Bei Hübner a.a.O. S. 346.

（13）Ebd. S. 347.

（14）*Freih.kriege*, S. 9.

（15）Ebd. S. 411.

（16）Ebd. S. 423.

（17）Ebd. S. 404.

(18) *G. Ph.* S. 558, vgl. S. 556. ここでヘーゲルはナポレオンについて、「勝利の無力が当時ほど明確に現われたこと」はなかった、と語っている。
(19) *Freih.kriege*, S. 252, 542. さらに、ヒュプナー（Hübner）によって、引用された興味深い箇所 S. 349ff. を見よ。
(20) *Historik* S. 33.
(21) Ebd.
(22) *Freih.kriege* S. 128. Vgl. S. 129, 491.
(23) Ebd. S. 21.
(24) Ebd. 25.
(25) Ebd. S. 53.
(26) Ebd. S. 58.
(27) Ebd. 61.
(28) *Freih.kriege* S. 93.
(29) Ebd. S. 423.
(30) Ebd. S. 353.
(31) Bei Hübner S. 343.
(32) Ebd. S. 351f.
(33) *Historik* S. 33.
(34) Bei Hübner S. 351.
(35) Freih.kriege S. 360.
(36) *Bei Hübner* S. 354.
(37) Ebd. S. 364; 見たところ、ヒュプナーは、この点だけにヘーゲルの影響を制限しているように思える。
(38) Bei Hübner S. 352.
(39) *Historik* S. 34.
(40) *Freih.kriege* S. 643.

（41）*Historik* S. 33.

（42）以下については、R. Haym, *Max Duncker*, Petersdorff in *Allgem. D. Biogr.* 48, S. 171ff.; Rößler in *Ausgew. Aufs* S. 418（vorher *Preuß. Jahrb.* 68, S. 404）; Treitschke in *Hist.-pol. Aufs. 4*, S. 401（vorh. *Preuß. Jahrb.* 58, S. 489）.

（43）Haym a.a.O. S. 431 は次のように付加している。すなわち、「理性に合致する歴史行程の必然性（というヘーゲルの教説）は、ドゥンカーにおいては、それぞれの国家にはそれぞれの固有の仕方によるそれぞれの生の法則が予め規定されている、という倫理的・政治的な思想に転化していた、と。とすれば、かれは、かれのヘーゲルについての著作も示しているように、ヘーゲルにおける同じ思想を見逃していたのである。Below a.a.O. S. 47 もまた、ドゥンカーをレオとともに、ヘーゲルからきわめて強い影響を受けていた歴史家に数えている。

（44）Lenz in *Allg. D. Biogr.* 53, S. 514; Delbrück in Rößler, *Ausgew. Aufs.* S. XIII.

（45）G. Freytag, *Briefe an s. Frau. Brief v. 23. 3. 1890*, S. 466（S. 285を見よ。: Rは「ビスマルクのとりまきの中でもっとも清潔な人」です）.

（46）S. XIII.

（47）S. 257.

（48）S. XXII.

（49）S. 1.

（50）S. 314.

（51）S. 357.

（52）S. 316.

（53）S. 324.

（54）S. 207.

（55）S. 210.

（56）S. 358.

（57）S. 354.

（58）S. 211.

(59) S. 213.
(60) S. 354.
(61) S. 353.
(62) S. 420.
(63) S. 408.
(64) S. 208.
(65) S. 408.
(66) S. 211.
(67) S. 356.
(68) S. 357.
(69) S. 537ff.
(70) S. 376.
(71) S. 430.
(72) S. 383. ここでわれわれは、いかによくヘーゲルとシュタールが国家哲学的にも統一されうるかについて、決定的な証拠を持つことになる。そしていまやようやく政治的に区別がもはやまったく認められなくなったのである。
(73) S. 393.
(74) S. 394.
(75) S. 527.
(76) S. 377.
(77) S. 376.
(78) S. 380.
(79) S. 203.
(80) S. 322.
(81) S. 202.

(82) S. 266.
(83) S. 538.
(84) S. 559.
(85) S. 554.
(86) S. 547f.
(87) S. 550.
(88) S. 430.
(89) S. 552.
(90) S. 556.
(91) S. 557.
(92) S. XVII.
(93) S. 325.
(94) Bismarck an H. von Puttkamer Ende Dezember 1949 in „*Fürst B.s Briefe an seine Braut und Gattin*" S. 2. これについては、Meinecke, *B.s Eintritt in den christlich-germ. Kreis*, *H. Z.* Bd. 90, S. 59, 66 を見よ。
(95) スピノザの権力論及びビスマルクとのかれの関係については、Rosin, *Bismarck und Spinoza*, Festschrift für Gierke S. 383ff. Vgl. oben S. 57.
(96) In *Annalen d. D. Reiches* 1898, S. 81ff.
(97) 上記S. 135, レスラー（Rößler）の重要な判断を参照。「ゲルラッハ（Gerlach）氏の武器庫全体はヘーゲルの諸著作の中に再発見しうる」。
(98) この人については、かれの子息G・ラッソン（Lasson の追悼文 in *Arch. für Rechts- u. Wirtsch.-Phil.* 12, S. 1ff., さらに F. J. Schmidt 及び Liebert の回想演説 in Kantstud. XXIII, S. 101ff. を参照。
(99) Einl. S. VI.
(100) S. 9.
(101) S. 14.

(102) ラッソン(Lasson)は、自分の見解のためにレオ(Leo)を援用しながら(S. 140)、マキアヴェリをヘーゲルと同じく、国民的なもの(national)と捉えている(S. 16)。
(103) S. 14f.
(104) S. 60.
(105) S. 23.
(106) S. 13.
(107) S. 10.
(108) S. 122f.
(109) S. 21.
(110) S. 20.
(111) S. 13.
(112) S. 22.
(113) S. 136.
(114) S. 140.
(115) S. 139.
(116) S. 33.
(117) S. 31.
(118) S. 31.
(119) S. 93.
(120) S. 113.
(121) S. 3.
(122) S. 74f.
(123) S. 111.
(124) S. 95.

(125) S. 53.
(126) S. 26f.
(127) S. 74.
(128) S. 63.
(129) S. 43.
(130) S. 48.
(131) S. 61f.
(132) S. 67.

[第四章]

(1) Prantl in Bluntschli-Brater, *Deutsches Staatswörterbuch* V（1880）, *Art, Hegel und Hegelianer* S. 48.
(1a) Windelband in Präludien I, S. 260.
(1b) Lask, *Rechtsphil.* a.a.O. S. 269.
(2) Spranger, *Das human. u. d. pol. Bildungsideal im heutigen Deutschland*, S. 15. さらに、シュプランガーによれば、この理想は国家のために教育されるべきである。すなわち、「権力組織の下への秩序化へと、そして権力意思のために」と。
(3)「ドイツ的自由（Deutsche Freiheit）」; *5 Vorträge von Harnack, Sering, Toreltsch, Hintze u. Meinecke.* マイネッケは「相互関与（Ineinander）」の自由という概念のために、正面切ってヘーゲルを援用している（S. 26）。この本のサブタイトルは、「西欧デモクラシーに対する徹底抗戦に寄せて（Zum Ansturme gegen die westliche Demokratie）」である。
(4) *Allg. D. Biogr.* 43, S. 292ff.
(5) Creuzinger, *Hegels Einfluss auf Clausewitz.*
(6) a.a.O. S. 117.
(6a) Pichlers *W. W.* III, S. 12.
(7) ここでは第六版に従って引用された本のS. 22のヘーゲル。
(8) *Aus dem Leben Th. v. B.* IV, S. 145ff.

（8a）Ebd. IX, S. 519ff. 続く引用は S. 540-542.
（9）S. 15, 20, 59.
（10）S. 17.
（11）S. 27.
（12）S. 29.
（13）S. 24.
（14）S. 47.
（15）S. 49.
（16）S. 19f.
（17）S. 4.
（18）S. 24.
（19）S. 36.
（20）S. 42.
（21）S. VI, 144, 179, 205.
（22）S. 138.
（23）S. 135.
（24）S. 93.
（25）S. 142.
（26）有機的組織体（Organismus）という概念については、S. 2.
（27）S. 149.
（28）S. 209.
（29）S. 131.
（30）S. 133.
（31）S. 134.

(32) S. 146.
(33) S. 147.
(34) S. 136.
(35) S. 227.
(36) S. 151ff.
(37) S. 160.
(38) S. 179.
(39) S. 204.
(40) S. 192.
(41) Plenge *„1789 u. 1914“*, S. 7.
(42) S. *Marx und Hegel* S. 52.
(43) *„1789 u. 1914“* S. 12.
(44) S. 57.
(45) S. 100, vgl. *Marx u. Hegel* S. 24, 39.
(46) S. 17.
(47) S. 79.
(48) S. 87 f.
(49) Vgl. Marck, *Kantstudien XXIII*, S. 79 ff. ヘーゲル的国家は実在論的（現実主義的）理性存在（realistische Vernunftwesen）であり、これに対して、クエレンス［Kjelléns］の「生物学的」国家は経験的現実であるという点に差異が存することがここで強調されたが、この差異をわたしは、上で呈示されたヘーゲルの有機的組織体（Organismus）の概念からして、認めることができない。

解題にかえて——ヘルマン・ヘラーの処女作におけるヘーゲル・モティーフ

本書はヘルマン・ヘラー『ヘーゲルとドイツにおける国民的権力国家思想——政治的精神史への一寄与』(Hermann Heller, *Hegel und der nationale Machtstaatsgedanke in Deutschland: Ein Beitrag zur politischen Geistesgeschichte*, Kiel, 1921)の全訳である。この翻訳で用いたテクストの初めに置かれた短い序論の末尾には、「一九一九年、五月、ライプツィヒ」と記されているが、本著は当時ドイツのキール大学にいたグスタフ・ラートブルフに教授資格論文(Habilitation)として提出され、一九二一年にトイプナー社(B. G. Teubner)から公刊された。この訳書ではタイトルを若干約めて『ヘーゲルと国民的権力国家思想』とした。翻訳に用いたのは、一九六三年に初版とは異なる出版社(AALEN, Otto Zeller Verlagsbuchhandlung)から——しかし初版と(本文も脚注も)同じ形で——刊行されたテクストである。

因みに、全三巻のヘルマン・ヘラー著作集(Hermann Heller, *Gesammelte Schriften*)がベルリン自由大学のドラート(Martin Drath)、ミュラー(Christoph Müller)両教授らによって、モール社(J. C. B. Mohr (Paul Siebeck), Tübingen)から、一九七一年(初版)と一九九二年(第二版)に出版されたが、このヘラーの教授資格論文は、その第一巻『志向と決断(Orientierung und Entsheidung)』第一部「政治的諸理念の諸圏(Politische Ideenkreise)」第三章「ヘーゲルとドイツにおける国民的権力国家思想」(S. 21-240)として収録されている。なお、この第一巻第一部の冒頭には、ドラート、ミュラー両教授の名で、この巻全体に係わる比較的コンパクトな序論が付されている。

*

さて、ヘルマン・ヘラーが本著で描き出しているヘーゲルにおける「国民的権力国家思想」は、一見するところ、啓蒙思想あるいは近代自然法思想に基づく政治理論に、端的に対置されているように思われる。「権力国家思想」などといえば、一九世紀後半以降及び二〇世紀の帝国主義、軍国主義、国家主義、全体主義の経験を経た後のひとびとには、それはこれらの悪しき権力イデオロギーの元凶のように見なされかねないし、実際、見なされてもいる。しかし、ことはさほど単純な話として済まされない。すでに一八世紀末以降、アメリカ革命、フランス革命の思想とその現実の経験に対して、とりわけ、その抽象的な形式主義・個人主義に対して、要するに「啓蒙の弁証法」に関する反省の欠如に対して、ロマン主義、歴史主義、保守主義などのそれぞれの立場からの激しい抵抗が見られた。ヘーゲルの「国民的権力国家思想」は、この思想的・現実的な布置状況において、この一方の近代合理主義・原子論的個人主義と他方のこれに対抗する反近代合理主義・非合理的集団主義とに対して、同時に戦線を展開し、両者をいわば表裏の「補完体系」にあるものとして捉え返し、一貫して二正面作戦を完遂することを試みていたのである。

現行の日本国憲法律の基礎には、護憲論・改憲論、有効論・無効論はさておき、いうまでもなく、人権・国民主権・平和が原理として示されている。これまで、これらの思想的契機そのものは、人類普遍の自明の原理として、よかれあしかれ、無批判に受け取られ、それらが歴史的現実に照らして、あるいは、いわばメタ・メタ・レヴェルにおいて、ラディカルに問い返されることは、きわめて稀であった。しかしながら、いまや、それらの原理的批判の再試行の兆しが幾分か見えはじめているようにも思える。ヘーゲルは二世紀以上も前に、「近代」そのものが孕む「危機（Krisis）」状況に際して、このラディカルな吟味・検討（語の本来の意味での「批判（Kritik）」）の試行をはじめていたのである。ヘーゲルは近代思想家である以上、「理念的なもの（ideelles）」と「実在的なもの（reelles）」とを、「権利問題（quid iuris）」と「事実問題（quid facti）」とを弁別しようとしないわけでも、その区別を解消しようとするわけでもない。むしろ、かれは、それらを弁別・区別した上で、それらの関係・過程・機能・構造を思惟しつくそうとしていたのである。もちろん、かれはそれをしつくしたわけではない。かれの「権力国家」概念は、「法治国家」に単純に対置されているわけではないし、権力（Macht）と法・権利・正義（Recht）との関係そのものについても同様である。

ここでは、ヘルマン・ヘラーの後年の国家社会学ないし所謂「社会的法治国家」論の構想全体において、ヘーゲル的「権力国家思想」がどのような役割を演じているのか、あるいは、そこでマルクス主義とドイツ・ナショナリズムとがどのように揚棄されているのか、それを論じることはできない。以下においては、初期のヘルマン・ヘラーが初期ヘーゲル的「権力国家思想」をどのように概念把握（begreifen）しようとしたのか、その特徴や意義のいくつかを強調しておきたい。

＊

一九二一年、法哲学者グスタフ・ラートブルフに提出されたヘルマン・ヘラーの教授資格論文『ヘーゲルとドイツにおける国民的権力国家思想』は、かれの処女作として公刊された。略伝によれば、ヘルマン・ヘラーは、プロイセン主導で発足したドイツ第二帝国成立以来、約二〇年を経た、一八九一年に、当時オーストリア＝ハンガリー帝国領内の地方都市テシェンで生まれた。ユダヤ系の弁護士であった父親を早く亡くしたということ以外、かれの幼少年期の精神的自己形成過程の詳細について、われわれは殆ど知る縁《よすが》をもたない。ヘラーは、ヨーロッパ各地の大学で公法学、国家学、その他を学んだが、第一次大戦勃発に際して、志願してオーストリア兵として東部戦線での戦闘経験を経た後、軍法会議法務官試補としての勤務の傍ら研究をつづけ、ドイツ敗戦後この処女作を出版したとき、すでに三〇歳になっていた。その前後は、まさにドイツ帝国崩壊、パリ講和会議、ワイマール共和国成立の時期であった。

敗戦と第二帝政崩壊後、強行された左右からの革命やクーデタの試みは蹉跌したが、発足した所謂ワイマール連合政権も、新生ドイツにとっては過酷なヴェルサイユ体制の下で、荊の道を歩むことを余儀なくされていた。左右の諸政党の激しい対立で揺れ動いた共和国は、内外の政治的・経済的諸情況の紆余曲折の転変の果てに、あろうことか、みずから前代未聞の独裁体制を鬼子として産み落として、短い生涯を終えた。まさに独裁政権が成立した一九三三年に不惑の歳を越えたばかりのヘルマン・ヘラーは、亡命先のスペインで客死する。この間、かれは共和国体制の形式に内実を与えるべく、理論と実践の両面において、尋常ならざる八面六臂の精力的な活動（講壇での講義、労働者教育、政党活動、著作活動）をして、しかも公法学・国家学に関する少なからぬ仕事と未完の大著『国家学（*Staatslehre*）』を、われわれに残した。ヘラーは、かれと直接・間接係わりの深かったラートブルフ、マイネッケ、スメント、あるいは、理論的ポレーミクの相手であったカール・シュミットやハンス・ケルゼンなどと異なり、幸か不幸か、十数年にわたるドイツ・ファシズムの支配体制・恐怖政治の顚末を詳らかに経験することなく、「ソシアリズムとナショナリズム」という、かれの短い生涯の核心的な主題を胸に秘めながら、永遠にこの世を立ち去ったのである。

一九世紀末から二〇世紀への転換期、ドイツ第二帝政の時代、ドイツでは、対内的には、資本制社会（重工業と金融資本）の急速な発展と産業労働者人口の爆発的増加にともなって、労働運動と社会主義思想が普及し、対外的には、一方では、大量のドイツ人がアメリカに移民し、他方では、先行する英仏に対抗して、また急速に台頭する米露などの諸列強に伍して、強力な帝国主義政策が展開された。この時代の趨勢は、西欧では近代と現代の時代を画するとされる古今未曾有の第一次大戦に帰結した。

ところが、こうした内外の緊張・軋轢・危機・破綻の時代を背景にして、ドイツでは、学問・芸術・文化の諸領域において、自然科学においてのみならず人文科学・社会科学においてもまた、いまから振り返れば綺羅星の如きと思えるほどの逸材が、陸続として輩出している。後者についてのみ、日本でもよく知られている若干の名を挙げるならば、すでに上で示した以外に、たとえば、ニーチェ、ジンメル、ウェーバー、ディルタイ、ルカーチ、ハイデガー、フッサール、カッシラーなど、枚挙するに遑がないほどである。

ドイツ近現代思想史において、この時期に勝るとも劣らないパラダイム・メイキングな意義を有するのは、その当時よりもほぼ一世紀前、一八世紀末から一九世紀初頭（フランス革命とナポレオン戦争・解放戦争）の時代、すなわち、所謂ドイツ古典哲学の時代であろう。ベーコン、デカルト以来の西欧近代哲学のプロブレマーティクをコンパクトに集約し、その原理的アポリアをそれぞれの形で克服しようとしたのは、ゲーテやシラーの古典派やノヴァーリスに代表されるロマン派の文学者たちはいうに及ばず、カント、フィヒテ、シェリング、ヘーゲルなどの所謂ドイツ観念論の哲学者たちである。カール・レーヴィットが論証して見せたように、ある意味では、ドイツ観念論を批判して自らの哲学や理論の展開を試みた、フォイエルバッハ、キェルケゴール、マルクス、ニーチェなどにおける哲学的・理論的モティーフは、すでにかれらによって批判された当のドイツ観念論に潜んでいたともいえるはずである。

もちろん、一世紀の時を隔てて、その間、歴史情況、社会構造は激変していた。それにともなって、二〇世紀前半以降、西欧近代哲学はさらに、現象学、実存哲学、システム論、構造論、言語哲学、言語遂行論などにパラダイム・チェンジを遂げていく。とはいえ、にもかかわらず、広義の西欧近代批判に係わるかぎりでいえば、ある意味では、プラトンやアリストテレスのテクストがそうであるように、カントやヘーゲルを筆頭に近現代に輩出したドイツ哲学・思想のそれもまた、いささかも色褪せることなく、われわれの読解と解釈に開かれている、といえるのではあるまいか。

さて、ヘルマン・ヘラーという人物は、いうまでもなく、基本的には公法学者・国家学者である。一般的にいえば、上で名を挙げたような近現代ドイツの思想家たちは、とりわけ一九世紀後半以降、資本制社会の急速な進展に連動する諸学問の専門化の趨勢にもかかわらず、深浅、広狭の差はあるにしても、それぞれ古典古代以来の西欧の学問・芸術に関する幅広い教養（自己陶治）の上に、己の思想を展開した人たちであった。もちろん、ヘラーについても例外ではないであろう。というよりも、すくなくとも、同時代の法学者たちの中では、とりわけかれについてそれが該当するのではあるまいか。ヘラーは国法学者・国家学者であったとしても、かれのこの処女作が、あるいはかれの未完の最後の仕事が示しているように、かれの学問的営為は狭い公法学・国法学・国家学の領域には収まりきらないように思える。というのも、マックス・ウェーバーがそうであったように、ヘルマン・ヘラーの学問的関心は、法のみならず、政治、経済、文化の、およそ人間の社会生活の全領域に向けられているからである。

たしかに、限られた時間しか与えられずに夭折したヘラーが残した仕事は、マックス・ウェーバーのそれとは、質量ともに比較すべくもないであろう。それに加えて、ウェーバーの発想の型が、強いていえば、カント的あるいは新カント主義的なものに近いといえるとすれば、ヘラーのそれは、これとは対照的に、圧倒的にヘーゲル的あるいは新ヘーゲル主義的なものに親近感を示しているように思える。いずれにしても、ウェーバーが残した仕事が膨大な断片のように見えるとすれば、これに対してヘラーはいつも、よかれあしかれ、ヘーゲル的な体系を志向していたとはいえよう。イェリネクやウェーバーが「自然主義的誤謬」を峻拒し、事実問題と権利問題の峻別に厳格であろうとしていたとすれば、ヘラーは、この峻別を踏まえながらも、両アスペクトの相互規定関係にこそ徹頭徹尾固執したからである。

ヘルマン・ヘラーの処女作公刊の前年一九二〇年に学問的巨人マックス・ウェーバーは没しているが、おおよそ一世代の差がある両者は、それぞれの立場から、ワイマール共和国憲法体制の成立あるいはその維持に強くかかわっている。とりわけ、ヘラーにとって、ワイマール共和国憲法体制の現実は、まさしくかれの本領を発揮する境位(Element)でもあった。残された仕事の質・量の相違のみならず、「西欧近代」や社会主義思想をはじめ、あらゆる問題に関する見解の相違にもかかわらず、敢えてウェーバーとヘラーの両者に通底する志向が何かといえば、それはドイツ近現代の歴史的・社会的諸条件において達成されるべき、ドイツ的国民国家の独立性とドイツ的国家市民の自律性の形成(ヘラーのいう意味での「政治化(Politisierung)」)というプロブレマーティクということになろうか。

＊

さて、ヘラーは謂われる所のヘーゲルの「国民的権力国家思想」に関するこの教授資格論文の序文で、その立論の展開の前提となる二つの著作、すなわちフリードリヒ・マイネッケ『世界市民主義と国民国家』とオットー・フォン・ギールケ『ヨハネス・アルトゥジウス』、この両著の意義を強調している。両著を踏まえてヘラーが提示している問題意識は、すぐれて特殊近現代的な「ドイツ問題」、あるいは広義の「西欧近代批判」という問題にある。とりわけ政治理論、国家論に関して、さしあたり一般的にいえば、それは第一に、アングロサクソン系、大陸系を問わず、近代自然法(権)論、原子論的個人主義、社会契約論(あるいは自由主義的国家論)の原理的批判(もちろん、ここで謂う「批判」は単なる論難ではなく、カントやあるいはマルクスそれぞれにおいて意味しているようなそれである)、第二に、ドイツ近現代史において構造的に示されてきた「文化国民」と「国家国民」の乖離の克服、第三に、これまたドイツ近現代史に由来し、繰り返し問題化されてきた、特殊主義(分邦主義)と普遍主義(連邦主義)との、そして、第一次大戦前後に明瞭な形で現出してきた、社会主義と国民主義との、分裂と確執の揚棄である。ヘラーはこれらのプロブレマーティクと対決し、それを原理的に克服する基礎を、まさしくかれが解明しようとしたヘーゲル政治哲学あるいはヘーゲルの「国民的権力国家思想」の理論的モティーフの中に見出そうとしたのである。

ヘーゲル哲学は、すでにヘーゲルの生前から多方面に大きな影響力を及ぼしていたが、かれの死後、政治的にも激しい毀誉褒貶に晒された。一九世紀には、周知のように、それは左右のヘーゲル主義者たちによって、正反対の立場から解釈・評価された。二〇世紀以降には、ヘーゲルに関する解釈と評価は、たとえば、一方のケルゼン、カッシラー、ポパーのようなそれと、他方のマルクーゼ、ルカーチ、アドルノ、ブロッホにおけるようなそれとは、著しく異なった形でなされている。就中、前者、ケルゼンやポパーにおいては、ヘーゲルの国家論、権力論、戦争論は、断固退けられるべき一元論的形而上学あるいは権力イデオロギーとしてばかりでなく、唾棄されるべき帝国主義及び全体主義の思想的源流とさえ目されている。もちろん解釈次第でそのように目されることも可能であろうし、こうした解釈や評価は、第二次大戦後、内外を問わず、自由主義、実証主義、科学主義のイデオロギー的クリーマにおいて、むしろきわめて広範に普及している。しかしながら、やはり、それらがヘーゲル政治哲学の眼目を的確に捉えているとは言い難いであろう。イデオロギー批判を遂行していると思い込んでいる当人たちが、それがなんであれ（自由主義であれ、社会主義であれ）自らのイデオロギー的呪縛に必ずしも厳格に自覚的であるとは思えないからである。

さて、ヘラーのヘーゲル理解に関して、第一次大戦前後の時期に、そしてその後、ヘラーのテクストの第三部の中で引用され、かつ関説されている、何人かの同時代の保守主義的ヘーゲル主義者以外に、一方で、ディルタイ、リット、スメントといった人たち、そして、さらには、他方で、フランクフルト社会研究所に係わったホルクハイマー、アドルノ、マルクーゼなどや、かれらを含め、後に西欧マルクス主義者といわれたルカーチ、コルシュといった人たちと、ヘラーは、いつ、どこで、どのように、またどの程度、関係があったのか、あるいはなかったのか、この点については、いまは問わない。いずれにしても、ヘラーはそもそも、よかれあしかれ、狭い視野の講壇哲学者でもなければ、書誌学者・文献学者でもないから、ここでは些末な文献学的解釈からのヘラーのヘーゲル解釈の当否あるいは評価などは問題になりえないであろう。ヘラーにとっては、カント主義者におけるように、理論か経験か、という単なる認識の問題ではなく、この意味では、ヘーゲルとマルクスにおけるように、すぐれて理論と実践の関係は如何に、という広義の政治的な、もしくは、理論的かつ現実的な、そういう実践だけが、問題になるはずだからである。

*

ところで、ここではヘーゲルの「国民的権力国家」概念を構成するいくつかの主要な諸概念について、若干のいわずもがなの蛇足を付しておきたい。ヘラーがこのヘーゲル国家哲学に関するテクストで飽くことなく首尾一貫して使用し、かつ強調しているのは、それがこの時点でどこまで肯定的で、どこまで抑制的であるかはともかく、権力（Macht）と権力国家（Machtstaat）という概念である。①どのようにして、ヘーゲルの初期草稿、とりわけ「神学草稿（Die Positivität der christlichen Religion）」（1795/96）と「ドイツ憲政秩序論（Die Verfassung Deutschlands）」（1800-02）において確認された、ヘーゲル政治哲学のモティーフの鮮明な赤い糸あるいは執拗低音であるこの「国民的権力国家思想」が形成されたのか、そしてまた、②どのようにして、それがヘーゲル後期の哲学体系の中で「客観的精神の哲学」として位置づけられ、そして、それがまた（この「客観的精神の哲学」を敷衍して叙述された）『法権利の哲学（*Philosophie des Rechts oder Naturrecht und Staatswissenschaft*）』において貫かれ、かつ他の固有の諸概念と相俟って再構成されて、きわめてユニークに展開されているのか、これらを的確に論証すること、これがこのヘラーのテクストの眼目であろう。

ヘラーは、本著の第一部と第二部において、とりわけヘーゲル政治哲学の要諦を成す権力論、権力国家論、君主制論、戦争論などが、内外の思想的現実的な情況下でいかにして形成されたか、そしてその意義は奈辺にあるのか、これらを見極めようとしている。ヘーゲルのこれらの議論は、ヘラー自身が第三部において詳説しているように、第一に、後期ヘーゲルの同時代以降のプロイセン保守主義、第二に、第二帝政以降のドイツ帝国主義、そして第三に、ワイマール期以降のドイツ・ファシズム（もちろん、この点に関しては、この時点でヘラーの言及があるわけではないが）、これらの形成に、直接的にせよ間接的にせよ、大きな影響を及ぼし続けた。

しかしながら、すでに触れたように、第二次大戦期と冷戦期のファシズムやスターリニズムといった全体主義の苛酷な歴史的経験の後には、さらには、冷戦体制終焉以後、アメリカ的な自由主義やデモクラシー、そしてグローバリズムが喧伝される情況においては、ヘーゲルの権力国家に関する諸議論は、なんであれ、ミリタリズム、ショーヴィニズム、ジンゴイズム、帝国主義、全体主義などとして、厳しく非難されたり糾弾されたりした。それどころか、国家、権力、主権などの概念を正面切って論じることさえ忌避されている。

たしかに、こうした趨勢に理由がないわけではない。とはいえ、二世紀前と同様に、二一世紀前半の現在の世界状況において、一方で、どのように国家の終焉、世界平和、世界共和国が語られようとも、他方では、それが正面切って論じられることが稀であるとしても、マキアヴェッリ、スピノザ、ヘーゲル系譜の国家理性論や権力リアリズム、あるいは、そう言いたければ、権力イデオロギーが、国内政治や国際政治の実相においてまったく色褪せてしまったなどとはいえないはずである。

ヘーゲルが生きたおよそ二〇〇年前のフランス革命とナポレオン戦争の時代のドイツの情況、ヘラーが生きたおよそ一世紀前の第一次大戦とその後の西欧とドイツの情況、そして冷戦体制終焉後の二一世紀前半の現在の内外の世界状況、これらの間には、あらゆる差異にもかかわらず、必要な変更を加えるならば、少なくとも思想的・理論的布置状況に関して、類比されうる構造的同一性が見極められるのではあるまいか。ヘーゲルは、一方のそれまでの近代自然法論と、他方の同時代のロマンティークに対して、そして、ヘラーは、その固有のヘーゲル解釈に基づいて、一方の硬直した方法論的に無自覚的な二分法に基づく法実証主義と、他方の同じく形式的・抽象的である、規範主義と決断主義とに対して、敢然と二正面作戦（doppelte Frontstellung）を展開しようとしていたのである。

ここで、ヘーゲルとヘラーの両者が同時に批判の対象とした両項における構造的同一性というのは、それらの立場や見解に関して、西欧近代的思惟に構造的に固有な、ルカーチの謂う、カント的二律背反（Antinomie）、対立併存（Meta-basis: Außereinanderstehen）、あるいはK・O・アーペルの謂う補完体系（Komplementssystem）のことである。この両項の二律背反、対立併存を、単純かつ平板な先祖がえり的な同一性論や形而上学に再び還元することなく、むしろ、その両項を相互限定作用（Gegeneinandar Bestimmen）において捉え返すことによって、理論的かつ実践的に克服しようとする試行、この「厳粛なる綱渡り」に、ヘラーはヘーゲル哲学の核心的意義を見出そうとしたのではあるまいか。

＊

【Macht と Recht】

ヘラーがこのヘーゲル政治哲学の意義について論じているこのテクストにおいて繰り返し使っているもっとも重要な、そして核心的な用語は、Macht（権能、権力）と Recht（正義、法、権利）である。独語の Macht は、ラテン語の potestas の訳語であるかぎりでは、語源的には広義の権能を意味する。しかし、potestas が自然学・物理学の力（physical power）の概念に転用され、さらにそれが人事に再転用されると、そこには強制力や暴力が含意されることになる。かくして、独語の権力という意味での Macht も、極限的には暴力（Gewalt）を含意することになる。しかし、Macht は、個人と個人の、集団と集団の、関係において作用しうる力（物理的かつ精神的な支配力、拘束力）である以上、それは Gewalt には還元されえず、しかも、それはさらに Recht をもいつもすでに同時に含意している。Macht は、交換（Austauschen）であれ、支配（Herrschen）であれ、人間の意思の相互関係における承認（Anerkennen）あるいは正当化（Rechtfertigen）なしには存立しえないからである。要するに、Macht は、それが存立するかぎり、Gewalt と Recht の両契機をいつもすでに何らかの形で含んでいるとともに、個人と集団の両レヴェルでの、関係における能動的行為遂行の意志の表現である。

ところで、Recht はもともと正義（dikaion, ius）、西欧哲学史の伝統に照らすかぎり、何らかの均衡（Ausgleich）の意味を指示していたとすれば、さしあたりそれは規範秩序一般を意味していた。古今東西の人間の社会が存立するかぎり、そこには、不文であれ成文であれ、いつもすでに何らかの Recht が習俗規範（mores, Sitten）の形で現存する。しかし、個人であれ集団であれ、一定の主体の意志（命令）によって、Recht が定立（限定、選択、定義）されるならば、そこにはすでに権力とそれによって制定された法律（lex, Gesetz）が成立しているのである。まず確認しておくべきことは、（Recht をも含意する）Macht がまずあって、時間的にも論理的にも、その後に制定律（Gesetz）が成立するのであり、その逆ではないということである。いわゆる Rechtsstaat（法治国家）においては、既成の Macht に対する所与の Recht や Gesetz による制御が制度化されるが、しかし、この制御を制御するのは、いつもすでに何らかの Recht を含意している新たな Macht なのである。

ヘラーのヘーゲル解釈では、ヘーゲルにおける Recht に対する Macht の、Rechtsstaat（法治国家）に対する Machtstaat（権力国家）の優位性（先在性）（Priorität）が、一貫して指摘されている。しかし、これは原理的には、あれかこれかの二者択一の問題ではない。ヘーゲルにおける、Macht と Machtstaat の優位（先在）の主張は、かれが現実にそこで生きていたエレメントとしてのドイツの具体的な政治的現実についてのかれの（いわば実存的な）歴史的情況認識に発しているのであり、ヘーゲルの基本的な政治的思惟は原理的にはむしろ、ヘラーがそのように正確に捉えているように、まさしく Macht=Recht, Machtstaat=Rechtsstaat に存する、という方が的確であろう。

同じことは、個人と国家、自由と権力、等々の関係についてもいえるであろう。ヘーゲル的思惟においては、近代自然法（権）的思惟におけるのとは異なり、両項はそれぞれ形而上学的に実体化されて対立併存ないし補完体系の関係にあるのではなく、機能的かつ構造的に相互限定関係にあるのである。ヘラーが理解するヘーゲルにおいては、個人は原子論的・自己完結的な抽象的存在ではなく、そして翻って、いわば諸個人の社会的・歴史的な諸関係のアンサンブルとしての権力国家＝法治国家は、諸個人の自発的活動の関与を欠いて自存する実体ではない。個人はこの意味での国家（あるいは国家を前提とした中間的諸団体を介して）において個人となり、翻って、この国家はこの活動主体としての諸個人を欠いて存立しない。このかぎりにおいて、客観主義であれ主観主義であれ、カント主義であれロマン主義であれ、抽象的かつ形式的な自然法論、契約論、平和論は、ヘーゲルによって峻拒されている。とはいえ、にもかかわらず、ヘーゲルの「国民的権力国家思想」においては、これら（自然法論、契約論、ロマンティーク等々）の理論的諸要因は、ただ退けられるのではなく、その体系内部に理論的かつ現実的な諸契機として組み入れられているのである

＊

ヘラーの解釈に従えば、上で触れたMachtとRechtの外に、ヘーゲルの「国民的権力国家思想」の形成と構成において重要な役割を演じているのは、あるいはその骨格を構成しているのは、以下の諸概念である。第一に、マキアヴェッリ及びスピノザに由来する所謂ultima ratioとしての「国家理性（Staatsvernunft）」、あるいはボダンの「主権（souveraineté）」、第二に、民族（Volk）ないし国民（Nation）、第三に、（おそらくプラトン、アリストテレスに由来する）「習俗規範（人倫）性（Sittlichkeit）」及び有徳性（aretê, virtus, Tugend）、そして、憲政秩序（国柄・国制）（Verfassung）の概念、第四に、これらと連関し、直接的にはドイツ・ロマン主義に由来する「有機的組織体（Organismus）」の概念、

第五に、「人格性（Persönlichkeit）」、第六に、これらの諸概念から構成された「（権力）国家（Machtstaat）」、そして最後に、「神義論としての世界史」である。

（1）国家理性（Staatsvernunft）あるいは国家主権（Staatssouveränität）

「国家理性」とは、国家の対内的統合・秩序形成と対外的独立という、相互に連関している両機能を、究極的に可能にしている権能である。この権能は分配（社会的価値配分）をめぐる闘争を解決しうる能力（権力）であり、さらにこの能力（権力）をめぐる闘争を解決しうる能力（権力）であると同時に、対外的にその国家の独立を貫徹しうる能力（権力）である。これは、マックス・ウェーバーの「国家（Staat）」定義における用法に従えば、一定領域内における国家成員から事実上承認された至高の物理的暴力（legitime Gewaltsamkeit）、Macht=Recht としての国家権力（Staatsmacht）である。「国家理性」は「主権（souveraineté）」と言い換えうるであろうが、この「主権」概念はもともと「自己原因（causa sui）」としての「超越神＝創造神」あるいはスピノザ的「神＝自然（natura naturans）」の属性を示しているとすれば、個人であれ集団であれ、あるいは君主主権であれ国民主権であれ、そもそも可死なる人間に不死なる神にのみ相応しい「主権」という属性を帰すことは背理である。しかしながら、（キリスト教思想におけるように）人間には自らの生存と実存とが自らの自由と責任に委ねられているとするかぎり、われわれは、「主権」概念を、君主であれ国民であれ、個人主権としてではなく、いわんや人類主権としてでもなく、言葉の上では比喩であり、論理的には背理である、「可死なる神（mortal God）」（ホッブズ）としての国家主権として、そしていわば先決問題要求の詐取（petitio principii）として、想定せざるをえないのである。

（2）民族（Volk）あるいは国民（Nation）

独語の民族（Volk）は、親族原理を基礎にして、言語、習俗、伝統、歴史、文化を共有する諸成員（Glieder）の生存（überleben）と生きることの意味（gut leben）を共に条件づけている、そうした即自的な住民集団・帰属集団である。諸成員の民族意識は他民族との緊張関係の強度に応じて覚醒される。したがって、Volk は語源的に、住民集団（Bevölkerung）と同時に、戦闘集団（Heerhaufe）の意味をも帯びることになる。

国民（Nation）は、羅語の nascor（生む）から派生している諸語の一つであるから、語源的に自然性・産出性・即自性・土着性などを含意しているが、西欧盛期中世以降は、カトリック宗教会議の地域代表や大学の出身団体などを意味した。しかし、この Nation という語が強意で用いられるようになるのは、一八世紀末以降、とりわけフランス革命以降である。国民意識の覚醒は人民意識のそれと連動している。そこでは、一方のあらゆる既存の権威主義的秩序への反抗と他方の伝統的共同体が解体しつつある情勢の中で主権国家を基礎にして新たに自己同一性の根拠を希求する志向が、要するに、普遍主義と特殊主義（土着主義）の要素が、絡まりあっている。伝統的共同体の解体傾向から帰結する、国民的自己同一性（national identity）への希求は、神へのそれと同じく、（ヘーゲル、フォイエルバッハ、初期マルクスにおけるような）本源的共同性のいわば自己疎外態（Selbstentfremdung）であるとも、あるいはベネディクト・アンダーソンにおけるような所謂「想像の共同体（imaged community）」であるとも言えるであろうが、個人と国民国家とのそれぞれの自己同一性の形成・維持が相互に規定し合って可能になるかぎり、そして、人間の生きる意味がこの自己同一性にかかっているかぎり、単なる幻想（Illusion）ではない、あるいはそう言いたければ、いわば必然的「個体幻想＝共同幻想」である、ともいえよう。

（3）習俗規範性（Sittlichkeit）

独語の Sitte は、羅語の mos やギリシア語の ēthos などと同じく、ひとびとが日常生活において習慣的に従っている、伝承された慣習・行為規範（hexis, habitus, Gewohnheit）である。「習俗規範性（Sittlichkeit）」は、「民族」や「国民」の内実を成すところのものであり、人間の生活活動（Leben）が社会的・歴史的な諸関係において活動現実的（wirklich）に形成・維持・再生産されているかぎり、いつもすでに再現前している人間の共同性である。それは一方では、通時的には、その即自態としての民族（Volk）の、その対自態としての国民（Nation）の姿形で現れ、他方では、とりわけ現代世界においては、ヘーゲルが的確に呈示しているように、共時的に、それぞれその即自、対自、即かつ対自的態である、家族、市民社会、国家という三つのアスペクトの相互限定的な重層構造として現れる。Sittlichkeitは、ヘーゲルにとって、さしあたり、歴史的伝統と社会的関係の交錯する人々の生活活動の諸関係の総体、すなわち、相互に限定し合う人間諸個人の諸活動が、時間と空間の四次元的トポスにおいて織り成す、機能的かつ構造的な諸連関のエレメントを意味している。

ヘーゲルによれば、Recht の実在あるいは出発点は「自由の定在としての意志（der *Wille*, welcher *frei* ist）」（Ph. R., §4）であるが、ヘーゲルにおいては、この意味での Recht が再現前するトポスこそが、Sittlichkeit とされるのである。近代世界においては、個別的諸個人の外面的生活は抽象的法権利（abstraktes Recht）の諸形態（諸契機）としての人格、所有、契約の諸関係として市民社会において現象するが、その内面生活は「道徳態」（カント的主観的・主体的な格律）として現象する。この近代市民社会における抽象化・形式化・主観化されたSittlichkeit の諸形態の時間的にも論理的にも前提を成しているのは、一方で家族、他方で権力国家という具体的 Sittlichkeit である。したがって、ヘーゲルにおける Sittlichkeit という概念の用法には、権力国家を黙示的に前提にする広義のそれと明示的に前提にする狭義のそれとがあることに注意しておくことが必要である。

近代市民（ブルジョア）社会は、マルクスがその商品論において解明しているように、原子論的諸個人（あるいは所有人格）が、契約（あるいは形式法）を介していわば排他的に結合するエレメントである。ここで諸個体の排他的結合を可能にするのは、諸個体の解放された排他的諸欲求の追求の競合そのもの、すなわち、「欲求の体系（System der Bedürfnisse）」である。たしかに、ここには市場のメカニズムのような一定の自然発生的秩序が現れうるであろうが、しかし、こうした自生秩序でさえ、貨幣や抽象法を媒体にした権力統治の前提なしには存立しえない。そうであるかぎり、「欲求の体系」及び「全面的相互依存の体系」としての市民社会と所謂「必要国家・悟性国家」とは、同じ事態の表裏にすぎない。だが、この市民社会＝必要国家は、ヘーゲルに従えば、「理性国家」ないし「国民的権力国家」の一アスペクトにすぎない。したがって、ヘーゲル的「国家」概念においては広狭の区別があると同時に両アスペクトは統一的に捉え返されているのである。

これと同じく、これと関連して、（これはヘーゲル固有の概念ではないが）Verfassungという概念についていえば、これは、constitutionと同じく、もともと古代ギリシア語のpoliteia（ポリス形態、国制）の訳語でもあるが、Macht概念がいまだ未分化か否かはともかく、すでに何らかのMachtによって、ある程度すでに広義の国家統合が確立されている状態を意味している（語源的には、Staatもまた同じ意味を有している）。それはまた、Machtによって定立された制定律に基づく国家体制（憲政秩序、国制）、さらに、その制定律としての憲法（律）そのものという意味にも転化する。

因みに、ヘーゲルの用いる主要概念は総じて、しかし、ここではとりわけ、Macht, Recht, Freiheit, Wille, Sittlichkeit, Staatなどの諸概念は、いずれも、語源的含意を基礎にして、指示対象及び諸概念間の関係の変化に応じて、両義的あるいは多義的であり、そのことが恣意的にそうなっているのではなく、ヘーゲルによって自覚的にそうされていること、このことをいつも見きわめることなく、ヘーゲルを理解することは不可能であろう。

（4）有機的組織体（Organismus）

有機体（Organismus）の概念は、古代ギリシア哲学（たとえば、数学的であれ生物学的であれ、kosmosとしての自己産出的秩序化作用としてのphysis概念）以来、現在に至るまで、さまざまに変容しながら展開されてきた。すなわち、有機体論（organism）、全体論（holism）あるいは生気論（vitalism）は、自然観・宇宙観として、原子論（atomism）や機械論（mechanism）などに対して主張されてきた。この有機体概念はヘーゲル哲学において決定的な意味を有している。この概念についてヘーゲルに影響を与えたと思われるのは、プラトンとアリストテレス、ドイツ神秘思想（とりわけJacob Böme）、敬虔主義（Pietismus）、ヴィーコ、ヘルダー、ゲーテは別にしても、やはり、ロマンティーク、そして就中、スピノザとシェリングであろう。有機体概念において問題になるのは、部分（分肢）と全体の相互関係、内外の交換関係、自己産出、動的均衡、差異性と同一性の同一性、諸部分（分肢）間の差異ゆえの結合、諸関係のそれぞれの項の合目的性と相互目的性、形姿の自己賦与運動、全体の構造化と諸部分の機能連関、等々、一般的にいえば、内容と形式、機能と構造の相互規定作用のダイナミクスである。伝統的には目的論、全体論、生気論などと呼称されてきたこうした発想は、カントにおいては、比喩や類比といった神話学的・美学的・解釈論的な一定の意義は認められているが、学問科学的認識方法としては退けられている。しかし、それは、必要な変更を加えれば、（後期マルクスについても同じことが言えようが）生物学のみならず、構造・機能主義的社会学やシステム論的社会学とも大いに重なるところがありそうである。ヘーゲル哲学には、キリスト教神学の所謂流出（emanatio）論・疎外（Entfremdung）論のような発想のみならず、いわばシステム論的あるいは構造・機能論的な相関主義が内在しているのである。いずれにしても、ヘーゲルにおいては、存在論的論理学においてのみならず、客観的精神の哲学においても、この有機体論的発想は駆使されている。そこでは、有機体としての理性国家は、単なる理念でも比喩でもなく、むしろ実在そのものとして捉えられてもいるのである。

因みに、ヘーゲルがかれの市民社会論で呈示している中世的職能共済団体（Korporation）は、言葉としては有機的身体(Körper, corpus)を意味しているが、諸個人が自己労働によって自己陶冶(Bildung)ないし社会化(socialization)を遂げるトポスとして、あるいは、そのことによって、諸個人を理性国家に媒介する中間団体として描かれている。ヘーゲルにおいてはまた、単なるGemeinschaft, Gesellschaft, Assoziationのいずれでもないこの中間団体は、議会代表の選出母体として位置づけられているのである。

(5) 政治的人格性(politische Persönlichkeit)

人格(Person)という概念は、周知のように、羅語のpersonaに由来する。これは、ギリシア語のxarakterと同じく、演劇の登場人物(Gestalt, Figur)がつける仮面を意味していた。登場人物たちが演じる役柄はかれらの役回りの諸関係のアンサンブルによって規定される。それぞれの役柄の性格づけは、それを演じる役者本人が変わることで変わりうるし、役柄間の関係の磁場によっても変わりうるであろうが、しかし、関係の中で規定されている役回りという構造は変わらない。personaは、こうした役柄ないし役回りの特殊性と一般性、差異性と同一性の関係そのものを示唆した概念である。したがって、この概念は、歴史的には、一方では、カトリック神学の所謂三位一体論(Trinität)で用いられ、他方では、西欧法学においてパラダイムを提供しているローマ法において、所有と契約の主体としての法人格の意味で使われ、現在でもこの概念なしには西欧私法体系は成り立たない。

もちろん、この「人格性(Persönlichkeit)」概念は、「欲求の体系」と表裏の関係にある所有と契約を基礎とする私法体系(司法)(privates Recht, Rechtpflege)の構成において決定的な意味を有するが、ヘラーは、ヘーゲル権力国家論における、いわば対外主権と対内主権の結節点を成す君主権(die fürstliche Gewalt)ないし(立憲)君主制の意義、一般的に言い換えれば、国家の総意(Gesamtwille, general will)ないし一般意思(volonté générale)の再現前化に関して、この人格性(Persönlichkeit)の概念を用いて論究している。個人人格(自然人)、国家人格、あるいは法人一般は、もちろん便宜的な虚構・擬制とも言えようが、個人間であれ、国家間であれ、自由・意志の主体としての法人格という概念なしには、現実の社会生活が立ちいかないかぎりでは、これは不可避の虚構・擬制である。ところで、すでに上で触れたように、「主権」概念及びその所在（担い手）という問題は、公法学、国家学、政治学の理論的 Crux である。ヘーゲル国家論では、一応、立憲君主制がとられているように思えるが、ここでの君主は、ヘラーの理解に従えば、神聖（神政）君主（theocratic monarch）でも、いわば機関君主（functional monarch）でもない。ホッブズは、一方の抽象的な原子論的諸個人と形式的な契約の概念、他方の「人格性」（本人―人格の再現前）の概念を用いて国家設立を説明したが、この設立された国家は、論理的には、結局のところ、もとの空虚で盲目的な無政府的自然状態か、あるいは、同じく空虚で盲目的な専制国家のいずれかに帰着してしまう。君主権あるいは執行権の担い手（政治的最高権力者）における、国家統合の機能と意味に関する最終解釈権を、形式的な人格性の概念だけで説明しようとしていたならば、理論的にはヘーゲルも、ホッブズ、ルソー、あるいはカール・シュミットの轍を踏んでいたであろう。しかし、ヘーゲルの国家と国家権力の極限的な担い手の機能と意味は、一方の対内的な諸個人・社会（中間的諸団体）・（国民的権力）国家の三層構造における有機的（機能的・構造的）媒介諸連関と他方の対外的な主権国家間の緊張関係を、理論的にも現実的にも前提にして、同時に機能的かつ実存的に、考えられているのである。

（6）国民的権力国家（der nationale Machtsstaat）

かくして、ヘラーが再構築しようとしているヘーゲルの「国民的権力国家思想」は、上述した Macht=Recht-Theorie を核として、それぞれ上で触れた Volk（Nation）, Sittlichkeit, Organismus, Persönlichkeit といった諸概念に注目して構成されている。さらにいえば、Macht-Recht-Person という三概念は、共時的な機能的かつ構造的な基礎的概念枠を、そして、Volk（Nation）, Sittlichkeit, Organismus という諸概念は、共時的かつ通時的な、すなわち機能的・構造的な、諸連関のいわば自己産出的な動的均衡態を指示している。ヘラーが注目しようとしているのは、ヘーゲルにおける、キリスト教神学や西欧近代哲学における此岸・彼岸、現象・本質、個物・実在、感性・理性、物質・精神、主体・客体、等々、要するに二元論的・二分法的な思惟範型に収斂してしまう発想を突破しようとする発想である。

ヘーゲルには、カントとは異なり、用語をラテン語やギリシア語などの外来語をそのまま使わず、たとえば、System などのやむを得ない場合を除き、能うかぎりそれらの伝来の概念を独語に翻訳し、しかも、その両義的・多義的な含意をコンテクストにおいて読みとらせようとしていたふしが窺える。たとえば、ギリシア語起源の Idee という言葉には、単なる理念（観念）というのではなく、語根の id の〈視る（分かる）〉という語義のみならず、アリストテレスの起動因（kinoun）、目的因（to hou henekas）、形相因（eidôs）、あるいは可能態（dynamis）の諸概念を含意させ、ときには Wissen und Wollen と言い換えたりしている。また、逆に、ゲルマン固有の Geist には、単なる精神ではなく、同じくアリストテレス的な原因論などを前提にして、いわば起動因が内在する自己形相賦与運動の意味が込められている。さらにいえば、ヘーゲルは、印欧諸語の文法規則（動詞の能相・所相の分詞）を駆使して、それぞれの一語に起動、運動、機能、構造などの含意を同時に込めている。たとえば、Wirken/Wirklichkeit は、アリストテレス的な活動現実態（energeiā）を前提にして、行為（prattein; Handeln）と制作（poiein; Herstellen）の活動とその成果が含意されているはずである。

ところで、上で挙げたような諸概念で構成された、ヘーゲル的「国民的権力国家」は、訳者の見るところ、Macht=Recht-Theorie を軸として、社会学でいう「システム統合（Systemintegration）」と「社会統合（Sozialintegration）」の両アスペクトの統合体である。それはいわば両統合の統合である。「システム統合」は社会的諸個人の生存に係わり、「社会統合」はかれらの生活の意味と自己同一性の形成・維持に係わる。ウェーバーは、上記のように、国家という団体の種差を「一定領域内の正統的至上暴力の独占」に求めているが、統治者のこの意味での国家権力の正統化が事実上何故に成立するのかといえば、それは被治者たちが、明示的もしくはすくなくとも黙示的に、その正当性を事実上承認するからである。この所謂「正統性信仰（Legitimitätsglaube）」の事実性が、国家権力を、ひいては国家統合を可能にする。

マルクスの有名な命題を捩って言えば、ある特定の支配者（権力者）の存立を可能にするのは、被支配者たちがかれに対して被支配者として振る舞うかぎりにおいてである（このことをマルクスは次のように表現している。すなわち、Dieser Mensch ist deswegen König, weil die Untertanen sich zu ihm als solche verhalten. Aber sie glauben umgekehrt, Untertanen zu sein, weil er König ist）。要するにそこには、治者と被治者との間に、柄谷行人のいい方でいえば、「略取と再分配」の、少なくとも暗黙の「交換」関係が成り立つからである。現実のこの関係には、非対称的な「搾取」と対称的（と信じられている）「交換」の両側面が存する。かりにこの関係における前者のアスペクト（構造的「搾取」）が完全に廃棄されたとしても、社会が存立するためには、「社会統合」と「システム統合」の統合という国家権力の機能は廃棄しえないことになろう。諸個人の生きる意味と自己同一性の形成・維持（「社会秩序」）が「システム統合」を前提にしており、この「システム統合」が翻って「社会統合」と「システム統合」との統合によってのみ可能になるとすれば、これを可能にするかぎりでの国家ないし国家権力の統合機能は廃棄しえないし、廃棄すべきでもないことになろう。

ヘーゲルは、そしてヘラーもまた、一方の、自然法的国家論ないし契約国家論を、そして他方の、単にこれに反発するだけの、形式的・抽象的法体系を欠く、ロマン主義的有機体論的国家論を、ともに退けるのであるが、その理由は、結論的にいえば、これらの国家理論は、見かけでは正反対の主張しているようであるが、いずれも本質的に形式主義的・抽象的なものであって、国家と社会の概念区分を欠いて、原理的にはアナーキズムないし空虚な世界市民主義に帰着してしまう点に存する。こうした国家理論を批判するマルクス主義的国家論もまた、社会と国家の概念区別をするにしても、結局、国家権力機能を構造的階級搾取の道具としての機能にのみ還元してしまうかぎり、現存の国家権力を破壊することによって、空虚なインターナショナリズムか、あるいはグロテスクな盲目的専制国家に行きついてしまうのである。

ヘルマン・ヘラーは、二〇世紀におけるロシア・マルクス主義及び旧ソ連邦、ドイツ・ファシズム、そして大衆デモクラシーの帝国アメリカ、そのいずれの顚末も見届けることはなかった。しかし、かれには、かれのヘーゲル「国民的権力国家」論の解釈を通じて、硬直した抽象的・形式的な自由主義、法実証主義、科学主義、決断主義の行き着くところがどこか、原理的に見えていたところがあったのではないであろうか。

(7) 受苦（情念）の演劇、屠殺台としての世界史、神義論としての歴史における理性の自己実現

後期ヘーゲルの「歴史哲学講義」の序論によれば、世界史、すなわち国家と文明の成立以後の人類史は、情念と理性が緯糸と経糸として織り込まれたテクストであり、しかも、諸個人であれ諸集団であれ、人間のあらゆる徳性や幸福が悉く犠牲に供される血塗られた屠殺台（Schlachtbank）である。ヘーゲルによれば、善悪が転倒し、不正が蔓延り、正義が滅びる、この不条理きわまる出来事の一切は、大文字の理性が自己実現するという目的のための手段である。とすれば、かれにとって、世界史は世界審判（法廷）（Weltgeschichte ist Weltgericht）であり、歴史哲学はいわば「苦難の神義論（Theodizee des Elends）」に他ならない。ヘーゲルの前期から後期に至るまで一貫したこうした歴史観（Geschichtsauffassung）に従えば、国家と国家の闘争（つまり戦争）がもたらす苦難・悲惨（Elend）は必然であり、人間が自らの偽善と欺瞞を回避し、自らの精神の弛緩を打破するために、必要でさえあるのである。

ヘーゲルのこうした見解は、個人においても集団においても、自己保存が第一義とされるかぎり、かつてもいまも、そして、これからも、容易には受け入れられないであろう。だが、もちろん、冷徹なリアリストであったヘーゲルにとっても、国家の存在理由のひとつが基本的に諸個人と諸集団の自己保存にあり、自己保存のための戦争（生死をかけた闘争）が背理であることは自明であったであろう。けれども、ヘーゲルにとって、国家は単なる自己保存のための道具ではなかった。かれにとって生存の危機は、同時に自己同一性（生きる意味）の危機でもあったのである。いうまでもなく、国際関係においても、対内的諸関係においてと同じく、いつもすでに一定の信義則（bona fides）は妥当しうるであろう。しかし、ヘーゲルによれば、国際関係における信義則は、究極的には、やはりいつもrebus sic stantibus（約束の時点での諸条件が変わらないかぎりにおいて）という制約においてしかありえない。要するに、とりわけ国際関係は原理的には常にホッブズ的自然状態なのである。ここで、自己欺瞞なしに国家の実質的独立性を達成するためには、そして、そのことによって、己の生の意味を確証しうるためには、逆説的にも、まさしく自己同一性を支える当の自己保存をも賭するということがありうる、というのがヘーゲルの思想なのである。

こうしたヘーゲル権力国家思想の核心にあるものを、ヘラーは青年ヘーゲルの草稿（Unterschied zwischen griechischer Phantasie- und christlicher positive Religion というタイトルが付された草稿（Werke, *Frühe Schriften* 1, S. 208-9）のユダヤ民族の逆説的運命に関する件《くだり》に探り当てている。

……その後まもなく、ユダヤ民族は、そのメシアへの惰性的な希望を投げ捨て、武器を手にした。きわめて感動的な勇気を奮い起こして、尽くしうる人事のすべてを尽くし、人間の受けうるもっとも戦慄的な悲惨を耐え忍んだ後に、その都市の廃墟の下に己が身と己が国家を埋葬した。

もちろん、国家の対内的統治の「システム統合」機能は、その対外的従属下でも可能であるが、しかし、対外的従属下では、「システム統合」と「社会統合」との、「国民的権力国家」における統合は、不可能なのである。あるいは、一国の独立が全うされなくても、一身の独立はありうるかもしれない。しかし、その場合には、一身の独立はただ「生きる」こと（zên: überleben）が全うされているだけであって、「善く生きる」こと（eu zên: gut leben）は全うされていない、というべきであろう。アテーナイにおいてソクラテスが、エルサレムにおいてイエスが、その逆説的事態を範型的に示して見せたように。

*

ここでは、ヘーゲル及びヘラーにおける、自由、平等、正義、民主制などに関する基本的諸概念について、触れることができなかった。また、初期ヘラーの「国民的権力国家」概念が後のヘラーの所謂「社会的法治国家」概念にいかに理論的に展開されたか、これについても議論することができなかった。とりわけ後者については、内外の公法学、国家学、そしてヘラーを専門的に研究されている先学の方々の諸研究から学びたい。

最後に以下の数点だけ繰り返しておきたい。おそらく、ヘラーにおいては、ヘーゲルにおいてと同じく、①Macht と Recht とは、そして Machtstaat と Rechtsstaat とは、原理的には相互規定関係にある。②後年のヘラーの「社会的法治国家（der soziale Rechtsstaat）」概念の前提には、かれの処女作で示された「国民的権力国家（der nationale Machtstaat）」概念がある。③統治者と被治者との間の政治的媒介過程における多くの中間団体の中で、ヘーゲルの謂う職業共済団体（Korporation）概念が重要な意味を有する。そして、④国家は、ヘーゲルやヘラーにとって、自由主義的国家論におけるような、単なる共存のための便宜でも道具でもなく、またマルクス主義的国家論におけるような階級支配（搾取）のための機関でもない。これまで現実に存立したいかなる近現代国家も、よかれあしかれ、両機能を果たしているとはいえ、語弊を恐れずにいえば、過去・現在・未来にわたって、国家・権力・支配は、自由な人間の自己実現のための不可欠の条件でもあるのである。

＊

些か私事にわたることであるが、訳者がヘラーのヘーゲルに関するこの教授資格論文のことを知ったのは四、五年前のことにすぎない。訳者は学生時代以来ヘーゲルに関心を持ち続けていたので、ヘラーのこのヘーゲル論について聞きつけた折に、戦後日本のヘラー研究のパイオニアで、はじめてヘラーの未完の大著『国家学』を独力で翻訳公刊され、その後も長くヘラー研究に携わり、多くの優れた業績を果たされてきた安世舟先生に、そのテクストについてお尋ねしたところ、すぐに所持しておられた原典テクストをコピーしてくださった。見ると、それは殆ど全ページにわたって、一目でご本人の筆跡であることがわかる傍線や書き込みで埋められており、安先生の熱心な勉強ぶりを窺わせるものであった。そのテクストの末尾には、一九七一年四月一五日読了と記されている。それはヘラー自身の原典公刊から丁度半世紀後である。訳者が本書を読んだのは、それからさらに約四〇年後ということになるが、上で触れたように、Macht と Recht の関係について、また国家について、いろいろ考えあぐねていた訳者には、ヘラーの処女作のヘーゲル解釈は、大変興味深いものに思われた。そしてまた、すくなくとも訳者には、まさしく現在の内外の政治的思想状況においてこそ、ヘラーのこの著書が示唆するところが大いにあるように思われたのである。

訳者は公法学、国家学、ドイツ現代政治史、ましてやヘラー研究の専門家ではないから、ヘラー国家学の意義を的確に評価する知識も能力も持ち合わせていない。ところが一昨年、ご縁があって安先生から、ご自身が長年にわたって収集されたドイツ国家学に関する段ボール箱にして一〇箱ほどの内外の資料やテクストを、訳者に託していただいた。訳者自身のヘーゲルへの関心もさることながら、さしあたり、この負託にほんの僅かながらもお応えできれば、との思いもあり、また本書がまだ翻訳公刊されていないとのことでもあったので、拙訳を公刊するつもりになった次第である。もっとも、ヘラーのこのテクストについては、すでに『北大法学論集』で法哲学がご専門である今井弘道教授と住吉雅美教授による全体の三分の二程の優れたご訳業が発表されており、訳者は、安先生から託された資料の中にあった当該の抜き刷りを、自分の訳文を読み返して自信が持てないところで、しばしば参照させていただいた。ここでは、こころから先学の方々の努力に敬意と感謝を表しておきたい。

ヘラー研究に新たに関心を持たれた方々には、さしあたり、とりわけヘラー『国家学』（安世舟訳、未來社、一九七一年）に付された安先生自身の解説、山口利男『ヘルマン・ヘラーと現代』（風行社、二〇〇二年）、シュルフター『社会的法治国家への決断』（今井弘道訳、風行社、一九九一年）などを、そして、他のヘラー自身の著作のすでに公刊されている邦訳に関しては、大野達司教授をはじめとする専門家の方々のご訳業を、参照していただきたい。

これも安先生からご紹介いただいたのであるが、本書に関して、ヘラー研究の専門家であるベルリン自由大学クリストフ・ミュラー名誉教授に、いずれも短い時間ではあったが、ベルリンと東京で、直接お話を伺い、教えを受ける機会を得た。安先生をはじめ、多くの先学の方々からの恩恵と援助を受けながらではあったが、文字通り浅学菲才の訳者が時間の制約の中で単独で行った仕事であったので、無数の誤読や錯誤があるに違いない。忌憚のないご指摘やご教示をいただければ幸甚である。

いつもながら、風行社の犬塚満さんと伊勢戸まゆみさんに懇切なお世話をいただき、こころから感謝をいたします。

最後に、表紙のミケランジェロのイザヤ像について触れるならば、ヘラーがヘーゲルの初期神学論集（ユダヤ民族の逆説的運命について）から引用している件《くだり》（上記五二一―三頁及び四二八―九頁）に関していろいろ思案しているときに、訳者はたまたまこのイザヤ像を目にした。預言者イザヤ、初期ヘーゲル、初期ヘラーの間に、時代を遥かに超えて共鳴する思想的モティーフがあるのではないか、と訳者が勝手に思い込んで、表紙に付すことをお願いした次第である。

二〇一三年　皐月　小田原にて

永井健晴

＊本著出版について、平成二十五年度、大東文化大学特別研究費出版助成を忝くした。大学及び関係者の方々にこころから感謝を申し上げたい。

[人名索引]

《ア》

アウグスティヌス(Augustinus, Aurelius) 353
アウグステンブルク公 317
アクイナス(Aquinas, Thomas) 157
アッヒェンバル(Achenwall, Gottfried) 17
アリストテレス(Aristoteles) 57
アルキメデス(Archimêdês) 119, 120
アルトゥジウス(Althusius, Johannes) 3
アルブレヒト(Albrecht, Wilhelm Eduard) 286, 287
アレクサンダー(露帝) (Alexander) 199, 308
アレクサンドロス(Alexandoros) 115, 305
アーレント(Arendt, Wilhelm) 306
アンティゴーネー (Antigônê) 49
アントニウス(Antonius) 42
イェリネク(Jellinek, Georg) 284, 285, 289
ヴァレンチノ公(Valentino) 107
ヴィーク(Wieck) 319
ヴィリゼン将軍(General Willisen) 347
ヴィルヘルム一世 (Wilhelm I.) 316
ヴィンケルマン(Winckelmann, J. J.) 56
ヴェルカー(Welcker) 100
ヴェルダー(Werder) 304, 337
ヴォルフ(Wolff, Christian) 16, 190, 222
エアトマン(Erdmann, Johann Eduard) 319
オクターヴィウス(オクタヴィアーヌス) (Octavius, Octavianus) 42
オッカム(Ockam, William) 13
オッペンハイム(Oppenheim, Heinrich Bernhard) 296-298

《カ》

カウフマン, エーリヒ(Kaufmann, Ehrich) 351-357
ガーゲルン(Gagern, Heinrich Freiherr von) 100, 223, 293
ガッテラー(Gatterer) 17
ガーブラー(Gabler, Georg Andreas) 337
カーライル(Carlyle, Thomas) 273-275
ガリレイ(Galilei, Galileo) 11
カルテンボルン(Kaltenborn) 223
ガンス(Gans, Eduard) 260, 304
カント(Kant, Immanuel) 1, 18-22, 25, 31, 33, 34, 58, 83, 87, 122, 139, 140, 143, 149, 153, 154, 166, 167, 176, 183, 186, 190, 216, 218, 220-222, 224, 235, 250, 256, 273, 284, 328, 331, 335, 358
キエレン(Kjéllen, Rudolf) 359
ギボン(Gibbon, Edward) 64
ギールケ(Gierke, Otto von) 3, 286, 289
クザーヌス(Cusanus, Nicolaus) 13
クラウゼヴィッツ(Clausewitz, Karl von) 347
クリューバー(Klüber, Johann Ludwig) 222, 293

グロティウス(Grotius, Hugo) 188, 189, 221, 222
ゲーテ(Goethe, Johann Wolfgang) 21, 166
ケプラー(Kepler, Johannes) 11
ケムパー(Kemper, Else) 273
ゲルバー(Gerber, Carl Friedrich Wilhelm) 283, 287
ゲルラッハ(Gerlach, Ernst Ludwig) 240, 336
ゲンツ(Gentz, Friedrich von) 27-30, 246
ゴビノー(Gobineau, Josepf Arthur de) 1
コペルニクス(Copernicus, Nicolaus) 11
ゴムペルツ(Gomperz, Heinrich) 351
コンリング(Conring, Hermann) 85

《サ》

サヴィニー(Saviny, Friedrich Carl von) 258, 278, 279, 281
サヴォナローラ(Savonarola, Girolamo) 56
シェイクスピア(Shakespeare, William) 230
シェリング(Schelling, Friedrich Wilhelm Joseph von) 112, 116, 171, 172, 191, 235-241, 245, 248, 250-252, 258, 269, 279, 304
シュタイン(Stein, Friedrich Karl von) 133, 188, 309
シュタインメッツ(Steinmetz, Karl Friedrich von) 351
シュタムラー(Stammler, Rudolf) 354
シュタール(Stahl, Friedrich Julius) 201-203, 207, 221, 239
シュピットラー(Spittler) 17
シュプランガー(Spranger, Eduard) 346
シュライアーマッヒャー(Schleiermacher, Friedrich Daniel Ernst) 33, 34, 148
シュライニッツ(Schleinitz) 316
シュレーゲル，フリードリヒ(Schlegel, Friedrich von) 33-35, 58, 191, 247, 251, 304
シュレーツァー(Schlözer, August Ludwig) 17, 36, 123, 186, 190
シラー(Schiller, Friedrich von) 21, 23, 64, 167, 229, 248, 249, 301
スアレス(Suárez, Francisco de) 203
スピノザ(Spinoza, Baruch de) 108, 109, 235, 334, 335

《タ》

ダーウィン(Dawin, Charles Robert) 1, 210
ダールマン(Dahlmann, Friedrich Christoph) 304, 305
ティーク(Tiek, Ludwig) 58
ディルタイ(Dilthey, Wilhelm) 44, 66, 67, 70, 165
テセウス(Theseus) 102, 115
トゥキュディデス(Thoukydidês) 64
ドゥンカー(Duncker, Max) 313-318
トマージウス(Thomasius, Christian) 222
トライチュケ(Treitschke, Heinrich von) 1, 2, 32, 70, 71, 73, 74, 77, 83, 87, 88, 96, 102, 103, 148, 151, 249, 315, 317
ドロイゼン(Droysen, Johann Gustav) 304-314

《ナ》

ナポレオン(Napoleon, Bonaparte) 111, 115, 132, 189, 308

ナポレオン三世　316
ニーチェ(Nietzsche, Friedrich Wilhelm)　1, 45, 46, 59, 244
ニーブール(Niebuhr, Barthold Georg)　260
ニュートン(Newton, Isaac)　229
ネッテルブラット(Nettelblatt)　190
ノヴァーリス(Novalis; Georg Friedrich Philipp von Hardenburg)　33-35, 58, 191, 228, 229, 247, 258

《ハ》

ハイム(Hayme, Rudolf)　175, 314
バーク(Burke, Edmund)　27-29, 246, 247, 280
ハラー(Haller, Karl Ludwig von)　241, 242, 248, 268, 274
ビスマルク(Bismarck, Otto von)　1, 101, 102, 128, 135, 137, 138, 217, 302, 303, 316-322, 333-338, 352
ピヒラー(Pichler, Anton)　348
ピュタゴラス(Pythagoras)　143
ピュッター(Pütter, J. S.)　102, 286
ピュッター(Pütter, K. Th.)　293-296
ヒュプナー(Hübner, Rudolf)　306
ヒューム(Hume, David)　64
ヒンツェ(Hinze, Otto)　205, 305
ファッテル(Vattel)　222
フィヒテ(Fichte, Johann Gottlieb)　21, 24-32, 122, 134, 153, 176, 183, 186, 190, 196, 229, 236, 248, 250-252, 258-260, 269, 273, 275, 286, 335
フォス(Foß, Johann Heinrich)　131
フーゴー(Hugo, Gustav)　277
プフィッツァー(Pfizer, Paul Achatius)　100
プーフェンドルフ(Pufendorf, Samuel)　222
プフタ(Puchta, Georg Friedrich)　281, 282
フライターク(Freytag, Gustav)　321
プラトン(Platon)　175, 177, 178, 188
ブリー(Brie, Friedrich)　274
ブリアレオース(Briareus; Briareôs)　176
フリース(Fries, Jakob Friedrich)　132
フリードリヒ・ヴィルヘルム三世　203, 309
フリードリヒ・ヴィルヘルム四世　199, 313, 316
フリードリヒ大王(Friedrich der Große)　104, 107, 133, 170, 171, 286, 291, 309
ブルクハルト(Burckhardt, Jacob)　61, 142
フレーゼ（Freese）　317
プレンゲ(Plenge, Johannes)　357-359
プロイス(Preuß, Hugo)　289
フンボルト(Humboldt, Wilhelm von)　1, 21-23, 56, 122, 169, 170, 186, 229, 248, 249, 269
ヘーゲル(Hegel, Georg Wilhelm Friedrich)　1-4, 38, 41-47, 55-67, 70-163, 167-231, 235-280, 282-315, 318-338, 340-359
ベーコン(Bacon, Francis)　12
ヘッケル(Haeckel, Ernst Heinrich)　210
ヘフター(Heffter, A. W.)　299
ヘルダー(Herder, Johann Gottfried von)　24, 64, 104, 105, 134, 137, 166
ヘルダーリン(Hölderlin, Johann Christian Friedrich)　140, 165
ベルナーツィク(Bernatzik, Edmund)　288, 289
ベルンハルディ(Bernhardi, Th. von; F. von)　348-351

ボダン（Bodin, Jean） 104, 224
ホッブズ（Hobbes, Thomas） 14, 15, 20, 83, 188, 189, 222, 224
ホトー（Hotho, Heinrich Gustav） 304, 337
ホメーロス（Homêros） 131
ボルジア（Bòrgia, Caesare） 108, 115

《マ》

マイネッケ（Meinecke, Friedrich） 3, 36, 127, 246, 248, 268
マイヤー（Majer, J. Chr.） 286
マオレンブレッヒャー（Maurenbrecher） 286
マキアヴェッリ（Machiavelli, Niccolò） 13, 42, 64, 103-110, 141, 142, 146, 148, 151, 254, 272, 338
マルクス（Marx, Karl） 1, 244
マルシリウス（Marsilius von Padua） 13
マントイフェル（Manteuffel, Otto von） 316
ミュラー（Müller, Adam Heinrich von） 245-250
ミュラー（Müller, Johannes） 17
ミルトン（Milton, John） 230
メッツガー（Metzger） 70
メッテルニヒ（Metternich, Klemens Wenzel Nepomuk Lothar） 35
メルカー（Maerker） 337
モーザー（Moser, Johann Jacob） 222
モール（Mohr, Robert von） 104
モルトケ（Moltke, Helmuth Karl Bernhard von） 347
モンテスキュー（Montesquie, Charles de Secondat） 49, 64, 105, 189

《ヤ》

ヨードゥル（Jodl, Friedrich） 144

《ラ》

ライプニッツ（Leibnitz, Gottfried Wilhelm） 16
ラサール（Lassalle, Ferdinand） 244, 245
ラッソン，アドルフ（Lasson, Adolf） 337-344
ラーバント（Laband, Paul） 283
ラピーデ（Rapide: Bogislav Philipp von Chemnitz） 85
ランケ（Ranke, Leopold） 257-269, 326, 327, 352
ランズベルク（Landsberg） 277
リヴィウス（Livius, Titus） 90
リシュリュー（Richelieu, Armand Jean） 93, 102
ルイ一八世 198
ルーゲ（Ruge, Arnold） 319
ルソー（Rousseaus, Jean-Jacques） 15, 16, 18, 20 , 60, 105, 171-173, 186, 188, 189, 196, 207, 224
ルター（Lutter, Martin） 131
ルーデン（Luden, Heinrich） 250-257, 270
ルナン（Renan, Josef Ernest） 137
レオ（Leo, Heinrich） 270-272
レクシウス（Rexius） 283
レースラー（Rößler, Constantin） 316, 318-329, 332-334
レッシング（Lessing, Gotthold Ephraim） 21, 24, 36
レピドゥス（Lepidus, Marcus Aemilius） 42
レンツ（Lenz） 303, 319, 320, 322
ローザン（Rosin, Heinrich） 336

【訳者紹介】

永 井 健 晴（ながい たけはる）
現在、大東文化大学法学部政治学科教授、フランクフルト大学哲学博士。
主な著訳書

Natur und Geschichte — Die Sozialphilosophie Max Horkheimers（Dissertation, Goethe-Univ. Frankfurt a.M., 1982）、ヘーゲル『法権利の哲学』（共訳、1991年、未知谷）、L. ゴルドマン『啓蒙精神と弁証法』（2000年、文化書房博文社）、C. ソーンヒル『現代ドイツの政治思想家』（共訳、2004年、岩波書店）、R. マオラー『プラトンの政治哲学』（2005年、風行社）、『プラトン政治哲学批判序説――人間と政治』（2008年、風行社）、『社会哲学のアクチュアリティ』（共著、2009年、未知谷）、M. B. フォスター『プラトンとヘーゲルの政治哲学』（2010年、風行社）、C. ソーンヒル『ドイツ政治哲学』（2012年、風行社）、学術論文に、「ハーバーマスの政治理論」（2002年、日本政治学会年報、岩波書店）など。

ヘーゲルと国民的権力国家思想

2013年7月25日　初版第1刷発行

著　者　ヘルマン・ヘラー
訳　者　永　井　健　晴
発行者　犬　塚　　　満
発行所　株式会社 風　行　社
〒101-0052 東京都千代田区神田小川町3－26－20
Tel. & Fax. 03-6672-4001
振替 00190-1-537252

印刷・製本　理想社

ISBN978-4-86258-075-7